高等职业教育铁道机车、车辆专业校企合作系列教材

高等职业教育"十三五"规划教材——轨道交通类

车辆构造与检修（下册）

艾菊兰　徐　冬　徐占山 ⊙ 编著

郭　鹏 ⊙ 主审

西南交通大学出版社
·成都·

内容简介

全书内容共分四部分：车端连接装置检修、货车车体检修、客车车体检修、客车典型装备检修。重点介绍了我国铁道车辆车端连接装置的基本类型、典型结构和工作原理，铁路主型货车、客车的基本类型、典型结构，铁路客车给水装置、塞拉门、集便装置等装备的结构组成及其工作过程；分析了铁道车辆车端连接装置、车体、客车典型装备（给水装置、塞拉门、集便装置）的常见故障；同时基于铁道车辆检修岗位需求精选了典型工作任务，旨在让学习者熟悉铁道车辆车端连接装置、车体及客车典型装备（给水装置、塞拉门、集便装置）的检修工艺过程、检修作业内容和具体操作规范。

本书可作为铁道车辆专业高职学生学习用书，也可作为铁道车辆检修部门培训用书。

图书在版编目（CIP）数据

车辆构造与检修. 下册 / 艾菊兰，徐冬，徐占山编著. —成都：西南交通大学出版社，2018.3（2023.8重印）
高等职业教育铁道机车、车辆专业校企合作系列教材
高等职业教育"十三五"规划教材. 轨道交通类
ISBN 978-7-5643-6092-4

Ⅰ. ①车… Ⅱ. ①艾… ②徐… ③徐… Ⅲ. ①铁路车辆 – 车辆检修 – 高等职业教育 – 教材 Ⅳ. ①U279.3

中国版本图书馆 CIP 数据核字（2018）第 043664 号

高等职业教育铁道机车、车辆专业校企合作系列教材
高等职业教育"十三五"规划教材——轨道交通类

车辆构造与检修（下册）

艾菊兰　徐　冬　徐占山　编著

责 任 编 辑	李　伟
封 面 设 计	何东琳设计工作室
出 版 发 行	西南交通大学出版社 （四川省成都市金牛区二环路北一段 111 号 西南交通大学创新大厦 21 楼）
发行部电话	028-87600564　028-87600533
邮 政 编 码	610031
网　　　址	http://www.xnjdcbs.com
印　　　刷	成都蓉军广告印务有限责任公司
成 品 尺 寸	185 mm × 260 mm
印　　　张	18.5
字　　　数	462 千
版　　　次	2018 年 3 月第 1 版
印　　　次	2023 年 8 月第 5 次
书　　　号	ISBN 978-7-5643-6092-4
定　　　价	52.00 元

课件咨询电话：028-81435775
图书如有印装质量问题　本社负责退换
版权所有　盗版必究　举报电话：028-87600562

前　言

为了适应高等职业教育教学改革需要，适应铁路行业"规范化、标准化"作业需求，以培养铁道车辆检修运用与管理岗位能力和素质为导向，通过校企联合，共同编写了"基于工作过程"的铁道车辆专业课系列教材。《车辆构造与检修（下册）》是系列教材之一。

"车辆构造与检修"是铁道车辆专业的一门核心专业课。该课程教材分上册和下册两册。在本教材编写过程中，我们主要依据铁道车辆客货车厂修、段修及车辆钳工国家职业资格标准进行内容组织。《车辆构造与检修（下册）》设置了车端连接装置检修、货车车体检修、客车车体检修、客车典型装备检修四部分内容。其中，车端连接装置检修，基于车辆段钩缓间的具体工作任务，精选"车端连接装置典型结构、零部件检查检修项目"，学习者通过本项目的学习，掌握车端连接装置一般结构规律和典型车钩缓冲装置的结构特点，熟悉车端连接装置检修基本工艺过程，能够进行车端连接装置检修；货车与客车车体检修，基于铁道车辆检修部门车体间的具体工作任务，精选"铁道车辆主型车种、车体钢结构常见故障及检修处理方式、车体检修项目"，学习者通过本项目的学习，掌握铁道车辆类型和主型车的结构、作用，熟悉车体钢结构常见故障表现形式及处理方式，明确车体检修要求和基本工艺过程，熟悉车体检修常用量具和设备；客车典型装备检修，基于车辆段检修的具体工作任务，精选"给水装置、塞拉门、集便装置典型装备的检查、检修及试验项目"，学习者通过本项目的学习，掌握客车给水装置、塞拉门、集便装置等典型装备的结构组成、工作过程和常见故障表现形式，熟悉其检修基本工艺过程，能够进行检查、维护与保养。

在本教材编写过程中，作者精选铁道车辆代表性的"结构、故障、检修项目"，力求通过具体内容提炼出铁道车辆结构的普适规律，让学生在不断学习的过程中具备"自主"学习新结构的能力；通过典型实践教学项目的训练，培养学生"规范化、标准化"作业的职业习惯，以充分体现"基于工作过程"的课程特点。

本书由山东职业学院艾菊兰、徐冬，济南铁路局车辆处徐占山编著；山东职业学院郭鹏主审。编写分工如下：项目5之知识点由艾菊兰、徐冬编写，项目5之实践教学活动由艾菊兰、徐思厚、徐冬、徐占山、李晋武共同编写；项目6之知识点由艾菊兰、徐占山共同编写，项目6之实践教学活动由艾菊兰、徐思厚、徐冬、徐占山共同编写；项目 7 之知识点由艾菊兰、陈学景、胡述沛共同编写，项目 7 之实践教学活动由艾菊兰、陈学景、李振业、王化新、滕振海、李晋武共同编写；项目 8 之知识点由艾菊兰、陈学景、滕振海共同编写，项目 8 之实践教学活动由艾菊兰、陈学景、李振业、王化新、滕振海共同编写。

在本教材编写过程中，作者联合济南铁路局车辆部门技术专家，一起深入企业调研，共同研讨铁道车辆毕业生主要从业岗位和岗位需求，整合典型工作岗位的典型工作任务，设计了车端连接装置检修、货车车体检修、客车车体检修、客车典型装备检修 4 个项目；参阅或引用了客、货车段修规程等铁路行业标准，济南铁路局车辆段关于车端连接装置、车体、客车典型装备检修的作业指导书，以及相关优秀科技论文和优秀图书，在此向相关作者表示衷心的感谢！

由于作者水平有限，书中难免有不妥之处，恳请读者批评指正。

作　者

2017 年 11 月

目 录

项目 5　车端连接装置检修 1
　　知识 5.1　车端连接装置概述 2
　　知识 5.2　货车车端连接装置 9
　　知识 5.3　客车车端连接装置 33
　　知识 5.4　车端连接装置主要损伤形式 47
　　知识 5.5　车端连接装置检修要求 50
　　任务 5.1　货车车钩组装 70
　　任务 5.2　15 号车钩缓冲装置分解与组装 87

项目 6　货车车体检修 98
　　知识 6.1　车体结构概述 99
　　知识 6.2　通用货车 102
　　知识 6.3　专用货车 139
　　知识 6.4　特种货车 150
　　知识 6.5　车体钢结构主要损伤形式 153
　　知识 6.6　货车车体检修要求 155
　　任务 6.1　货车段修预检作业 161
　　任务 6.2　货车段修整车落成检查作业 164

项目 7　客车车体检修 182
　　知识 7.1　25 型客车 183
　　知识 7.2　客车车体检修要求 193
　　知识 7.3　客车段修整车落车要求 196
　　任务 7.1　客车段修架车前准备（转向架）作业 200
　　任务 7.2　客车段修落车作业 204
　　任务 7.3　DC 600 V 供电 25T 型空调客车整车落成检查 207

项目 8　客车典型装备检修 221
　　知识 8.1　客车给水装置 221
　　知识 8.2　客车集便装置 234
　　知识 8.3　电控气动塞拉门 250

任务 8.1　电控气动塞拉门检修与试验 ·· 276
　　任务 8.2　真空集便器专项检修作业 ·· 279

参考文献 ·· 287

附　　录 ·· 288
　　附录一　车体及车端连接装置检修岗位 ··· 288
　　附录二　学习资源 ··· 289

项目 5　车端连接装置检修

【项目导入】

铁道车辆在运营过程中不论载客还是运货,总是"手拉着手,集体上阵",即成列运行,如图 5.0.1 所示。一列客车,长的有 25 节车厢;大秦线上的 2 万吨级运煤专列,多达 200 余辆货车。在编组站内,可以看到机车牵着或推着一节或几节车辆在开来开去,那是在进行调车作业(或者是化零为整,把零散的车辆编组成列,准备发车;或者化整为零,把刚到达的整列货车拆开,一一拉去卸货)。在正线上,很少有机车拉着 1 节或几节客、货车辆运行,偶然有,也是特殊情况。铁路车辆成列运行可以充分发挥机车和线路的效能,减少运力的浪费。

图 5.0.1　铁路列车

能够使列车实现"手牵手"运行的装置,我们习惯上叫作车端连接装置。客车和货车的车端连接装置是有区别的。综合来说,车端连接装置主要包括车钩缓冲装置、风挡装置和电气与风管连接器。其中,风挡装置是旅客列车相对货物列车特有的,安装于车辆端部相邻两车厢的连接处,使两车厢形成一个完整的通道,具有良好的纵向伸缩性及横向、垂向的柔性,以适应车辆运行中的振动和安全通过曲线、道岔的要求,使乘客可以安全舒适地在车辆之间自由走动。风挡起到了车端连接、密封、隔热、隔声和安全保护的作用,营造了一个正常、舒适的乘车环境。

【学习内容】

知识点:

知识 5.1　车端连接装置概述

知识 5.2　货车车端连接装置
知识 5.3　客车车端连接装置
知识 5.4　车端连接装置主要损伤形式
知识 5.5　车端连接装置检修要求

实践教学活动：
任务 5.1　货车车钩组装
任务 5.2　15 号车钩缓冲装置分解与组装

【知识点】

知识 5.1　车端连接装置概述

【摘要】主要介绍车端连接装置的基本结构组成、作用及在车辆上的安装、受力状况等。

车端连接装置是指连接两车辆间或连接两车列间的所有机械、空气和电气装置，主要包括车钩缓冲装置、风挡装置、电气连接器和风管连接装置等。车端连接装置示例如图 5.1.1 所示，具有连接、牵引、缓冲、密封功能，以及传递压缩空气、电气信号和控制信号等功能。

图 5.1.1　车端连接装置

5.1.1　车钩缓冲装置

车钩缓冲装置是车端连接装置的主要组成部分，如图 5.1.2 所示，通常由车钩、缓冲器、钩尾框、从板等零部件组成一个整体结构，安装于车体底架两端的牵引梁内。从板及缓冲器卡装在牵引梁的前、后从板座之间，下部靠钩尾框托板及钩体托梁托住。由于车型不同，具体连接配件是有区别的。车钩缓冲装置在车上的安装位置如图 5.1.3 所示。

5.1.1.1　车钩缓冲装置的基本结构组成及作用

车钩缓冲装置除车钩、缓冲器外，还需有一些附属配件互相配合，才能起到车辆之间的连挂、牵引、缓冲的作用。附属配件的结构和技术状态对车钩缓冲装置的作用和行车安全有重要影响。

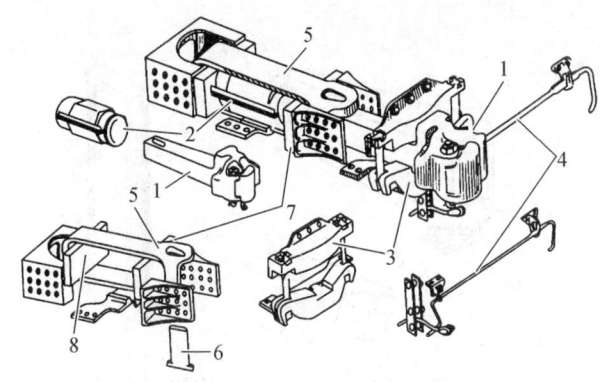

图 5.1.2　车钩缓冲装置

1—车钩；2—缓冲器；3—车钩复原装置；4—车钩提杆；5—钩尾框；6—钩尾销；
7—前从板；8—后从板（货车基本取消）

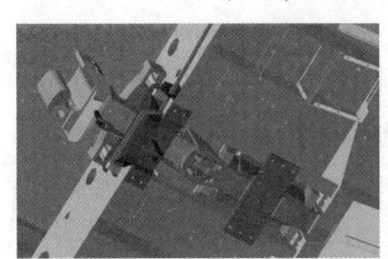 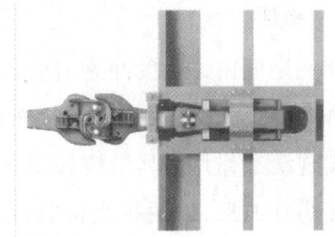

图 5.1.3　车钩缓冲装置安装位置示意图

1. 车　钩

车钩能够实现机车和车辆或车辆和车辆之间的连挂及传递牵引力和冲击力，并使车辆之间保持一定距离。

车钩按照连接方式，可分为自动车钩和非自动车钩。自动车钩不需要人工参与就能实现连接，非自动车钩则要由人工完成车辆之间的连接。自动车钩又分为非刚性车钩和刚性车钩，如图 5.1.4 所示。非刚性车钩，允许两个相连接的车钩钩体在垂直方向上有相对位移，主要用在一般铁路客车、货车上。刚性车钩，不允许两连挂车钩存在相对位移，我国用于准高速车辆和高速列车的密接式车钩就是刚性自动车钩。

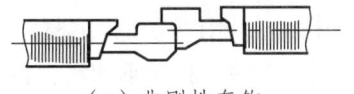 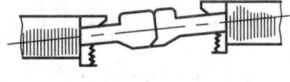

（a）非刚性车钩　　　　　　　　　　　　（b）刚性车钩

图 5.1.4　非刚性车钩和刚性车钩

2. 缓冲器

缓冲器能够减缓列车在运行或调车时车辆之间的冲撞，吸收冲击动能，减小车辆相互冲击时产生的动力作用。

3. 钩尾框及钩尾销

钩尾框用钩尾销与钩尾连接，钩尾框内装有缓冲器和前、后从板，是传递牵引力的主要配件。其结构如图 5.1.5 所示。

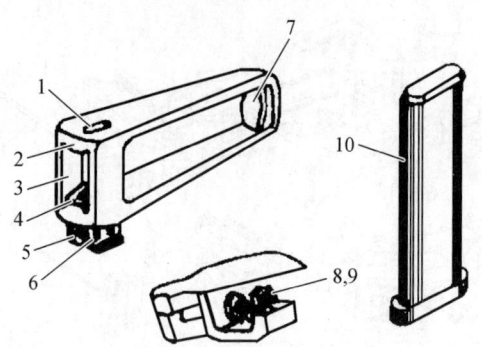

图 5.1.5 钩尾框及钩尾销

1—钩尾销孔；2—钩尾挡；3—侧板；4—钩尾座；5—钩尾销固定挂耳；6—钩尾销螺栓孔；
7—后端面；8—钩尾销螺栓；9—开口销；10—钩尾销

4. 从板及从板座

从板安装在钩尾框内，于缓冲器前后各 1 块。前面的为前从板，承受牵引力；后面的为后从板，承受冲击力。车钩缓冲装置借助从板与从板座接触使缓冲器实现缓冲作用，其结构如图 5.1.6 所示。15 号车钩用的前从板与钩尾接触面为圆弧形，以便扩大接触面，避免从板因受力集中而裂损；另一方面，可使列车在通过曲线时，车钩摆动自如，减少缓冲器对车钩的反驳力，保证列车平稳运行。

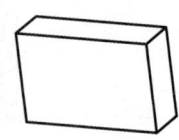

图 5.1.6 从板

5. 冲击座及车钩托梁

冲击座位于底架端梁的中部，在冲击座下部有车钩托梁，除保证车钩缓冲装置正常使用外，当车钩受到较大的冲击力时，钩肩与冲击座接触，由于有冲击座，可加强端梁强度并将部分冲击力直接传递给底架，避免缓冲器因冲击力过大而破损。目前，客车上使用的是摆式冲击座。

6. 钩尾框托板及挡板

钩尾框托板由钢板压制而成，由螺栓组装在牵引梁上，用以托住钩尾框。为了减少磨耗，在钩尾框与钩尾框托板之间装有磨耗板。在牵引梁的上方装有钩尾框挡板，以防止钩尾框翘起，钩头下垂。

7. 车钩的解钩装置

车钩的开启方式分为上作用式及下作用式两种。由设在钩头上部的提升机构开启的，叫上作用式；由设在钩头下部的推顶杆的动作来实现开启的，叫下作用式。车钩解钩装置主要由车钩提杆、车钩提杆座、提钩链组成，货车的解钩装置装在一、四位车端，如图 5.1.7 所示。

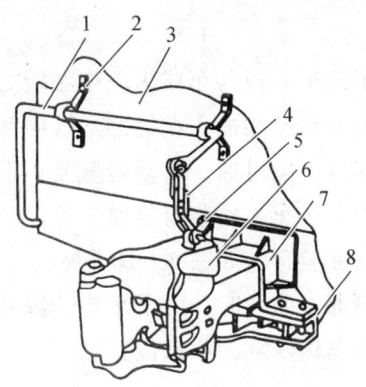

图 5.1.7 上作用式车钩装置

1—车钩提杆；2—车钩提杆座；3—车体端墙；4—提钩链；5—锁提销；
6—钩头；7—冲击座；8—钩身托梁

客车都采用下作用式车钩提杆，客车的解钩装置安装在车端的二、三位方向，如图 5.1.8 所示。

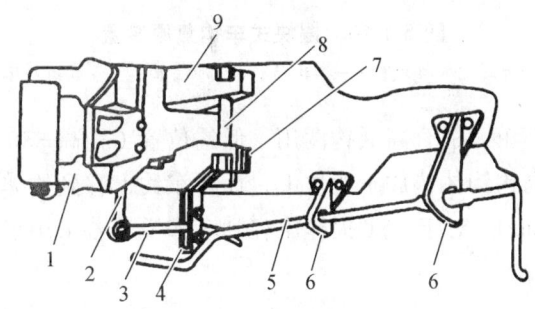

图 5.1.8 下作用式车钩装置

1—钩头；2—锁推销；3—下锁销杆；4—下锁销托吊；5—车钩提杆；6—车钩提杆座；
7—车钩托梁；8—吊杆；9—冲击座

在车辆运用中，如有较大的冲击或受到异物碰击后，车钩提杆将产生摆动，会造成开钩现象。因此，上作用式车钩提杆座带有扁槽，车钩连挂后，车钩提杆手柄端扁平部分安放在车钩提杆座的扁槽中，使之不能摆动。解钩装置配件如图 5.1.9 所示。

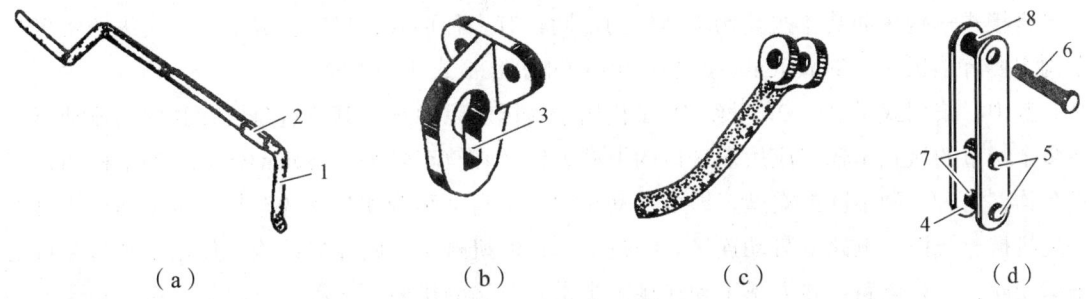

图 5.1.9 解钩装置配件

1—手把；2—扁平形部分；3—扁槽；4—下锁销杆吊；5，6—圆销；7，8—销套

8. 车钩复原装置

当车辆在曲线上运行时，车钩中心线与车体纵向中心线之间将产生一偏角。为了防止客车车钩偏移时，钩身与缓冲梁及冲击座相撞，在缓冲梁的中部开有较宽的钩门。客车车体较长，车钩偏移量较大，如果偏移后不能迅速、自动地恢复正常，将增加车辆运行的摆动，有时还会造成车辆摘挂的困难，为此客车上均装有复原装置。

目前，客车均采用摆块式复原装置，如图 5.1.10 所示。它是用摆块卡住钩身，摆块的两端用摆吊吊在冲击座上。当车辆通过曲线时，由于车钩的偏移，带动摆块摆头；当车辆转入直线上运行时，借助重力作用使车钩恢复到原来位置。

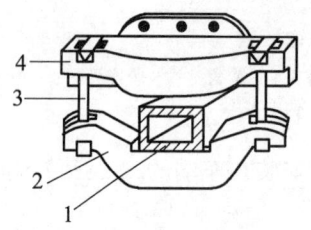 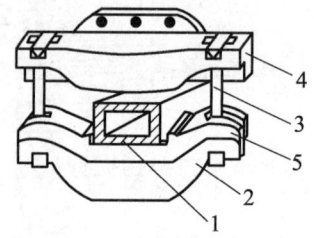

图 5.1.10　摆块式车钩复原装置

1—车钩；2—摆块；3—摆块吊；4—冲击座；5—高钩钩体垫

此种复原装置结构简单，适合高低钩两用。低钩位置（钩高 880 mm）适用于国内客车，不带高钩钩体垫；若将高钩钩体垫放于摆块上，而将车钩上移到钩体垫上，则可用于国际联运车上（钩高为 1 060 mm）。对于 25T 提速旅客列车来说，若采用了密接式车钩，则不需要单独设置传统的复原装置。

5.1.1.2　密接式车钩缓冲装置

密接式车钩要求在两车钩连接后，其间没有上下和左右的相对移动，而且纵向间隙也限制在很小的范围内（1~2 mm）。这对提高列车运行平稳性、降低车钩零部件的磨耗和噪声均有重要意义。

密接式车钩体积小、质量轻、两车钩连挂后各方向的相对移动量很小，可实现真正的"密接"；同时，对提高制动软管、电气接头自动对接的可靠性极为有利。

密接式车钩缓冲装置按其钩头结构的不同具有多种形式，目前世界上较为先进的密接式车钩主要有柴田式、Scharfenberg 式、BSI-COMPACT 式 3 种。

其中，柴田式早已于 20 世纪 60 年代用于我国北京地铁，其改进型已在我国高速动车组和多个城市的城轨车辆上应用。进口的上海地铁及轻轨车辆采用 Scharfenberg 型结构的密接式车钩，它有 3 种不同的类型，即全自动车钩、半自动车钩和半永久车钩。全自动车钩可以实现机械、气路、电路的自动连接。半自动车钩的机械、气路连接结构及作用原理与全自动车钩相同，但是电路需要人工手动连接。半永久车钩的机械、气路、电路的连接都需要人工手动操作，一般只有在车间维修时才进行分解。德国制造的 BSI-COMPACT 型密接式车钩在欧洲、巴西等许多国家的地铁、轻轨车辆和城郊列车上获得了广泛的应用。

25T 提速旅客列车采用了密接式车钩缓冲装置，可以实现机械、气路和电路三者同时连接，具体结构如图 5.1.11 所示。

图 5.1.11　密接式车钩缓冲装置示例图

5.1.1.3　车钩缓冲装置作用力的传递

车钩缓冲装置作用力分为车辆起动或加速时牵引力传递和车辆减速或制动时冲击力传递两种基本情况。

当车辆牵拉时，作用力的传递过程为：车钩→钩尾销→钩尾框→（后从板）→缓冲器→前从板→前从板座→牵引梁；当车辆冲击时，作用力的传递过程为：车钩→前从板→缓冲器→（后从板）→后从板座→牵引梁。车钩缓冲装置作用力的传递示意图如图 5.1.12 所示。

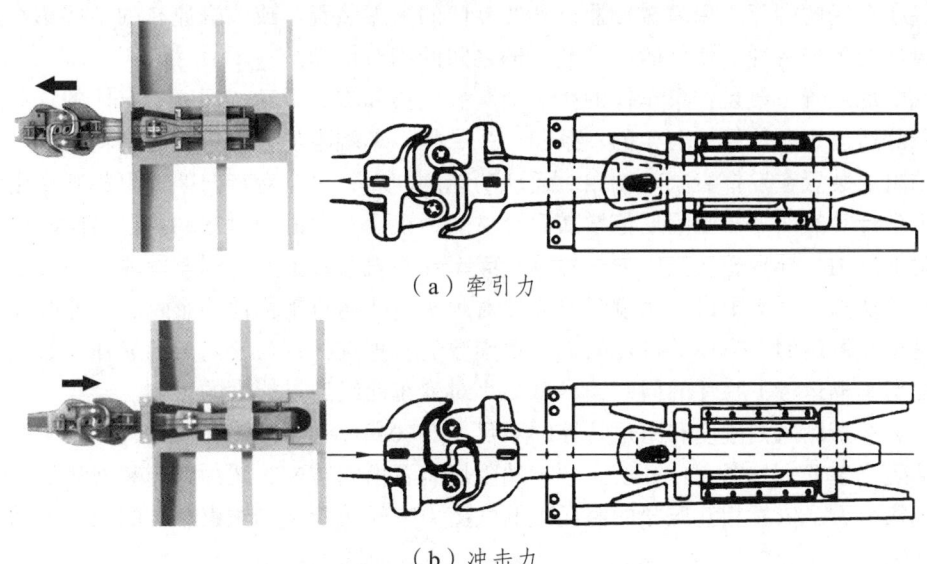

图 5.1.12　车钩缓冲装置作用力的传递示意图

5.1.2　风挡装置

客车在高速下运行时，客车厢体内外极易形成负压，大部分冷空气及灰尘通过车辆连接处进入车厢，造成客车热量损失和车内空气质量混浊，直接影响列车的运用质量。

为了防止风沙、雨水侵入车内及运行时便于旅客安全地在列车内通行，车辆两端连接处装有风挡装置，也称折棚装置。目前，我国使用的风挡装置有 3 种形式：铁风挡装置、橡胶风挡装置和折叠风挡装置，如图 5.1.13 所示。

图 5.1.13 风挡装置示例

5.1.3 车端缓冲及阻尼装置

随着列车技术装备的进步，旅客列车的运行速度不断提高，旅客对列车运行舒适度的要求也越来越高。但同时，速度的提高使车体的摇头、侧滚等振动问题更加突出，成为影响列车运行品质的重要因素。人们逐渐认识到车端连接设备的刚度和阻尼特性对车辆各个自由度振动的约束作用，以及这种约束对列车运行舒适度的影响。为了提高舒适度，一些铁路发达国家开始在车辆的端部采用除缓冲器以外的专门的减振装置，或改进原有的某些车端连接设备，如风挡的阻尼特性，使之能够衰减车辆之间的相对振动。

车端阻尼装置主要是约束车体的相对摇头、侧滚和点头运动，而衰减车体的这些运动，提高运行舒适度主要依靠转向架的一系和二系悬挂，车端阻尼装置只能起到辅助作用。实际上，车端阻尼装置在发挥衰减车端相对运动功能的同时，也会对转向架产生相互作用。

动力学计算表明，车端阻尼值增加后，虽然约束了车辆的相对运动量，但同时也对转向架产生附加反力，导致轮轨横向力、轮重减载率和脱轨系数上升，列车的曲线通过能力有恶化的趋势。从这一意义上讲，车端阻尼装置对列车直线运行平稳性的影响和对曲线通过能力的影响是相互制约的。应该通过对阻尼装置参数的合理选择，与转向架的悬挂参数相适应，保证在提高车辆运行平稳性的同时，尽量减小对列车曲线通过能力的影响。

为了弥补折棚风挡刚度和阻尼特性的不足，2000 年，我国开始在 25K 和 25T 型客车上安装车端阻尼装置，如图 5.1.14 所示。车端阻尼装置由安装座、缓冲弹簧和磨耗板组成，装在折棚风挡上方，依靠相互压紧的磨耗板的摩擦力来耗散能量，约束车端的相对运动。

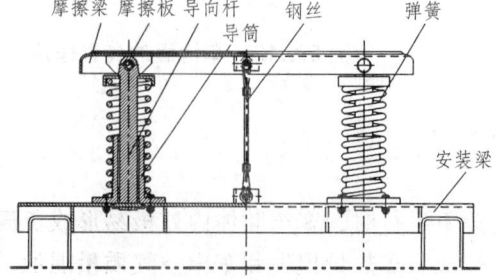

图 5.1.14 车端阻尼装置

由于车辆端部空间有限,且阻尼装置的安装又不能影响列车的自动连挂和分解,车端阻尼装置只能装在风挡的顶部。由于车端阻尼装置安装位置太高,作用点距车体断面中心太远,作用力不均衡,所以对约束车辆间的点头和侧滚振动颇为不利。而且由于圆弹簧本身不吸收能量,只能靠磨耗板提供横向和垂向的等效摩擦阻尼,其结构导致阻尼不足。所以这种车端阻尼装置可以对某些形式的车端相对运动起到一定的约束作用,但效果不理想。

速度在 200 km/h 以上的旅客列车,应该考虑使车端连接设备具有适当的刚度和阻尼特性,以抑制车端的相对运动。至于车端阻尼装置的具体形式,必须根据列车的编组形式、车体转向架的相关技术参数和车辆运营环境综合考虑。

究竟采用何种形式的车端阻尼装置,应与车体结构、转向架悬挂参数、车端设备布置情况、缓冲器行程和车辆运用方式等因素综合考虑。

5.1.4 电气及风管装置

车端电气及风管管线连接主要有列车总风管、列车通信总线连接、制动控制线连接、直流供电母线连接、电路电气设备连接、高压母线连接等,但端部连接和中间连接及不同车型之间还是会有区别的。

知识 5.2 货车车端连接装置

【摘要】主要介绍 13 号、17 号等货车主型车钩的基本结构、三态作用及 MT-2/MT-3/ST 型货车主型缓冲器的基本结构和工作原理。

货车车端连接装置主要包括车钩缓冲装置和列车总风管连接装置(制动软管),如图 5.2.1 所示。本节重点介绍货车车钩和缓冲器。

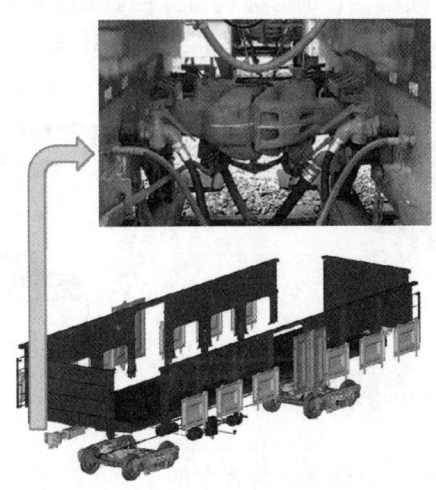

图 5.2.1 货车车端连接装置

目前，我国货车主要采用 13 号和 17 号车钩；在大秦线等运煤专线上，由于不摘解卸货，采用自翻车自动卸货，所以一般通过 16 号和 17 号车钩配对使用或者采用连接杆。缓冲器一般采用摩擦弹簧式，常见型号有 MT-2、MT-3、ST 及 HM-1、HM-2 等。

5.2.1　13 号车钩

5.2.1.1　13 号车钩

过去，货车使用的大多是结构与客车用的 15 号车钩相同的 2 号车钩。由于 2 号车钩的强度不足，在运用中钩舌裂纹、钩舌销折损严重。因此，1965 年在原 3 号车钩的基础上，设计制造了强度较大的 13 号车钩，而 2 号车钩逐步停止使用。

13 号车钩由钩体、钩舌及钩头配件等组成，其中钩体分为钩头、钩身、钩尾三部分，13 号车钩由铸钢制成。13 号车钩外形图和结构组成三维示意图如图 5.2.2 所示。

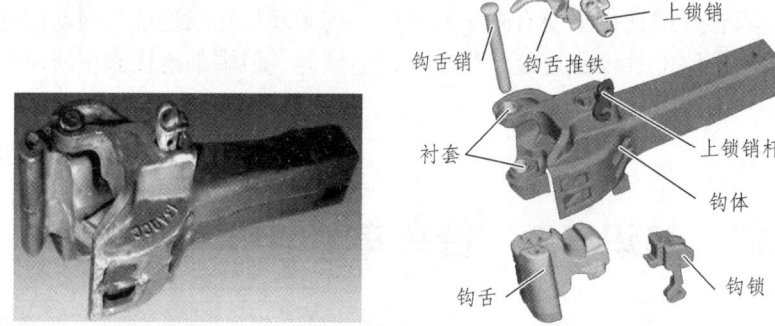

图 5.2.2　13 号车钩外形图和结构组成三维示意图

1. 钩　体

钩体由钩头、钩身、钩尾组成。

（1）钩头：车辆相互连接的主要部分，如图 5.2.3 所示。

① 钩腕：两车钩相互连挂时，容纳对方钩舌并控制其横向移动。

② 钩锁腔：钩头中空部分，用于安装钩头配件，结构如图 5.2.4 所示。

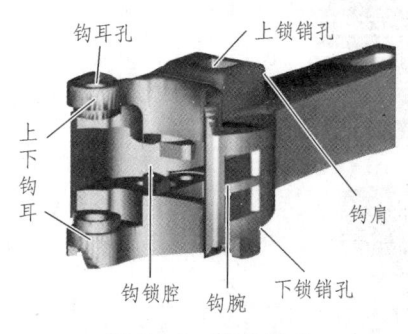

图 5.2.3　钩头组成

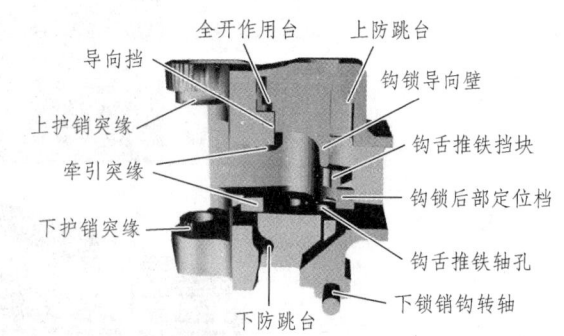

图 5.2.4　钩锁腔组成

③ 钩耳：安装钩舌用，分上下钩耳。与客车的 15 号车钩比较，13 号车钩增设了上下护销突缘。上钩耳孔为椭圆形，长径为纵向，短径为横向，这样既保证了纵向间隙的合理，又

避免了因横向间隙过大而造成车辆过曲线时加剧钩舌的横向冲击和磨耗。

（2）钩身：传递牵引力和冲击力的部分。钩身为中空断面结构，应具有比较大的强度和刚度。

（3）钩尾部：安装钩尾框的部分，钩尾端面为平直面。

2. 钩舌

钩舌装在上下钩耳之间。钩舌从不同角度展示的结构特征如图5.2.5所示。

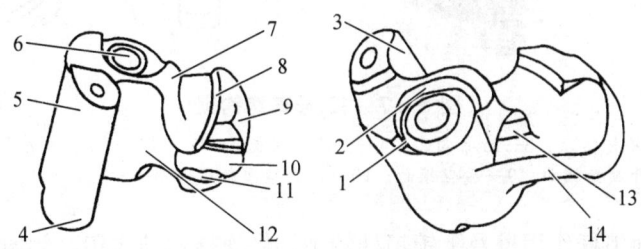

图5.2.5　13号车钩钩舌结构

1—全开止挡；2—护销突缘；3—钩腕牵引面（钩舌内侧面）；4—钩舌鼻；5—钩舌正面；6—钩舌销孔；
7—冲击突肩（冲击台）；8—牵引突缘（牵引台）；9—钩舌尾端面；10—钩舌锁面；
11—钩锁承台；12—钩舌内腕；13—钩舌推铁面；14—钩舌尾止端

在钩舌销孔处铸有护销突缘，尾部上、下铸有牵引突缘和上、下冲击突肩，在闭锁位置时，和钩锁腔内相应突缘配合，以使牵引力或冲击力直接由钩舌传给钩体。尾部上面设一圆弧，便于在全开位置到闭锁位置过程中钩锁顺利下滑成闭锁位。在钩舌尾部侧面有一台阶，称为钩锁承台。在闭锁位置时，供钩锁坐落之用。

3. 钩舌销

钩舌销装在钩耳孔及钩舌销孔中，作为钩舌的回转轴。

4. 钩头内部的配件

安装在钩头内部的配件如图5.2.6所示。

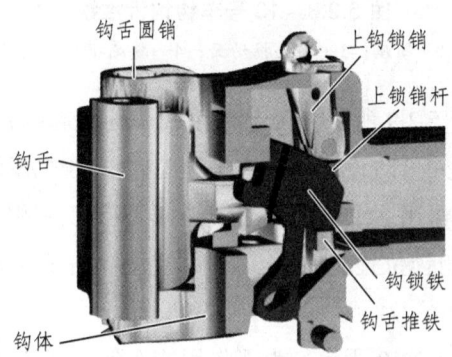

图5.2.6　钩头内部的配件（上作用式）

（1）钩锁铁：如图5.2.7所示，安装在钩锁腔内。其主要作用是在闭锁位置时，挡住钩舌尾部，使钩舌不能转动；在全开位置推动钩舌推铁，使钩舌张开。

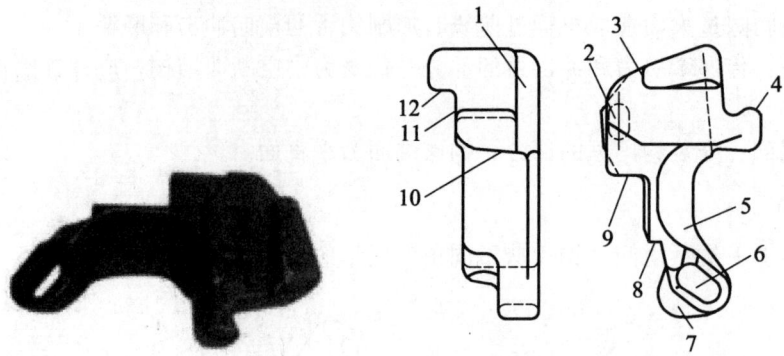

图 5.2.7 13 号车钩钩锁

1—前导向面；2—上锁销杆转轴；3—后导向面；4—全开回转支点；5—锁腿；6—下锁销轴孔；7—后踢足面；
8—开锁坐锁面；9—后坐锁面；10—前坐锁面；11—锁面；12—侧坐锁面

钩锁背部有上锁销杆作用槽及上锁销杆转轴，供连挂钩锁之用。侧面（钩舌侧）有侧坐锁面，前面有前坐锁面，后部有后坐锁面，闭锁位置分别与钩舌尾部顶面、钩舌的钩锁承台、钩舌推铁的锁座相配合。钩锁前部有全开回转支点。钩锁腿部有一开锁坐锁面和一椭圆下锁销轴孔。

（2）钩舌推铁：如图 5.2.8 所示，横放在钩锁腔内，通过回转支轴插入钩舌推铁孔内，起转轴作用。其作用是推动钩舌张开达到全开位置。

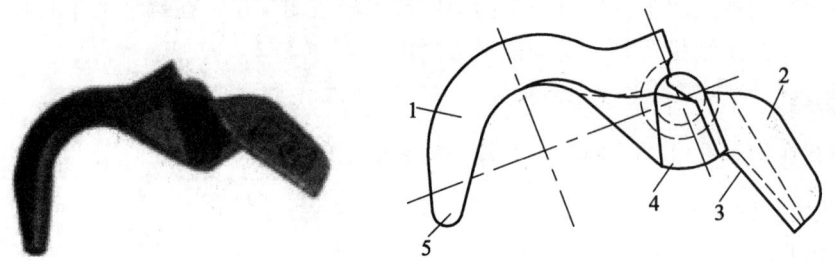

图 5.2.8 13 号车钩钩舌推铁

1—钩舌推铁腿；2—锁座；3—踢足推动面；4—踢足推动导向面；5—推铁踢足

（3）上锁销装置：如图 5.2.9 所示，为上作用式车钩提起钩锁之用。上锁销顶部有一凸檐，控制上锁销下落位置，并可防止杂物掉入钩锁腔内。上锁销下部有上防脱（跳）止端，在闭锁位置时起防脱（跳）作用。上锁销和上锁销杆采用沉头铆钉活动连接，不但便于检修时取下钩锁，更重要的是在闭锁位置时，使上锁销和上锁销杆成弓形，有利于锁销起防脱（跳）作用。

（4）下锁销装配：如图 5.2.10 所示，为下作用式车钩推起钩锁用。它由下锁销、下锁销钩和下锁销体组成，用沉头铆钉活动连接。下锁销钩以转轴孔和钩头下锁销钩转轴连接，另一端和下锁销体相连；下锁销体另一端和下锁销相连，其上有二次防脱（跳）尖端，中部有回转挡和钩提杆止挡；下锁销另一端由下锁销轴和下锁销防脱台组成。

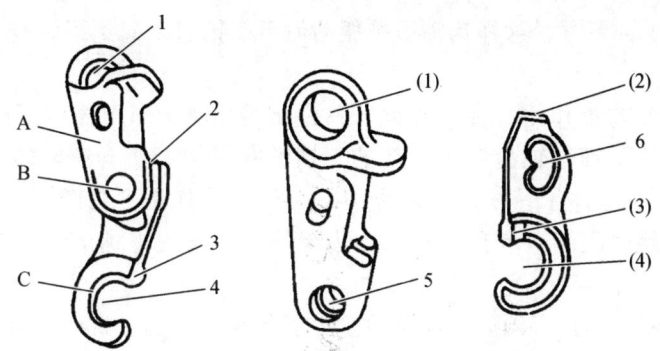

图 5.2.9　13 号车钩上锁销装置

A—上锁销；B—沉头铆钉；C—上锁销杆；
1,（1）—上钩提杆作用孔；2,（2）—上防脱(跳)止端；3,（3）—上锁销杆活动止挡；
4、（4）—锁轴回转钩形孔；5—沉头铆钉孔；6—腰形孔

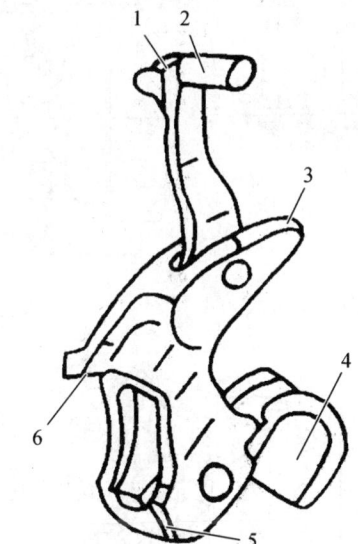

图 5.2.10　13 号车钩下锁销装置

1—下锁销防脱（跳）台；2—下锁销轴；3—二次防脱（跳）尖端；4—转轴孔；5—回转挡；6—车钩提杆止挡

5.2.1.2　13 号车钩三态作用位置

车钩具备闭锁位置、开锁位置和全开位置，俗称三态作用位置。车辆连挂后，两个车钩必须处于闭锁位置才能传递牵引力和冲击力。两连挂着的车辆要分开时，必须有一个车钩处于开锁位置。在车辆彼此连挂之前，必须有一个车钩处于全开位置，才能达到自动连挂的目的。

1. 闭锁位置

钩锁以其自重下落，其后部的后坐锁面坐在钩舌推铁的锁座上，钩锁侧面的前坐锁面坐在钩舌尾部侧面的钩锁承台上，侧坐锁面坐在钩舌尾部顶面上。钩锁卡在钩舌锁面和钩锁腔立壁之间，挡住钩舌使其不能转动，此位置称车钩的闭锁位置。

如图 5.2.11（a）所示，这时由于上锁销定位凸檐的支点作用，使上锁销下部的沉头铆钉沿着上锁销杆的腰形孔滑下，使上锁销装配成弓形，上锁销的上防脱（跳）止端卡在钩锁腔

后壁的上防脱（跳）台下方，这样钩锁虽受振动但不能抬起，起到了防脱（跳）的作用，如图 5.2.11（b）所示。

下作用式的动作与上作用式完全相同，只是防脱（跳）作用部位不同。当钩锁以其自重下落后，下锁销的下锁销轴沿钩锁腿部的下锁销孔下滑，使下锁销的下防脱（跳）止端卡在钩头的下防脱（跳）台下方，起防脱（跳）作用，如图 5.2.11（c）所示。同时下锁销体的二次防脱（跳）尖端，卡在下锁销孔边缘的二次防脱（跳）台下方，起到二次防脱（跳）作用。

车辆连挂后，两个车钩必须处于闭锁位置才能传递牵引力。此时，钩锁铁的中部台阶 a 坐落在钩舌推铁的一端 b 上，钩锁铁处于最低位置，钩舌尾部 c 受钩锁铁 d 处阻挡，钩锁铁的另一侧受钩腔内壁阻挡，钩舌被锁住不能转动，呈闭锁位置，如图 5.2.11（d）所示。

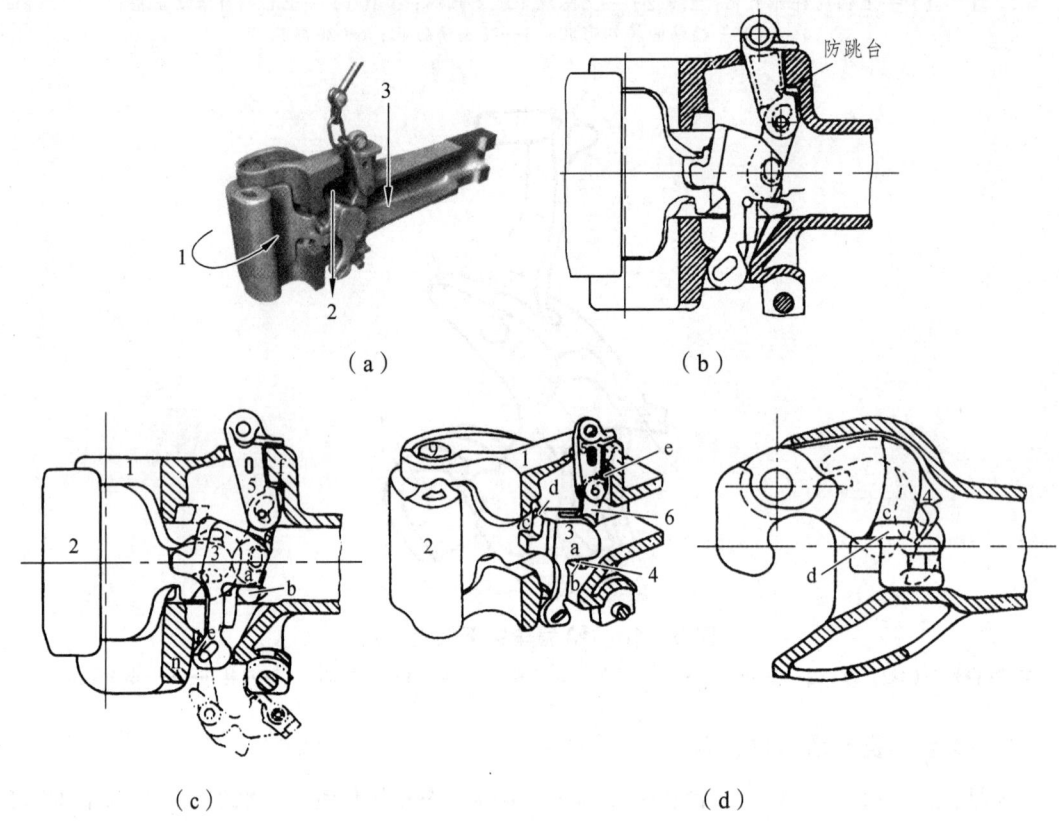

图 5.2.11　13 号车钩闭锁位置

2. 开锁位置

如图 5.2.12 所示，由闭锁位置提起钩提杆，则上锁销下部的沉头铆钉沿着上锁销杆腰形孔上移，该装配伸直离开防脱（跳）位置，如图 5.2.12（a）所示。当继续提车钩提杆时，上锁销提起的钩锁越过钩舌尾部，由于钩锁偏重，其腿部向后偏转。当放下车钩提杆时，钩锁腿部的开锁坐锁面就落在钩舌推铁的锁座上，使钩锁不致落下，呈如图 5.2.12（b）所示的开锁位置。

下作用式的动作与上作用式的动作基本相同，所不同的是，扳转钩提杆时，下锁销钩绕下锁销钩转轴转动，使下锁销轴沿锁腿的下锁销轴孔上滑，下锁销钩和下锁销离开防脱（跳）位置，从而举起钩锁，呈开锁位置，如图5.2.12（c）所示。在开锁位置，钩锁相对闭锁位置已被提起，而钩舌尚未转动。

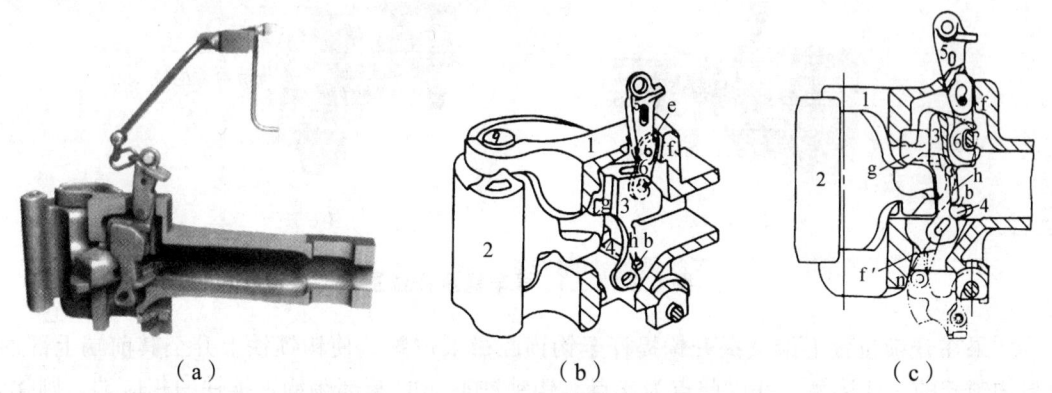

图 5.2.12　13号车钩开锁位置

上作用式车钩通过钩提杆提起上锁销，上锁销的下部圆销沿上锁销杆的上部的导向弯孔上滑，迫使上锁销杆绕钩锁铁上的提梁转动，从而摆脱了上防跳台 f 的阻挡，继而提起钩锁铁，使锁铁中部前面的下端与钩舌尾部几乎处于同一平面。钩锁铁的 g 处高于钩舌尾部，钩锁腿部上的坐锁面 h 高于推铁上坐锁面 b。这时放下钩提杆，钩锁铁因头重前仰使下部的 h 面坐在钩舌推铁的 b 面上，呈开锁位置，此时钩舌可在牵引力作用下自由转动。

对于下作用式车钩，当扳动钩提杆时，下锁销杆绕钩头下部的下锁销转轴转动，推动下锁销，使下锁销的耳轴沿钩锁铁下部的长圆孔上滑，从而摆脱了钩头内腔下防跳台 f′ 的阻挡，继而提起钩锁铁。与上作用车钩的情况相同，钩锁铁坐在钩舌推铁一端上面，呈开锁位置。

3. 全开位置

如图5.2.13所示，从闭锁或开锁位置，用力提起车钩提杆，钩锁被充分提起，钩锁前部的全开回转支点与钩锁腔的全开回转支点座接触，并以此支点［见图5.2.13（a）所示］转动。钩锁腿部向钩锁腔后部旋转，其后踢足面和钩舌推铁的踢足推动面接触，踢动钩舌推铁的锁座端［见图5.2.13（b）所示］，使钩舌推铁绕回转支轴转动。钩舌推铁的另一端（钩舌推铁腿），以其推铁踢足推动钩舌尾部的钩舌推铁面［见图5.2.13（c）所示］，使钩舌以其钩舌销为转轴转动，成全开位置。

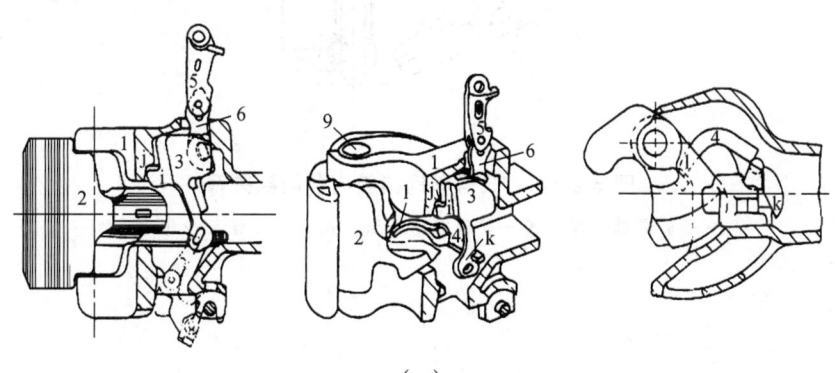

（a）

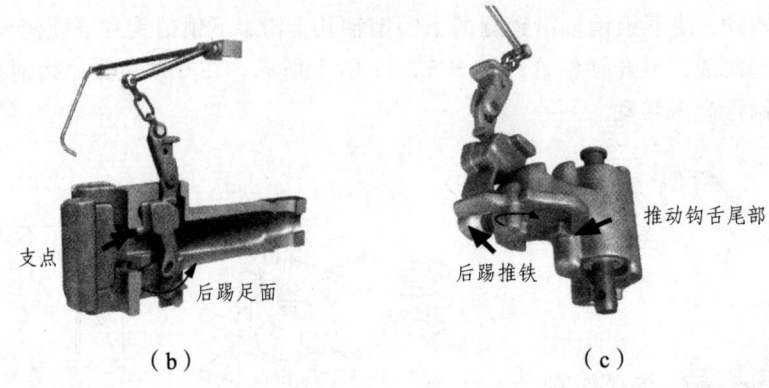

图 5.2.13 13 号车钩全开位置

如果在开锁位置上继续提升钩提杆至钩锁腔极限位置，使钩锁铁上升至其前端上部的 i 处与钩锁腔的 j 处接触，并以此点为支点，钩锁铁下面的 k 部踢钩舌推铁的相应端，则钩舌推铁绕其转轴水平转动，其另一端踢拨钩舌尾部，使钩舌转开至全开状态，呈全开位置。

下作用式与上作用式动作相同，只是钩锁由下向上推代替了上作用式的往上提。

5.2.1.3　13 号车钩受力分析

13 号车钩在闭锁位置时，由于合理地安排了钩头、钩舌及钩舌销之间的间隙，可使钩舌销不受或较少负担作用力，以充分发挥车钩各部分材料的抗拉强度。

车钩各部分之间的间隙如图 5.2.14 所示，钩头与钩舌上下突缘之间的间隙 δ_1 最小，护销突缘之间的间隙 δ_2 稍大，而钩耳孔与钩舌销之间的间隙 δ_3 最大，即 $\delta_1 < \delta_2 < \delta_3$。因此，两个牵引突缘最先受力。当牵引突缘之间的磨耗使间隙加大时，护销突缘和牵引突缘一起传递牵引力。当各突缘间磨耗后的间隙均加大时，则牵引突缘、护销突缘与钩舌销三者共同受力，仍可避免钩舌销受力过大的状况。13 号车钩受力状况如图 5.2.15 所示。

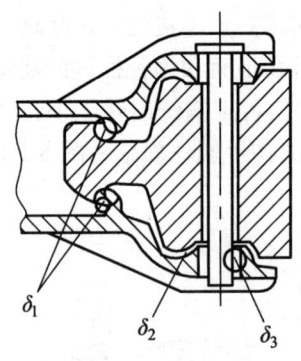

图 5.2.14　13 号车钩钩腔内各间隙关系

δ_1—牵引突缘间隙；δ_2—护销突缘间隙；δ_3—钩舌销与钩耳孔间隙

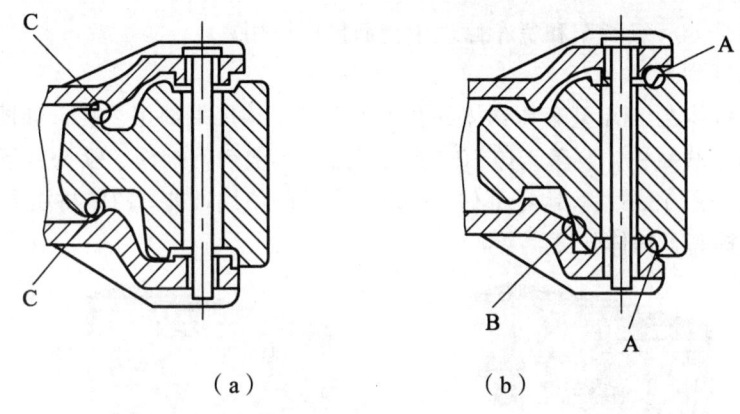

(a)　　　　　　　(b)

图 5.2.15　13 号车钩受力状态

A—护销突缘受力；B—冲击突缘受力；C—牵引突缘受力

5.2.1.4　13A、13B 型车钩的结构特点

1. 13A、13B 型车钩的结构特点

（1）车钩的连挂间隙为 11.5 mm，比原来 13 号车钩的连挂间隙 19.5 mm 减少了 41%，如图 5.2.16 所示。采用 13A、13B 型车钩后改善了列车的纵向动力学性能，延长了车辆及其零部件的使用寿命。

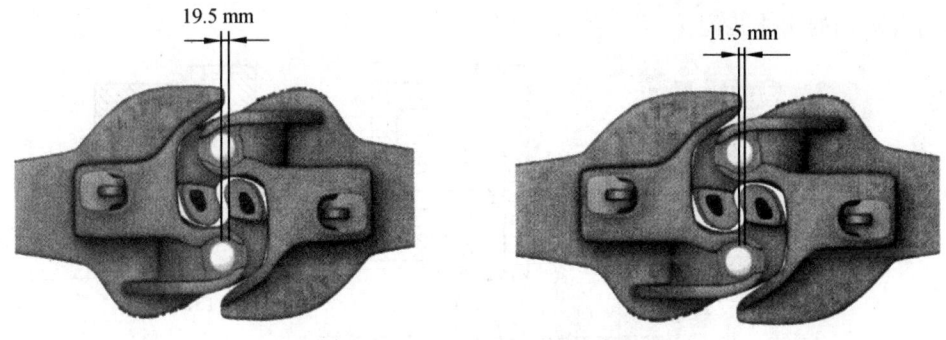

图 5.2.16　车钩的连挂间隙对比

（2）13A 型车钩钩体、钩舌均采用 C 级钢制造，增加了钩体、钩舌强度，提高了钩舌的耐磨性。

（3）13A 型车钩在钩体的下方增设了磨耗板，可防止钩体的磨耗，延长了钩体的使用寿命，适应了厂修、段修的需要，方便了运用和检修。

（4）互换性好，13A 型车钩的钩体、钩舌及钩腔小件可与 13 号车钩实现互换，方便检修。

（5）连挂性能好，能够与 13 号、16 号、17 号车钩连挂。

2. 13B 车钩与 13A 车钩的主要差别

13B 型车钩、钩尾框是为满足我国铁路运输进一步发展需要，解决因钩尾销螺栓折断引起列车分离事故，在 13A 型车钩、13A 型钩尾框的基础上改进设计的新型车钩。2007 年，原铁道部运输局装备部以运装货车（2007）370 号文批准 13B 型车钩、钩尾框通过部级技术审查,并开始在新造 60 t 级货车和货车修理中全面推广使用。

(1) 钩体的区别。

13B 型车钩钩体在 13A 型车钩钩体的基础上取消了钩尾端部工艺孔,如图 5.2.17 所示,以增加钩尾销的承载面积,改善钩尾销的受力状态;其他钩舌推铁、锁铁、下锁销组成及钩舌销等零部件均采用 13A 型车钩零部件,不改变产品的使用性能;钩体材质由 C 级钢提高为 E 级钢,进一步提高了钩体强度。

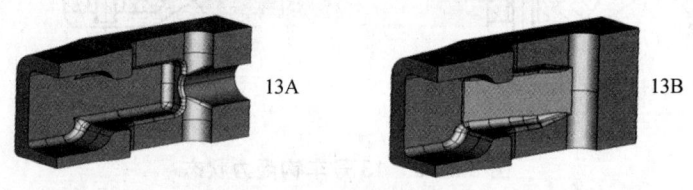

图 5.2.17　钩尾工艺孔改变

(2) 钩舌的区别。

13B 型车钩的 S 面为整体芯铸造,钩舌尾部分型面不得在锁面;钩舌鼻部内 13A 型车钩为两条筋,13B 型车钩为三条筋,如图 5.2.18 所示。材质为 C 级钢和 E 级钢,C 级钢为检修更换用,E 级钢为新造用。E 级钢的 13B 钩舌只能与 13B 型钩体匹配;C 级钢的 13B 钩舌可与 C 级钢的 13A、13 号和普碳钢的 13 号车钩匹配。一般来讲,钩舌的钢种等级应小于等于钩体的钢种等级,但因为钩舌比钩体的损坏率大,且不生产普碳钢的钩舌,所以 C 级钢的钩舌可以与普碳钢的钩体匹配。

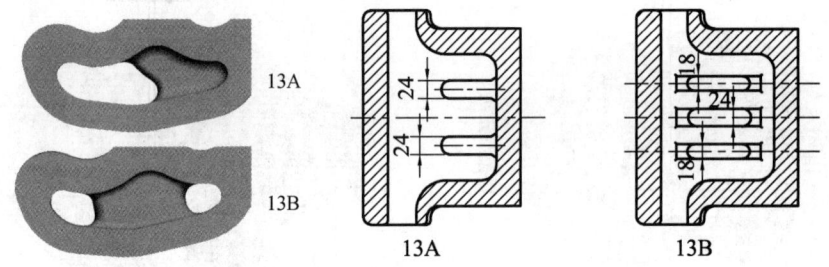

图 5.2.18　钩舌鼻加强筋改变

(3) 钩尾框的区别。

13B 型钩尾框是在 13A 型钩尾框的基础上改进设计的,主要将螺栓安装座由原来的一个螺栓承载更改为一个螺栓承载、两个螺栓防护的结构,如图 5.2.19 所示,避免了钩尾销螺栓折断而造成钩尾销脱落,从而引发列车分离事故;钩尾框材质由 C 级钢提高为 E 级钢,进一步提高了钩尾框强度。

为提高 13 系列上作用车钩的防分离性能,原铁道部运输局装备部以运装货车(2005)242 号批复文件同意了车钩防跳装置的产品图样和技术条件,以运装货车(2006)88 号要求对 13 系列上作用车钩进行防跳装置的技术改造,进一步提高了车钩缓冲装置的性能,降低了车钩分离惯性事故的发生。

为提高 13 系列下作用车钩的防分离性能,原铁道部运输局装备部以运装货车(2008)480 号文件同意了设计单位提出的 13 系列下作用车钩加装防跳插销方案,从 2008 年 10 月 1 日起在新造和检修的货车上推广使用。

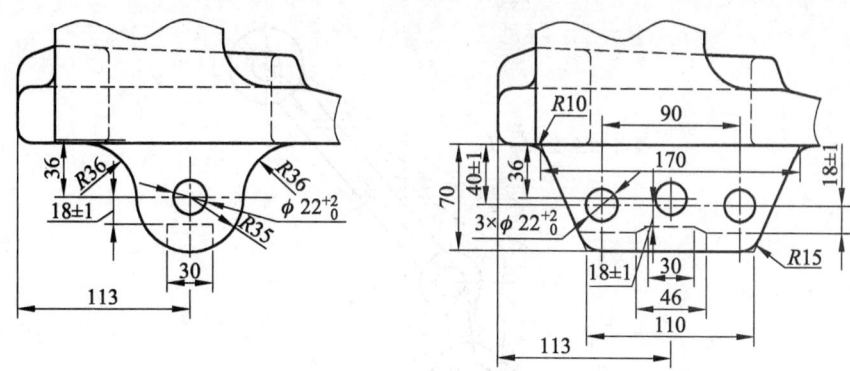

图 5.2.19 钩尾框螺栓改变

5.2.1.5 13号车钩重点检查的几个问题

1. 假落锁及危害

假落锁是指车钩处于闭锁位位置，钩锁铁虽已落下挡住钩舌，但上锁销未充分落下，上锁销与车钩上锁销孔部有一定间隙，上锁销杆与车钩防跳台未处于防跳状态。假落锁是造成车钩分离的最直接原因。

2. 13号、13A车钩组装后防跳性能的检查

在闭锁位置时锁铁移动量不大于：13号、13A型上作用车钩10 mm，下作用车钩18 mm；但均不小于3 mm。下作用车钩须有二次防跳装置，摆动下锁销组成时，防跳作用须良好。防跳试验施力示意图如图5.2.20所示。

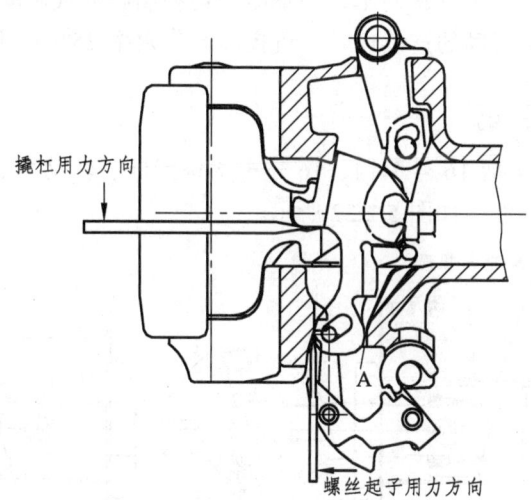

图 5.2.20 防跳试验施力示意图

3. 13A、13B型车钩钩提杆链的松余量

钩提杆链的松余量必须逐个测量，测量方法为：在马蹄环和钩提杆链落下时测量上下两个马蹄环圆销中心的直线距离，然后将马蹄环及链提起，不得带起上锁销，再次测量上下两个马蹄环圆销中心的直线距离，两者之差为钩提杆链松余量，如图5.2.21所示。钩提杆链松余量应为45～55 mm。

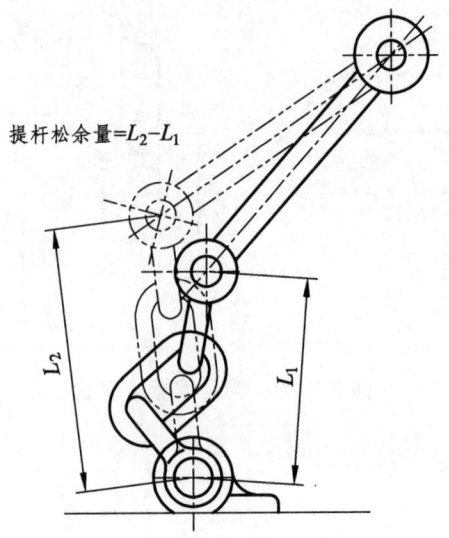

图 5.2.21 钩提杆链松余量示意图

5.2.2　16、17 号车钩

16、17 号车钩系统是为了适应大秦线运煤专列实现不摘钩进行翻车机卸货而设计的产品，具有连挂间隙小、结构强度高、联锁性能好及垂向防脱性能高等优点。其中，16 号车钩为转动车钩，17 号车钩为非转动车钩，配套装用 16、17 号车钩的单元列车可以按照预定计划在卸货台位之间运行，不用分解列车，即不需摘钩和摘解空气制动软管，就可以在转动翻车机上翻卸货物，保证了车辆的连续运转，可提高卸货效率 25% 以上。

5.2.2.1　16、17 号车钩系统

16、17 号车钩系统包括 16 号车钩、16 号车钩钩尾框、转动套、17 号车钩、17 号车钩钩尾框和其他配套用零部件，如图 5.2.22 所示。

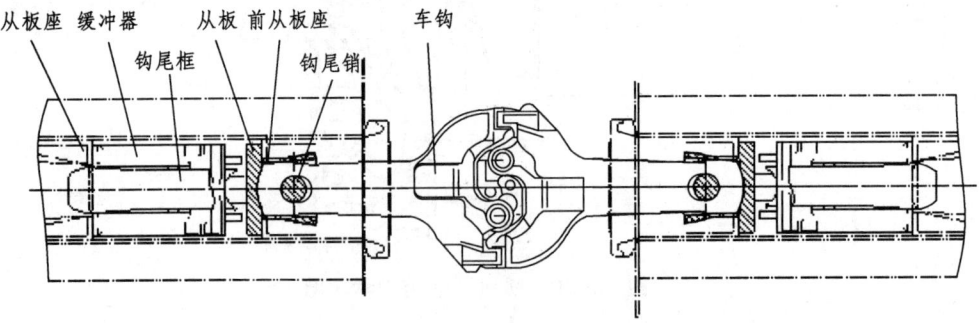

图 5.2.22　16、17 号车钩系统

1. 16 号车钩系统

16 号车钩系统包括 16 号车钩组成、16 号钩尾框、转动套、16 号钩尾销、钩尾销托和 16 号车钩从板等零部件。16 号钩系统组成如图 5.2.23 所示。

项目 5　车端连接装置检修

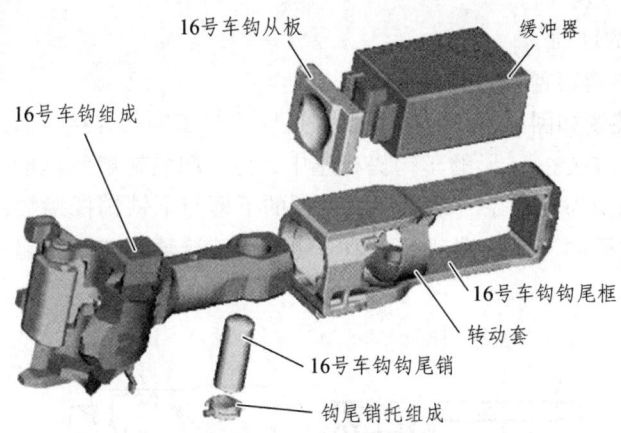

图 5.2.23　16 号车钩系统组成

转动套安装在钩尾框内,可以在钩尾框头部 $\phi 270\ mm$ 的圆筒体内自由转动。转动套的前端由钩尾框的前唇挡住,将车钩尾部装入转动套中,用钩尾销将车钩与转动套连为一体,再将钩尾销托装入钩尾框的钩尾销托的安装槽中,使其托住钩尾销,用钩尾销托上的插销锁住钩尾销托,使其不能在尾销托槽中转动,再将开口销装入插销手柄的孔中将插销固定。将从板装在钩尾框内,使从板的凹入球面与车钩尾部的凸起球面相密贴。当车辆不摘钩上翻车机翻转卸货时,由于转动套装钩尾框内可相对钩尾框做 360° 的转动,所以车钩可以保持不动,仅钩尾框随同车辆一起转动,完成不摘钩卸货作业。

（1）16 号车钩组成。

如图 5.2.24 所示,16 号车钩由 16 号车钩钩体、钩舌、钩舌推铁、钩舌销、下锁销转轴、锁铁组成和下锁销组成等零部件组成。

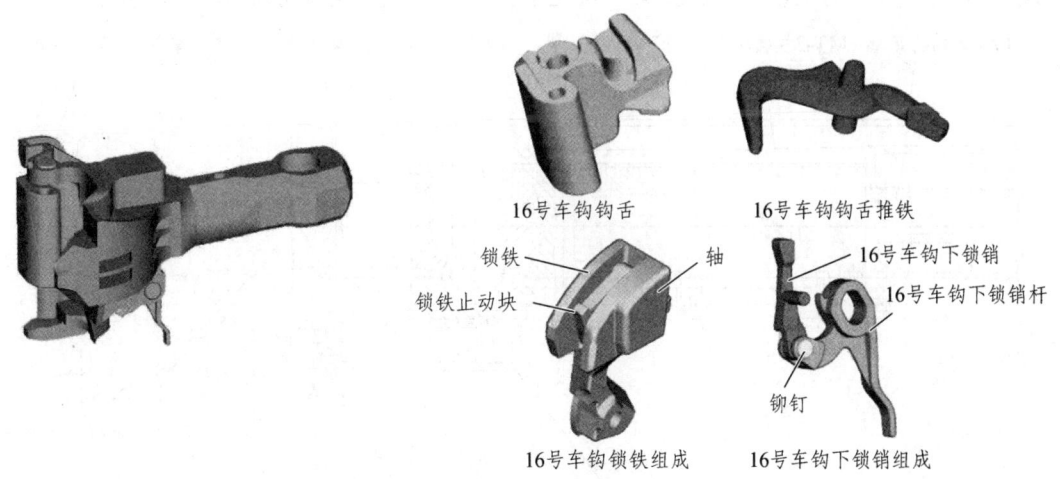

图 5.2.24　16 号车钩组成

16 号车钩钩体在钩头的钩腕一侧有联锁套头（带有上下调准平面）,在钩耳的外侧,有联锁套口（带有上下调准平面）,在钩头的下部有防脱安全托,以上结构使车钩连挂后具有联锁、自动对中及防脱的功能。为了使车钩在进行翻卸作业时转动灵活,16 号车钩的钩身为圆柱形,钩身下面的磨耗板为嵌入式磨耗板,减小了车钩转动时的阻力。钩尾与从板接触的部位为半径 133.5 mm 的球面。

（2）16号车钩解钩装置。

16号车钩解钩装置如图 5.2.25 所示。车钩提杆不与车钩相连接，而是装在解钩框上，车钩提杆靠近手柄的一端装在 U 形的车钩提杆座中，另一端装在解钩框的滑道中，当提起车钩提杆时，解钩框以圆销为轴开始转动，使解钩框的下框与下锁销杆接触，当继续向上提起车钩提杆手柄时，解钩框的下框就推动下锁销杆绕下锁销转轴回转而托起钩锁铁到开锁位，完成开锁动作。

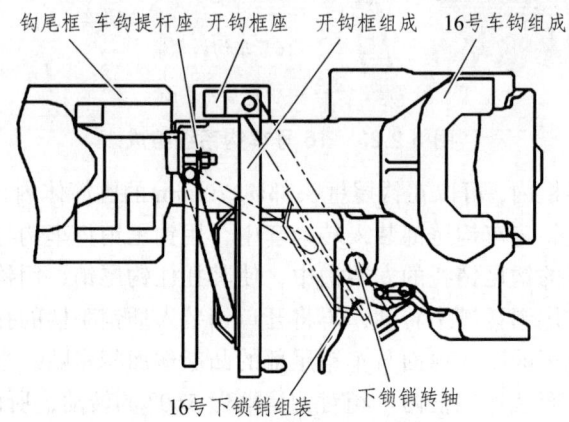

图 5.2.25 16号车钩解钩装置

2. 17号车钩系统

如图 5.2.26 所示，17号车钩系统包括 17号车钩组成、17号钩尾框、17号钩尾销、MT-2型缓冲器、17号车钩从板、尾销托梁、钩尾框托板、提杆装置和防跳插销等零部件。

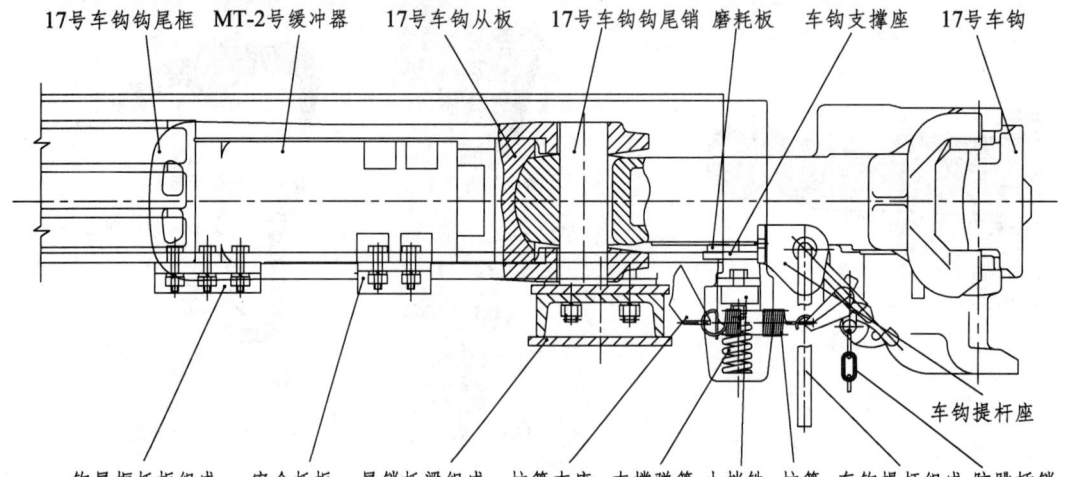

图 5.2.26 17号车钩系统

（1）17号车钩结构。

17号车钩整体结构如图 5.2.27 所示。典型配件有钩舌、钩锁、钩舌推铁、下锁销转轴、下锁销组成等，如图 5.2.28 所示。

项目5 车端连接装置检修

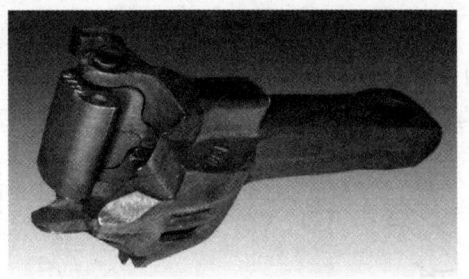

图 5.2.27 17型车钩整体结构

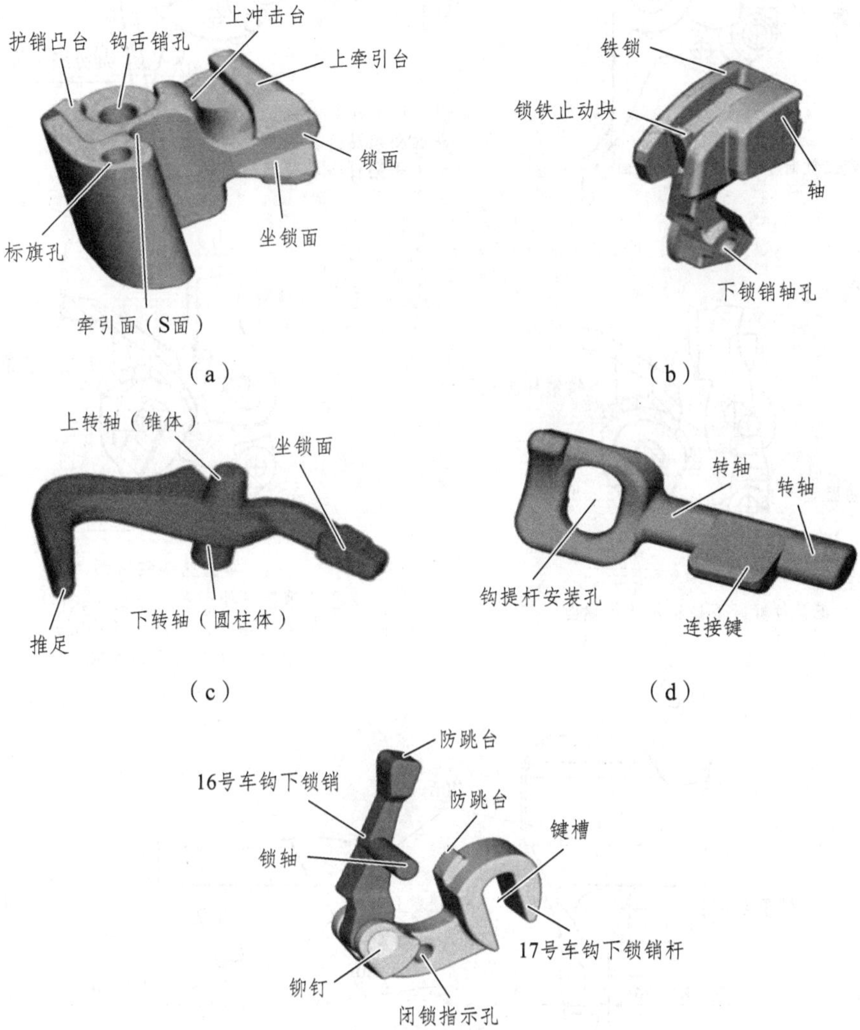

图 5.2.28 17型车钩配件结构图

（2）17号车钩的特点。

① 防分离可靠性高。

17号车钩具有下锁销防跳和下锁销杆防跳二级防跳功能，与上作用车钩的一次防跳相比，具有更好的防跳性能。同时，17号车钩的提杆装置加装了复位弹簧，进一步提高了车钩的防分离可靠性。在车钩钩头下面设有防脱装置，列车发生事故时仍能保持车钩的连挂性能，防止列车颠覆，并防止车钩相互脱离。17号车钩防跳装置如图5.2.29所示。

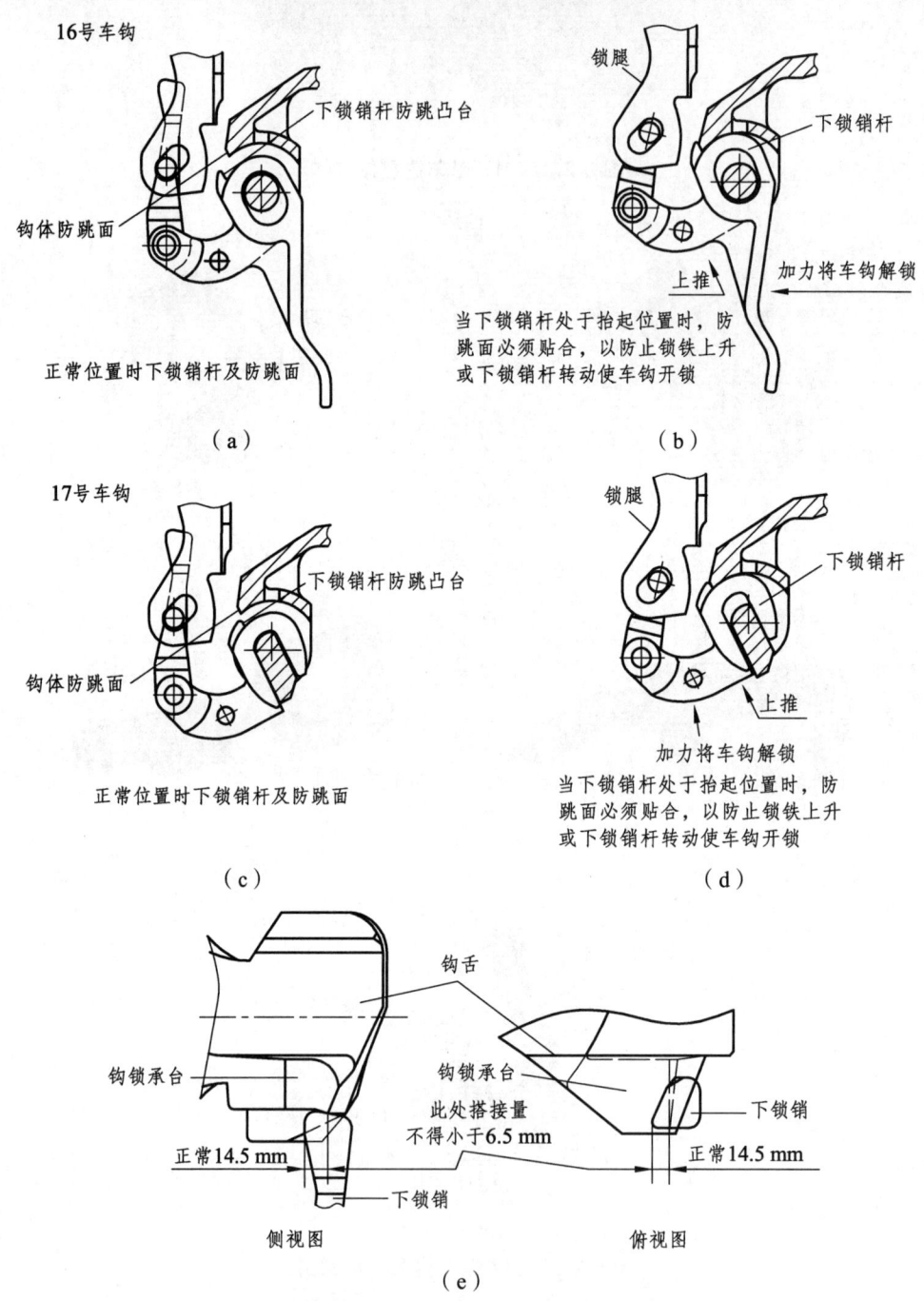

图 5.2.29　17号车钩防跳装置

② 车钩强度高。

17号车钩的结构合理，钩体、钩舌均采用E级钢制造，增加了车钩的强度；同时，钩体最小破坏载荷 4 005 kN 与 AAR 标准规定相同，钩舌的最小破坏载荷为 3 430 kN，比 AAR 标准规定的 2 950 kN 提高了 16%。钩尾框由 E 级铸钢改为 E 级锻钢，具有较高的强度储备。

③ 耐磨性能好。

17 号车钩采用高强度的 E 级钢材质，提高了钩体、钩舌和钩尾框的硬度和耐磨性；并对钩尾端面及钩尾销孔后圆弧面进行了提高表面硬度的特殊处理，使其具有更高的硬度和更好的耐磨性；钩体下方增设了磨耗板，防止钩体磨耗，降低了检修的工作量和成本。

④ 连挂间隙小。

17 号车钩的连挂间隙为 9.5 mm，比 13 号车钩的 19.5 mm 减少了 52%，比 13A 型小间隙车钩的 11.5 mm 间隙减少了 17%，可降低列车的纵向冲动，改善列车的纵向动力学性能，延长车辆及其零件的使用寿命。

⑤ 曲线通过性能好。

17 号车钩尾部设有自动对中凸肩和球形端面，如图 5.2.30 所示，可以使车钩在运行中经常保持正位，同时改善了车辆及列车的曲线通过性能；采用竖圆销与钩尾框垂直连接，提高了车辆的曲线通过能力。

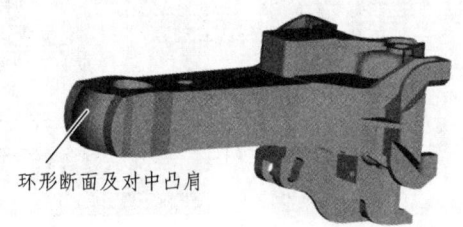

图 5.2.30　17 号车钩尾部

⑥ 连挂性能好。

17 号车钩可与我国现有铁路机车车辆使用的 13 号车钩、13A 型车钩及 15 号车钩等正常连挂使用，示例如图 5.2.31 所示。

图 5.2.31　17 号车钩连挂其他型车钩示例

⑦ 具有联锁功能。

17 号车钩的钩体头部设有联锁装置，如图 5.2.32 所示。车钩连挂后可自动实现联锁，减少车钩的相对运动，具有类似牵引杆装置的作用；联锁装置还可以在车钩转动作业中起到附加旋转功能以降低对车钩的损坏。

 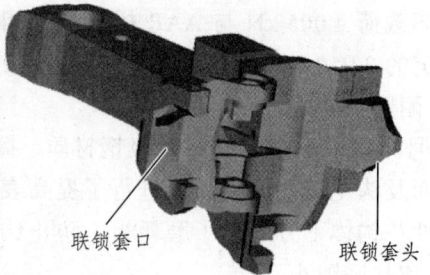

图 5.2.32　17 号车钩联锁装置

（3）17 号车钩的三态作用。

① 闭锁位置。

车辆连挂后，车钩必须处于闭锁位置才能传递牵引力。当钩舌转动到闭锁位时，锁铁座于钩舌尾部的坐锁面（台）上，钩舌不能绕钩舌销转动打开，此为闭锁位置，如图 5.2.33 所示。

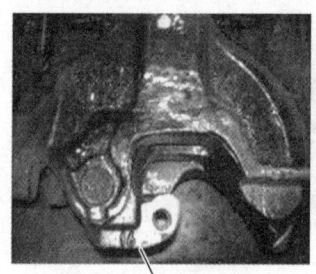 

图 5.2.33　17 号车钩闭锁位置

② 开锁位置。

欲分开两连挂的车辆，必须有一个车钩处于开锁位置。提起车钩提杆手柄，带动锁铁上升到一定高度，此时放下钩提杆，锁铁停留在钩舌推铁的坐锁面上，此时钩舌不能自动打开；如果钩舌受到牵引力就能绕钩舌销转动，此为开锁位置，如图 5.2.34 所示。

图 5.2.34　17 号车钩开锁位置

③ 全开位置。

在车辆彼此连挂之前，必须有一个车钩处于全开位置，才能达到自动连挂的目的。在开锁位置基础上，继续扳动钩提杆至极限位置，或在闭锁位置上用力扳动钩提杆至极限位置，钩舌绕钩舌销转动打开。此为全开位置，如图 5.2.35 所示。

项目 5　车端连接装置检修

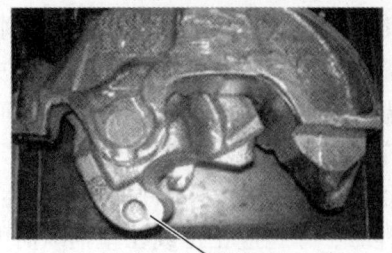

图 5.2.35　17 号车钩全开位置

（4）17 号车钩防跳性能。

17 号车钩具有下锁销防跳和下锁销杆防跳二级防跳性能，有效防止了车钩在闭锁位置时钩锁铁因车辆振动而自动跳起造成脱钩。

① 下锁销防跳。

车辆在振动过程中，下锁销上升与钩舌坐锁面下面接触，可防止下锁销继续上升带动锁铁上升使车钩开锁，如图 5.2.36 所示。

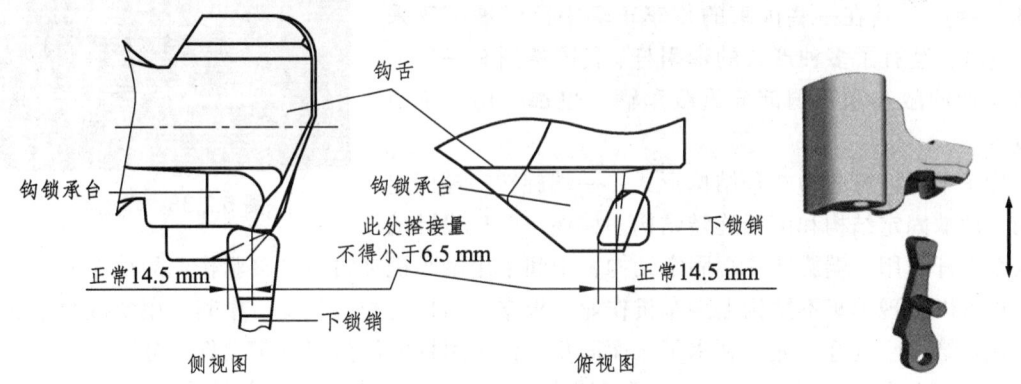

图 5.2.36　17 号车钩下锁销防跳

② 下锁销杆防跳。

车辆在振动过程中，下锁销杆上升使下锁销杆防跳台与钩体防跳台面接触，可防止下锁销杆的继续上升和转动，带动锁铁上升使车钩开锁，如图 5.2.37 所示。

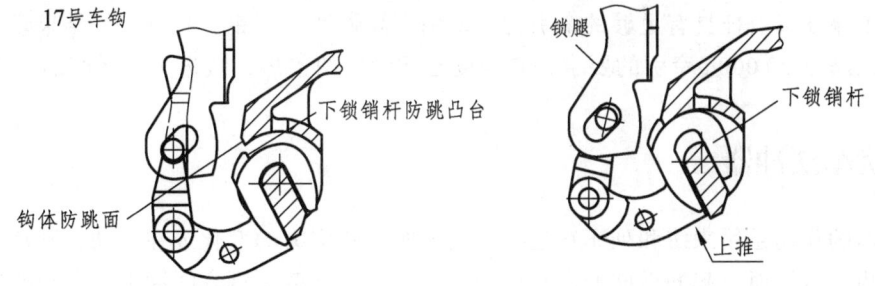

图 5.2.37　17 号车钩下锁销杆防跳

（5）17 号车钩润滑及注意事项。

由于黏性润滑脂通常会黏附磨损性物料，有加速零件磨耗的趋势，所以在润滑车钩及连挂系统时只能采用干性润滑剂。干性润滑剂需采用二硫化钼粉用酒精等易挥发的非石油类物质调制，需定期采用干性润滑剂润滑的部位包括钩头及其内部的每个零件、钩尾部的销孔表面及钩尾端部球面、从板凹入受冲击的表面和钩尾销表面。

17号车钩运用中注意的事项包括：① 不得借助车钩抬起重车；② 为了保证车钩系统的性能及作用，车钩系统及零部件的检修和生产应获得中国铁路总公司主管部门的认证许可；③ 车辆连挂时，车钩应正位或在车辆纵向中心线的同侧；④ 车钩闭锁后，应检查闭锁指示孔，确认车钩闭锁。

5.2.3 牵引杆

牵引杆是一种用于铁道货车车辆之间的牵引连接装置，但它又不同于车钩，牵引杆是车体之间的固定连接装置，只需在厂段内分解，在线路营运中不分解，如图 5.2.38 所示。

由于牵引杆具有无间隙、结构简单、质量轻及制造成本低等特点，其在一些国家的货车车辆中已经被广泛采用。美国已经有了多种形式的牵引杆，我国株洲车辆厂为巴西生产的敞车和我国部分重载车辆上也都采用了牵引杆技术。

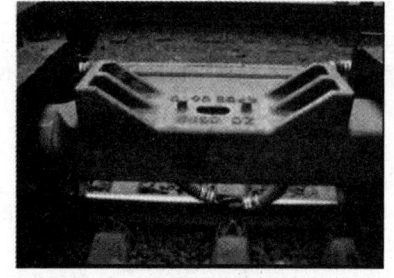

图 5.2.38 牵引杆

货车牵引杆可分为 3 种结构形式：一端旋转一端固定结构、两端固定结构和两端旋转结构。株洲车辆厂设计的重载牵引杆采用一端旋转一端固定结构，中间采用翻车机夹钳定位夹紧作业的截面形式，这种结构可以实现单车不摘钩上翻车机作业。根据牵引杆的受力状况，中间采用变截面箱形结构，这种结构刚度好，充分利用了截面面积，使牵引杆的质量得到了较好的分配。

为了拥有良好的互换性，牵引杆两端采用标准钩尾结构，可以实现国内 16、17 号车钩的互换。固定端尾部采用球面结构，并在尾端侧面增加了具有自动对中功能的柱形调整凸肩，使牵引杆在改善车辆通过曲线能力外，还具有使车钩自动复位的功能。旋转尾部为全球面结构，可与套在其外部的旋转套一起在旋转尾框内做 360° 灵活转动。

为了延长牵引杆的使用寿命，牵引杆在与车体上的托梁接触部位开有凹槽，用以焊接磨耗板。为了保证牵引杆具有足够的牵引力，采用了高强度 E 级钢。强度计算结果表明，牵引杆完全可以满足 20 000 t 牵引的要求，其强度是钩舌的两倍多，接近车钩强度的一半。

5.2.4 货车缓冲器

缓冲器的作用是用来缓和列车在运行中由于机车牵引力的变化或在起动、制动及调车作业时车辆相互碰撞而引起的纵向冲击和振动。缓冲器有耗散车辆之间冲击和振动的功能，从而可以减轻对车体结构和装载货物的破坏作用，提高列车运行的平稳性。

缓冲器的工作原理是借助压缩弹性元件来缓和冲击作用力，同时在弹性元件变形过程中利用摩擦和阻尼吸收冲击能量。

5.2.4.1 缓冲器性能参数

缓冲器的性能直接影响着列车的牵引总重、运行速度、车辆的总重、编组作业效率、货物的完好率等涉及铁路运输效能的主要技术经济指标。决定缓冲器特性的主要参数有：缓冲器的行程、最大作用力、容量、初压力及能量吸收率等。

1. 行 程

缓冲器受力后产生的最大变形量称为行程，此时弹性元件处于全压缩状态，如再加大外力，变形量也不再增加。

2. 最大作用力

缓冲器产生最大变形量时所对应的作用外力称为最大作用力。

3. 容 量

缓冲器在全压缩过程中，作用力在其行程上所做的功的总和称为容量。它是衡量缓冲器能量大小的主要指标，如果容量太小，则当冲击力较大时就会使缓冲器全压缩而导致车辆刚性冲击。

4. 初压力

缓冲器的静预压力称为初压力。初压力大小将影响列车起动的加速度。

5. 能量吸收率

缓冲器在全压缩过程中，有一部分能量被阻尼所消耗，其消耗部分的能量与缓冲器容量之比称为能量吸收率。吸收率越大，则表明缓冲器吸收冲击能量的能力越大，反冲作用就越小，否则，缓冲器必须往复工作几次方能将冲击能量消耗尽，这将导致车钩、车底架过早疲劳损伤，并且加剧列车的纵向冲动。一般要求能量吸收率不低于70%。

我国采用的几种主型缓冲器和改进型缓冲器的性能参数如表 5.2.1 所示。

表 5.2.1 我国几种主型缓冲器的性能参数

缓冲器型号	G1 型	G2 型	MT-2	MT-3
类 型	摩擦式	摩擦式	摩擦式	摩擦式
外形尺寸/mm	514×317×228	514×317×228	555×320×227	555×320×227
最大作用力/kN	800	1 630	2 000~2 300	2 000
行程/mm	73	73	83	83
容量/kJ	18	42	54~65	45
吸收能量/kJ	13.5	37~41	46~55	37
能量吸收率/%	75	75	≥80	≥80
质量/kg	106	116	175	175

5.2.4.2 MT-2 型、MT-3 型缓冲器

MT-2 型、MT-3 型缓冲器如图 5.2.39 所示，是参照符合 AAR-901E 标准的 Mark50 型缓

冲器研制的一种弹簧摩擦式缓冲器，是"八五"期间国家重点科研攻关计划和原铁道部科研项目，MT-2 型、MT-3 型缓冲器从 1989 年开始研制，于 1992 年 8 月通过原铁道部组织的技术审查，1992 年开始批量装用于 C_{63} 型运煤专用敞车上。

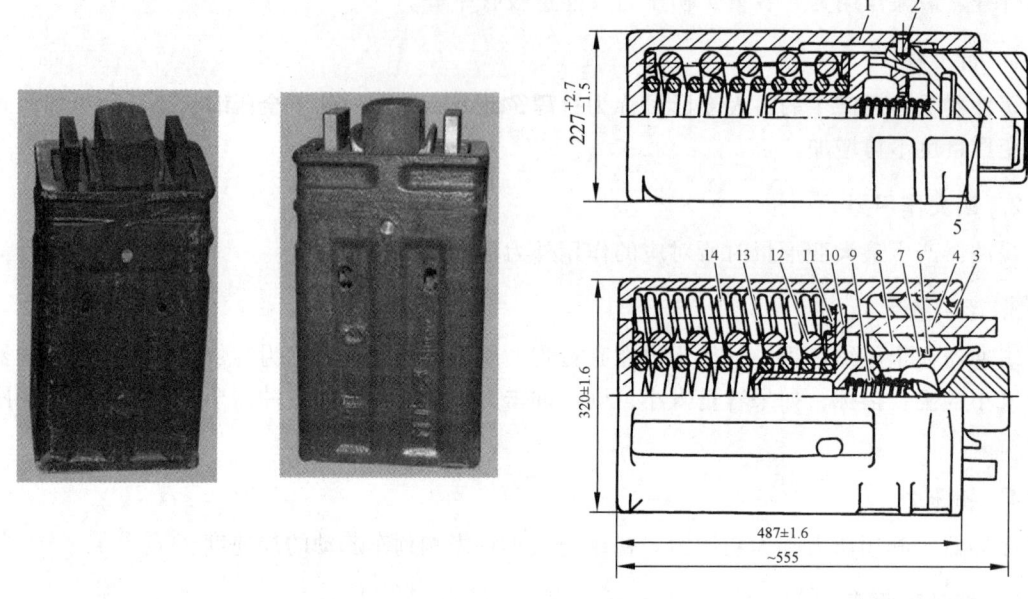

图 5.2.39　MT-2/MT-3 型缓冲器

1—箱体；2—销子；3—外固定板；4—动板；5—中心楔块；6—铜条；7—楔块；
8—固定斜板；9—复原弹簧；10—弹簧座；11—角弹簧座；
12—外圆弹簧；13—内圆弹簧；14—角弹簧

MT-2 型与 MT-3 型缓冲器的结构和外形尺寸完全相同，只是零件的材质有所区别，缓冲器的容量、阻抗性能有所不同，分别为不低于 50 kJ 和 45 kJ、不大于 2.27 MN 和 2.0 MN。MT-2 型和 MT-3 型缓冲器是目前我国铁路货车的主型缓冲器。该型缓冲器是全钢金属摩擦式缓冲器。MT-2 型缓冲器具有大容量、低阻抗及性能可靠等特点，在 C_{63} 型、C_{76} 型、C_{80} 系列及 70 t 级等重载货车上均装用了该缓冲器；MT-3 型缓冲器主要应用于 21 t 轴重、载重 60 t 各种通用货车上。

当缓冲器受冲击时，中心楔块 5 与楔块 7 沿着固定斜板 8 滑动，同时夹紧动板 4。当楔块移动到一定距离后与动板 4 一起移动，这时动板 4、固定斜板 8 和外固定板 3 构成另一组摩擦部分，消耗、吸收一部分动能，并共同推动弹簧座 10 压缩外圆弹簧 12、内圆弹簧 13 和角弹簧 14，将另一部分冲击动能转变为弹簧的势能。当缓冲器卸载时，复原弹簧 9 借助弹力使中心楔块 5 复位，防止卡滞。

5.2.4.3　ST 缓冲器

由于 MT-2 型、MT-3 型缓冲器成本较高，为了降低成本和探索缓冲器的多品种化，研制了 ST 型全钢干摩擦式弹簧缓冲器，如图 5.2.40 所示。

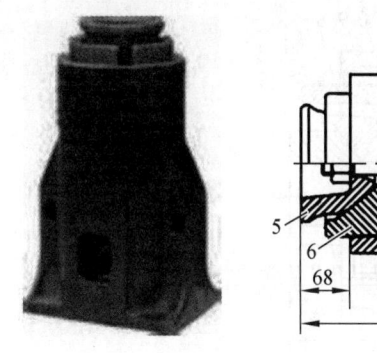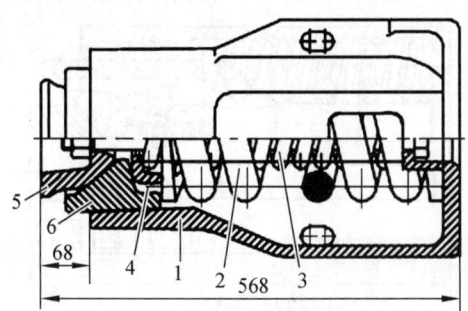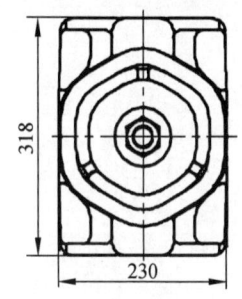

图 5.2.40　ST 缓冲器

1—箱体；2—外弹簧；3—内弹簧；4—限位垫圈；5—推力锥；6—摩擦楔块

ST 型缓冲器是原铁道部于 1992 年组织有关部门及单位，结合我国铁路货车制造及检修方面的实际需求，在 Ш-1-TM、SZ-1-TM 型缓冲器的基础上开发研制的。1997 年 1 月通过了部级审查定型为 ST 型缓冲器，并开始大批量装车使用。

当推力锥受到冲击时，摩擦楔块沿着箱体口部的斜面向里移动，这时将有一部分冲击动能转化为热能而消失。同时，限位垫圈受到摩擦楔块的作用力而压缩内外圆弹簧，将另一部分动能转化为弹簧的势能而储存。当冲击动能消除时，圆弹簧储存的势能又推动推力锥和摩擦楔块向外移动，这样就通过摩擦楔块与箱体口部斜面的摩擦将弹簧的势能转化为热能而消失，从而达到缓和冲击的目的。

ST 型缓冲器具有结构简单、零件少、自重轻、造价低、性价比高及对使用环境要求不高等特点。鉴于其技术性能明显高于 2 号、3 号及 MX-1 型缓冲器，且具有良好的互换性，因此 ST 型缓冲器最初设计定位为在一段时期内作为上述旧型缓冲器的替代品，满足载重 60 t 级铁路货车运输的需要。

ST 型缓冲器同属于干摩擦全钢弹簧缓冲器，其主要特点是结构简单、零件少、质量轻、价格便宜、对使用环境要求不高；不足的是箱体是摩擦系统的重要组成部分，导致其性能稳定性较差，制造及检修工艺性不好。运用中箱体摩擦面、推力锥、楔块磨耗严重，螺栓裂纹、断裂事故多，破损率高，卡死现象多，检修成本高等。

根据运装货车电（2006）2076 号要求，ST 型缓冲器组成已停止生产。

5.2.4.4　HM-1、HM-2 型缓冲器

1. HM-1 型缓冲器

为了提高普通货车缓冲器的性能，近年来，开发了 HM-1 型缓冲器，如图 5.2.41 所示。该缓冲器在 MT-2 型缓冲器的基础上采用弹性胶泥芯子替代其中的螺旋弹簧，从而提高了缓冲器的性能。这种缓冲器正在通用货车上推广。

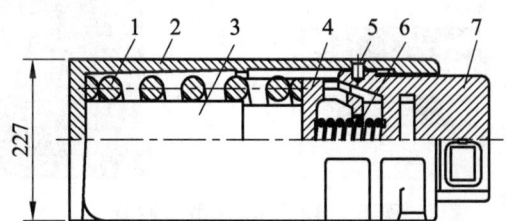

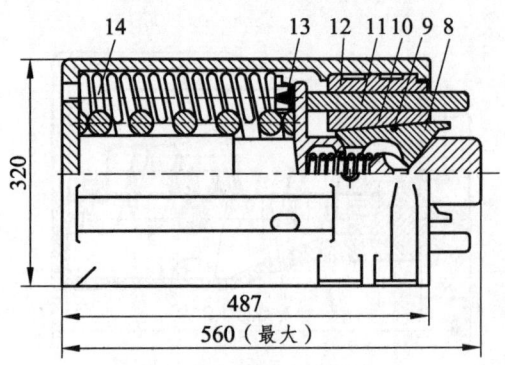

图 5.2.41　HM-1 型缓冲器

1—中心弹簧；2—箱体；3—弹性胶泥芯体；4—支撑座；5—缩短销；6—复原弹簧；7—中心楔块；
8—楔块；9—铜条；10—固定斜板；11—动板；12—外固定板；
13—角弹簧座；14—角弹簧

HM-1 型缓冲器是从 2004 年 5 月开始研制的，原铁道部运输局装备部以运装货车（2006）2887 号电报批准了缓冲器产品图样和技术条件，并在大秦线 C_{80} 型货车上开始装车运用考验。为保证 HM-1 型缓冲器性能的稳定性，2008 年原铁道部运输局装备部以运装货车（2008）538 号下发了 HM-1 型缓冲器技术条件和胶泥芯体技术条件。

HM-1 型缓冲器由箱体、摩擦机构和弹性元件组成，摩擦机构采用两楔块、单压头带两动板的摩擦机构，采用钢弹簧与弹性胶泥体组合的弹性元件；箱体不直接参与摩擦作用，缓冲器以预压缩状态交货，方便了检修维护。

HM-1 型缓冲器有性能稳定、缓冲性能好、使用寿命长、检修方便等特点，可在 ±50 ℃ 的环境温度范围内正常使用。

2. HM-2 型缓冲器

HM-2 型缓冲器是从 2004 年 5 月开始研制的，原铁道部运输局装备部以运装货车（2006）2887 号电报批准了缓冲器产品图样和技术条件，并在大秦线 C_{80} 型货车上开始装车运用考验。

HM-2 型缓冲器如图 5.2.42 所示，由箱体、摩擦系统和弹性元件组成，摩擦系统采用两楔块、两压头带一动板等零件组成的新型摩擦机构，弹性体元件采用新型复合弹性体材料制造；箱体不直接参与摩擦作用，以预压缩状态交货，方便了检修维护。

HM-2 型缓冲器具有性能稳定、缓冲性能好、使用寿命长、检修方便等特点。

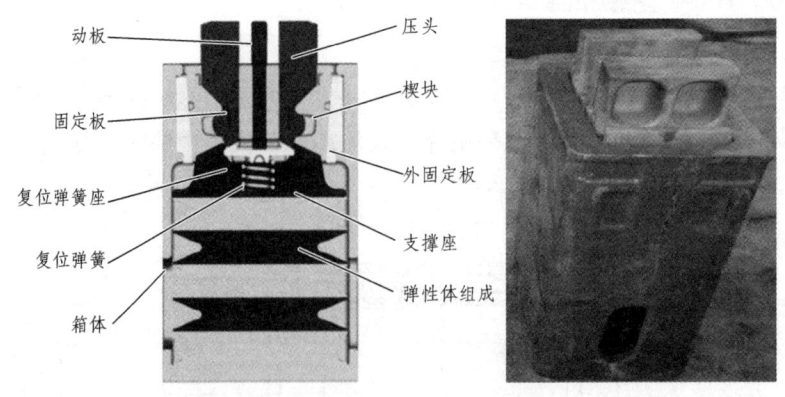

图 5.2.42　HM-2 型缓冲器

5.2.4.5 HN-1 型缓冲器

货物运输不仅需要大容量的缓冲器，在车钩力变化时还需要可靠的动作对运输货物进行良好的保护。近年来开发了大容量的 HN-1 型缓冲器，如图 5.2.43 所示。HN-1 型缓冲器为弹性胶泥缓冲器，具有容量大、阻抗小、结构简单、性能稳定的优点。由于弹性胶泥具有流体的特性，因此，HN-1 型缓冲器具有良好的动态和静态特性。在编组场调车时的动态特性使得冲击速度很大，编组作业效率高，可以加速货车周转；在紧急制动等制动工况下的动态特性使得列车的车钩力大幅降低；在列车运行工况下的静态特性使车钩力和机车车辆的纵向加速度很小，能够有效地保护载运的货物，特别是易碎品、危险品等货物。

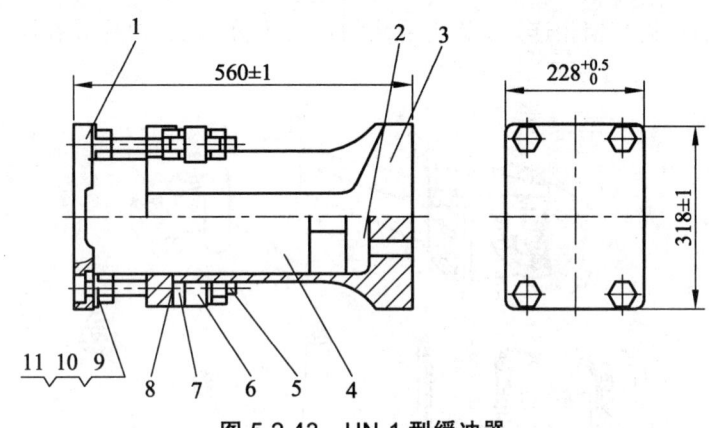

图 5.2.43　HN-1 型缓冲器

1—预压板；2—垫板；3—箱体；4—弹性胶泥芯体；5—螺杆；6—连接板；7—垫块；
8—减磨套；9—螺母放松板；10—螺母；11—弹簧垫圈

知识 5.3　客车车端连接装置

【摘要】主要介绍 15 号和 25T 客车使用的密接式车钩的基本结构、三态作用，客车缓冲器的性能参数和工作原理，以及折叠风挡装置的结构和工作过程。

客车车端连接装置有机械、空气和电气装置，主要包括车钩缓冲装置、风挡装置、电气及空气连接器等。随着我国旅客列车速度的不断提升，对车辆与车辆之间连接处的密封性能和减振性能要求越来越高，车端连接装置的结构和性能也发生了许多变化。本节重点介绍客车车钩、缓冲器和风挡装置。

5.3.1　15 号车钩

5.3.1.1　15 号车钩

普通客车采用 15 号车钩，该车钩由铸钢制成。15 号车钩由钩体、钩舌及钩头配件等组成，其中钩体分为钩头、钩身、钩尾三部分，如图 5.3.1 所示。

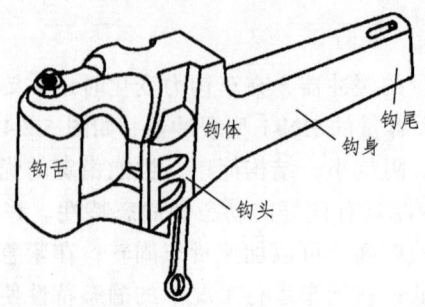

图 5.3.1　15 号车钩

钩头与钩舌通过钩舌销相连接,钩舌可绕钩舌销转动,钩头内部装有钩锁铁、钩舌推铁、钩锁销等零件,如图 5.3.2 所示。

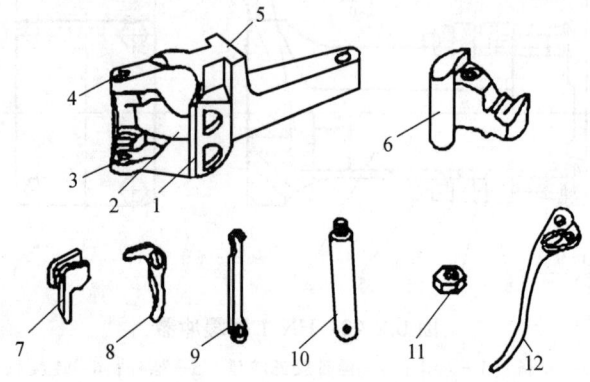

图 5.3.2　15 号车钩钩体及配件

1—钩腕；2—钩锁腔；3—下钩耳及孔；4—上钩耳孔；5—钩肩；6—钩舌；7—钩锁；8—钩舌推铁；
9—下锁销；10—钩舌销；11—销螺母；12—圆棒形下锁销杆

1. 钩　体

（1）钩头部：车辆摘挂的重要部分。

① 钩腕：在两车钩连挂,可容纳对方钩舌并控制其横向移动。钩腕与钩舌按机车车辆自动车钩连接轮廓规定（GB/T 4952—85）制作。

② 钩锁腔：钩头中空部,安装钩头配件,如图 5.3.3 所示。

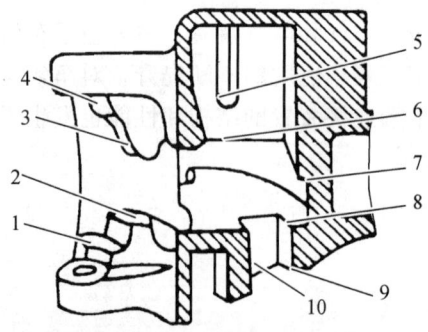

图 5.3.3　15 号车钩钩锁腔内部结构

1—下冲击突肩；2—下牵引突缘；3—上牵引突缘；4—上冲击突肩；5—钩舌推铁槽；6—导向挡；
7—上防脱（跳）台；8—开锁座面；9—下防脱（跳）台；10—下锁销孔

③ 钩耳：安装钩舌用，分上下钩耳。
④ 钩耳孔：为安装钩舌销用。
⑤ 钩肩：车辆发生较大冲击时，钩肩与冲击座接触，使部分冲击力直接传递给底架，避免缓冲器破损。
⑥ 下锁销孔：安装下锁销用，也是锁脚起落的孔。

（2）钩身部：传递牵引力和冲击力的部位。它被做成中空方形结构，应具有较大的强度和刚度。

（3）钩尾部：供安装钩尾框用。其上开有钩尾销孔，钩尾端面为圆弧面。

2. 钩舌及钩舌销

钩舌装在上下钩耳之间，插入钩舌销后以钩舌销为轴而转动，利用钩舌的开闭可进行车辆互相连挂和接解。钩舌结构如图 5.3.4 所示，其上有牵引突缘，以传递牵引力。

钩舌销穿过钩耳孔及钩舌销孔，将钩舌与钩体联系在一起，钩舌可绕其转动。正常情况下，钩舌销不受牵引力、冲击力，仅起到转轴作用。

3. 钩头内部零件

（1）钩锁：如图 5.3.5 所示，装在钩锁腔内钩舌尾部侧面，在闭锁位置时挡住钩舌尾部，起锁钩作用，在全开位置时，推动钩舌推铁能使钩舌张开。其背部及两侧均为垂直平面，并有导向面，与钩锁腔内的导向壁吻合，借以保持钩锁上下移动时的正位。钩锁下部为锁脚，锁脚下部有开锁坐锁面。开锁位置时，钩锁由于偏心向前倾斜，锁脚向后翘，开锁坐锁面恰好落在钩头内开锁坐锁面上。钩锁背部有锁销作用槽，其内有十字销凹槽，使下锁销的十字销在其上下滑动。

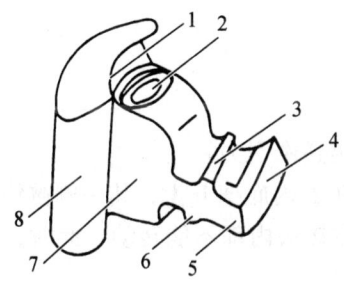

图 5.3.4　15 号车钩钩舌
1—钩腕牵引面；2—钩舌销孔；3—上牵引突缘；
4—钩舌尾端面；5—钩舌锁面；
6—下牵引突缘；7—内腕；
8—钩舌鼻

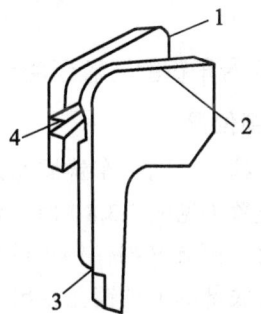

图 5.3.5　15 号车钩钩锁
1—导向角；2—全开作用面；3—开锁坐锁面；
4—锁销作用槽（十字销凹槽）

（2）钩舌推铁：如图 5.3.6 所示，悬挂在钩锁腔内，上部嵌入钩舌推铁槽内，下端靠在钩舌尾部侧面，全开位置时能踢动钩舌转动。

（3）下锁销及下锁销杆：如图 5.3.7 所示，钩锁销在其一端两侧有圆柱形十字销，置于钩锁背部十字销凹槽内，以便推起钩锁。端部除十字销外，还有防脱（跳）止端，以便在闭锁位置起防脱（跳）作用。下锁销杆是下作用式车钩用以保持下锁销正确作用位置的配件。

一端安装在钩舌销下部,另一端与下锁销及下作用式车钩提杆套装在一起。

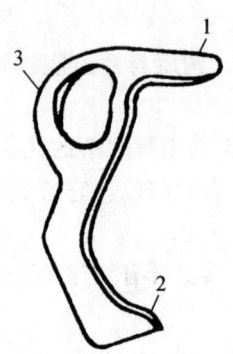

图 5.3.6　15 号车钩钩舌推铁

1—全开作用端；2—推铁踢足；3—全开支点

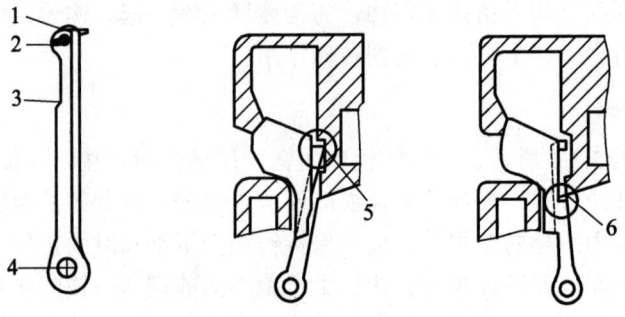

图 5.3.7　下锁销、上、下防脱（跳）台及作用

1—上防脱（跳）止端；2—十字销；3—下防脱（跳）止端；4—下锁销杆销孔；
5—上防脱（跳）位置；6—下防脱（跳）位置

5.3.1.2　15 号车钩的三态作用

1. 闭锁位置

车辆连挂后,两个车钩需均处于闭锁位置时才能传递牵引力。

闭锁位置（见图 5.3.8）时,钩锁的底部口坐在钩头的内底壁 b 上,其一侧被钩头内侧壁所阻挡,另一侧 d 又挡住钩舌的尾部 c,使钩舌坐落在钩头内部不能转动。此时,钩锁的锁脚 n 由钩头底部的下锁销孔露出。

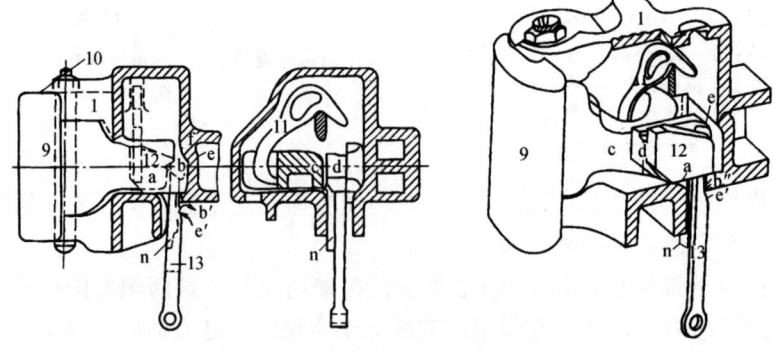

图 5.3.8　15 号车钩闭锁位置

闭锁位置时，由于下锁销的自重，使其上端两侧的销耳沿钩锁背部的斜槽滑向后下方，此时下锁销上端的突起部 e 正卡在钩头内后壁相应的挡棱 f 下方；其中部缺口正好位于钩头外底壁 b 的下方，这样下锁销及钩锁虽受振动也不会自动跳起来。这种作用称为车钩的防跳作用。

2. 开锁位置

两连挂着的车辆欲要分开，必须有一个车钩处于开锁位置。

由闭锁位置轻提车钩提杆，使下锁销被上举。此时，下锁销上端的销耳首先沿钩锁背部的斜槽上移，使下锁销上端的突起部 e 和中部缺口 e′ 分别摆脱钩头内后壁挡棱 f 和钩头外底壁 b″ 的阻挡；销耳继续沿钩锁背部的斜槽上移到斜槽顶部时，带动钩锁一起上升，达到一定高度后，由于钩锁前部偏重，其上部向前倾倒，下部锁脚向后移动，致使钩锁下部 h 处缺口坐落在钩头内侧壁相应的 b″ 上，下锁销也落到一定的位置。此时，钩锁铁的下面 g 与钩舌尾部的上面几乎处在一个平面内，钩锁并不阻碍钩舌的转动，如图 5.3.9 所示。

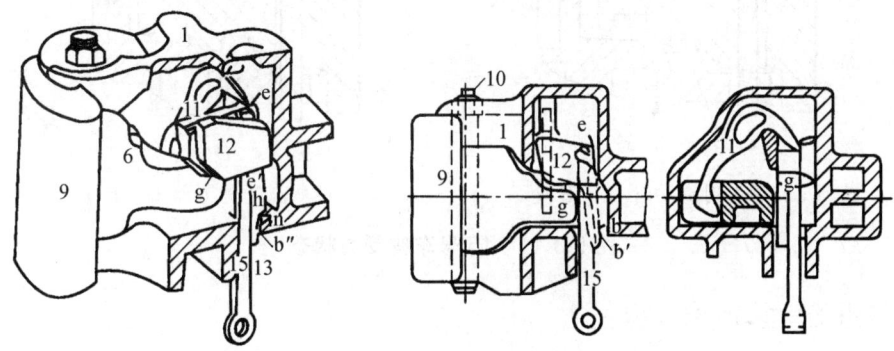

图 5.3.9 开锁位置

3. 全开位置

在车辆彼此连挂之前，必须有一个车钩处于全开位置，才能达到自动连挂的目的。

由闭锁位置用力扳转车钩提杆，下锁销和钩锁被充分上移，使钩锁上部顶动钩舌推铁的下部，使钩舌推铁以其背面弧度部分支于钩头内壁相应的 j 处而转动，并以其下端 l 部踢动钩舌尾部的背面，使钩舌绕钩舌销转动，成为全开位置。此时，放下车钩提杆，钩锁坐落在钩舌尾部末梢上方，如图 5.3.10 所示。

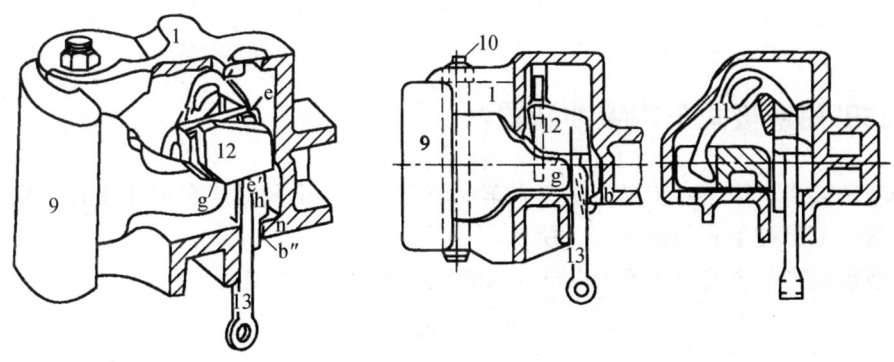

图 5.3.10 全开位置

当两车钩连挂时,将钩舌尾部转入钩腔内,由于钩舌尾部的上弧面使钩锁前部抬起,导致钩锁下部 h 处缺口脱离钩头内底壁 b′ 处而落下,恢复成闭锁位置。

5.3.1.3　15 号车钩受力分析

15 号车钩在钩舌和钩头的钩锁腔处铸有牵引突缘(或冲击承面),牵引力或冲击力是依靠它们来传递的,而不是通过钩舌销。但在长期使用中牵引突缘产生磨耗后又未进行加修时,会造成钩舌销承也承受部分牵引力和冲击力,从而使钩舌销发生弯曲或折损。15 号车钩受力情况如图 5.3.11 所示。

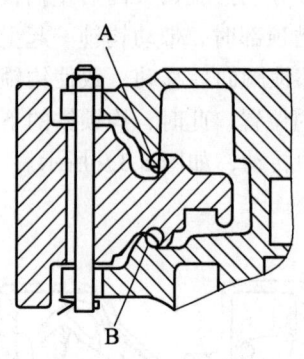 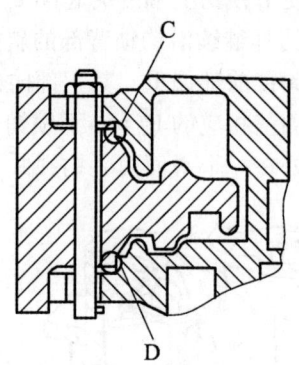

(a) 牵引时受力于 A、B 处　　　　(b) 冲击时受力于 C、D 处

图 5.3.11　15 号车钩受力状态

5.3.1.4　改进的新型 15 号车钩

随着列车的运行速度、牵引总重的提高,作用在车钩上的载荷也随之加大,从而对车钩强度、运行的平稳性提出了更高的要求,因此,目前新型客车上均采用小间隙 15 号车钩、15 号高强度车钩。

小间隙 15 号车钩在结构方面、作用原理与 15 号车钩基本相同,不同之处是改变了车钩钩头轮廓图形,缩小了两车钩连挂之间的间隙及车钩尾部和前从板的间隙;15 号高强度车钩采用低合金铸钢,主要有材质为 ZG25MnCrNiMo 的 15C 型车钩和材质为 ZG15H1、ZG15H2 和 15H 型车钩。

15 号高强度车钩及大容量缓冲器不允许与其他类似配件混装,否则将直接影响其作用特性。

5.3.2　25T 用密接式车钩缓冲装置

25T 型密接式车钩缓冲装置,是四方车辆研究所专为干线提速客车设计的新型密接式车钩缓冲装置。其结构形式如图 5.3.12 所示。

25T 型密接式车钩缓冲装置由以下三大系统组成:

安装及吊挂系统 {
　安装座
　安装螺栓螺
　钩尾销及螺母（25T型为开槽螺母，QZ型为双螺母结构）
　支架（25T型为φ50孔，QZ型为φ60孔）
　支撑弹簧盒（有上穿螺钉式固定和下穿螺栓式两种结构）
　复原弹簧盒
}

缓冲系统 {
　缓冲器
　拉杆
　内半筒
　蝶簧筒（有内装蝶簧和弹性体两种结构）
}

连挂系统 {
　钩体
　钩舌
　解钩手柄
　连接螺栓螺母（有细牙型和防松型两种）
　解钩风缸
　端面防尘条（仅QZ型有）
}

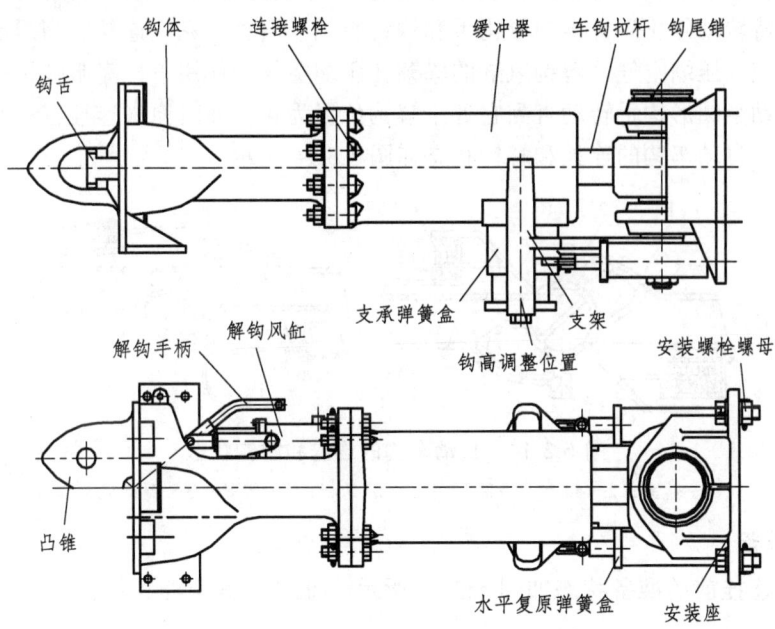

图 5.3.12　25T 客车密接式车钩缓冲装置

25T 密接式车钩，端部采用柴田式全自动密接车钩，可实现机械、气路和电路三者同时连接。其具体结构如图 5.3.13 所示。

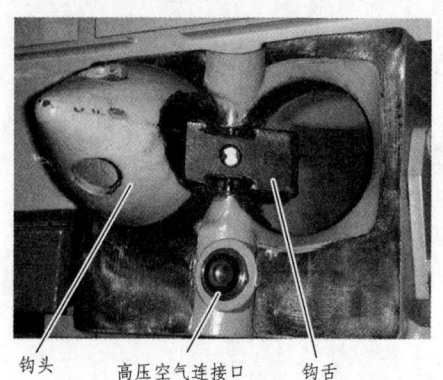

钩头　高压空气连接口　钩舌

图 5.3.13　柴田氏密接式车钩

这种车钩属于刚性全自动车钩，它要求在两车钩连接后，其间没有上下和左右的相对移动，而且纵向间隙也限制在很小的范围内（1~2 mm）。这对提高列车运行平稳性、降低车钩零部件的磨耗和噪声均有重要意义。

柴田式自动密接式车钩的工作过程主要有连挂和解钩两部分。当两车需要连挂时，两车钩以规定的速度相互接近，某车钩钩舌与对应车钩的钩头相接触，并在该钩头斜端面的压迫下逆时针转动，逐渐进入钩舌腔内，直至完全进入，与此同时，弹簧拉动解钩杆并带动钩舌顺时针转动，待转动停止后，半圆形钩舌和钩舌腔相互嵌套，完成连挂。当需要解钩时，通过向解钩风缸充入压缩空气，解钩风缸的鞲鞴在压缩空气的作用下，克服弹簧作用力，推动解钩杆，并带动半圆形钩舌转动直到它处于解钩位置为止，此时原来连挂在一起的车钩将处于待解钩状态。自动车钩的连挂和解钩状态如图 5.3.14 所示。

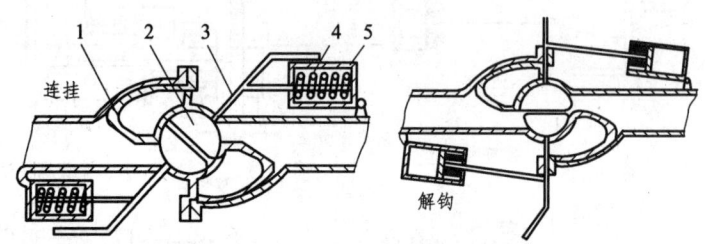

图 5.3.14　自动车钩的连挂和解钩状态

1—钩头；2—钩舌（半圆形）；3—解钩杆；4—弹簧；5—解钩风缸

1. 连挂准备

自动车钩连挂前的准备状态如图 5.3.15 所示，此时，解钩杆、钩舌和弹簧均处于自然状态。

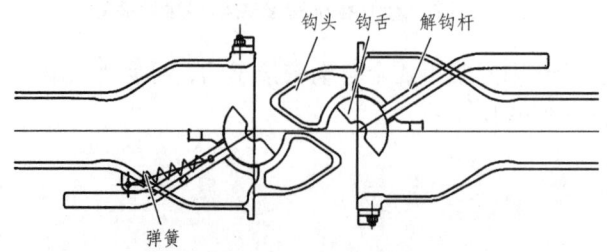

图 5.3.15　密接式车钩连挂前状态

2. 连挂过程

当需要连挂时，对应的两车辆相互靠近，或其中的某一车辆向另一车辆移动靠近，在车钩的钩头斜端面与另一车钩的钩舌接触的同时，推压钩舌使其逆时针方向转动，此时车钩的状态如图 5.3.16 所示。

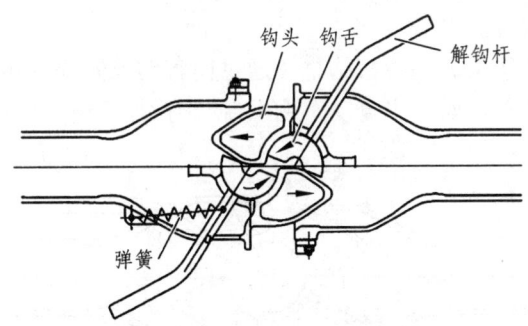

图 5.3.16　密接式车钩连挂中状态

车辆进一步移动，直至钩头完全进入钩舌腔内，此时两车钩的相对运动停止，车钩的状态如图 5.3.17 所示。

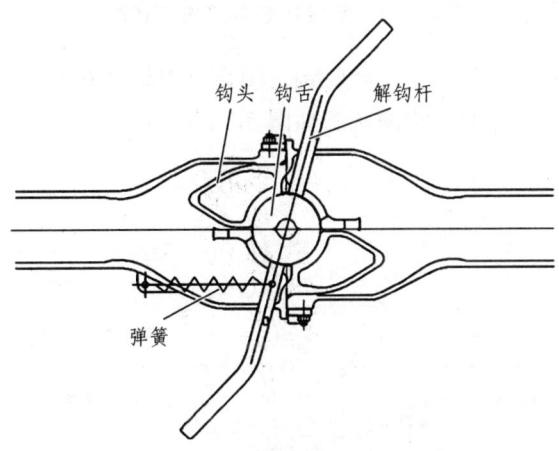

图 5.3.17　密接式车钩连挂后状态

钩头完全进入钩舌腔内的同时，弹簧拉动解钩杆并带动钩舌顺时针转动，待转动停止后，球形钩舌和钩舌腔相互嵌套，完成连挂。此时两车钩的状态如图 5.3.18 所示。

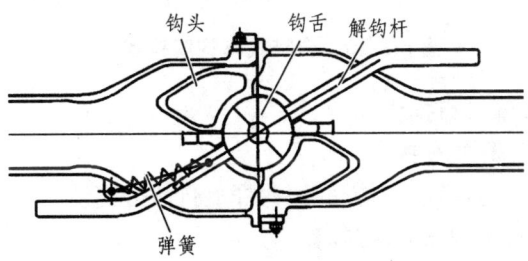

图 5.3.18　密接式车钩锁闭后状态

车钩锁闭后具有"车钩连挂密接后,解钩杆在复位弹簧拉力作用下自动回到连挂位置,半圆形钩舌与钩舌腔相互嵌套,两车钩完全密接"等特点。

3. 解钩过程

当需要摘挂时,必须先按如下步骤进行操作:

(1)钩舌锁放在解钩位。

(2)按图 5.3.19 所示箭头方向拉解钩杆(通过向解钩风缸充气由风缸推动,当然也可手拉,采用手动拉解钩杆的车钩属于半自动车钩),使车钩处于解钩前的准备状态。

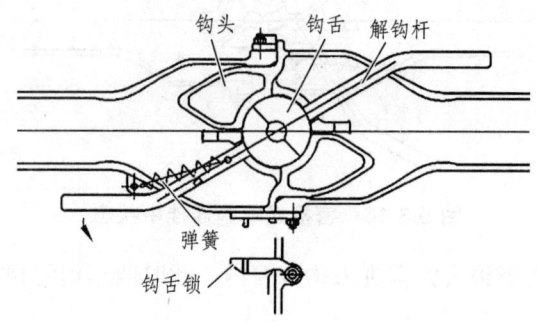

图 5.3.19　密接式车钩解钩前状态

(3)继续拉动解钩杆,直到限位,此时钩舌锁会自然地挂在对方解钩杆的凸台上,解钩杆被固定,呈解钩状态。此时两车钩的状态如图 5.3.20 所示。

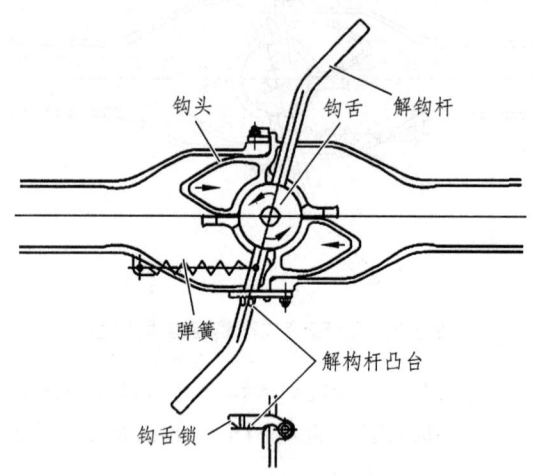

图 5.3.20　密接式车钩解钩状态

(4)进一步按如下步骤进行操作:

① 让车辆后退,逐步释放车钩。

② 通过车辆的后退,钩舌锁从对方的解钩杆上自然分离。

③ 车辆不断后退直到车钩完全脱开。

该解钩过程中两车钩的状态如图 5.3.21 所示。

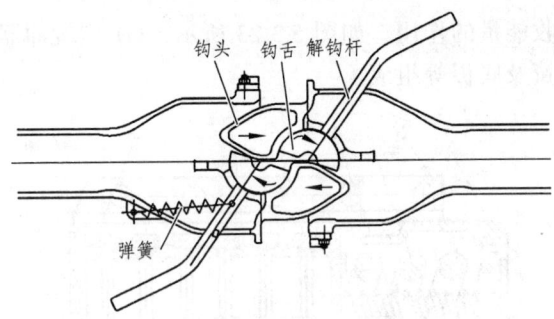

图 5.3.21 密接式车钩解钩过程

（5）在车钩分离的过程中，拉力弹簧、解钩杆和钩舌会做如下运动：

① 解钩开始后，通过拉力弹簧的动作，拉动解钩杆自然向连挂准备位置运动。

② 解钩杆的运动同时带动了钩舌向顺时针方向回转，直至回到其自然连挂准备位置，解钩过程完成。

③ 两车钩完全分离。解钩后两车钩的状态如图 5.3.22 所示。

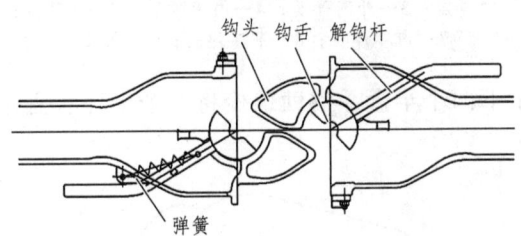

图 5.3.22 密接式车钩解钩后状态

5.3.3 客车缓冲器

我国铁路客车使用 1 号、G1 型缓冲器，其中 G1 型缓冲器主要用于双层客车和新造客车，1 号缓冲器已淘汰。

5.3.3.1 G1 型缓冲器

我国 1 号缓冲器的容量为 15 kJ，运用初期，未见有容量不足的问题发生。1985 年，大型旅客列车扩编的纵向动力学试验表明，在 20 辆编组情况下，1 号缓冲器容量可满足运用要求。20 世纪 80 年代，客运运能与运量矛盾突出，提出了扩编 25 辆的目标，故研制了 G1 型缓冲器。G1 型缓冲器主要靠提高强度和缓冲器的初压力来提高缓冲器的容量，这对解决容量不足是必要的（但以后客车的扩编与 G1 型缓冲器的研制背景无关）。由于 G1 型缓冲器的初压力和刚度较高，牺牲了对小冲击的缓和，这是造成目前提速客车纵向舒适性差的原因之一。在解决这一问题时，一定要正确认识缓冲器特性与车辆舒适性的关系。

1. 构造及作用

G1 型缓冲器分为前、后两部分。前部为圆弹簧，后部为内、外环弹簧彼此以锥面相配合，两部分之间有弹簧座分隔。圆弹簧用来缓和冲击作用力，环弹簧两滑动斜面间的摩擦力用来消耗冲击功能,起到吸收能量的作用。如图 5.3.23 所示,G1 型缓冲器由弹簧盒、弹簧盒盖、弹簧座、圆弹簧、环弹簧及底板等组成。

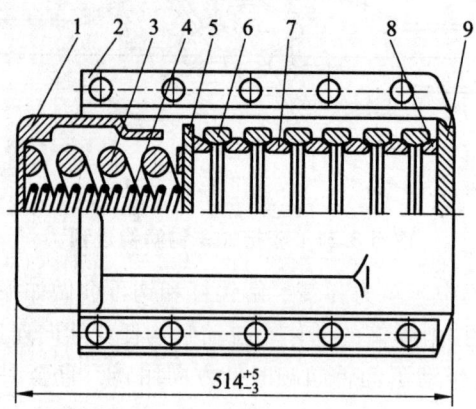

图 5.3.23　G1 型缓冲器
1—弹簧盒盖;2—弹簧盒;3—外圆弹簧;4—内圆弹簧;5—弹簧座;6—外环弹簧;
7—内环弹簧;8—半环弹簧;9—底板

(1) 弹簧盒:分为上下两个半盒,借助螺栓将两个半环状盒体连成一体,如图 5.3.24 所示。

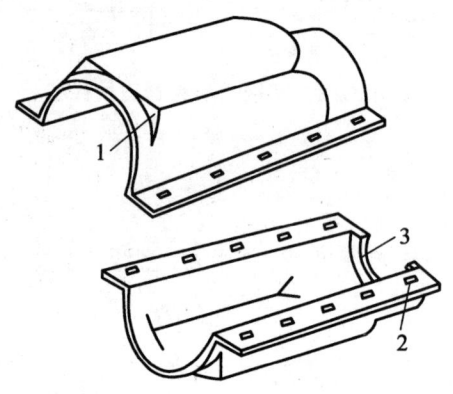

图 5.3.24　弹簧盒
1—折缘;2—螺栓孔;3—突缘

(2) 弹簧盒盖:用 ZG25 铸钢制成,如图 5.3.25 所示。弹簧盒盖位于缓冲器前端,其中部有六角形凸缘,与盒盖的折缘部分卡住,从而保证盒盖受压后沿盒体方向移动。

(3) 弹簧座:置于圆弹簧与环弹簧之间,列车的冲击力经弹簧盒盖传递给圆弹簧,弹簧座则在圆弹簧的推动下,把冲击力传到后部的环弹簧上。

(4) 环弹簧:有外环弹簧 7 个、内环弹簧 8 个(其中半环弹簧 2 个),均用 60Si2GrVA 弹簧钢制成。

内环弹簧的外面和外环弹簧的内面均制成 V 形锥面。组装时,要

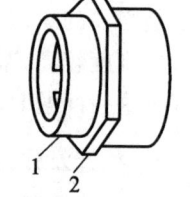

图 5.3.25　弹簧盒盖
1—弹簧套;2—突台

求有 29～49 kN 的初压缩力，以保证环弹簧锥面互相密贴。

（5）底板：靠其台肩与两个弹簧盒的突缘卡合，以便将弹簧盒组装成为一个整体并传递外力。

（6）内、外圆弹簧：位于缓冲器的前部，装在弹簧盒盖与弹簧座之间。

2. 作用原理

当缓冲器受牵引力或冲击力作用时，盒盖向内移动，压缩圆弹簧并将力通过弹簧座板传递给环弹簧。由于内、外环为锥面配合，受力后外环扩张，内环缩小，产生轴向弹性变形，起到缓冲作用。与此同时，内、外环锥面间有相对滑动，因摩擦而做功，从而使部分冲击能变为摩擦功而耗散。当外力去除后，各内、外环由于弹力而复原，此时同样也要消耗部分冲击能量，从而起到缓和、消减冲击的作用。

5.3.3.2　25T 密接式车钩弹性胶泥缓冲器

弹性胶泥缓冲器是近 20 年来欧洲新开发的一种新型缓冲器，在法国、德国、波兰的高速列车、客车和货车上获得成功应用，现已被纳入 UIC 标准（UIC526-1，UIC526-3）。这种缓冲器取用一种未经硫化的有机硅化合物（称弹性胶泥）作为介质，它具有弹性、可压缩性和可流动性，其物理化学性能在 -50～+250 ℃ 范围内具有较高的稳定性，抗老化、无臭、无毒，对环境无污染。它具有固体和液体两种属性的特征，其动黏度比普通液压油大几十至几百倍，且可根据需要改变配方予以调节，因此液压缓冲器的密封问题得到有效解决。

弹性胶泥缓冲器的工作原理为，在充满弹性胶泥材料的缓冲器体内，设有带环形间隙（或节流孔）的活塞。当活塞杆受到冲击力时，弹性胶泥材料受压缩产生阻抗力，并通过环形间隙（或节流孔）的节流作用和胶泥材料的压缩变形吸收冲击能量。由于胶泥材料的特性，冲击力越大，缓冲器的容量也随之增大。当活塞杆上的压力撤除后，弹性胶泥体积膨胀或利用加设的复原弹簧使活塞回到原位，这时胶泥材料通过环形间隙流回原位。其结构工作原理如图 5.3.26 所示。

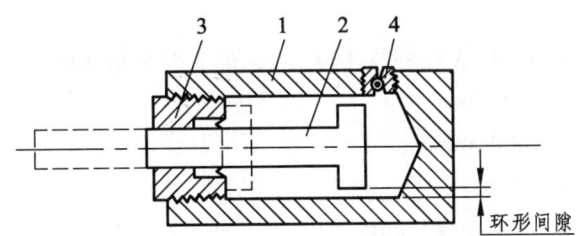

图 5.3.26　弹性胶泥缓冲器的工作原理
1—缓冲器壳体；2—活塞与活塞杆；3—带密封盖；4—充料阀

25T 型车上使用的缓冲器全部是弹性胶泥缓冲器，其两种形式：一种是与密接式车钩配套使用的弹性胶泥缓冲器，如图 5.3.27 所示；另一种是与 15 号小间隙车钩配套使用的 KC15 弹性胶泥缓冲器，如图 5.3.28 所示。

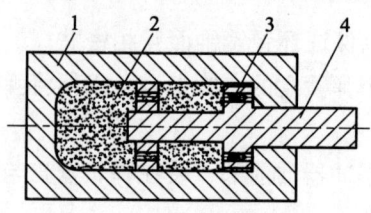

图 5.3.27 弹性胶泥缓冲器示意图

1—圆筒；2—弹性胶泥；3—单向阀；4—活塞杆

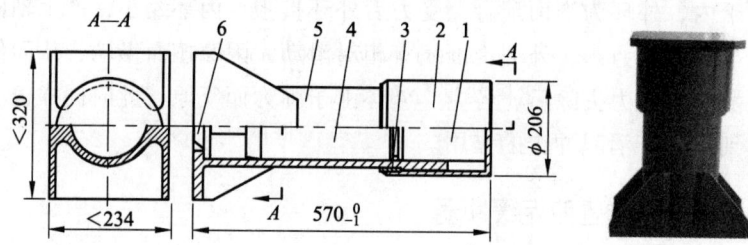

图 5.3.28 KC15 弹性胶泥缓冲器具体结构

1—缓冲器内筒；2—大套筒；3—半环；4—弹性胶泥芯子；5—箱体；6—插入件

5.3.4　25T 客车风挡装置

5.3.4.1　运行环境条件

（1）工作温度：−40 ~ +80 ℃。

（2）相对湿度：不大于 95%。

（3）适用于最高运行速度 180 km/h 以下的客车。

（4）通过最小曲线半径：连挂时为 R145 m，单车调行时为 R100 m。

（5）连挂时钩差≤75 mm。

5.3.4.2　主要尺寸

（1）连接长度 800 mm，最大压缩量 180 mm，最大伸长量 230 mm。

（2）最小通过宽度：970 mm。

（3）最小通过高度：2 000 mm。

（4）横向错位量：524 mm。

（5）折棚收起固定厚度：≤220 mm。

（6）渡板距轨面高：1 333 mm。

5.3.4.3　主要技术性能指标

（1）气密性：压力从 3 600 Pa 降至 1 350 Pa 的泄漏时间在 52 s 以上。

（2）隔热系数：$K < 5.0 \text{ W/(m}^2 \cdot \text{K)}$。

（3）隔声量：≥25 dB(A)。

（4）阻燃性：所有非金属件符合《铁路客车用非金属材料组燃要求》（TB/T 2402—93）。

5.3.4.4 结构介绍

风挡能够使乘客安全地穿行于车厢之间，保护乘客不受外力侵害，同时可适应车辆在弯道处及穿越路口时车厢之间产生的移动。风挡由折棚式风挡、渡板、踏板、挂钩连索、拉杆组成五大部分组成。

1. 折棚式风挡

风挡由相同的可以连接在一起的两半风挡装置组成，并包括两个渡板。每一部分包括一个折棚和一个连接框。折棚及连接框上装有一套十分牢靠的锁闭装置。

每个连接框都装有一个连接系统。肘杆式拉紧扳手将两风挡牢固地锁在一起。连接框分别装有导向头和导向座，可准确地将两部分连接起来。

拉簧支承架用螺钉固定于连接框下部，用于连接框的中间支承。

2. 渡　板

每一个渡板装有一个活节式连接架。踏板及滑动部分由侧板支撑。其特殊设计可使渡板向左右方向均有大约 45° 的位移。

渡板各部分各滑动架之间分别装有一个关节式连接装置，滑动架装于车厢滑动面上，由板弹簧固定于中间位置。

3. 踏　板

踏板包括两个活节式部分。其后部牢靠地固定于车体，前部则悬于上部。这样当两节车厢的高度不一样时，可保证车体与渡板之间的风挡处于同一平面。

4. 挂钩连索

在车厢中间风挡的内部装有柔性钢丝绳，当风挡折起时，起固定作用。

5. 拉杆组成

拉杆组成安装于车厢外部两侧风挡的上方，与连接框相连，保证车辆在运行中风挡处于同一平面。

知识 5.4　车端连接装置主要损伤形式

【摘要】主要列举车钩、缓冲器及其他辅助配件如钩尾框、钩尾销等常见故障，分析产生故障的危害和原因，提出处理措施。

列车调车作业和运行中经常承受牵引力和冲击力，且各部零件相互间有摩擦作用，经过长时间运用后，车端连接装置会出现磨耗、折损等故障，影响行车安全。本节主要分析车钩、缓冲器、风挡装置的常见损伤形式。

5.4.1 车钩故障形式

车钩在列车调车作业和运行中经常承受牵引力和冲击力，且各部零件相互间有摩擦作用，经过长时间运用后，由于摩擦致使接触面产生磨耗，从而降低了强度和各零件间的相互配合关系。当超过了某一限度时，在受到较大的冲击力情况下，某些零件的薄弱部分就会产生变形或裂损，引起车钩的三态作用不良。

5.4.1.1 钩体故障

钩体裂纹如图 5.4.1 所示，它多发生在钩头的上、下钩耳销孔附近，而且以下耳处最多；钩腕部分和下锁销孔周围；钩身与钩头的交界处、钩身离钩头 200 mm 处；钩身与钩尾连接处和钩尾销孔附近。产生钩体裂纹的主要原因是钩体的材质在铸造过程中，可能夹有杂质、砂眼、气孔等缺陷，或因冷缩过程等因素造成内应力过大而产生毛细裂纹；当车钩受到较大的意外冲击时，也易产生裂纹。

钩体的磨耗多发生在上、下钩耳销孔，钩尾销孔，钩身下部与复原装置接触处以及钩尾端部。产生磨耗的原因是这些部位存在摩擦作用。

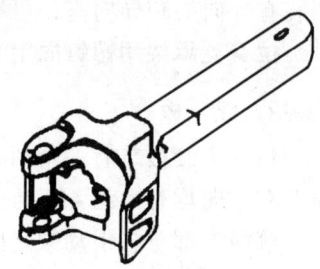

图 5.4.1 钩体裂纹的位置

钩体变形的表现主要是钩身弯曲和钩腕外胀，多是由于运行中过大冲击力造成的。

5.4.1.2 钩舌故障

钩舌的主要故障是裂纹和磨耗。裂纹多发生在钩舌内侧面的上下弯角处、钩舌销孔、牵引突缘及冲击突肩的根部，磨耗的主要部位是钩舌的内侧面，其次是钩舌尾部侧面（与钩锁接触处）及钩舌销孔。

5.4.1.3 钩舌销故障

钩舌销的主要故障有磨耗、弯曲、裂纹和折损。钩舌销在牵引或冲击时应不受力，但由于钩舌销与钩耳孔间隙过小或钩舌尾部与钩头内部牵引凸缘磨耗失修，致使钩舌销受到较大的作用力，在强度不足的情况下将产生变形和折损。钩舌销的受力情况如图 5.4.2 所示。

车辆在运用中，钩舌销沿其长度方向承受的力是不均匀的。图中 F_1、F_2 为钩耳孔对钩舌销的作用力，F_3 为钩舌销孔对钩舌销的作用合力。由于 F_1、F_2 作用面积较小，所以单位面积压力较大；F_3 作用面积较大，所以单位面积压力较小。而磨耗是与单位面积压力有关的，压力越大，磨耗越严重，因此 F_1、F_2 作用处磨耗就大。由于冲击的作用形成挤压，使钩舌销表面受到冷作硬化作用，表面硬度提高，但沿钩舌销长度方向的硬化程度是不同的，F_1 和 F_2 作用处的硬化层较深。而 F_1、F_2 是在不断改变的，当有 F_1、F_2 作用时，钩舌销由于摩擦、挤压，温度升高，在 F_1、F_2 改变和消失的瞬间，又受到运行中风的自然冷却，冷却后又在 F_1、F_2 作用下进行磨擦、挤压，温度又上升，这样不断地反复作用，易在应力集

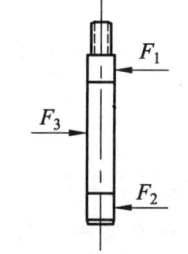

图 5.4.2 钩舌销的受力情况

中处（F_1、F_2 与 F_3 的交界处）形成毛细裂纹，在牵引力、冲击力的作用下，裂纹易逐渐扩大，而导致钩舌销断裂。钩舌销一旦变形过大或折损便极有可能引起脱钩事故。

5.4.1.4　钩锁铁、钩舌推铁和下锁销故障

钩头零件在运用过程中各接触面间均产生磨耗，如钩锁铁的背部斜槽、锁脚部及与钩舌尾部的接触面；下锁销的防跳部、销耳部；钩舌推铁的两端脚部、中间与钩头内顶壁相接触的部分。此外下锁销也易产生弯曲变形。

5.4.1.5　钩尾框故障

钩尾框的主要故障是裂纹和磨耗。裂纹大多发生在钩尾框弯角处及钩尾销孔附近，磨耗发生在钩尾销孔及钩尾框底部与尾框托板接触面处。

5.4.1.6　钩尾扁销故障

钩尾扁销的主要损伤形式为裂纹、磨耗及折损。

5.4.1.7　15 号车钩三态作用故障

（1）闭锁位置作用不良或自动开锁：在闭锁时钩锁不能自动充分落下，其原因是钩舌尾部与钩锁接触面焊修后不平整，造成作用不灵活，应打磨或更换钩舌或钩锁。

（2）开锁作用不良：钩锁提起后，当放下车钩提杆时，又自动落下，其原因是钩锁腿弯曲，开锁坐锁面磨耗或钩锁腔内锁座磨耗，致使钩锁无法坐在相应位置，产生自动落锁。

（3）全开位置作用不良：当钩舌推铁有弯曲变形，两端磨耗过甚时，易造成钩舌达不到全开位置。

5.4.2　G1 型缓冲器故障

G1 型缓冲器的常见故障有环弹簧磨耗，内环弹簧与半面内环弹簧裂纹，弹簧盒尾部弯角处裂纹，内外环弹簧互相啮合在一起而丧失缓冲作用，双卷圆弹簧衰弱、裂损以及缓冲器自由高不符合规定尺寸等。

内环弹簧，尤其是半面内环弹簧相对来说受力较大，当受力不均匀后，在长期使用中，其材质易产生疲劳裂纹，裂纹大多发生在锥面上。

环弹簧发生破损者，往往碎成许多小块，并由此而影响到其他环弹簧。簧盒裂损和磨耗是因为弹簧盒底部与后从板相接触，在运行中相互间产生摩擦，引起盒底边沿磨耗和裂损，尤其当缓冲器作用失灵而压死时，簧盒直接受到冲击而开裂，也有因修理时加工工艺不良，使簧盒受力不均匀而导致折损。

内、外环弹簧互相啮合在一起，丧失缓冲作用，现场俗称为弹簧"咬死"。"咬死"主要是由于内、外环弹簧锥面之间磨耗以及润滑油脂量不足、油质不良所致。在检查时，发现缓冲器两端与前、后从板之间有间隙时，即为环弹簧"咬死"故障，在分解检查缓冲器时，应注意用手锤轻敲，以免发生环弹簧崩出伤人。

圆弹簧衰弱、裂损多数是由于圆弹簧热处理不符合要求或自由高不符合设计尺寸所致，而圆弹簧衰弱和各零件的磨耗又易导致缓冲器的自由高不符合规定尺寸。

5.4.3　从板及从板座故障

从板的主要故障是容易弯曲，其四角附近容易产生裂纹，底面和中央面以及两端面容易产生磨耗。从板座在安装铆钉处易产生裂纹，它与从板接触处易磨耗。

5.4.4　风挡装置常见故障

风挡装置可能出现的故障如下：
（1）折棚撕裂或有孔洞。
（2）连接铝型材断裂。
（3）铰链活动不灵活。
（4）翻盖不能正确落在渡板上。
（5）防滑表面损坏。
（6）连接框架间有间隙。
（7）弹簧断裂。
（8）堆积在渡板下方棚布上的灰尘和垃圾等。

知识 5.5　车端连接装置检修要求

【摘要】主要介绍货车车钩缓冲装置段修基本要求和客车车钩缓冲装置及风挡装置各级修程基本要求。

段级修车钩缓冲装置，须全部分解检修，清除锈垢。钩舌、钩舌销、钩尾扁销须探伤检查。车钩检修后须达到三态及防跳作用良好，安装牢固，各部无裂纹。

5.5.1　货车车钩缓冲装置检修要求

5.5.1.1　综合要求

1. 基本作业条件

（1）车钩缓冲装置检修须在专用的场地进行，应配置车钩、钩尾框、钩舌、缓冲器、17型缓冲装置检修线等。

（2）应配置以下主要工艺装备：成套钩尾缓冲装置分解机、车钩三态作用试验装置、抛丸除锈机、钩尾框复合磁化湿法探伤机、钩舌湿法探伤机、圆销扁销探伤机、钩舌自动焊机、钩舌 S 面铣床或数控刨床、13 型钩尾销数控或仿型加工设备、二氧化碳气体保护焊机、配件热处理装置、销孔加工机具、镗孔设备、镶套机、成套钩缓装置组装机、17 型缓冲装置分解机、缓冲器分解组装压力机、17 型缓冲装置组装机、车钩存放架或存放线等。

2. 分解、除锈及探伤

（1）车钩须分解，钩尾框、转动套、钩舌、上锁销组成、下锁销组成、钩锁、钩舌推铁、钩舌销、钩尾销、钩尾销插托须进行抛丸除锈，外表面清洁度须达到 Sa2 级，局部不低于 Sa1 级。钩尾销螺栓须清除表面污垢。

（2）钩舌、钩舌销、钩尾销、钩尾销插托、钩尾销螺栓、16 型转动套、钩尾框须磁粉探伤检查，对钩体疑似裂纹部位进行磁粉探伤。"钩舌内侧面及上、下弯角处"探伤部位见图 5.5.1、图 5.5.2 所示阴影部位。

图 5.5.1　16 型钩舌探伤部位示意图

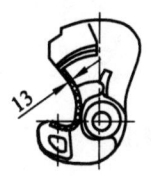 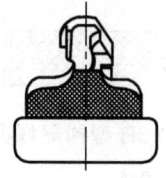 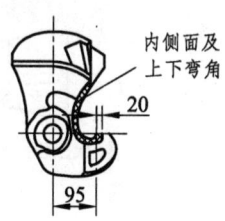

图 5.5.2　13 号、13A 型、13B 型钩舌探伤部位示意图

"16、17 型钩尾框前后端上下内弯角 50 mm 范围内及钩尾框两内侧面"探伤部位见图 5.5.3、图 5.5.4 所示阴影部位。"13 号、13A 型、13B 型钩尾框后端上下弯角 50 mm 范围内及钩尾框两内侧面"探伤部位，见图 5.5.5、图 5.5.6 所示阴影部位。"16 型车钩转动套前端面"探伤部位见图 5.5.7 所示阴影部位。

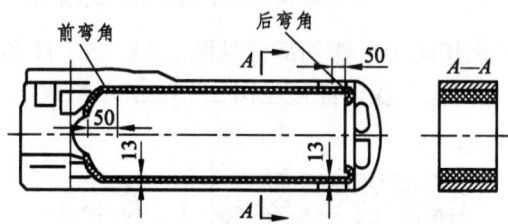

图 5.5.3　16 型钩尾框探伤部位示意图

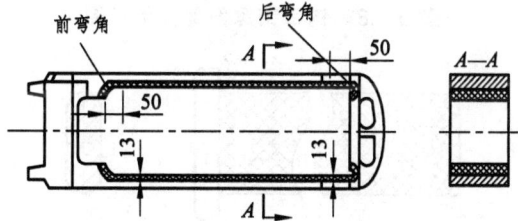

图 5.5.4　17 型钩尾框探伤部位示意图

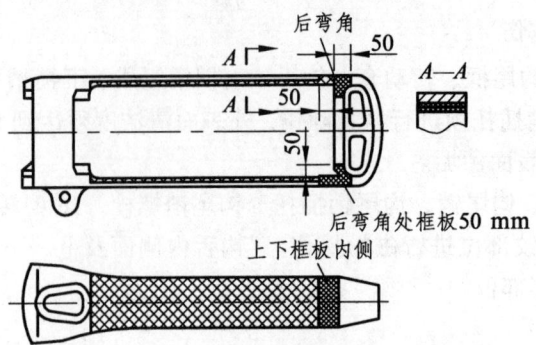

图 5.5.5　13 号钩尾框探伤部位示意图

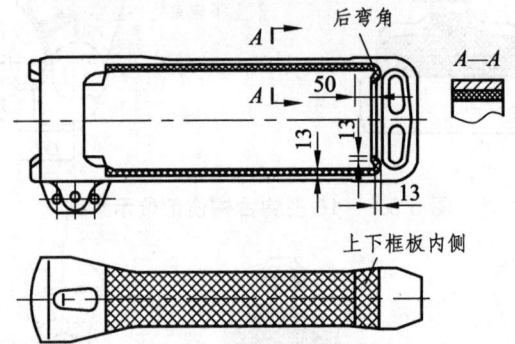

图 5.5.6　13A 型、13B 型钩尾框探伤部位示意图

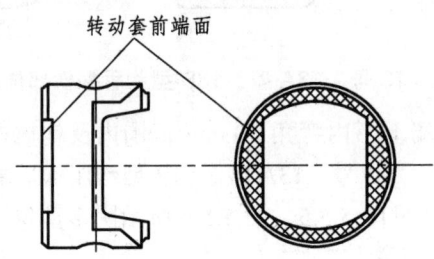

图 5.5.7　16 型车钩转动套探伤部位示意图

"钩舌销、钩尾销、钩尾销螺栓"探伤部位见图 5.5.8~5.5.11 所示阴影部位。"13B 型钩尾销插托弯角处、立面及上下面"探伤部位见图 5.5.12 所示粗线部位。

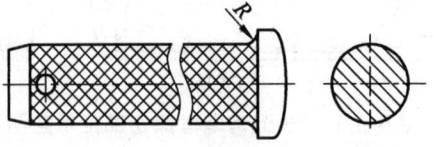

图 5.5.8　钩舌销探伤部位示意图

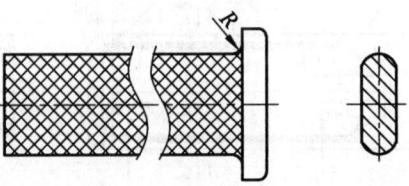

图 5.5.9　13 号钩舌销探伤部位示意图

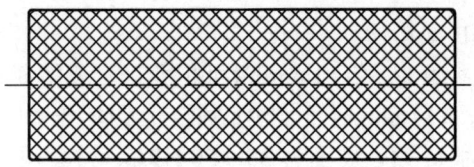

图 5.5.10　16 型、17 型钩舌销探伤部位示意图

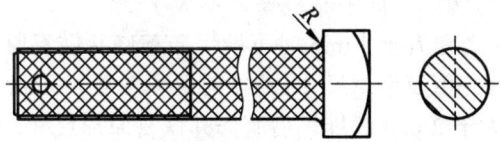

图 5.5.11　钩舌销螺栓探伤部位示意图

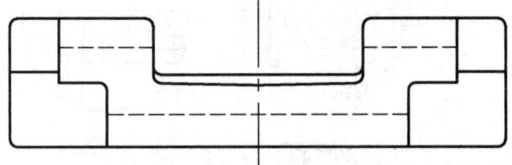

图 5.5.12　13B 型钩尾销插销探伤部位示意图

5.5.1.2　钩　体

1. 钩体裂纹

（1）须清除钩腔内污垢，对钩体翻转检查。

（2）钩颈、钩身横裂纹在同一断面长度之和不大于 50 mm 时焊修，大于时更换。

（3）钩耳裂纹长度不大于 15 mm 时焊修，大于时须更换。钩耳内侧弧面上、下弯角处裂纹长度之和不大于 25 mm 时焊修，大于时更换。牵引台、冲击台根部裂纹长度不大于 20 mm 且裂纹未延及钩耳体时焊修，裂纹长度大于 20 mm 或裂纹延及钩耳体时更换。

（4）16 型、17 型钩体钩尾销孔周围 25 mm 范围内裂纹时焊修，超过范围的裂纹深度不大于 3 mm 时铲磨清除，大于时更换。联锁套头、联锁套口裂纹长度不大于 50 mm 且深度不大于 5 mm 时，焊后磨修，大于时更换。

（5）13 号、13A 型、13B 型钩体钩尾销孔后壁与钩尾端面间裂纹长度不大于 20 mm 时焊修，大于时更换。

2. 钩体磨耗

（1）16 型、17 型钩体。

① 钩耳孔直径磨耗大于 3 mm 时堆焊后加工。

② 联锁套头或联锁套口磨耗深度大于 6 mm 或局部碰伤深度大于 5 mm 时，堆焊后磨平，但禁止修理联锁辅助支架外形轮廓。

③ 16 型车钩尾端高度小于 151 mm 或 17 型车钩尾端高度小于 166 mm，钩尾销孔长、短轴磨耗大于 2 mm 时，可堆焊后磨修光滑。钩尾端部到钩尾销孔后壁的距离小于 83 mm 时，堆焊后磨修光滑，小于 77 mm 时更换；钩身长度小于 567 mm 时堆焊后磨修光滑，小于 561 mm 时更换。

（2）13号、13型、13B型钩体。

① 钩耳孔或衬套孔直径磨耗大于3 mm时可扩孔镶套或换套；原有衬套松动、裂纹、缺损时更换。钩耳孔直径大于φ54 mm时可堆焊后加工，钩耳孔壁厚小于22 mm时更换。新衬套壁厚为4~6 mm，材质为45钢，硬度为35~50 HRC；衬套须压紧并与孔壁密贴，局部间隙不大于1.5 mm，深度部大于5 mm，衬套不得有边缘裂纹。钩耳孔的异型衬套，长、短径方向不得错位，长径方向与钩体纵向中心线偏差不大于5°。

② 上锁销孔前后磨耗之和大于3 mm时可堆焊后磨修并恢复原形尺寸，钩腔上防跳台磨耗大于2 mm时堆焊后磨修并恢复原形尺寸，前导向角须恢复6 mm凸台原形尺寸，如图5.5.13所示；钩腔下防跳台磨耗大于2 mm时堆焊后磨修并恢复原形尺寸，长度方向应为16 mm。

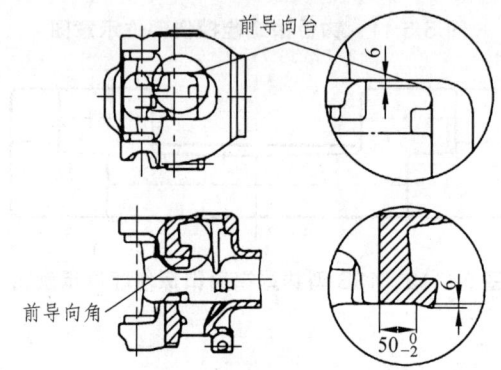

图5.5.13 前导向凸台示意图

③ 钩尾端部与钩尾销孔边缘的距离上、下面之差大于2 mm或钩尾销孔长径方向磨耗大于3 mm时堆焊后加工；钩尾端面与钩尾销孔边缘的距离小于40 mm时，可在钩尾端面堆焊或焊装磨耗板后四周满焊后磨平。

3. 钩体变形

（1）钩身弯曲大于10 mm时更换。钩耳上、下弯曲影响钩舌组装或三态作用时更换。

（2）13号、13A型、13B型钩体钩腕端部外胀大于15 mm时更换；影响钩舌与钩腕内侧距离时调修、堆焊，或焊装厚度为5~15 mm、高度为60~70 mm的梯形钢板，钢板须有2个20 mm的塞焊孔，焊后磨修平整。

4. 钩身金属磨耗板

（1）钩身下部有磨耗板凹槽或原焊装金属磨耗板者仍须焊装磨耗板；13B型、17型车钩钩身下部无金属磨耗板凹槽且原未焊装磨耗板者，不得焊装磨耗板；磨耗板裂纹或磨耗超限时更换为新品，丢失时补装。钩身磨耗时须堆焊磨平后焊装磨耗板。

（2）磨耗板须焊装在钩身下平面距钩肩50 mm处。有金属磨耗板凹槽者，磨耗板焊修后焊缝处应磨修光滑、边缘倒钝，清除棱角和毛刺。

5. 其他

（1）13号、13A型、13B型下作用式车钩钩体须有防跳插销安装孔，无防跳插销安装孔时应予以加工。

（2）13号、13A型钩体补充新品时须为13B型。

5.5.1.3 钩舌

1. 钩舌裂纹

（1）普碳钢钩舌部位有裂纹时应更换。

（2）C级钢、E级钢钩舌弯角处有裂纹时应更换；内侧面的裂纹长度不大于30 mm时焊修，大于时更换。牵引台根部圆弧裂纹长度不大于30 mm时焊修，大于时更换。钩舌护销突缘部分缺损时更换；裂纹向销孔内延伸，除突缘高度外的长度不大于10 mm时焊修，大于时更换；钩舌护销突缘处焊修时，焊波须高于基准面1~2 mm。冲击台缺损或销孔边缘裂纹延及钩舌体时更换，未延及时焊修。

2. 钩舌磨耗

（1）钩舌锁面磨耗大于3 mm时，堆焊后磨平。

（2）16型钩舌鼻部厚度磨耗大于5 mm或钩舌销孔内径磨耗大于2 mm时更换。钩锁承台高度须不小于45 mm，超限时加工修理后恢复原形尺寸。

（3）13号钩舌内侧面和正面磨耗剩余厚度小于68 mm时更换。13A型、13B型钩舌内侧面和正面磨耗剩余厚度小于69 mm时，须采用埋弧焊或气体保护焊等自动焊接工艺堆焊，焊后加工并恢复原形。钩锁承台高度须为45~52 mm，大于52 mm时堆焊后加工，小于45 mm时加工修理，如图5.5.14所示。

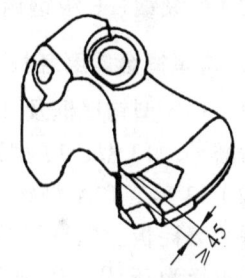

图5.5.14 钩舌钩锁承台示意图

（4）13号、13A型、13B型钩舌销孔或衬套内径磨耗大于3 mm时换套或扩孔镶套；钩舌销孔直径大于54 mm时堆焊后加工或更换。如有衬套松动、裂纹、缺损时更换；须双向镶套时，每个衬套长度不小于60 mm，销孔镶套厚度应为4~6 mm，材质为45钢，硬度为38~50 HRC；衬套须压紧并与孔壁密贴，局部间隙不大于1.5 mm，深度不大于10 mm，衬套不得有边缘裂纹。

（5）钩舌销孔或衬套孔测量部位由突缘顶部深入孔内20 mm为准。

3. 其他

（1）钩舌外胀大于6 mm时更换。

（2）16型钩舌补充新品时须补充标记为"16H"的钩舌。13号、13A型钩舌补充新品时须为13B型。

5.5.1.4 钩尾框

1. 钩尾框裂纹

（1）普碳钢的钩尾框有裂纹时应更换。16型、17型钩尾框前后端上下内弯曲50 mm范围内，其他型钩尾框后端上下弯曲50 mm范围内有裂纹时应更换。

（2）锻造钩尾框有横裂纹时应更换；铸造钩尾框横裂纹长度不大于30 mm时焊修，大于时更换。

（3）钩尾框其他部位纵裂纹时应焊修或更换。

2. 钩尾框磨耗

（1）普碳钢的钩尾框各部磨耗过限时应更换。

（2）钩尾框各部位碾堆时须磨修，并与周围表面平滑过渡。C级钢、E级钢的钩尾框框身厚度磨耗大于3 mm，其他部位大于4 mm时，须纵向堆焊后磨平；16型、17型钩尾框框身剩余厚度小于22 mm时更换。测量部位：框身厚度深入边缘10 mm为准，其他部位比照未磨耗部位测量。钩尾框销孔磨耗超限时堆焊后加工。

（3）16型钩尾框距前唇内侧95 mm范围内任意点直径大于ϕ277 mm时更换；前唇厚度磨耗大于2 mm时更换；前唇内侧到尾部内侧距离大于845 mm时须在尾部内侧面堆焊后加工，大于862 mm时更换。17型钩尾框前端内腔高度磨耗大于3 mm时须堆焊后磨修光滑。

（4）13A型、13B型钩尾框的螺栓孔磨耗大于3 mm时堆焊后加工，内外侧面须平整；13B型铸造钩尾框的钩尾销固定挂耳缺损时焊后磨修。13B型锻造钩尾框插托凹槽宽度或高度磨耗大于3 mm时更换。

3. 钩尾框变形

（1）普碳钢钩尾框一侧弯曲大于3 mm时更换。

（2）C级钢、E级钢钩尾框一侧弯曲大于3 mm时加热后调修。

4. 钩尾框金属磨耗板

（1）13B型钩尾框及16型、17型锻造钩尾框不得焊装框身磨耗板，原装有磨耗板者须铲除后磨平；13型、17型铸造钩尾框无框身磨耗板者，不得焊装磨耗板。

（2）13号、13A型钩尾框须焊装框身磨耗板；13型、17型铸造钩尾框原有磨耗板者，仍须焊装磨耗板。框身下平面磨耗时须纵向堆焊磨平，后焊装磨耗板；磨耗板裂纹或磨耗超限时须更换为新品，丢失时补装。

（3）磨耗板焊装位置：13号、13A型钩尾框磨耗板后端距钩尾框后端内壁130 mm，16型、17型钩尾框磨耗板以钩尾框后端内壁为基准面焊装。

13号、13A型钩尾框补充新品时须为13B型，17型钩尾框补充新品时须为锻造钩尾框。

5.5.1.5 钩尾销插托

（1）钩尾销插托裂纹时焊修更换；焊修后磨修平整，并进行热处理。

（2）两侧承台厚度磨耗大于3 mm或钩尾销承台磨耗深度大于3 mm时更换。

5.5.1.6 下锁销组成及销轴

（1）下锁销组成及销轴状态检查。

① 各零部件裂纹、变形时更换。

② 16型、17型下锁销杆与下锁销间须转动灵活。下锁销杆处于工作位置时摆动下锁销，下锁销能够自由转动至极限位置，铆钉与下锁销杆间不应转动，如图5.5.15、图5.5.16所示。

③ 13号下锁销、下锁销体、下锁销钩间须转动灵活。提起下锁销体，下锁销及下锁销钩能够自由下垂，如图5.5.17（a）所示；翻转下锁销体，下锁销及下锁销钩能够自由转动至极限位置，如图5.5.17（b）所示。下锁销无防跳插销孔时应予以加工。

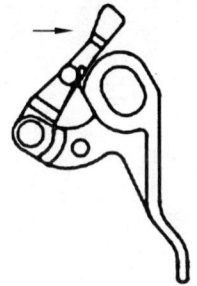  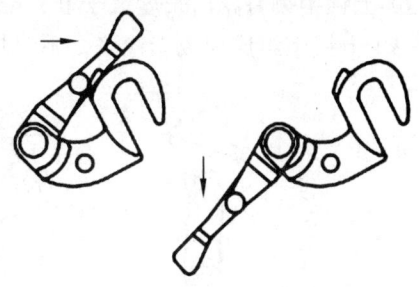

图 5.5.15　16 型下锁销组成检查示意图　　　图 5.5.16　17 型下锁销组成检查示意图

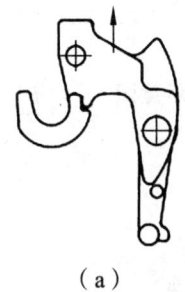 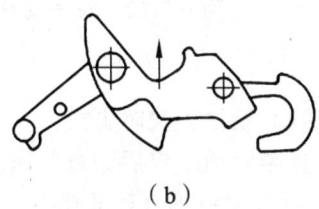

（a）　　　　　　　　　　　　　　（b）

图 5.5.17　13 号下锁销组成检查示意图

（2）下锁销组成及销轴磨耗。

① 下锁销轴直径磨耗大于 2 mm 或长度磨耗大于 3 mm 时更换。

② 16 型、17 型下锁销杆防跳台须符合原形尺寸，下锁销组成其他部位磨耗后不能满足防跳性能或影响车钩三态作用时整套更换。

③ 16 型、17 型下锁销转轴直径磨耗大于 2 mm 或影响车钩三态作用时更换。

④ 13 号下锁销组成其他各部须恢复原形尺寸，不能恢复时更换。

（3）下锁销组成补充新品时，配件材质须为 E 级钢，并有制造厂代号及材质标记。

5.5.1.7　上锁销组成

（1）上锁销组成状态检查。

① 上锁销组成须为三连杆机构，应精密铸造，并有制造厂及材质代号、制造年月标记。

② 各部位裂纹、变形时更换。

③ 上锁销组成须连接正确，三个组件应转动灵活。提起上锁提，上锁销组成能够自由下垂，如图 5.5.18（a）所示；举起上锁销杆，向工作位摆动时，上锁销与上锁提能够自由转动，如图 5.5.18（b）所示；提起上锁销，上锁提与上锁销杆应自由转动下垂，如图 5.5.18（c）所示。

（2）上锁销组成磨耗。

① 上锁销杆上端面防跳部位磨耗大于 3 mm 时更换。

② 上锁销杆挂钩口磨耗大于 2 mm 时更换。

③ 上锁销防跳台磨耗大于 2 mm 时更换。

④ 上锁销组成铆钉轴直径小于 13 mm 时更换。

⑤ 上锁销与上锁销杆组装间隙小于 2.5 mm 时更换。

⑥ 上锁销铆钉露出长度大于 0.5 mm 时更换或将超出部分磨平。

（3）上锁销组成须成套检修，不得拼修。

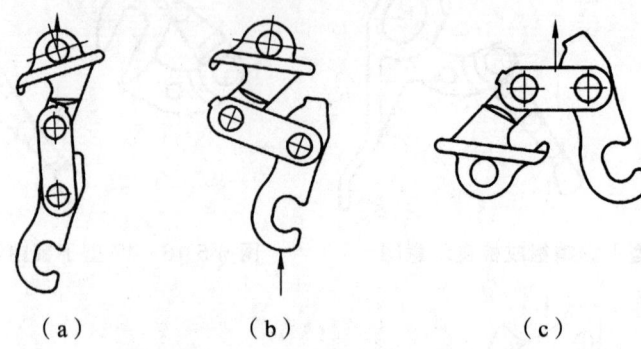

（a）　　　　　　（b）　　　　　　（c）

图 5.5.18　13 号上锁销组成检查示意图

5.5.1.8　钩锁

（1）变形、裂纹或止动块丢失时更换。

（2）锁面磨耗、碾堆时须堆焊后磨修并恢复原形尺寸。

（3）16 型钩锁止动块铆钉轴直径磨耗大于 2 mm 时更换。

（4）13 号钩锁上部左、右导向面磨耗大于 2 mm 时焊修，焊后磨修恢复原形；13 号钩锁挂钩轴磨耗大于 1 mm 时更换。

（5）开锁坐锁面磨耗大于 2 mm 或影响开锁作用时，焊后磨修并恢复原形。

（6）补充新品时，材质须为 E 级钢。

5.5.1.9　钩舌推铁

（1）有裂纹时更换，存在变形时调修。

（2）各部磨耗过限时更换或焊修后恢复原形尺寸。

（3）补充新品时，材质须为 E 级钢。

5.5.1.10　钩舌销

（1）有裂纹时更换，存在变形时调修。

（2）直径磨耗大于 2 mm 时更换。

（3）补充新品时须符合《钩舌销和钩尾销技术条件》（TB/T 2943.1—2007），并须有制造标记。

5.5.1.11　钩尾销

（1）有裂纹时更换，存在变形时调修。

（2）13 型、17 型钩尾销变形或磨耗超限时更换。

（3）哑铃形状的 13 号钩尾销不再使用。13 号钩尾销变形时加热后调修。钩尾销头部厚度须为（15±1）mm，表面须平整，磨耗时堆焊后磨平或机械加工，表面粗糙度为 $Ra12.5\ \mu m$；钩尾销宽度磨耗大于 3 mm 时，焊修后采用仿型或数控加工并恢复原形。

（4）补充新品时，须符合《钩舌销和钩尾销技术条件》（TB/T 2943.1—2007）。

5.5.1.12 从 板

（1）有裂纹时更换。

（2）16 型、17 型从板弯曲大于 4 mm 时更换，长度、宽度或厚度磨耗大于 3 mm 时堆焊后加工并恢复原形尺寸；车钩支承球面及缓冲器支承平面磨耗深度或凹痕深度大于 3.5 mm 时更换，局部碾堆时修磨光滑。

（3）13 号从板弯曲时调修；各部磨耗大于 3 mm 时堆焊后加工；长度方向磨耗大于 3 mm 时可焊装磨耗板并四边满焊。

5.5.1.13 16 型车钩转动套

（1）前端面裂纹或销孔周围 25 mm 范围内有裂纹时更换，其他部位有裂纹时焊修。

（2）剩余长度小于 178 mm 时，可堆焊后加工并恢复原形尺寸，小于 173 mm 时更换。

（3）外径小于 ϕ260 mm 时，可堆焊后加工恢复原形，小于 ϕ254 mm 时更换。

（4）前端到上、下销孔前部边缘距离小于 39 mm 时堆焊后加工，小于 34 mm 时更换。

5.5.1.14 钩尾销防脱装置

（1）钩尾销螺栓裂纹、弯曲或直径磨耗大于 1 mm 时更换。

（2）钩尾销衬套规格应为 32 mm × 5 mm × 50 mm，直径磨耗大于 2 mm 或裂纹时更换。

（3）钩尾销防脱装置吊架、止挡各孔直径磨耗大于 2 mm 或裂纹时更换。

（4）13B 型钩尾框防护板须更换为新品。

5.5.1.15 缓冲器

（1）MT-2 型、MT-3 型缓冲器。

① 状态良好者可不分解、修理。

② 在寿命期内，新造、大修后使用时间满 9 年或有下列情况之一者须大修：

a. 自由高度小于 572 mm 时。

b. 箱体裂损、严重变形、高度小于 482 mm 或口部对应于中心楔块安装部位最薄处厚度小于 15 mm 时。

c. 木锤锤击动板端头，中心楔块松动、中心楔块顶面至动板顶面的距离平均值小于 4.5 mm 时。

d. 其他外露零部件裂损或丢失时。

（2）ST 型缓冲器。

① 状态良好者可不分解、修理。

② 在寿命期内，新造、大修后使用时间满 6 年或有下列情况之一者须大修：

a. 自由高度小于 568 mm 时。

b. 箱体裂损、严重变形时。

c. 其他外露零部件裂损或丢失时。

（3）HN-1 型缓冲器。

① 状态良好者可不分解、修理。

② 在寿命期内，新造、大修后使用时间满 9 年或有下列情况之一者须大修：

a. 外观检查壳体和预压板有裂纹、零部件丢失时。
　　b. 缓冲器的自由高小于 570 mm 时。
　　c. 预压板与钩尾框接触部位的磨耗大于 15 mm 时。
　　d. 壳体与钩尾框接触部位的平面磨耗大于 5 mm 时。
　（4）MT-2/MT-3 型缓冲器技术条件应符合 TB/T 1961—2006。

5.5.1.16　车钩缓冲装置组装

（1）车钩组装。
① 车钩组装前，须清除各零部件表面及腔内钢丸。各零部件摩擦面须涂干性润滑脂。
② 组装时 13 号、16 型钩舌销不得相互代用。
③ 13 号、13A 型、13B 型车钩的钩体、钩舌和钩腔内配件材质、型号须匹配，并符合表 5.5.1 的要求；钩体与钩舌型号不一致时，车钩型号以钩体型号为准。

表 5.5.1　车钩配件材质及型号对应表

钩体		钩舌		钩锁材质	上锁销组成材质	下锁销组成材质
型号	材质	型号	材质			
13 号	普碳钢	13 号、13A 型	普碳钢、C 级钢	普碳钢、E 级钢	B 级钢	普碳钢、B 级钢
	C 级钢	13 号、13A 型	C 级钢	E 级钢	B 级钢	普碳钢、B 级钢
13A 型	C 级钢	13A 型、13B 型	C 级钢	E 级钢	B 级钢	普碳钢、B 级钢
	E 级钢	13A 型、13B 型	E 级钢	E 级钢	B 级钢	E 级钢
13B 型	E 级钢	13B 型	E 级钢	E 级钢	B 级钢	E 级钢

④ 测量车钩组装间隙，须符合下列要求：
　　a. 钩舌与上钩耳的间隙：13 号、13A 型、13 型不大于 8 mm，16 型、17 型不大于 10 mm，大于时在钩舌与下钩耳间安装垫圈调整。
　　b. 钩舌销与钩耳孔短径方向的间隙不大于 6 mm。
⑤ 16 型、17 型车钩尾部球面处应涂干性润滑脂。
（2）车钩三态作用试验。
① 全开试验：在闭锁位时，持续稳定地转动钩提杆的手柄（或扳动 16 型车钩下锁销杆），钩舌应达到全开位置。
② 闭锁试验：在全开位时，持续稳定地推动钩舌鼻部，钩舌应转动到闭锁状态，同时钩锁落到闭锁位置。此时向外扳动钩舌鼻部，钩舌呈牵引状态时，须符合：
　　a. 16 型、17 型车钩闭锁位钩舌鼻部与钩体正面距离不大于 97 mm。
　　b. 13A 型、13B 型车钩闭锁位钩舌鼻部与钩腕内侧距离不大于 127 mm。
　　c. 13 号车钩闭锁位钩舌与钩腕内侧距离：装用 13 号钩舌时不大于 130 mm，装用 13A 型钩舌时不大于 127 mm。
③ 开锁试验：在闭锁位时，转动钩提杆的手柄（或扳动 16 型车钩下锁销杆），使钩锁坐锁面抬高到钩舌尾部以上。在此过程中钩舌不应转动，钩舌仍处在闭锁位置；当回转钩提杆（或放开 16 型车钩下锁销杆）并落下钩锁时，钩锁应坐在钩舌推铁的锁座面上。此时用手扳动钩舌鼻部，钩舌应能转动到全开位置，钩舌张开最大量时，须符合：

项目5 车端连接装置检修

a. 16型、17型车钩全开位钩舌鼻部与钩腕的内侧距离不小于219 mm。

b. 13A型、13B型车钩全开位钩舌鼻部与钩腕的内侧距离不大于242 mm。

c. 13号车钩全开为钩舌鼻部与钩腕的内侧距离：装用13号钩舌时不大于245 mm，装用13A型钩舌时不大于242 mm。

d. 13号、13A型、13B型车钩全开位钩舌鼻部与钩腕的内侧距离超限时，可堆焊钩舌全开位止挡进行调整，但禁止焊修钩耳根部弯角。

（3）车钩防跳性能检查。

① 16型、17型车钩防跳性能检查：在闭锁位置时，车钩钩锁显示孔须全部露出。使用"钩锁托具"向上托起钩锁，并使钩锁腿贴靠后壁，如图5.5.19（a）所示；此时使用专用量具测量下锁销顶面与钩舌座锁台下面的搭接量，须为6.5～14.5 mm，如图5.5.19（b）所示。搭接量小于6.5 mm时，更换钩锁或下锁销组成等进行调整；搭接量仍不足6.5 mm时，可将钩腔钩锁导向台堆焊后磨平，如图5.5.20所示。

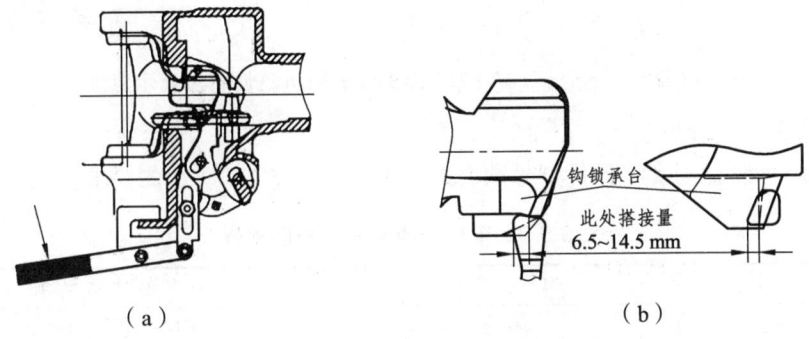

图5.5.19　16型、17型车钩防跳性能检查示意图

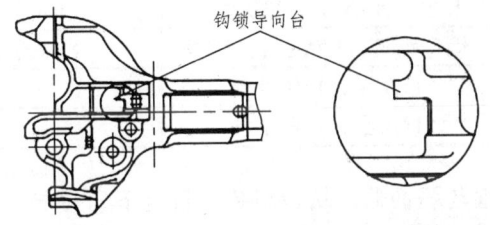

图5.5.20　16型、17型车钩钩锁导向台示意图

② 16型、17型车钩下锁销杆防跳性能检查：将下锁销杆向上托起，使下锁销杆的防跳台与钩体的防跳台贴靠，此时向开锁方向转动下锁销，如图5.5.21所示，下锁销不得转动，下锁销、钩锁上移不得使车钩开锁。

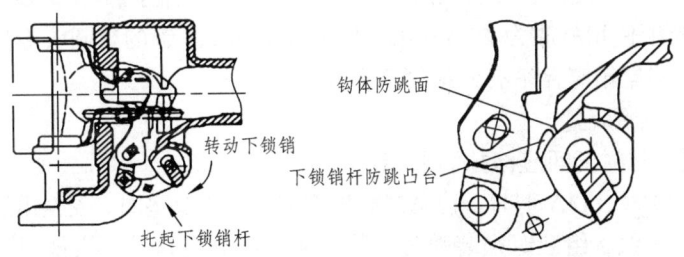

图5.5.21　16型、17型车钩下锁销杆防跳性能检查示意图

③ 13号、13A型、13B型车钩防跳性能检查：闭锁位置时使用"钩锁托具"向上托起钩锁至极限位置，并使钩锁腿贴靠下锁销孔后壁，不得开锁，如图5.5.22（a）所示；此时钩锁移动量须为：上作用车钩3~11 mm，下作用车钩3~22 mm。下作用车钩须有二次防跳性能，摆动下锁销组成时，防跳性能应良好，如图5.5.22（b）所示。

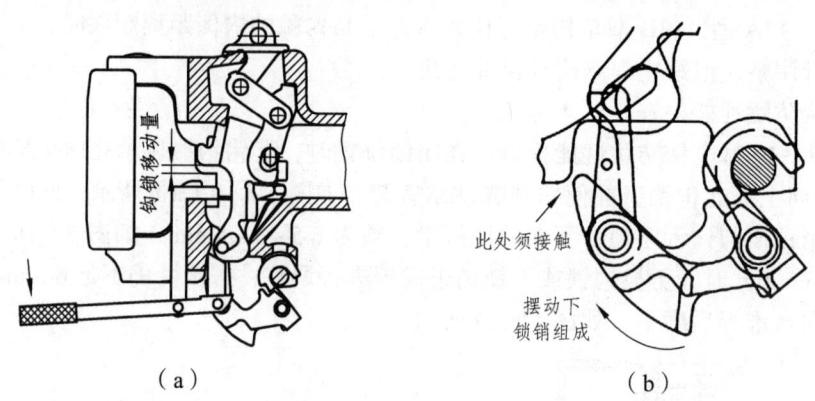

图5.5.22　13号、13A型、13B型车钩防跳性能检查示意图

（4）车钩缓冲装置组装。

① 车钩缓冲装置同套零部件型号须匹配，并符合表5.5.2所示的要求。

表5.5.2　车钩缓冲装置型号匹配表

序号	车钩型号	钩尾框型号	缓冲器型号
1	16型	16型	MT-2型、HM-1型、HM-2型、HN-1型
2	17型	17型	MT-2型、HM-1型、HM-2型、HN-1型
3	13号普碳钢	13号、13A型、13B型	2号、ST型、MT-3型
4	13号C级钢	13号C级钢、13A型、13B型	2号、ST型、MT-3型
5	13号A型	13A型、13B型	ST型、MT-3型
6	13号B型	13A型、13B型	ST型、MT-3型

② 16型、17型钩尾框与缓冲器、从板组装须符合下列要求：

a. MT-2型、HM-1型、HM-2型、HN-1型缓冲器须加装材质为10号钢的缩短销钉。

b. 16型转动套半盲孔须朝向钩尾框下部。

c. 组装后在从板球面处涂干性润滑脂。

③ 13号、13A型、13B型车钩缓冲装置组装须符合下列要求：

a. 组装时车钩尾部与前从板间、缓冲器或后从板与钩尾框间不得加装工艺垫。

b. 钩尾销螺栓须使用材质为20MnTiB、机械性能为8.8级的半圆头专用螺栓。用于13B型铸造钩尾框时，钩尾销螺栓须有开口销安装孔。

c. 组装钩尾销防脱装置。

Ⅰ. 钩尾销螺栓与衬套间应涂抹润滑脂。

Ⅱ. 钩尾框为13号、13A型时，钩尾销螺栓不装开口销及垫圈。安全吊螺栓规格为M20×160、机械性能为8.8级，组装时须装弹簧垫圈及4×40开口销，开头销须盘紧；安全吊螺栓紧固后将螺母与螺栓点焊牢固。

Ⅲ. 钩尾框为 13B 型铸造材质时，钩尾销螺栓须装 2 个平垫圈和 5×40 开口销，螺栓紧固扭矩为 40~80 N·m。安全吊螺栓为机械性能为 8.8 级的 M20 方头螺栓，组装时不装垫圈及开头销；组装后翘起防护板，须有一个面紧靠螺母，螺母与防护板点焊牢固。

d. 13B 型锻造钩尾框的钩尾销插托螺栓须符合 GB/T 5782—2000 的 8.8 级要求，规格为 M18×180，紧固后将螺栓与螺母点焊牢固。

5.5.1.17 牵引杆

（1）牵引杆杆身、杆颈横裂纹在同一断面之和小于 50 mm 时焊修，大于时更换。

（2）牵引杆尾销孔周围 25 mm 范围内有裂纹时焊修；超过尾销孔周围 25 mm 范围，有深度小于 3 mm 的裂纹时可铲磨清除，大于时更换。

（3）牵引杆尾销孔后壁与尾端距离小于 83 mm 时堆焊后磨修，小于 77 mm 时更换。

（4）牵引杆长度小于 1 741 mm 时在两端堆焊后修磨光滑，小于 1 734 mm 时更换。

（5）牵引杆尾端高度磨耗超限时堆焊后修磨。

5.5.1.18　16 型、17 型车钩弹性支承装置

（1）车钩弹性支承装置状态良好时可不分解，须清除支承座腔内杂物。有下列情况时须分解检修：

① 支承弹簧座腔内磨耗板磨耗深度大于 1.5 mm 或磨耗板开焊、丢失须更换或补装时。

② 车钩支承座或支承座腔裂纹时。

③ 止挡铁丢失或止挡铁磨耗剩余厚度小于 25 mm 须补装或更换时。

④ 支承弹簧折损或弹簧衰弱造成车钩安装后支承座与止挡铁接触部位有间隙时。

⑤ 更换冲击座时。

⑥ 组装间隙超限或其他原因须分解车钩弹性支承装置时。

（2）车钩弹性支承装置分解后按下列要求检修：

① 车钩支承座或支承座腔有裂纹时更换。

② 车钩支承座两外侧面磨耗深度大于 2 mm 时堆焊后磨平。

③ 支承弹簧自由高度为（238±5）mm，超下限时须更换，超上限时可每端同高配套使用，组装时每组 3 个支承弹簧，自由高差不大于 2 mm。

④ 同一辆车同端止挡铁形式须一致，厚度差不得大于 2 mm。

（3）支承座顶部金属磨耗板磨耗深度大于 2 mm 时更换，新磨耗板厚度应为 4~16 mm。

5.5.1.19　其他零部件

（1）钩尾框托板、钩尾销托梁、安全托板存在弯曲时调修，有裂纹时更换。车钩托梁有纵裂纹时焊修，有横裂纹时更换；磨耗大于 3 mm 时堆焊后磨平，变形大于 5 mm 时调修。

（2）16 型、17 型钩尾框托板金属磨耗板及钩尾销托梁金属磨耗板磨耗深度大于 3 mm 时更换；更换磨耗板时，须四周满焊。16 型钩尾销托表面磨耗大于 6 mm 时须更换。

（3）13 号钩托梁金属磨耗板、钩尾框托板上焊装的磨耗板或活动槽形金属板剩余厚度小于 50% 时更换。钩尾框托板上焊装的磨耗板更换时，两侧端部各施以 30 mm 长的段焊。

（4）钩提杆、提钩链及钩提杆座检修须符合下列要求：
① 钩提杆存在弯曲时调修，有裂纹时更换。
② 钩提链及链蹄环裂纹或腐蚀、磨耗大于直径的 30% 时更换。
③ 钩提杆座腐蚀或磨耗严重时更换。

（5）防跳插销及制动软管吊链检修须符合下列要求：
① 防跳插销开口间距大于 8 mm 时调修。
② 链环堆接焊缝处开焊时须使用氧-乙炔焰焊接；链环插销裂纹或腐蚀、磨耗大于直径的 30% 时更换。
③ 装有制动软管吊链的铁路货车，防跳插销可安装在制动软管吊链的第一个链环中；无制动软管吊链的铁路货车，防跳插销安装在车钩的防跳插销安装孔内。

（6）非金属磨耗板检修须符合下列要求：
① 磨耗板裂纹、破损、磨耗超限时更换。
② 安装时，须清除与非金属磨耗板间配合部位金属件的尖角和毛刺。
③ C_{70} 型车缓冲器尼龙磨耗板、从板尼龙磨耗板裂损、严重变形时更换新品，从板尼龙磨耗板表面磨耗深度大于 2 mm，缓冲器箱体侧面尼龙磨耗板表面（倒角侧）磨耗深度大于 4 mm 时更换新品。

5.5.1.20　车钩缓冲装置油漆标记

（1）车钩、钩舌、钩尾框、缓冲器须涂打检修车间简称、检修年月标记。
（2）钩舌、钩尾框表面须涂清漆；钩舌销、钩尾销、上锁销组成、下锁销组成、钩锁、钩舌推铁、下锁销转轴不得涂漆。

5.5.2　客车车钩缓冲装置检修要求

车钩缓冲装置整体分解下车，清除锈垢，可见部位外观检查须良好，探伤部件须露出金属本色。须与整车分离的探伤部件及要求见表 5.5.3。

表 5.5.3　钩缓装置探伤零部件明细

序号	零部件名称	适用范围	标　准	备　注
1	钩舌	各车钩	15 号钩舌内侧 S 形曲面至锁铁接触面后端或钩舌销孔上、下部裂纹之和不大于 15 mm 时焊修，超限时报废	
2	钩颈	15 号车钩、托梁式车钩	钩颈横向裂纹不大于 15 mm、其余部分横裂纹不超过该处宽度的 1/5 时焊修，超限时报废	钩头与钩身连接线前后各 50 mm 以内探伤
3	钩舌销		有横向裂纹时报废，允许存在长度不大于 20 mm 的发纹，数量不超过 5 条，超限时报废	螺纹不探伤

续表

序号	零部件名称	适用范围	标 准	备 注
4	横穿螺栓	15号车钩	裂纹时报废	螺纹不探伤
5	钩尾扁销		有横向裂纹时报废,允许存在长度不大于20 mm的纵向发纹,数量不超过5条,超限时报废	
6	摆块吊			
7	钩尾框	15号车钩	横裂纹在同一断面上宽度或深度不超过1/2、弯角处裂纹不大于10 mm时焊修,超限时报废	
8	钩 身	托梁式车钩	裂纹长度小于40 mm且未贯穿时焊修,超限时报废	法兰与钩身过渡处30 mm范围内探伤
9	钩尾销	密接式车钩	圆柱面及过渡处有横向裂纹时报废,允许存在深度不大于1.5 mm的划痕(须打磨,圆滑过渡)或5条以内长度不大于25 mm的纵向裂纹,超限时报废	

5.5.2.1　15号车钩缓冲装置

15号车钩缓冲装置全部分解检修,清除锈垢。

1. 钩　舌

（1）15号和15C型钩舌内侧面磨耗剩余厚度小于68 mm时焊修。

（2）钩舌尾部和锁铁接触面磨耗大约2.5 mm时焊修。

（3）钩舌销孔衬套松动、裂损或磨耗大于3 mm时更新。镶套厚边缘允许有宽度不大于2 mm且深度不大于5 mm的间隙。

（4）钩舌销孔基体磨耗后可加修扩孔,直径大于54 mm时报废。

（5）钩舌冲击台、牵引台磨耗超过1 mm时焊修并探伤检查。

2. 钩舌销、钩尾扁销

钩舌销磨耗大于2 mm、丝扣不良影响紧固时报废,钩尾扁销磨耗大于3 mm时焊修或更新。钩舌销、钩尾扁销弯曲大于5 mm时报废,更新时采用40Cr或40CrNiMoA材质。

3. 钩体及钩尾框

（1）钩体及钩尾框各零件有下列情形之一时报废:

① 钩尾端面距扁销孔剩余厚度小于40 mm。

② 钩身弯曲大于10 mm。

③ 钩腕外胀大于20 mm。

（2）钩锁口垂向尺寸大于83 mm时焊修,车钩防跳挡尺寸大于68 mm时焊修或更换。

（3）钩尾框扁销孔长度磨耗大于105 mm或钩尾框扁销孔前圆弧面至尾部内端面尺寸大于780 mm时焊修。

（4）钩身各部磨耗大于 3 mm、钩尾扁销孔磨耗后长度大于 142 mm、钩尾扁销孔侧面磨耗深度大于 3 mm、钩尾端面距扁销孔剩余厚度小于 47 mm 时焊修。

（5）钩体的冲击台磨耗大于 1 mm 时焊修，并探伤检查。

（6）钩耳孔基体磨耗后可加修扩孔，直径大于 54 mm 时报废。

（7）钩耳孔衬套松动、裂损或磨耗大于 3 mm 时更新。镶套厚允许有宽度不大于 2 mm、深度不大于 5 mm 的间隙。

4．缓冲器

（1）1 号及 G1 型缓冲器。

① 缓冲器须分解检修，各零件无裂纹，圆弹簧、环弹簧有裂纹或折损时应更换。

② 圆弹簧按表 5.5.4 规定载荷进行试验，载荷高应符合表 5.5.4 的要求。

表 5.5.4　缓冲器圆弹簧试验参数

名　称	试验载荷/kN	载荷高/mm
外圆弹簧	64.7	≥165
内圆弹簧	8.8	≥165

③ 缓冲器盒尾部弯曲角处裂纹长度不大于 30 mm 或磨耗不大于 2 mm 时焊修，超限时更换。

④ 环弹簧组成自由高小于 299 mm 时更新，偏磨、接触面不平影响组装时更新。1 号缓冲器环弹簧更新时，须更新为 G1 型缓冲器环弹簧。

⑤ 缓冲器组装时各环弹簧间加润滑脂，环弹簧组成自由高度在 299～305 mm 的加 6 mm 铁垫板 1 块，组装后自由高为 514^{+5}_{-3} mm。

（2）KC15 型弹性胶泥缓冲器。

KC15 型弹性胶泥缓冲器外观检查，无裂纹、破损，自由高度为 570^{+4}_{-2} mm。

5．其　他

（1）摆块及摆块吊磨耗大于 3 mm 时焊修。

（2）钩提杆变形时调修，腐蚀深度大于 5 mm 时报废。下锁销连杆、钩提杆吊环腐蚀深度超过 30% 时更换。

（3）钩提托板及钩尾框托板裂纹时焊修或更换，磨耗大于 3 mm 时焊修。

（4）钩提杆座磨耗影响配合间隙时堆焊打磨。

（5）前从板圆弧面磨耗量大于 2 mm 时报废，其余部位磨耗大于 3 mm 时焊修，后从板磨耗量大于 3 mm 时焊修。

（6）从板磨耗板剩余厚度小于 3 mm 时更换。

（7）防跳板变形时调修，开焊时焊修。

（8）冲击座与摆块吊接触处局部磨耗大于 3 mm 时焊修，冲击座固定铆钉松动或异常时更换。

（9）钩锁铁局部磨耗大于 2 mm 时焊修；钩舌推铁变形时调修或更换；下锁销变形时调修，磨耗大于 1 mm 时焊修。

（10）钩提和钩尾框磨耗板剩余厚度小于 3 mm 时更换。

（11）各圆销（不含钩尾销）裂纹或直径磨耗大于 1 mm 时更换。

6. 组装和实验

（1）装配前，车钩、钩舌、钩尾框、钩尾扁销、下锁销、摆块、摆块吊、从板涂刷清漆，其余配件外露部分涂刷防锈底漆和面漆，面漆颜色与底架颜色一致，钩缓装置组装时各磨耗部位涂润滑脂。

（2）15X 型小间隙车钩，拉紧钩舌使钩舌尾部与钩锁铁压紧，测量如图 5.5.23 所示 A、B、C 三个尺寸，当 B 尺寸大于 86 mm 或 C 尺寸小于 76.5 mm 时，焊修钩舌 S 形曲面。A 尺寸大于 120 mm 时，焊修钩舌圆柱面部分。

（3）15 号及 15C 型车钩钩舌与钩腕内侧面距离，闭锁位和全开尺寸须分别小于 130 mm、245 mm。

（4）钩锁铁导向角在钩腔内搭接量距钩口边缘距离不小于 5 mm。

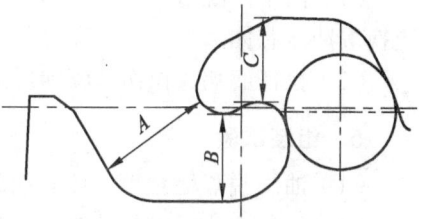

图 5.5.23　小间隙车钩

（5）在闭锁位时，向上托起钩锁铁，移动量不大于 15 mm。

（6）钩尾扁销横穿螺栓须为方头，并加防松垫和防松铁丝。

（7）缓冲器装车时，须有大于 2 mm 的压缩量。

（8）钩尾框托板及摆块上须装 1 块厚度为 3～12 mm 的磨耗垫板。

（9）车钩托板、钩尾框托板螺栓加锁紧螺母，与牵引梁上部结合面须采用楔形垫调平。

（10）车钩托板与摆块挂钩底面间隙为 4～18 mm，车钩托板安装处焊接牵引梁下盖板结构者，车钩托板与摆块挂钩搭接量不小于 10 mm。

（11）车钩组装后，三态及防跳作用须良好。

5.5.2.2　密接式车钩缓冲装置

1. 基本要求

（1）回转机构、连挂系统分解检修，检查缓冲器、钩体、安装座状态，表面无裂纹。

（2）缓冲器法兰盘处的紧固件无松动，垫圈和开口销状态良好。

（3）橡胶件 A2 修状态不良时更新，A3 修时更新。

2. 连挂系统

（1）清除钩舌回转槽和钩舌油垢，钩舌外表面有裂纹或其他异常时更换，外圆表面磨耗深度不大于 1 mm，局部不大于 3 mm，超限时更换。

（2）分解解钩风缸，缸体裂纹或内壁、活塞有明显损伤时更换。解钩风缸弹簧自由高小于 235 mm 或腐蚀深度大于 0.5 mm 时更换。解钩手柄弯曲变形时调修。缸体内腔、弹簧和紧固件涂抹润滑脂。检修后进行动作试验，复位灵活。

（3）组装前在钩舌回转槽内壁、钩舌上下面涂润滑脂。

3. 回转机构

（1）钩尾销销套表面有深度大于 2 mm 的局部擦痕、变形时更换，转动面、配合面涂润滑脂（轴承除外）。

（2）关节轴承固定润滑材料和钢基体结合良好，破碎、脱落或局部磨穿时更新。

（3）支承弹簧盒自由高不小于 169 mm。磨耗严重时允许焊修，防松螺钉螺纹孔可移位重钻。

（4）支架变形量大于 7 mm 时调修，变形量大于 15 mm 或裂纹时更换，如图 5.5.24 所示。

4. 缓冲器

（1）内半筒脱出不大于 8 mm 时可不分解，超限时更换缓冲器芯体。

（2）拉杆磨耗、拉伤、腐蚀影响使用时更换。

5. 组装试验

（1）油漆脱落处衬涂，各磨耗部位涂抹润滑脂。

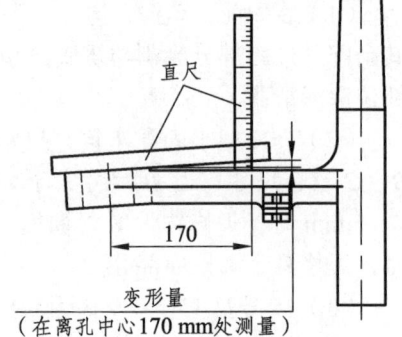

图 5.5.24　支架变形量测量方法示意图

（2）组装完毕后，拉动解钩手柄至全开位释放，解钩手柄、钩舌和解钩风缸动作灵活、无卡滞。

（3）车钩缓冲装置装车后动作灵活，去除外力后可自动复位。回转机构组装完成后，钩缓装置在水平和垂直面内转动灵活。

（4）各螺栓规格及力矩见表 5.5.5。钩高调整螺栓须按规定扭矩拧紧。

（5）M38 安装螺栓更新。

表 5.5.5　车钩安装螺栓规格及力矩表

序号	规格	强度等级	拧紧力/N·m	备注
1	M12	8.8	70	缓冲器内半筒
2	M16	8.8	200	支承弹簧盒
3	M20	8.8	300	托梁式车钩
4	M20	4.8	130	15 号车钩托板
5	M24	8.8	450	托梁式车钩
6	M30	8.8	600~700	缓冲器连接螺栓，施必牢防松螺母为 1 100 N·m
7	M38	8.8	800~900	缓冲器安装螺栓
8	—	—	500~600	密接式车钩钩尾销螺栓

【实践教学活动】

为了顺利进行实践教学活动，请参观车辆段"钩缓间"，以增加感性认识。在此基础上，总结钩缓间生产组织形式和检修基本工艺。成套钩缓装置检修工艺流程如图 5.5.25 所示。

项目 5　车端连接装置检修

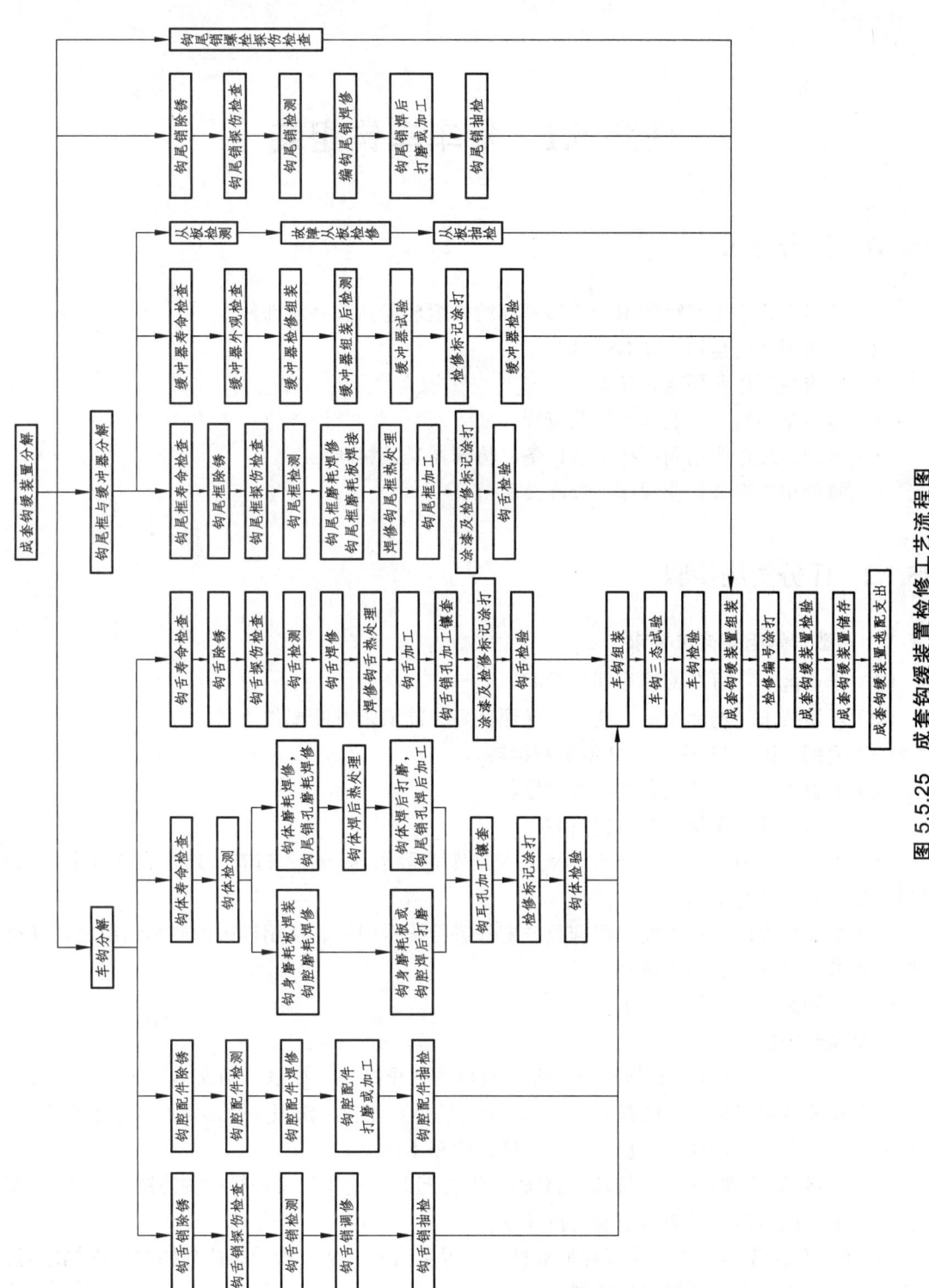

图 5.5.25　成套钩缓装置检修工艺流程图

下面选取两个典型工作任务进行实践活动，旨在熟悉实际工作岗位作业内容、作业标准和岗位要求。

任务 5.1 货车车钩组装

R5.1.1 任务导入

（1）货车车钩主要有哪些型号？其基本结构组成包括哪些零部件？
（2）不同型号的车钩有什么区别？
（3）车钩组装作业要点是什么？
（4）熟悉车钩组装作业基本工艺流程。
（5）车钩组装作业用到哪些工装设备、检测器具及材料？
（6）熟悉车钩组装作业程序、标准及示范。

R5.1.2 任务实施步骤

1. 熟悉车钩组装岗位要求

（1）作业地点：货车检修车间钩缓间。
（2）环境要求：场地宽敞、明亮、光照良好，能清晰判断配件质量。
（3）适用范围：13系列、17型车钩组装。
（4）上道工序：车钩及车钩配件检修。
（5）下道工序：车钩缓冲装置组装。
（6）人员及工种要求：本岗位作业人员经车辆段培训合格，持有"培训合格证书""设备操作证"方可进行本岗位工作。
（7）主要作业内容：正确选配钩腔内配件进行车钩组装，使用样板检测车钩组装尺寸符合限度要求，确保三态作用良好。
（8）车钩组装岗位技术要求。
质量控制关键点：
① 三态试验：全开位时须检查钩舌止挡与钩耳止挡是否接触，确保全开到最大位置；闭锁时动作要持续稳定，并检查上（下）锁销组成是否复位，钩锁是否落实，消除落锁不良、假落锁故障；开锁位时要反复扳动钩舌，确保钩锁不落下。
② 防跳性能检查：须使用钩锁托具将钩锁托起，并使用量具进行检测防跳间隙和17型车钩下锁销顶面与钩舌坐锁台下面的搭接量。
③ 组装尺寸控制：使用样板时须垂直于钩舌牵引面，插入钩舌鼻部与钩腕的内侧之间，检测上、中、下三处，样板不得倾斜。
④ 配件误装（13与17型）：17型车钩钩舌销头部有"16"字样。

2. 熟悉岗位作业流程

岗位作业流程如图 R5.1.1 所示。

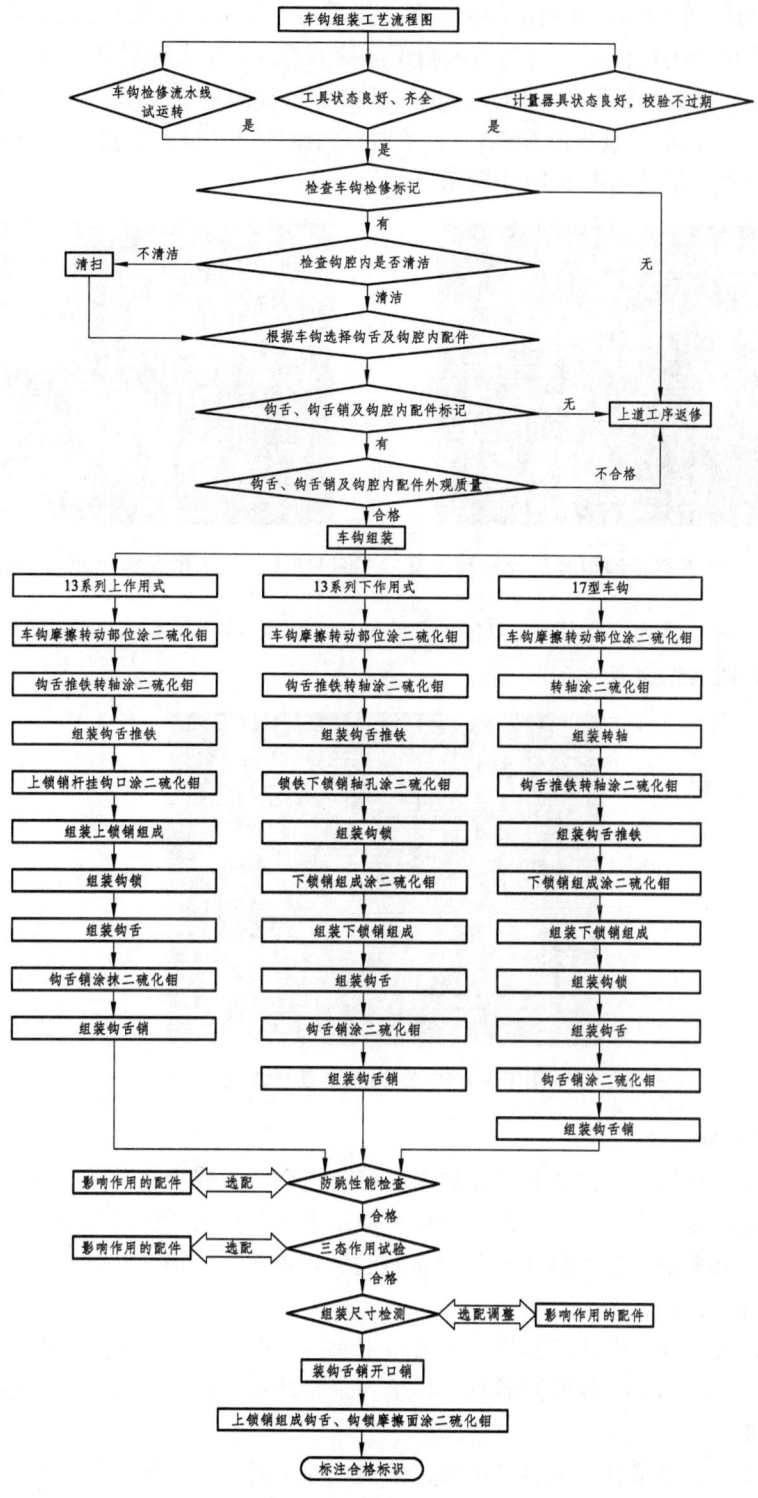

图 R5.1.1 车钩组装流程图

3. **熟悉车钩组装作业所需工装设备、检测器具及材料**

（1）工装设备：车钩检修流水线、三态试验装置、悬臂吊、电焊机、排烟除尘设备。

（2）检测器具：车钩钩锁移动量间隙塞尺，钩舌与上钩耳间隙塞尺，钩舌销与钩耳孔（钩舌销孔）间隙塞尺，闭锁位钩舌与钩腕内测距离检测量规，全开位钩舌与钩腕内测距离检测量规，防跳间隙塞尺，钩锁托具，16、17 型车钩全开位检测量规，16、17 型车钩全开位检测量规，16、17 型车钩搭接量检测量规。13 系列车钩组装尺寸检测量具如图 R5.1.2 所示，17 型车钩组装尺寸检测量具如图 R5.1.3 所示。

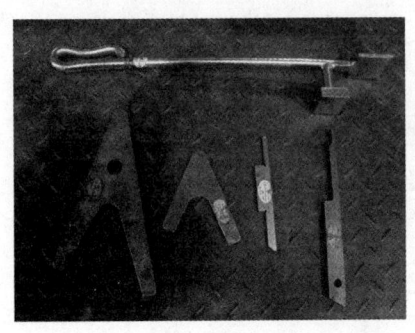

图 R5.1.2　13 系列车钩组装尺寸检测量具　　图 R5.1.3　17 型车钩组装尺寸检测量具

（3）工具材料：手锤、撬棍、二硫化钼粉剂、工业酒精、电焊条、粉笔、毛刷等。车钩组装部分工具如图 R5.1.4 所示。

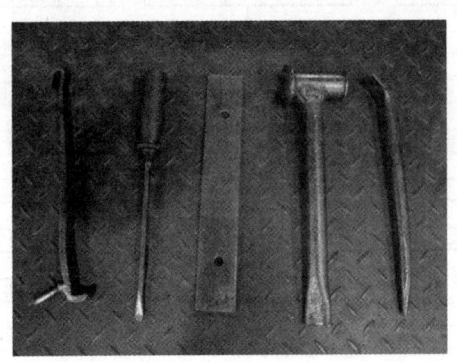

图 R5.1.4　车钩组装部分工具

4. **开工前准备**

（1）劳保用品穿戴。工作者劳动保护用品穿戴齐全、着装统一。

（2）设备试运转。按照《设备操作规程》操作步骤对车钩检修流水线、三态试验装置、悬臂吊（吊具）、电焊机、排烟除尘器等设备进行开工前检查，确认状态良好，并按规定填写《设备点检运转记录卡》。

（3）计量样板检查。将计量器具从工具箱中取出并摆放在工具小车平面的一端，轻拿轻放，避免相互间磕碰。检查各检测器具、样板齐全，外观、动作状态良好，检查校验标签，使用时间不过期。

（4）工具检查。将工具从工具箱中取出并摆放在工具小车平面的另一端，工具须齐全，外观、试用时状态良好。

（5）二硫化钼湿剂调制。使用工业酒精将干性二硫化钼粉调配成湿剂，推荐体积配置比例为1：1。

（6）配件配送。确认钩舌、钩舌销、钩锁、钩舌推铁、上（下）锁销组成、17型下锁销转轴、新品开口销、垫圈等材料配件按型号、材质配送到位，分型归类放置。

5. 车钩配件检查、选配

（1）检查钩体正面有"合"或"⟨合⟩"字标识，如图R5.1.5、图R5.1.6所示；钩腔内清洁，无杂物。

图R5.1.5　　　　　　　　　　　图R5.1.6

（2）确认钩体作用方式、型号、材质，按照车钩配件材质及型号匹配要求选配钩舌、钩锁、上（下）锁销组成。13系列、17型钩腔内配件、钩舌及钩舌销不得混用。13系列上（下）作用式、17型车钩配件，如图R5.1.7~R5.1.9所示。钩舌须有13、13A、13B或16（H）型号的制造标记，17型车钩装用的钩舌销须有"16"字样标记。17型车钩装用16型车钩的配件有：钩舌、钩舌销、钩锁组成、钩舌推铁。

图R5.1.7　13系列上作用车钩配件　　　图R5.1.8　13系列下作用车钩配件

图R5.1.9　17型车钩配件

（3）检查探伤标识。检查钩舌、钩舌销有绿色油漆圆点探伤合格标识及检修合格标识，如图 R5.1.10、图 R5.1.11 所示。

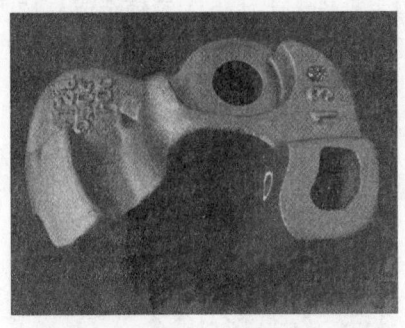 

图 R5.1.10　　　　　　　　　　　图 R5.1.11

（4）检查配件检修标识。检查钩锁、上（下）锁销组成、钩舌推铁、17 型下锁销转轴须有白色粉笔圆圈检修合格标识，如图 R5.1.12 ~ R5.1.16 所示。钩舌须涂打白色油漆检修标记（检修车间简称及检修年月），如图 R5.1.17 所示。

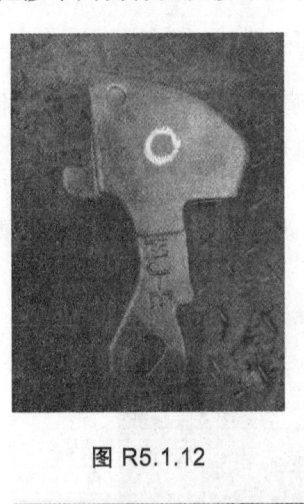 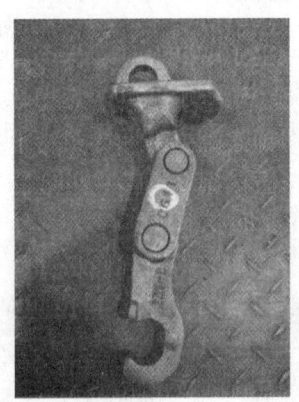 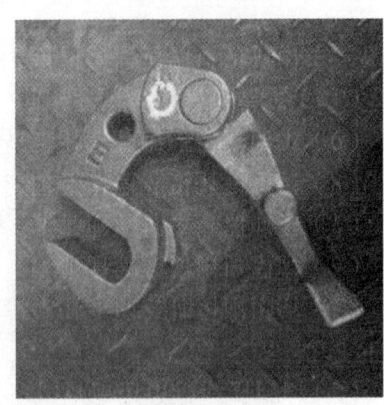

图 R5.1.12　　　　　　　图 R5.1.13　　　　　　　图 R5.1.14

  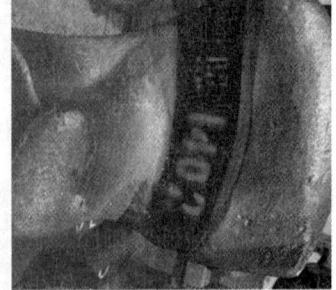

图 R5.1.15　　　　　　　图 R5.1.16　　　　　　　图 R5.1.17

（5）钩体转动、摩擦部位涂抹二硫化钼湿剂。使用毛刷在车钩的上、下钩耳护销突缘，钩舌推铁轴孔上平面，上、下锁销孔壁，钩腔内摩擦部位及 17 型车钩尾部球面处均匀涂抹二硫化钼湿剂，如图 R5.1.18 ~ R5.1.20 所示。

图 R5.1.18　　　　　　　图 R5.1.19　　　　　　　图 R5.1.20

6. 车钩组装

（1）组装顺序。

① 13 系列上作用车钩：钩舌推铁→上锁销组成→钩锁→钩舌→钩舌销。

② 13 系列下作用车钩：钩舌推铁→钩锁→下锁销组成→钩舌→钩舌销。

③ 17 型车钩：钩舌推铁→下锁销转轴→下锁销组成→钩锁→钩舌→钩舌销。

（2）组装步骤。

① 13 系列上作用车钩。

a. 组装钩舌推铁。在钩舌推铁轴处圆柱面上均匀涂抹二硫化钼湿剂，如图 R5.1.21、图 R5.1.22 所示。从钩体正面装入钩舌推铁，如图 R5.1.23 所示；转轴须落在钩舌推铁轴孔内，如图 R5.1.24 所示。

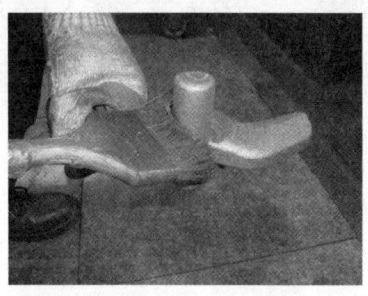 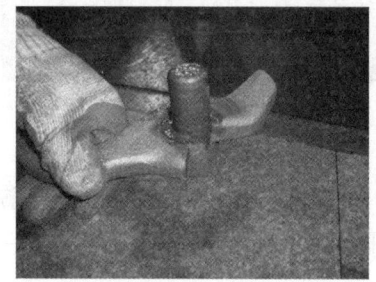

图 R5.1.21　　　　　　　　　　　　图 R5.1.22

图 R5.1.23　　　　　　　　　　　　图 R5.1.24

b. 组装上锁销组成。在上锁销杆挂钩口处涂抹适量二硫化钼湿剂，如图 R5.1.25 所示。提起上锁销提，挂钩向前，如图 R5.1.26 所示；从钩体上平面处的上锁销孔装入上锁销，如图 R5.1.27 所示。

 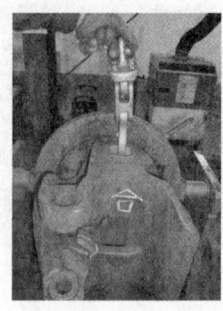 

图 R5.1.25　　　　　　　图 R5.1.26　　　　　　　图 R5.1.27

c. 组装钩锁。从钩体正面将钩锁装入钩腔内,将钩锁锁腿插入下锁销孔内,如图 R5.1.28 所示;用上锁销杆挂钩钩住钩锁的上锁销杆转轴,如图 R5.1.29 所示。

图 R5.1.28　　　　　　　　　　　　　图 R5.1.29

d. 用左手钩住上锁提孔,向上提起上锁提带动钩锁上移,如图 R5.1.30 所示;顺时针转动钩舌推铁腿,使钩锁开锁坐锁面落入钩舌推铁锁座上,放下上锁提,如图 R5.1.31、图 R5.1.32 所示。

图 R5.1.30　　　　　　　图 R5.1.31　　　　　　　图 R5.1.32

e. 组装钩舌。用平衡吊钩舌卡具卡在钩舌的工艺孔处,如图 R5.1.33 所示;吊起钩舌并装在上下钩耳间,如图 R5.1.34 所示;推动钩舌鼻部并逆时针转动钩舌,如图 R5.1.35 所示;钩锁落下,形成闭锁位,如图 R5.1.36 所示,取下钩舌卡具。

图 R5.1.33

图 R5.1.34

图 R5.1.35

图 R5.1.36

f. 组装钩舌销。从钩体上钩耳孔目视上下钩耳孔、钩舌销孔是否同心，用撬棍撬动钩舌，确保三孔同心，如图 R5.1.37 所示；在钩舌销上涂抹适量二硫化钼湿剂，如图 R5.1.38 所示；将钩舌销从车钩上钩耳孔向下穿入钩舌销孔及下钩耳孔内，如图 R5.1.39 所示；钩舌销完全穿入钩舌销孔内，如图 R5.1.40 所示。

图 R5.1.37

图 R5.1.38

图 R5.1.39

图 R5.1.40

② 13 系列下作用车钩。

a. 组装钩舌推铁。从钩体正面装入钩舌推铁，转轴须落在钩舌推铁轴孔内，如图 R5.1.41 所示。

b. 组装钩锁。从钩体正面将钩锁装入钩腔内，将钩锁锁腿插入下锁销孔内；钩锁的前坐锁面坐在钩体下锁销孔的前壁上，如图 R5.1.42 所示。

图 R5.1.41

图 R5.1.42

c. 组装下锁销组成。将下锁销组成从车钩下部装入下锁销孔内，下锁销钩挂在下锁销钩转轴上，下锁销上的下锁销轴插入钩锁下锁销轴孔内，如图 R5.1.43 所示。

图 R5.1.43

d. 将下作业式钩提杆的插槽卡在下锁销体上，右手摆正钩锁，左手转动下作业式钩提杆手把，下锁销组成及钩锁上移，顺时针转动钩舌推铁腿，使钩锁开锁坐锁面落入钩舌推铁锁座上，如图 R5.1.44 所示。

e. 组装钩舌。用平衡吊钩舌卡具卡在钩舌的工艺孔处，吊起钩舌并装在上下钩耳间，推动钩舌鼻部并逆时针转动钩舌，锁铁落下，形成闭锁位，如图 R5.1.45 所示。

图 R5.1.44

图 R5.1.45

项目 5　车端连接装置检修　79

f. 组装钩舌销。从钩体上钩耳孔目视上下钩耳孔、钩舌销孔是否同心，用撬棍撬动钩舌，确保三孔同心，将钩舌销从车钩上钩耳孔向下穿入钩舌销孔及下钩耳孔内，如图 R5.1.46 所示。

图 R5.1.46

③ 17 型车钩。

a. 组装钩舌推铁。在钩舌推铁轴处圆柱面上均匀涂抹二硫化钼湿剂，如图 R5.1.47、图 R5.1.48 所示。从钩体正面装入钩舌推铁，如图 R5.1.49 所示；转轴须落在钩舌推铁轴孔内，如图 R5.1.50 所示。

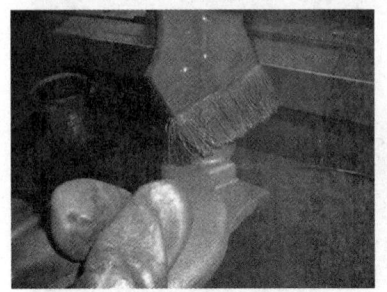
图 R5.1.47

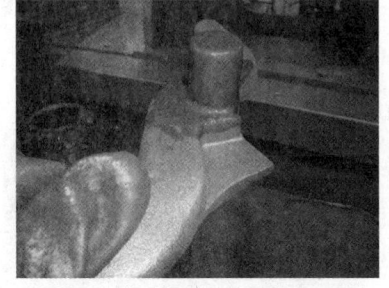
图 R5.1.48

图 R5.1.49

图 R5.1.50

b. 组装下锁销转轴。在下锁销转轴涂抹适量二硫化钼湿剂，如图 R5.1.51 所示；从左侧向右装入下锁销转轴孔内，如图 R5.1.52 所示；下锁销转轴完全插入转轴孔内，转轴应能够自由转动。

c. 组装下锁销组成。在下锁销组成铆钉及挂钩口处涂抹适量二硫化钼湿剂，如图 R5.1.53、图 R5.1.54 所示。从车钩下部将下锁销组成的下锁销装入下锁销孔内，如图 R5.1.55 所示；将下锁销杆卡槽卡在下锁销转轴的凸台上，如图 R5.1.56 所示。

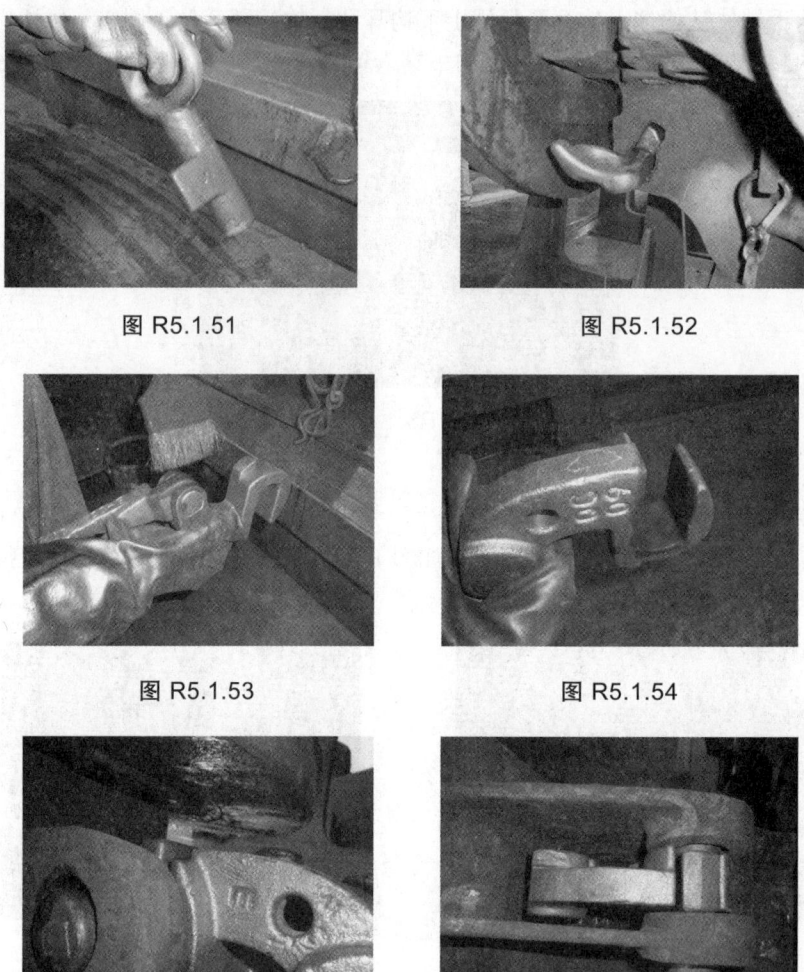

图 R5.1.51　　　　　　　　图 R5.1.52

图 R5.1.53　　　　　　　　图 R5.1.54

图 R5.1.55　　　　　　　　图 R5.1.56

d. 组装钩锁组成。将下作业式钩提杆的弯钩插入下锁销转轴孔内，左手转动钩提杆手把，下锁销转轴带动下锁销组成上移，将钩锁组成的止动块复位，从钩体正面装入钩锁组成，如图 R5.1.57 所示；将下锁销轴插入钩锁上的下锁销轴孔内，钩锁的前坐锁面坐在钩体下锁销孔的前壁上，如图 R5.1.58 所示。

图 R5.1.57　　　　　　　　图 R5.1.58

e. 将下作业式钩提杆复位,下锁销转轴带动下锁销组成下移,右手摆正钩锁,左手转动下作用式钩提杆手把,如图 R5.1.59 所示;下锁销转轴带动下锁销组成及钩锁上移,顺时针转动钩舌推铁腿,钩锁开锁坐锁面落入钩舌推铁锁座上,如图 R5.1.60 所示。

图 R5.1.59

图 R5.1.60

f. 组装钩舌。用平衡吊钩舌卡具卡在钩舌的工艺孔处,如图 R5.1.61 所示;吊起钩舌并装在上下钩耳间,推动钩舌鼻部并逆时针转动钩舌,锁铁落下,形成闭锁位,如图 R5.1.62 所示。

图 R5.1.61

图 R5.1.62

g. 组装钩舌销。从钩体上钩耳孔目视上下钩耳孔、钩舌销孔是否同心,用撬棍撬动钩舌,确保三孔同心,如图 R5.1.63 所示;在钩舌销上涂抹适量二硫化钼湿剂,如图 R5.1.64 所示,将钩舌销从车钩上钩耳孔向下穿入钩舌销孔及下钩耳孔内,如图 R5.1.65 所示;直至钩舌销全部落入钩舌销孔内,如图 R5.1.66 所示。

图 R5.1.63

图 R5.1.64

图 R5.1.65　　　　　　　　图 R5.1.66

7. 防跳性能检查

（1）13 系列上作用车钩：在闭锁位置，使用钩锁托具向上托起钩锁，并使钩锁腿贴靠后壁，如图 R5.1.67 所示。插入钩锁移动量检测量规测量钩锁移动量，塞尺最小尺寸须通过，最大尺寸须止住，如图 R5.1.68 所示；反复托起钩锁，不得开锁，如图 R5.1.69 所示。整体检查状态如图 R5.1.70 所示。

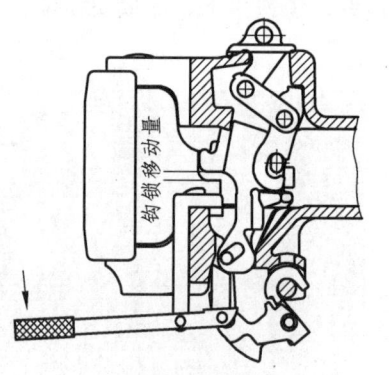 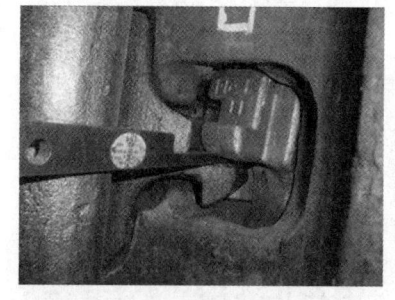

图 R5.1.67　　　　　　　　图 R5.1.68

图 R5.1.69　　　　　　　　图 R5.1.70

（2）13 系列下作用车钩：在闭锁位置，使用钩锁托具向上托起钩锁，使钩锁腿贴靠后壁，撬起钩锁，插入钩锁移动量检测量规测量，塞尺最小尺寸须通过，最大尺寸须止住；反复托起钩锁，不得开锁；须有二次防跳性能，摆动下锁销组成，防跳作用须良好。

（3）17 型车钩防跳性能检查：在闭锁位置（闭锁显示孔须全部露出），使用钩锁托具向上托起钩锁，并使钩锁腿贴靠后壁，如图 R5.1.71 所示；此时使用专用量具测量下锁销顶面与钩舌坐锁台下面的搭接量须符合标准,如图 R5.1.72 所示。整体检查状态如图 R5.1.73 所示。搭接量不足时可更换钩锁或下锁销组成,也可将钩腔钩锁导向台堆焊后磨平。再检查 17 型车钩下锁销杆防跳性能:将下锁销杆向上托起,使下锁销杆的防跳台与钩体的防跳台贴靠,此时向开锁方向转动下锁销,下锁销不得转动,下锁销、钩锁上移不得使车钩开锁。

图 R5.1.71

图 R5.1.72

图 R5.1.73

8. 三态作用试验

(1) 试验准备。

使用车钩三态试验装置对车钩进行三态作用试验,13 系列上作用车钩将钩提链挂钩挂入上锁提孔中,13 系列下作用车钩将钩提杆弯钩插入下锁销体内,17 型车钩将钩提杆弯钩插入下锁销转轴孔内。

(2) 试验步骤。

① 全开试验:在闭锁位时,持续稳定地转动钩提杆的手把,钩舌应达到全开位置,钩锁开锁坐锁面应落入钩舌推铁锁座上,如图 R5.1.74 ~ R5.1.76 所示。

图 R5.1.74

图 R5.1.75

图 R5.1.76

② 闭锁试验:在全开位时,持续稳定地推动钩舌鼻部,钩舌应转动到闭锁状态,同时钩锁落到闭锁位置,此时向外扳动钩舌鼻部,不得开锁,如图 R5.1.77、图 R5.1.78 所示。

图 R5.1.77

图 R5.1.78

③ 开锁试验：在闭锁位时，转动钩提杆的手把，使钩锁坐锁面抬高到钩舌尾部以上，如图 R5.1.79、图 R5.1.80 所示，在此过程中钩舌不应转动，钩舌仍处在闭锁位置。当钩提杆复位后，钩锁落下时，钩锁开锁坐锁面应坐在钩舌推铁的锁座面上；此时用手扳动钩舌鼻部，钩舌应能转动到全开位置，如图 R5.1.81、图 R5.1.82 所示。

图 R5.1.79　　　　　　　　　　图 R5.1.80

图 R5.1.81　　　　　　　　　　图 R5.1.82

9. 组装尺寸检测

（1）全开位尺寸检测：在全开位，用手向外扳动钩舌鼻部，使钩舌张开最大量，将全开位钩舌与钩腕内测距离检测量规（16、17 型车钩全开位检测量规）垂直于钩舌牵引面插入钩舌鼻部与钩腕的内侧之间，检测三处（不包括距离钩舌上、下面各 10 mm 圆角处），13 系列车钩量规最大尺寸须止住，17 型车钩量规最小尺寸须通过，如图 R5.1.83、图 R5.1.84 所示。超限时更换钩舌，13 系列车钩也可堆焊钩舌全开位止挡进行调整，但禁止焊修钩耳根部弯角。

图 R5.1.83　　　　　　　　　　图 R5.1.84

（2）闭锁位尺寸检测：在闭锁位，用手向外扳动钩舌鼻部，使钩舌张开最大量，13系列车钩将闭锁位钩舌与钩腕内测距离检测量规垂直于钩舌牵引面插入钩舌鼻部与钩腕的内侧之间，检测三处（不包括距离钩舌上、下面各10 mm圆角处），量规最大尺寸须止住，如图R5.1.85所示；17型车钩将16、17型车钩闭锁位检测量规垂直于车钩正面插入钩舌鼻部到钩体正面之间，检测三处（不包括距离钩舌上、下面各10 mm圆角处），最大尺寸须止住，如图R5.1.86所示。超限时更换钩舌。

图 R5.1.85　　　　　　　　　　图 R5.1.86

（3）钩舌与上钩耳、钩舌销与钩耳孔短径间隙检测：车钩处于闭锁位时，用钩舌销与钩耳孔（钩舌销孔）间隙塞尺测量钩舌与上钩耳、钩舌销与钩耳孔短径间隙，须止住，翻转车钩，测量钩舌销与下钩耳孔短径方向的组装间隙，须止住，如图R5.1.87所示。超限时更换钩舌销或钩舌。

（4）测量钩舌与上钩耳间隙：车钩处于闭锁位时，用钩舌与上钩耳间隙塞尺测量钩舌与上钩耳间隙，须止住，如图R5.1.88所示。超限时可在钩舌与下钩耳间加装垫圈。

图 R5.1.87　　　　　　　　　　图 R5.1.88

10. 上锁销组成、钩舌及钩锁摩擦面涂二硫化钼湿剂

（1）13系列车钩：左手提起上锁提，右手在上锁销铆钉轴处均匀涂抹适量二硫化钼湿剂，如图R5.1.89所示；扳动钩提杆使钩舌达到全开位置，在钩舌冲击突肩、牵引突缘、钩舌尾端面及钩舌锁面均匀涂抹适量二硫化钼湿剂，如图R5.1.90所示；逆时针推动钩舌，直至露出锁腿，在钩锁锁腿处均匀涂抹适量二硫化钼湿剂，如图R5.1.91所示；继续推动钩舌至闭锁位置，在钩锁前导向面处均匀涂抹适量二硫化钼湿剂，如图R5.1.92所示。

图 R5.1.89

图 R5.1.90

图 R5.1.91

图 R5.1.92

（2）17型车钩：扳动钩提杆使钩舌达到全开位置，在钩舌冲击突肩、牵引突缘、钩舌尾端面及钩舌锁面均匀涂抹适量二硫化钼湿剂，如图 R5.1.93、图 R5.1.94 所示；逆时针推动钩舌，直至露出锁腿，在钩锁锁腿处均匀涂抹适量二硫化钼湿剂，如图 R5.1.95 所示；继续推动钩舌至闭锁位置，在钩锁前导向面处均匀涂抹适量二硫化钼湿剂，如图 R5.1.96 所示。

图 R5.1.93

图 R5.1.94

图 R5.1.95

图 R5.1.96

11. 加装钩舌销开口销

车钩组装合格后,在钩舌销下部销孔内安装开口销 $\phi 8 \times 11$ mm,劈开角度不小于 60°,如图 R5.1.97 所示。

12. 标注交检标识

车钩检测合格后,在钩体上平面标注合格标识"人",如图 R5.1.98 所示。将钩体与钩舌的检修记录搜集在一起,卷起后用磁铁吸附在钩头的侧面。观察流水线两端车钩存放和人员作业情况,做好呼唤应答,用脚踩下车钩检修线移动开关,将钩体输送至交检工位后将脚移开。

图 R5.1.97

图 R5.1.98

13. 完　工

(1)擦拭工具、量具样板表面污物,按定置管理要求存放,量具样板到期时送计量室。

(2)关闭设备电源,进行擦拭、保养,定期对设备的摩擦及转动部位给油,仪表到期前两天送计量室。

(3)剩余的材料、配件等须按定置管理要求存放。清扫场地,清洁无杂物。

任务 5.2　15 号车钩缓冲装置分解与组装

R5.2.1　任务导入

(1)目前客车使用的车钩主要有哪些类型?

(2)15 号车钩的结构特点体现在哪些方面?

(3)15 号车钩主要包括哪些型号?如何区分?

(4)段修作业时,15 号车钩缓冲装置分解与组装的步骤是什么?

(5)段修作业时,15 号车钩缓冲装置分解与组装用到了哪些工具或装备?

(6)段修作业时,15 号车钩缓冲装置分解与组装的作业要点是什么?

R5.2.2　任务实施步骤

1. 15号车钩缓冲装置分解作业

（1）熟悉15号车钩缓冲装置分解作业基本要求。

① 作业流程：作业前准备→吊送车钩→拆卸钩舌→取出钩腔内配件→拆卸钩尾扁销→拆卸车钩缓冲器→配件送修→完工整理。

② 工具材料：天车、钩缓装置分解组装机、手锤、钩引、扳手、电动扳手。

③ 安全注意事项：

a. 作业人员穿戴安全帽、劳保鞋、作业服、劳保手套。

b. 各配件须轻拿轻放，防止摔碰。

c. 按照设备操作规程操作天车和钩缓装置分解组装机。

④ 任职条件：

a. 通过职业技能鉴定考试合格。

b. 取得"铁路岗位培训合格证"。

c. 操作天车须有设备操作证。

（2）作业前准备。

① 检查钩缓装置分解组装机状态。启动钩缓装置分解组装机，试动作钩缓装置分解组装机各功能状态，确保其横向、纵向液压导柱伸缩功能良好。

② 检查天车状态。启动天车，操作天车前进、后退及吊具的升降，确保天车行进过程中无卡滞，吊具升降过程中无卡滞，并检查天车吊具探伤日期未超期。

③ 检查各工具状态，确保工具功能作用良好；同时工具就近摆放整齐，便于作业时取用。

（3）吊送车钩。

用钩缓检修间的天车吊具卡住钩体的钩颈与钩锁口部位，然后启动天车进行试动作，确保天车吊具卡死钩体，然后操作天车，将钩体吊送至工作台上，使钩尾扁销的横穿螺栓朝上。

风险提示：天车吊送前，检查确保天车吊具卡死车钩缓冲装置，天车吊送过程中，天车行进速度应缓慢，并确保行进路线上无其他作业人员及配件，防止吊送过程中磕碰作业人员或磕碰车钩缓冲装置。

（4）拆卸钩舌。

① 用钩引和手锤拆下型号为 10×80 的钩圆销开口销，将开口销放入废料筐中，然后取出钩圆销，将其放置在配件筐内，如图R5.2.1所示。

② 双手分别抓紧钩舌S面上下端，将钩舌从钩腔内取出，将其放置在配件筐内，如图R5.2.2所示。

（5）取出钩腔内配件。

用手向上托起钩锁销，使钩锁销将钩锁铁顶起，然后从钩腔内取出钩舌推铁，然后松开钩锁销，使其恢复原位，再依次取钩锁铁和钩锁销，并将其放进配件筐内，如图R5.2.3、图R5.2.4所示。

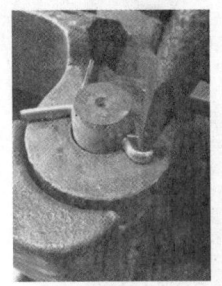
图 R5.2.1

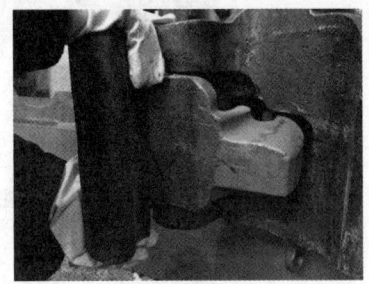
图 R5.2.2

图 R5.2.3

图 R5.2.4

（6）拆卸钩尾扁销。

① 使用手锤和钩引将防松垫和防松铁丝打直，并取下防松铁丝，将其放入废料筐中，如图 R5.2.5 所示。

② 使用电动扳手将两条横穿螺栓的螺母拆除，然后取出横穿螺栓及防松垫，将其放入废料筐内，如图 R5.2.6 所示。

图 R5.2.5

图 R5.2.6

③ 操作钩缓装置分解组装机，使工作台横向液压导柱伸出，压缩后从板，使钩尾扁销处于放松状态，然后使用双手取出钩尾扁销，并放进配件筐内。

（7）拆卸车钩缓冲器。

操作钩缓装置分解组装机，使横向液压导柱缩回，然后继续操作钩缓装置分解组装机，使纵向液压导柱将缓冲器从钩尾框内推出。双手依次将前从板、后从板从钩尾框内取出，并放进配件筐内，如图 R5.2.7 所示。

图 R5.2.7

（8）配件送修。

将拆下的钩舌、钩圆销、钩锁销、钩锁铁、钩舌推铁、前从板、后从板、车钩缓冲器、钩尾框、钩体等配件分别运送至相应检修岗位进行检修。

（9）完工整理。

① 关闭电源，擦拭工装、设备，并将工具备品放入工具箱。

② 清理作业场地卫生，清扫多余杂物，保证地面无油垢、杂物，物料定置摆放。

2. 15 号车钩缓冲装置预组装作业

（1）熟悉 15 号车钩缓冲装置预组装作业基本要求。

① 作业流程：开工准备→缓冲装置组装→车钩缓冲装置总组装→完工。

② 工具材料：悬臂吊、缓冲器组装机。

③ 安全注意事项：

a. 作业人员上岗前须穿戴相应的劳动防护用品。作业前须确保各工装、工具安全可靠方可开始作业；作业中须拿稳工具；作业后须关闭本岗位的风源、水源、电源。

b. 没有标识的零部件严禁装车使用。

c. 保证设备的性能及状态良好，严禁故障设备运转。

④ 任职条件：作业人员的工种须为车辆钳工，并且具备本岗位所需的基本作业能力。

（2）开工准备。

作业人员穿戴好劳动防护用品。检查各工装设备状态良好。

（3）缓冲装置组装。

① 用悬臂吊将钩尾框吊至缓冲装置组装工位，如图 R5.2.8 所示。

注：确认钩尾框须有探伤标记。

② 在对应位置安装前从板、后从板，如图 R5.2.9 所示。

③ 在对应位置安装缓冲器，如图 R5.2.10 所示。

（4）车钩缓冲装置预组装。

用悬臂吊将组装好的车钩吊至总组装工位，对齐钩尾扁销孔，插入钩尾扁销，插入钩尾扁销横穿螺栓（钩尾扁销横穿螺栓须为方头，并加防松垫、防松铁丝及弹垫），如图 R5.2.11 所示。

图 R5.2.8

图 R5.2.9

图 R5.2.10

图 R5.2.11

（5）完工。

① 作业完毕后关闭作业区域的风源、水源，切断电源，清点工具，确认状态良好并擦拭干净后放入工具箱内。

② 清扫作业场地和室内卫生。离岗前确认电闸关闭，周围无杂物、火源后方可退岗。

3. 15 号车钩缓冲装置组装作业

（1）熟悉 15 号车钩缓冲装置组装作业基本要求。

① 作业流程：开工准备→清理钩腔→检查车钩配件→车钩小组装→测试车钩三态作用→钩缓装置小组装→总组装→完工。

② 工具材料：干抹布、毛刷、车钩检修样板。

③ 安全注意事项：

a. 作业人员上岗前须穿戴相应的劳动防护用品。作业前须确保各工装、工具安全可靠方可开始作业；作业中须拿稳工具；作业后须关闭本岗位的风源、水源、电源。

b. 设备操作人员应持证上岗，叉车库内叉车行驶速度不得超过 5 km/h，其他作业人员不得以车代步。

c. 工作中保持场地清洁，通道畅通，产品、配件、材料堆放整齐。

d. 两人以上同时作业时，必须专人指挥，统一行动，互相配合，呼唤应答。

e. 没有管理标识的零部件严禁装车使用。

④ 任职条件：作业人员的工种须为车辆钳工，并且具备本岗位所需的基本作业能力。

（2）开工准备。

① 作业人员穿戴好劳动防护用品。

② 工具齐全，样板计量校验合格。

（3）清理钩腔。

① 使用毛刷清理钩腔内残留铁砂，如图 R5.2.12 所示。

② 使用干抹布对钩腔内污渍进行最后清理，保证钩腔干净整洁，如图 R5.2.13 所示。

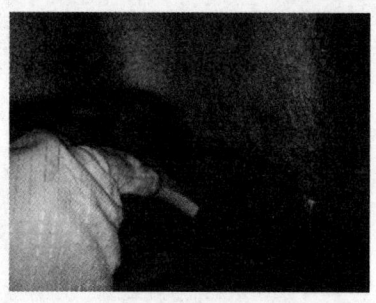
图 R5.2.12

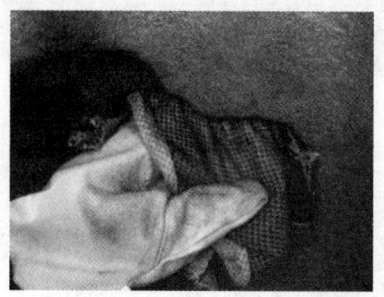
图 R5.2.13

（4）检查车钩配件。

① 使用钩舌推铁厚度检查样板判断推铁磨损部位及磨损程度。根据测量结果判断，调换零件：钩舌推铁变形或局部磨耗大于 2 mm 时更新，如图 R5.2.14 所示。

② 使用锁铁侧面尺寸检查样板判断锁铁磨损部位及磨损程度。钩锁铁局部磨耗大于 2 mm 时焊修，焊后加工至原尺寸，使用锁铁侧面尺寸检查样板进行复检，如图 R5.2.15、图 R5.2.16 所示。

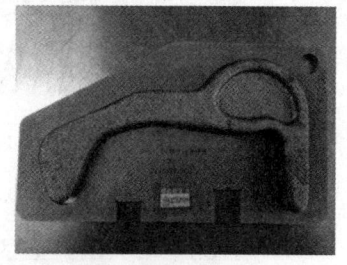
图 R5.2.14

图 R5.2.15

图 R5.2.16

③ 使用锁铁尾部（全开作用面外形）、锁铁背至导向角前部距离检查样板判断锁铁磨损部位及磨损程度。锁铁背至导向角前部厚度尺寸不得小于 98 mm（设计尺寸 100 mm，磨耗不得大于 2 mm），如图 R5.2.17 所示。

④ 使用锁铁尾部（导向角面外形）锁铁全开作用面至导向角上部距离检查样板判断锁铁磨损部位及磨损程度。钩锁铁全开作用面至导向角上部高度不得小于 18 mm（设计尺寸 20 mm，磨耗不得大于 2 mm），配合尺寸达不到要求时允许焊后加修至 21 mm，如图 R5.2.18 所示。

项目 5　车端连接装置检修

图 R5.2.17

图 R5.2.18

⑤ 使用锁提耳部位置（23/24.5 尺寸）检查量规、锁提外形/厚度检查样板判断下锁销磨损部位及磨损程度。下锁销变形时调修，磨耗大于 1 mm 时焊修，焊后加工至原尺寸；使用锁提耳部位置（23/24.5 尺寸）检查量规、锁提外形/厚度检查样板进行复检，如图 R5.2.19、图 R5.2.20 所示。

图 R5.2.19

图 R5.2.20

（5）车钩组装。

① 安装下锁销及钩锁铁，如图 R5.2.21 所示。

② 安装钩舌推铁，如图 R5.2.22 所示。

③ 使用钩锁铁导向角在钩腔内搭接处距钩口边缘距离检查量规测量搭接量不小于 5 mm。如不符合要求则更换钩锁铁，如图 R5.2.23 所示。

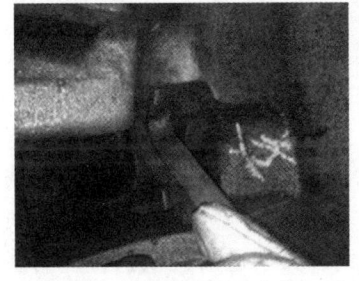

图 R5.2.21

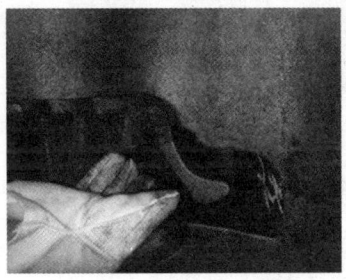

图 R5.2.22

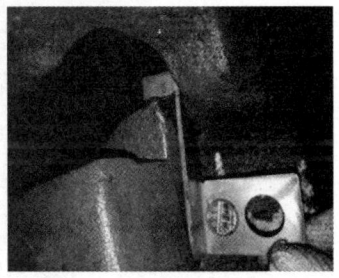

图 R5.2.23

④ 安装钩舌，如图 R5.2.24 所示。

⑤ 插入钩舌销，如图 R5.2.25 所示。

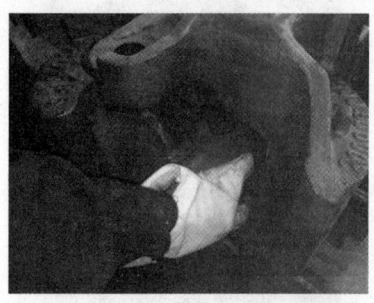

图 R5.2.24

图 R5.2.25

⑥ 组装后进行三态试验。

⑦ 如发现组装不良应拆下更换配件，重新进行"车钩组装"；如作用良好，则进行"测试车钩三态作用"。

（6）测试车钩三态作用。

① 开锁位：在闭锁位置时，扳转车钩提杆，则下锁销沿钩锁铁背部的锁销作用槽上移，使锁销的防脱止端离开钩腔内的防脱台。当锁销继续上升时，带动钩锁铁一起上升，钩锁到一定高度后，放下车钩提杆。由于钩锁偏重，致使钩锁的开锁坐锁面坐落在钩腔内底壁的开锁坐锁面上，使钩锁铁的底面与钩舌尾部上面处在一个平面内，钩锁铁不阻碍钩舌的转动（钩锁铁移动时钩舌不得转动）。

② 全开位：用力扳转车钩提杆，钩锁铁则被充分提起，使钩锁铁全开作用面顶动钩锁推铁的全开作用端，这时钩舌推铁以全开回转支承面与钩锁腔立壁接触面为支点回转，钩锁推铁转动后，其踢足推动钩舌推铁面，使钩舌绕钩舌销转开，成为全开位置。放下钩提杆，钩锁铁坐落于钩舌尾部末梢上。使用车钩零部件配合尺寸检查量规测量全开位尺寸不大于 245 mm，如图 R5.2.26 所示。

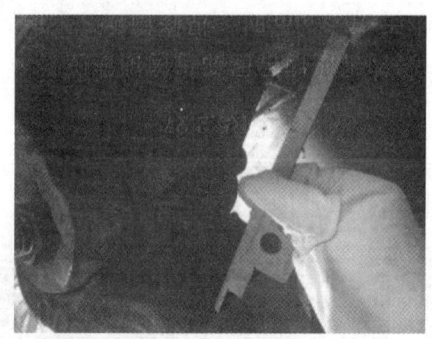

图 R5.2.26

③ 闭锁位：钩锁铁底部坐在钩口下平面上，卡在钩舌尾部与钩头内侧壁中间，钩锁铁的一侧被钩头内侧壁阻挡，其另一侧挡住了钩舌尾部，钩舌不能转动，即为闭锁位置。钩锁铁的锁脚由钩头底部的下锁销孔露出，在钩锁铁下落时，下锁销以其自重沿钩锁铁背部的锁销作用槽向下滑落，使锁销上端的防脱止端正处于钩锁腔内壁的上下防脱台下方，下锁销及

钩锁铁受振动不能跳起造成脱钩，使用车钩零部件配合尺寸检查量规测量不大于 130 mm，如图 R5.2.27 所示。

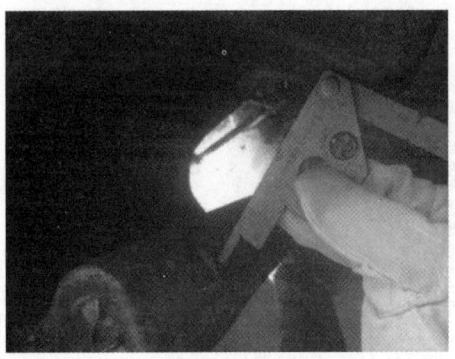

图 R5.2.27

④ 15 号小间隙车钩：拉紧钩舌使钩舌尾部与钩锁铁压紧，测量 A、B、C 三个尺寸。当 B 尺寸大于 86 mm 或 C 尺寸小于 76.5 mm 时，焊修钩舌 S 形曲面；A 尺寸大于 120 mm 时，焊修钩舌圆柱面部分，如图 5.2.28 所示。

 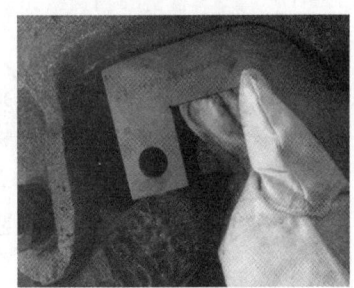

（a）A 尺寸　　　　　　　　　（b）B 尺寸

（c）C 尺寸

图 R5.2.28

⑤ 填写《钩缓装置检修记录表》。

（7）完工。

① 作业完毕后关闭作业区域的风源、水源，切断电源，清点工具，确认状态良好并擦拭干净后放入工具箱内。

② 清扫作业场地和室内卫生。离岗前确认电闸关闭，周围无杂物、火源后方可退岗。

【小结】

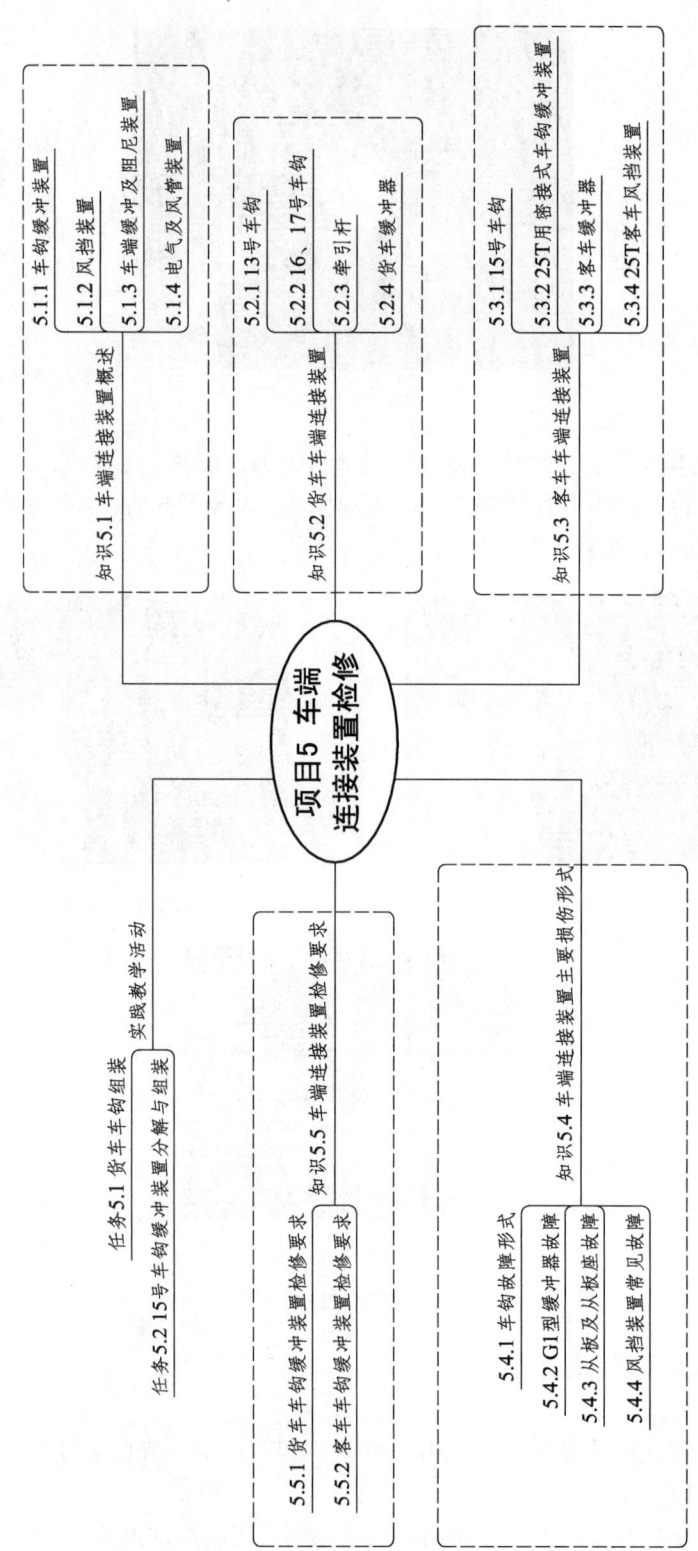

项目 5　车端连接装置检修

【学习要求】

1. 基本要求
（1）能识别车钩、缓冲器型号。
（2）能表述钩缓装置、风挡装置结构名称及作用。
（3）能分析车端连接装置受力。
（4）能识别车端连接装置损伤。
（5）能进行车端连接装置一般故障处理。
（6）能熟练、规范操作车端连接装置检修样板尺。
（7）能完成车钩分解、检测、组装。

2. 课后作业
（1）基于对车钩的认知，完成"铁路车钩专题片"制作，视频、幻灯片、Word 等表达形式不限，图文并茂，分类描述。
（2）通过网络或利用企业跟岗实习、社会实践等活动，收集车钩缓冲装置运用中常见的故障，分类制作"车钩缓冲装置故障集锦"，要求指明故障形式，分析原因，提出处理措施。

3. 拓展要求
（1）基于普通车辆车钩连接装置的学习，分析目前高速动车组的车钩连接装置会有什么特殊要求。
（2）通过自主学习，总结 CRH 动车组所安装的风挡装置的结构特征。
（3）你是否了解"复兴号"动车组采用了哪种风挡装置？请自主完成认知。
（4）参照实际测量车钩所用的样板尺，通过企业调研，以小组为单位，设计、加工一套 17 号车钩检测样板尺。

项目6　货车车体检修

【项目导入】

铁路货车以货物为主要运输对象，承运的货物有固体、液体、气体，有重达几百吨的机械，长达几千米的钢轨，珍贵的精密仪器，活的牛羊鸡鸭，人们生活必需的粮食、日用百货，真是五花八门，形状、性质、要求千差万别。货车车体是铁路货车装载货物的地方。货车车体要适应不同形状、不同性质货物的运输需要，既要保证运输安全，还要考虑装货卸货的方便，以提高工作效率。

货车按用途可分为通用货车、专用货车和特种货车。通用货车是指适用于运输多种货物的车辆，如敞车、棚车、平车等。专用货车是指运输某一种货物的车辆，如煤车、集装箱车、散装水泥车等。特种货车是铁路企业办理自身业务用的铁路车辆。

铁路货车在铁路上成列运行，载重量和运行速度是衡量货车性能的重要指标。重载、提速是铁路货物运输的方向。从2003年开始，中国铁路货车新产品开始全面升级换代，中国中车研制开发了载重70 t级通用货车和载重80 t级专用货车的全系列货车产品。车辆轴重提高到23～25 t，转向架为运行速度120 km/h的转K5型（摆式）、转K6型（下交叉支撑）转向架。车体采用了铝合金、不锈钢、高强度耐候钢，使用了富氩气体保护焊、高强度螺栓和防松螺母、专用拉铆钉等新技术；开始试用120-1型制动机，高摩合成闸瓦、空重车自动调整装置和旋压式密封制动缸成为货车标准配置；采用16、17型联锁车钩，研制采用了新一代大容量缓冲器。

目前，通用货车的代表性产品有C_{70}型敞车、P_{70}型棚车、NX_{70}型共用车、GQ_{70}型轻油罐车、KZ_{70}型石碴漏斗车、KM_{70}型煤炭漏斗车等各型货车；专用货车的代表性产品有载重75 t的C_{76}系列运煤敞车，载重80 t车体材质为铝合金、不锈钢、高强度耐候钢的C_{80}系列运煤敞车，C_{100}型三支点钢材专用敞车，X_{4K}、X_{6K}型集装箱专用车和装运双层集装箱的X_2型集装箱专用车，SQ_5运输汽车专用车和DL_1型预制梁运输专用车组等。

近年来，为进一步提高货车装载能力，中国中车完成了载重80 t级通用货车各种车型的研制开发和相关试验，其载重能力较目前既有载重量最大的货车提高14%以上。为向新建重载线路提供适用的货车产品，中国中车完成了载重100 t级KM100型煤炭漏斗车等专用货车的研制，该车较C_{80}系列敞车载重提高约20%。预研的快运货车的试验最高速度达到200 km/h以上，动力学性能良好。

另外，采用先进设计技术和制造技术完成了出口海外高端市场的智能化货车，采用了电空制动、轴温监测、脱轨监测等先进技术，实现了车辆轻量化、操作智能化，显著提高了安全可靠性，是目前世界上技术较先进的铁路货车。2008年出口澳大利亚40 t轴重矿石漏斗车为世界首创。

目前，中国中车具备研制开发运行速度 160 km/h 快捷货车和轴重 42～45 t 重载专用货车的能力，已研制开发并投入批量运用的货车产品涵盖最高运行速度 120 km/h 的全系列货车产品。

货车车体检修的场所称为车体间。车体间的典型工作任务有预检、车体检修、各梁检修、车体钢结构检修、附属件检修、木（竹）板检修、质量检查等。

【学习内容】

知识点：

知识 6.1　车体结构概述

知识 6.2　通用货车

知识 6.3　专用货车

知识 6.4　特种货车

知识 6.5　车体钢结构主要损伤形式

知识 6.6　货车车体检修要求

实践教学活动：

任务 6.1　货车段修预检作业

任务 6.2　货车段修整车落成检查作业

【知识点】

知识 6.1　车体结构概述

【摘要】主要介绍了铁道车辆车体钢结构基本结构组成、车体承载结构形式及车体受力情况。

车体是车辆上由走行装置支承，供乘坐旅客或装载货物及整备品的部分。车体一方面要确保乘客安全或运货质量，同时又要考虑隔热、隔音、装卸货方便及具备其他生活设施，故因用途不同结构形式多样。

6.1.1　车体一般结构形式

车体是先由若干纵、横向的梁和立柱组成钢骨架，再装上墙板、地板、顶板及需要的隔热材料（如客车、保温车）、门窗等的组成。车体钢结构是车体的承载部分。车体应具有足够的强度和刚度。一般车体钢结构骨架如图 6.1.1 所示。

底架是车体的基础，车体的侧墙、端墙就直接坐落在底架上，并将车顶支撑起来。底架必须承受自身的质量和装载货物的质量，还要经得起列车运行时车轮与轨道振动产生的垂直方向的"动载荷"。当列车起动、变速、上下坡道，特别是紧急制动时，机车和车辆间产生极大的拉伸力和大起大落的冲击力，底架也必须经受得起。因此，底架的梁、柱必须粗而密。

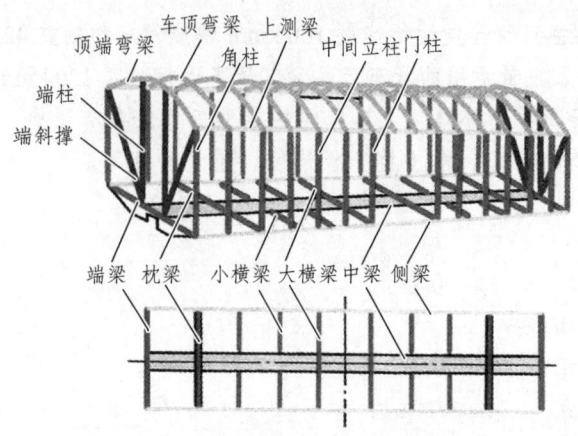

图 6.1.1 车体钢骨架一般结构形式

车体的骨架是车辆的"主心骨",承担着作用于车辆的各种垂向和纵向载荷,地板、顶板、墙板都是包在这些主心骨上的"外皮"。

底架中部断面较大并沿其纵向中心线贯通全车的梁称为中梁,它是底架的骨干。两侧的纵向梁称为侧梁,侧墙安装在侧梁上。底架两端的横向梁称端梁(客车则称为缓冲梁),端墙安装在端梁上。在转向架支承处设有枕梁,为横向梁中断面最大的梁。在两枕梁之间设有两根以上的大横梁。为了增强地板刚度,在中、侧梁之间还设有若干小横梁,另外,有的底架还设有纵向辅助梁。由上述各梁构成底架的一般结构,其中,中梁和枕梁承担的载荷最大,因而最为重要。

侧墙由侧立柱、上侧梁和其他杆件、侧墙板和门窗组成。端墙的结构与侧墙基本相同,除端梁(缓冲梁)外,还设有角柱、端立柱和端墙板等。车顶的结构包括车顶弯梁、车顶横梁、车顶端弯梁及车顶板等。车辆大多采用钢墙板与梁、柱结合为一体的全钢焊接结构。

6.1.2 车体承载结构形式

车体按承载方式分为 3 种结构形式。

6.1.2.1 底架承载结构

底架承载结构如图 6.1.2 所示,全部载荷均由底架来承担,如平车及长大货物车。这种结构中梁和侧梁一般做得比较强大。为了使受力合理,中、侧梁都制成中央断面比两端大的鱼腹形,即变截面近似等强度梁。

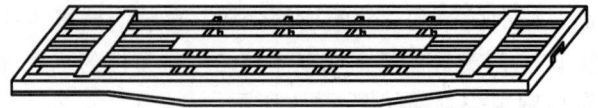

图 6.1.2 底架承载结构

6.1.2.2 侧墙与底架共同承载结构

侧墙与底架共同承载结构如图 6.1.3 所示。由于侧、端墙参与承载,提高了整体承载能力，减轻了底架的负担，于是中、侧梁断面均可减小。这种结构可以分为桁架式和板梁式。

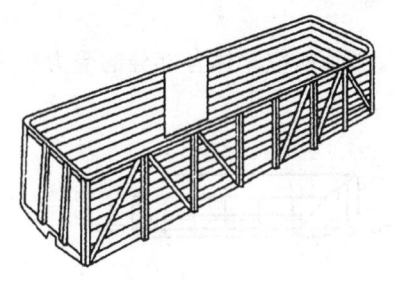 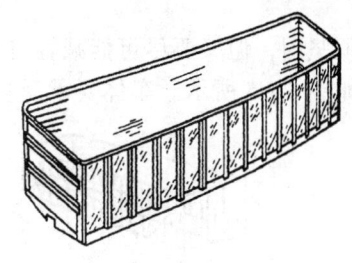

(a) 桁架式侧壁承载结构　　　　(b) 板梁式侧壁承载结构

图 6.1.3　侧墙与底架共同承载结构

6.1.2.3　整体承载结构

整体承载结构如图 6.1.4 所示，就是在板梁式侧墙、端墙上，固接由金属板、梁组焊而成的车顶，使底架、侧墙、端墙、车顶牢固地组成一个整体，车体各部分均能承受垂向力和纵向力。

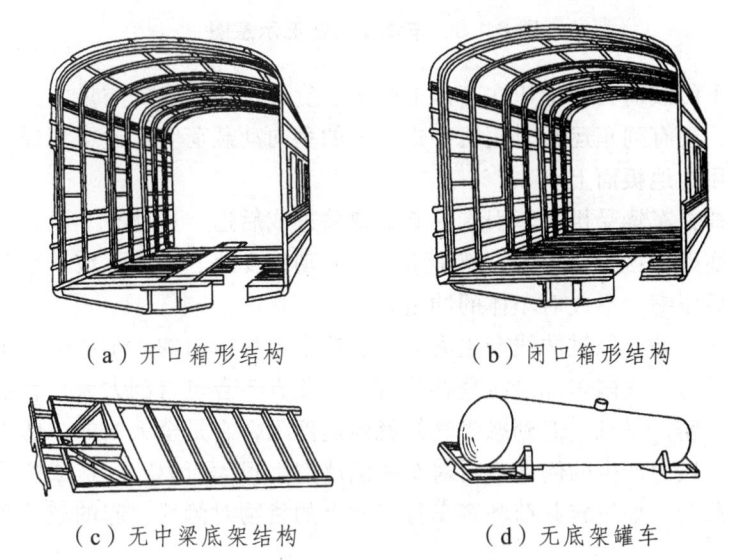

(a) 开口箱形结构　　　　(b) 闭口箱形结构

(c) 无中梁底架结构　　　　(d) 无底架罐车

图 6.1.4　整体承载结构

整体承载结构可分为开口箱形结构和闭口箱形结构两种。开口箱形结构，底架没有金属地板，下部是漏空的；闭口箱形结构底架设有地板，车顶、侧墙和地板成一封闭筒形，也称筒形结构。

由于整体承载结构的车体骨架是由很多轻便的纵向杆件及横向杆件组成一个个封闭环，与金属包板组焊在一起，具有很大的强度和刚度，因此，其底架的结构可以做得更为轻巧，甚至可将底架中部一段笨重的中梁取消，形成无中梁的底架。我国有些新型客车就是采用无中梁底架的结构。装运石油的罐车，它的罐体由钢板卷成，具有很大的强度和刚度，能承受各种载荷，所以也取消了底架，仅在罐体两端焊上牵引梁和枕梁。这也是一种整体承载的形式之一。

6.1.3 车体的受力状况

车体必须坚固,但又要尽可能减轻自重,这就必须研究车体各部分的受力状况。车体受力情况示意如图 6.1.5 所示。车体要承受多种载荷。

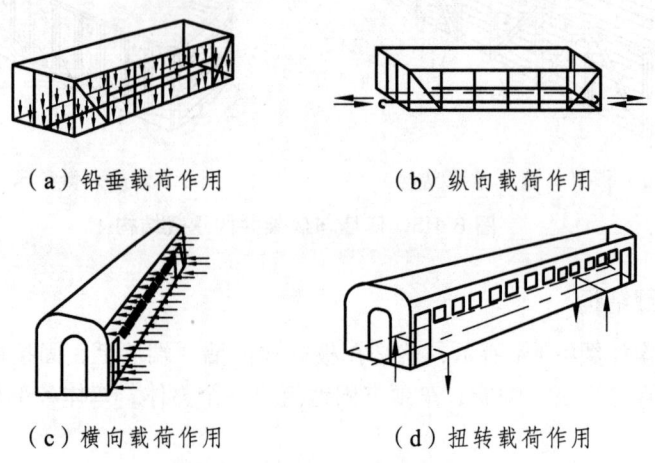

(a) 铅垂载荷作用　　(b) 纵向载荷作用

(c) 横向载荷作用　　(d) 扭转载荷作用

图 6.1.5　车体受力情况示意图

一是垂直向下的载荷:包括压在车体上的人、货,车体自身的质量,为装载的人和货服务的设备的质量,还有列车运行时轮轨冲击产生的垂向动载荷等。通常情况下,这些载荷比较均匀地垂直作用在地板面上。

二是纵向载荷:车辆受机车牵引,沿着轨道前进或后退,这就有一股纵向力,通过车钩缓冲装置作用于底架。这股力很大,特别是列车起动、变速、上坡下坡、紧急制动,或是向前拉伸,或是向后压缩,形成对车体的冲击力。

三是侧向载荷:列车经过曲线产生离心力,这个力是横向的,车体必须承受得住;另外还有吹向车体的风力。我国东部沿海夏秋多台风,北方冬春也常刮大风,客货列车素以风雨无阻闻名,不像轮船、飞机,遇到恶劣气候就停运停飞,它是全天候的,所以运行中必须经受得住狂风暴雨。风力产生的侧向载荷对车体侧墙产生很大压力,会造成侧柱弯曲变形。

还有其他的载荷,如扭转载荷和客车行李架上的货物对侧墙引起的载荷等。

知识 6.2　通用货车

【摘要】简要介绍铁路货车发展历程和 5 种通用货车,即敞车、棚车、平车、罐车、保温车的用途、结构特征,主要介绍 70 t 级的敞车、棚车、平车、罐车的主要特点、性能参数、主要尺寸、主要结构等内容。

铁路货车是铁路货物运输的重要装备,在国民经济发展中起着重要的作用。随着我国铁路运输事业的发展,铁路货车技术也有了较快的发展。

1949 年中华人民共和国成立后，逐步建立了完整的铁路货车研究、设计和制造体系，以铁路货车载重为划分依据，我国铁路货车发展主要经历了两个阶段，实现了三次大的升级换代。我国铁路货车发展历程示意图如图 6.2.1 所示。

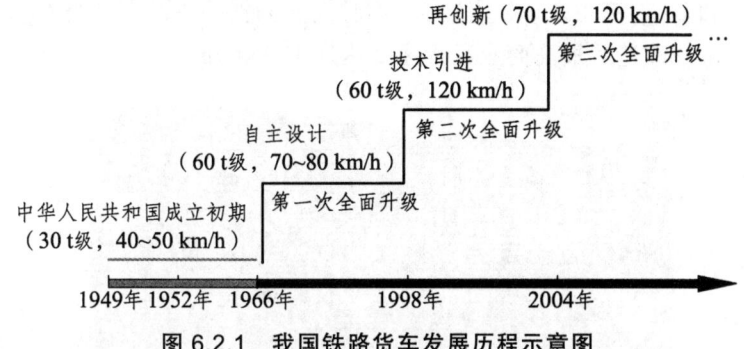

图 6.2.1 我国铁路货车发展历程示意图

第一阶段是从 1949 年至 1998 年的仿制及自主开发阶段。

该阶段我国铁路货车技术发展虽然比较缓慢，但铁路货车技术取得了长足的进步，铁路货车轴重逐步从 12 t 左右发展到 21 t，载重从 30 t 级发展到 60 t 级，构造速度达到了 100 km/h，商业运行速度达到了 70~80 km/h。

第二阶段是从 1998 年至今的技术引进、消化、吸收、再创新阶段。

我国于 1998 年采用交叉支撑技术、2001 年采用侧架摆动技术，分别研制了轴重 21 t、商业运行速度 120 km/h 的转 K2、转 K4 型转向架，同时自主研制了轴重 21 t、商业运行速度 120 km/h 的转 K3 型焊接构架式转向架，使我国通用铁路货车的商业运行速度提高到 120 km/h。2004 年，我国吸收创新交叉支撑和侧架摆动技术研制了轴重 25 t、商业运行速度 120 km/h 的转 K5、K6 型转向架，同时，铁路货车用材料、制动、车钩缓冲技术得到了新的发展，实现了我国重载运输的新跨越，通用铁路货车载重由 60 t 级向 70 t 级全面升级换代，专用铁路货车载重也达到了 80 t 级。通用铁路货车重载列车牵引总吨位达到了 6 000 t 左右，大秦线已成功开行 20 000 t 以上重载单元列车。

货车按用途主要分为通用货车、专用货车及特种货车三大类。通用货车通常包括敞车、棚车、平车、罐车、保温车 5 种。

6.2.1 敞 车

敞车是我国铁路运输中的主要车型，是主要用于装运煤炭、矿石、建材、机械设备、钢材及木材等货物的通用铁路货车，除能满足人工装卸外，还能适应翻车机等机械化卸车作业，并能适应解冻库的要求。敞车主要分为通用敞车和专用敞车。主型通用敞车有 C_{62} 系列、C_{64} 系列、C_{70} 系列及 C_{76H}、C_{80} 等新型重载大秦线专用敞车。

6.2.1.1 通用敞车

1. C_{62} 系列

1980 年，在 C_{62M} 型敞车的基础上，研制了车体的端、侧墙及门由钢架木衬改为全钢结

构的 C_{62A} 型敞车。1986 年为提高敞车的使用年限，延长厂修周期，将该车的主要零部件改用耐候钢，定型为 C_{62B} 型。2000 年以后，该车先后进行了转 8G、转 8AG 提速改造和转 8B、转 8AB 完善改造及转 K2 改造，改造后装用转 8G、转 8AG、转 8B、转 8AB 型转向架的铁路货车定型为 C_{62AT} 和 C_{62BT} 型敞车，装用转 K2 型转向架的铁路货车定型为 C_{62AK} 和 C_{62BK} 型敞车，如图 6.2.2 所示。改造后最高商业运行速度达到 120 km/h。

图 6.2.2　C_{62BK} 型敞车

2. C_{64} 系列

1988 年，为使通用敞车能够适应开行重载组合列车和翻车机卸货的要求，在 C_{62B} 型敞车的基础上，对端、侧墙及车门做了较大的改进和加强，研制了 C_{64} 型敞车，并成为我国铁路主型通用敞车。2001 年，为适应我国铁路货车提速的发展要求，在 C_{64} 型敞车的基础上研制了采用转 8AB、转 8B 的 C_{64T} 型敞车及采用转 K2 型转向架的 C_{64K} 型敞车，如图 6.2.3 所示，还有采用转 K4 型转向架的 C_{64H} 型通用敞车。该系列车最高商业运行速度达到 120 km/h。

图 6.2.3　C_{64K} 型敞车

3. C_{70} 系列

2005 年，为适应我国既有铁路线路、桥梁的实际承载能力，加快铁路装备现代化进程，满足铁路货车由 60 t 向 70 t 的升级换代要求，研制了 C_{70} 型通用敞车，如图 6.2.4 所示。该车最高商业运行速度达到 120 km/h。

图 6.2.4　C_{70} 型敞车

C_{70} 型通用敞车采用全钢焊接结构，主要由车体、车钩缓冲装置、制动装置及转向架等组成。车体由底架、侧墙、端墙、车门等部件组成。车体用型钢、板材采用 Q450NQR1 高强度耐候钢材质。制动装置满足主管压力 500 kPa 和 600 kPa 要求。采用 120 型控制阀、305 mm×ϕ254 mm 整体旋压密封式制动缸、ST2-250 型双向闸瓦间隙自动调整器、KZW-A 型无级空重车自动调整装置、高摩合成闸瓦，人力制动装置采用 NSW 型手制动机。车钩缓冲装置采用 E 级钢 17 型车钩、17 型锻造钩尾框、合金钢钩尾销、MT-2 型缓冲器。该车采用转 K6 型转向架。

随着铁路煤炭运输产地向内蒙古低密度煤炭地区延伸和安全装载要求的变化，部分用户反映 C_{70} 型敞车运输低密度煤炭时会存在装载欠吨现象，为此对 C_{70} 型通用敞车进行了容积改进设计。在既有 C_{70} 型敞车车体长度、宽度不变的情况下，车体加高 100 mm，铁路货车比容由 1.1 m^3/t 增加到 1.15 m^3/t，容积由 77 m^3 增加到 80.8 m^3，定型为 C_{70E} 型通用敞车，如图 6.2.5 所示。

图 6.2.5 C_{70E} 型敞车

6.2.1.2 专用敞车

我国专用敞车主要为大秦线运煤专用敞车及各厂运输钢卷、矿石等专用敞车。

1982 年，为了加速晋煤外运，尽量提高货物列车牵引总重，适应翻车机卸货的要求，研制了载重 61 t 的 C_{61} 型敞车。1988 年，为了在新建的大秦线上推广具有国际先进水平的单元列车这一新的铁路运输组织方式，研制了载重 61 t 的 C_{63}（C_{63A}）型敞车。1998 年，研制了 25 t 轴重的 $C_{76A}/C_{76B}/C_{76C}$ 型全钢浴盆运煤专用敞车。2003 年，在 $C_{76A}/C_{76B}/C_{76C}$ 型敞车的基础上，开发了 C_{76} 型敞车。C_{76} 型敞车将车体底架的单浴盆结构优化为双浴盆结构，车体钢结构采用了新研制开发的高强度耐候钢，较好地满足了重载列车的强度要求。2003 年，开发出了适合我国国情的 C_{80} 型铝合金敞车。2005 年，为适应大秦线开行 2 万吨重载列车、煤炭年运量持续增长的需要，研制了 C_{80B} 型不锈钢运煤专用敞车。

C_{100} 型三支点敞车主要用于装运矿石、矿粉、卷钢、钢板、型材、线材、盘条及其他钢材等货物及砂石等密度大的散粒货物，如图 6.2.6 所示，可适应抓斗式卸料机或螺旋卸车机卸货、人工卸货、新型大型翻车机卸货和机械化自动驼峰调车作业，能满足解冻库使用的要求。

C_{100} 型车车体为无下侧梁和端梁的整体全钢焊接结构，突破了传统的两支点承载铁路货车技术，采用了 3 个两轴转向架等距离承载的三支点承载方式，在二、三位转向架之间设有斜楔式机械均载装置；由于采用三支点承载，缩短了转向架之间的定距，较大地提高了集载能力，可运输普通敞车和平车不能运输的质量较大的集重货物。

图 6.2.6　C_{100} 型三支点敞车

C_{100} 型车于 2007 年 11 月投入包头至天津港线路上试运行，专列编组，从包钢集团装运卷钢运至天津港，再从天津港装运铁矿石粉回包钢集团，往返均为重车。

6.2.1.3　C_{70}、C_{70H} 型通用敞车

1. 车辆用途

C_{70}、C_{70H} 型通用敞车是供中国准轨铁路使用，是主要用于装运煤炭、矿石、建材、机械设备、钢材及木材等货物的通用铁路车辆，除能满足人工装卸外，还能适应翻车机等机械化卸车作业，并能适应解冻库的要求。

2. 主要特点

（1）采用屈服极限为 450 MPa 的高强度钢和新型中梁，载重大、自重轻；优化了底架结构，提高了纵向承载能力，适应万吨重载列车的运输要求。

（2）车体内长 13 m，满足较长货物的运输要求；对底架结构进行了优化，车辆中部集载能力达到 39 t，较 C_{64} 型敞车提高了 70%，可运输的集载货物范围更广。

（3）采用新型中立门结构，提高了车门的可靠性，可解决现有 C_{64} 型敞车最大的惯性质量问题。

（4）采用 E 级钢 17 型高强度车钩和 MT-2 型缓冲器，提高了车钩缓冲装置的使用可靠性。

（5）采用转 K6 型或转 K5 型转向架，确保车辆运营速度达 120 km/h，满足提速要求；改善了车辆运行品质，降低了轮轨间作用力，减轻了轮轨磨耗。

（6）侧柱采用新型双曲面冷弯型钢，提高了强度和刚度，更适应翻车机作业。

（7）满足现有敞车的互换性要求，主要零部件与现有敞车通用互换，方便维护和检修。

3. 主要性能参数

载重	70 t
自重	≤23.8 t
轴重	23 t（允差 −1% ~ +2%）
容积	77 m^3
比容	1.1 m^3/t
自重系数	0.33
每延米重	≤6.71 t/m
商业运营速度	120 km/h
通过最小曲线半径	145 m
全车制动倍率	11.2

全车制动率（常用制动位）
    空车　　　　　　　　　　　　19.4%
    重车　　　　　　　　　　　　17.4%
制动距离（重车、紧急）　　　　1 400 m
限界　　　　　　　　　　　　　符合《标准轨距铁路机车车辆限界》（GB 146.1—83）的规定

4. 主要尺寸

车辆长度　　　　　　　　　　　13 976 mm
车辆定距　　　　　　　　　　　9 210 mm
车辆最大宽度　　　　　　　　　3 242 mm
车辆最大高度　　　　　　　　　3 143 mm
车体内长　　　　　　　　　　　13 000 mm
车体内宽
    上侧板处　　　　　　　　　　2 892 mm
    连铁处　　　　　　　　　　　2 792 mm
车体内高　　　　　　　　　　　2 050 mm
地板面距轨面高（空车）　　　　1 083 mm
车钩中心线高（空车）　　　　　880 mm
门孔尺寸（宽×高）
    侧开门孔　　　　　　　　　　1 620 mm×1 900 mm
    下侧门孔　　　　　　　　　　1 250 mm×951 mm
固定轴距
    转 K6 型　　　　　　　　　　 1 830 mm
    转 K5 型　　　　　　　　　　 1 800 mm
车轮直径　　　　　　　　　　　840 mm

5. 主要结构

C_{70}、C_{70H} 型车主要由车体、转向架、车钩缓冲装置及制动装置等组成，如图 6.2.7 所示。

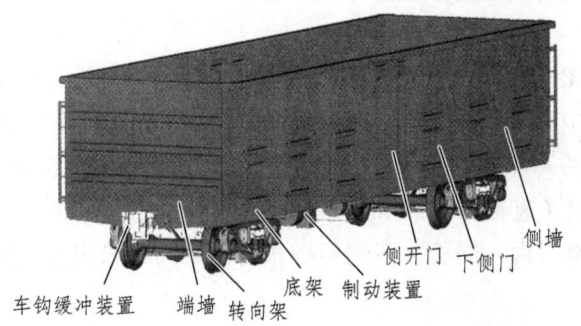

（a）C_{70}、C_{70H} 型通用敞车三维示意图

（b）C_{70}、C_{70H}型通用敞车三维爆炸图

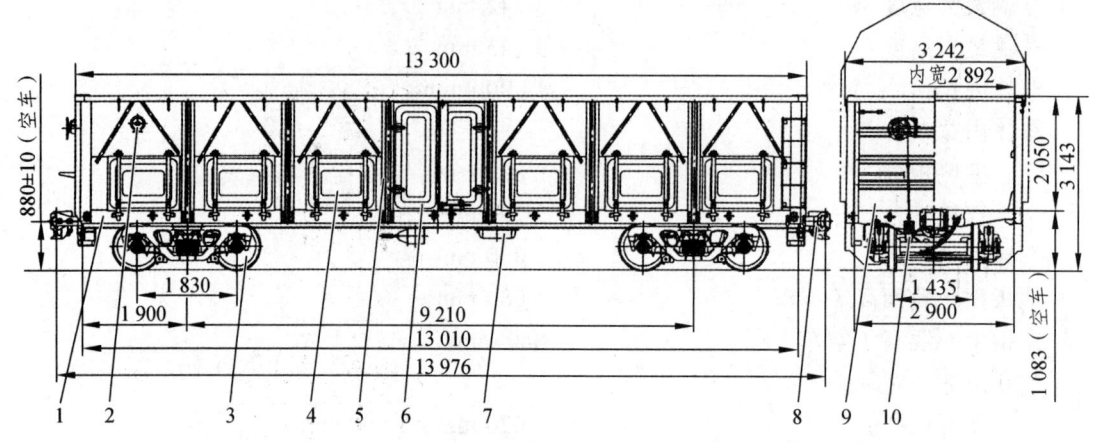

（c）C_{70}、C_{70H}型通用敞车二维示意图

图 6.2.7　C_{70}、C_{70H}型通用敞车

1—底架；2—标记；3—转向架；4—下侧门；5—侧墙；6—侧开门；7—空气制动装置；
8—车钩缓冲装置；9—端墙；10—手制动装置

（1）车体。

该车车体为全钢焊接结构，由底架、侧墙、端墙、车门等部件组成。车体主要材料采用屈服强度为 450 MPa 的耐大气腐蚀钢。

① 底架。

底架由中梁、侧梁、枕梁、大横梁、端梁、纵向梁、小横梁及钢地板组焊而成，如图 6.2.8（a）(b)所示。中梁采用 310 乙字形钢组焊而成，允许采用冷弯中梁，侧梁为 240 mm×80 mm×8 mm 的槽形冷弯型钢；枕梁、大横梁为钢板组焊结构，底架上铺 6 mm 厚的耐候钢地板；采用锻造上心盘（直径为 ϕ358 mm）及材质为 C 级铸钢的前、后从板座，前、后从板座与中梁间，脚蹬，牵引钩，绳栓，下侧门搭扣与侧梁间均采用专用拉铆钉连接。

② 侧墙。

侧墙为板柱式结构，由上侧梁、侧柱、侧板、连铁、斜撑、侧柱补强板及侧柱内补强座等组焊而成，如图 6.2.9 所示。上侧梁采用 140 mm×100 mm×5 mm 的冷弯矩形钢管，侧柱采用 8 mm 厚冷弯双曲面帽形钢。侧柱与侧梁采用专用拉铆钉连接。

项目6 货车车体检修

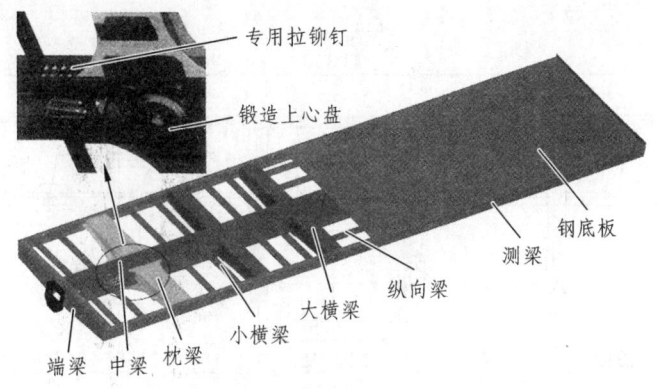

(a) C_{70}、C_{70H}型通用敞车底架三维示意图

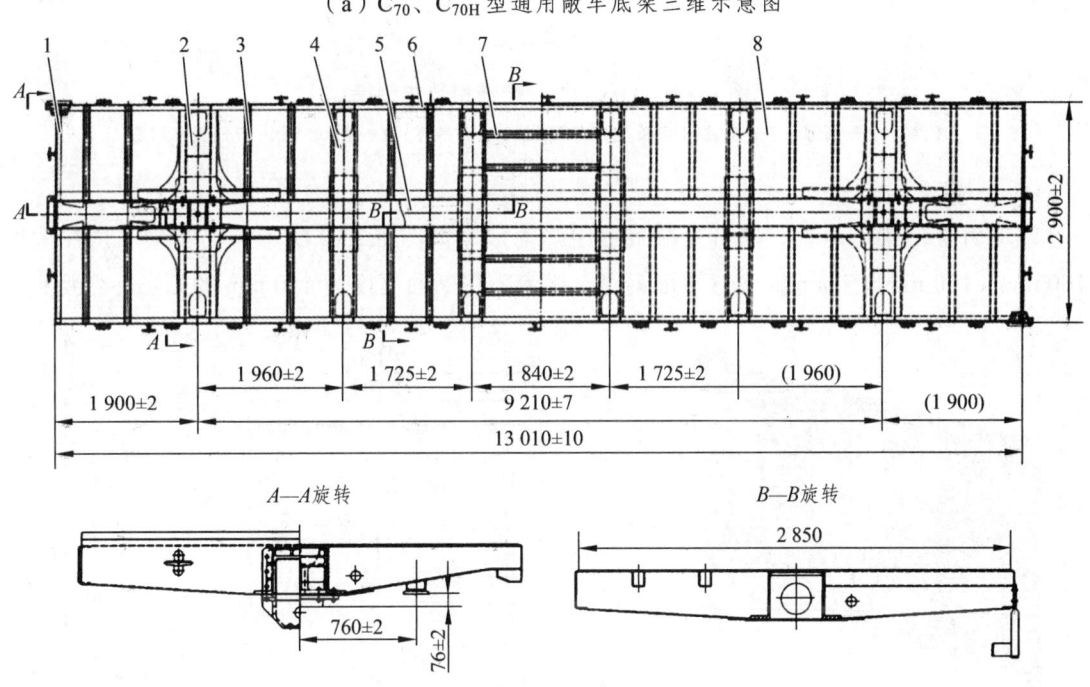

(b) C_{70}、C_{70H}型通用敞车底架二维示意图

图6.2.8 C_{70}、C_{70H}型通用敞车底架

1—端梁；2—枕梁；3—小横梁；4—大横梁；5—中梁；6—侧梁；7—纵向梁；8—钢地板

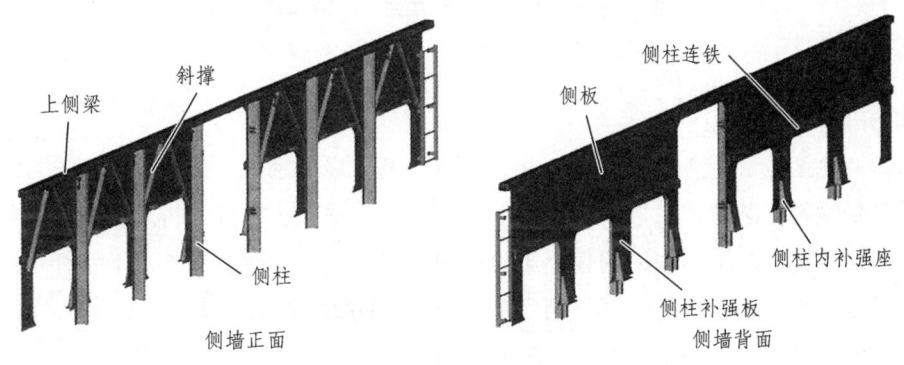

(a) C_{70}、C_{70H}型通用敞车侧墙三维示意图

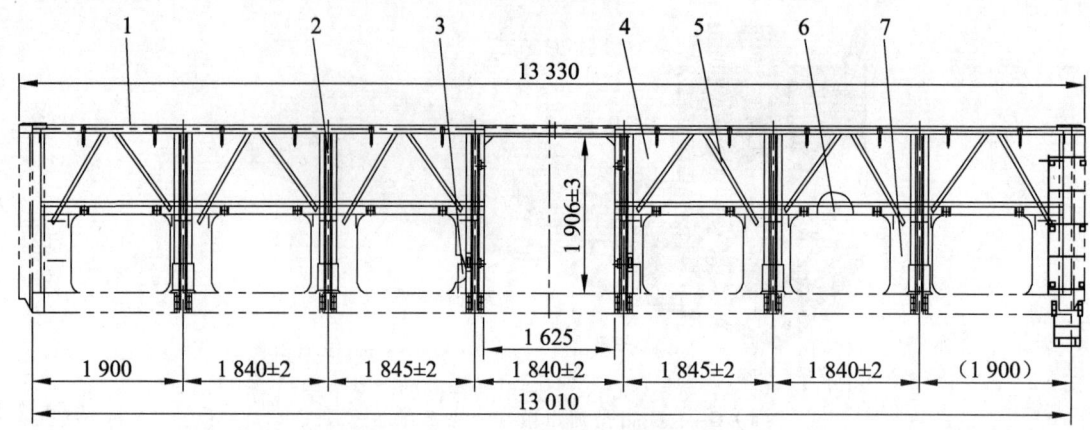

（b）C_{70}、C_{70H}型通用敞车侧墙二维示意图

图 6.2.9　C_{70}、C_{70H}型通用敞车侧墙

1—上侧梁；2—侧柱；3—侧柱内补强座；4—侧板；5—斜撑；6—侧柱连铁；7—侧柱补强板

③ 端墙。

端墙由上端梁、角柱、横带及端板等组焊而成，如图 6.2.10 所示。上端梁、角柱采用 160 mm×100 mm×5 mm 的冷弯矩形钢管，横带采用断面高度为 150 mm 的帽形冷弯型钢。

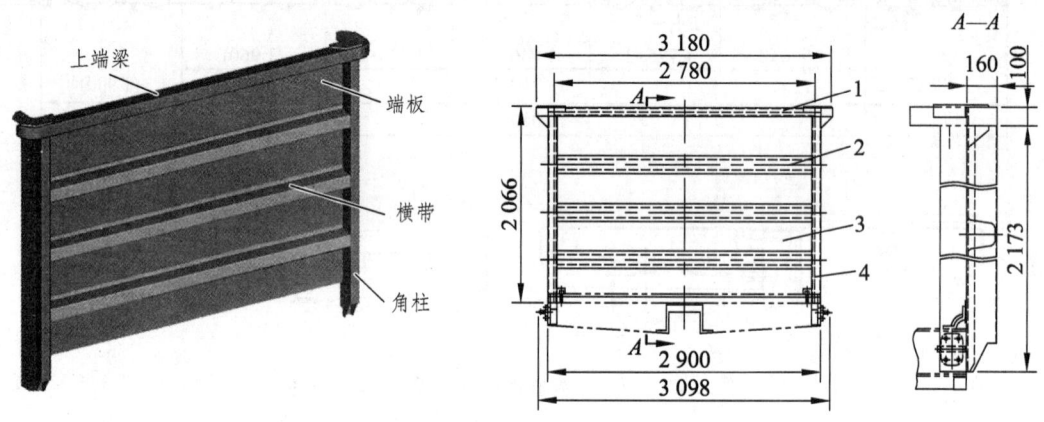

（a）C_{70}、C_{70H}型通用敞车端墙三维示意图　　（b）C_{70}、C_{70H}型通用敞车端墙二维示意图

图 6.2.10　C_{70}、C_{70H}型通用敞车端墙

1—上端梁；2—横带；3—端板；4—角柱

④ 侧开门及下侧门。

在车体两侧的侧墙上各安装一对侧开式侧开门及 6 扇上翻式下侧门，如图 6.2.11 所示。侧开门采用新型锁闭装置，门边处组焊槽形冷弯型钢，增强了刚度并将通长式上锁杆封闭其中，防止变形与磕碰。下门锁采用偏心压紧机构，当车门关闭后，通长式上锁杆可防止下门锁窜出，操作简单，安全可靠。其下侧门结构与 C_{64} 型敞车相同。

项目 6　货车车体检修

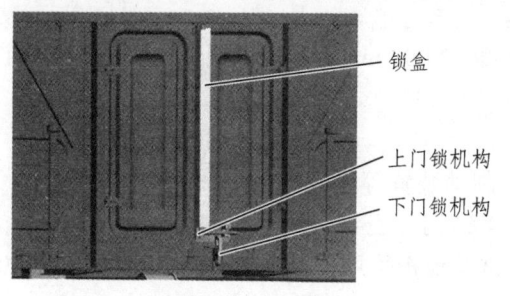 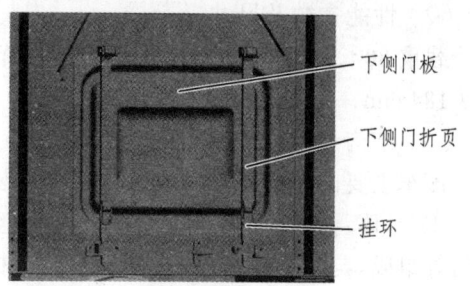

（a）C_{70}、C_{70H} 型通用敞车侧开门三维示意图　　（b）C_{70}、C_{70H} 型通用敞车下侧门二维示意图

图 6.2.11　C_{70}、C_{70H} 型通用敞车侧开门及下侧门

（2）车钩缓冲装置。

采用 E 级钢 17 型车钩或中国铁路总公司批准的新型车钩，配套采用 17 型铸造或锻造钩尾框、合金钢钩尾销、MT-2 型或新型缓冲器、含油尼龙钩尾框托板磨耗板。钩尾销托梁、钩尾框托板、安全托板采用 BY-B 型或 FS 型防松螺母。

（3）制动装置。

采用制动主管压力满足 500 kPa 和 600 kPa 的空气制动装置，主要由 120 型控制阀、直径为 ϕ254 mm 的整体旋压密封式制动缸、ST2-250 型双向闸瓦间隙自动调整器、KZW-A 型空重车自动调整装置、货车脱轨自动制动装置等组成。采用编织制动软管总成、奥-贝球铁衬套、高摩擦系数合成闸瓦、不锈钢制动配件和管系。

手制动装置采用 NSW 型手制动机。

（4）转向架。

该转向架采用转 K6 或转 K5 型转向架。装用转 K6 型转向架时车型为 C_{70}，装用转 K5 型转向架时车型为 C_{70H}。

6.2.1.4　C_{80} 型专用敞车

1. C_{80B} 型不锈钢运煤敞车

C_{80B} 型不锈钢运煤敞车如图 6.2.12 所示。

图 6.2.12　C80B 型不锈钢运煤敞车

（1）车辆用途。

该车是我国适应 2 万吨编组运输的 80 t 级煤炭运输重载专用车辆，能与秦皇岛三、四、五期煤码头的拨车机、列车定位机和三车翻车机等地面设施相匹配，实现不摘钩连续翻卸作业，并能适应环形装车、直进直出装车和解体装车作业。

（2）性能参数及尺寸。

载重 80 t，自重 20 t，容积 84.8 m³，车辆长度 12 000 mm，车辆定距 8 200 mm，车辆宽度 3 184 mm，车辆高度 3 767 mm。

（3）结构与配置。

该车主要由车体、转向架、车钩缓冲装置及制动装置等组成。

① 车体：该车车体为中梁、平地板全钢焊接结构，主要由底架、侧墙、端墙、撑杆和车门等组成。与货物接触的侧、端墙主要型材、板材及地板采用屈服强度为 345 MPa 的 T4003 不锈钢，底架（地板除外）主要型材、板材采用 Q450NQR1 高强度耐候钢。

② 空气制动装置：采用主管压力满足 500 kPa 和 600 kPa 的空气制动装置，主要由 120-1 型控制阀、305 mm×ϕ254 mm 的整体旋压密封式制动缸、ST2-250 型双向闸瓦间隙自动调整器、空重车自动调整装置、货车脱轨自动制动装置等组成。采用编织制动软管总成、奥-贝球铁衬套、直端球芯塞门、高摩擦系数合成闸瓦、不锈钢制动配件和管系、嵌入式储风缸，采用压紧式快装管接头。

③ 手制动装置：采用 NSW 型手制动机。

④ 转向架：采用转 K6、转 K5 或转 K7 型转向架。

（4）装卸方式。

采用漏仓、装载机（铲车）、传送带等装货，采用翻车机卸货。

2. C_{80} 型铝合金运煤敞车

C_{80} 型铝合金运煤敞车如图 6.2.13 所示。

图 6.2.13　C_{80} 型铝合金运煤敞车

（1）车辆用途。

C_{80} 型铝合金运煤敞车是供在大秦线 2 万吨重载列车运输煤炭用的专用敞车。该车能与秦皇岛煤码头的三、四期翻车机及附属设备相匹配，实现不摘钩连续翻卸作业；并能适应环形装车、直进直出装车、解体装车作业及运行时机车动力集中牵引要求。

（2）性能参数及尺寸。

载重 80 t，自重 20 t，容积 87 m³，车辆长度 12 000 mm，车辆定距 8 200 mm，车辆宽度 3 184 mm，车辆高度 3 793 mm。

（3）结构与配置。

该车主要由车体、转向架、车钩缓冲装置及制动装置等组成。

① 车体：该车车体为双浴盆式、铝合金铆接结构，主要由底架、浴盆、侧墙、端墙和撑杆等组成。其中，底架（中梁、枕梁、端梁）为全钢焊接结构，浴盆、侧墙和端墙均采用铝合

金板材与铝合金挤压型材的铆接结构,浴盆、侧墙、端墙与底架之间的连接采用铆接结构。

② 空气制动装置:采用制动主管压力满足 500 kPa 和 600 kPa 的制动装置,主要包括 1 个 120 型控制阀、2 个 8″×10″ 整体旋压密封式制动缸、两套 ST2-250 型双向闸瓦间隙自动调整器、直端球芯塞门、KZW-4G 型或 TWG-1 型无级空重车自动调整装置、新型高摩合成闸瓦、压紧式管接头、编织制动软管总成、不锈钢管系及配件。

③ 手制动装置:采用 NSW 型手制动机。

④ 转向架:采用转 K6 或转 K5 型转向架。

(4) 装卸方式。

采用漏仓、装载机(铲车)、传送带等装载方式,卸货采用翻车机。

6.2.2 棚 车

棚车主要用于运输各种怕日晒、雨雪侵袭的贵重货物,各种箱装、袋装货物及散装粮谷。加上一些必要的附属设备后,棚车还可运送人员和马匹等。

6.2.2.1 棚车发展历程

中国旧有的棚车都是从国外进口,车型多达 80 余种。这些车辆结构复杂,绝大多数是载重量 30 t 的小型车,很不适应铁路运输的发展需要。从 1953 年起中国开始制造载重 50 t、容积 100 m³,车体为全钢结构的 P_{50} 型棚车,后经过改进,成为当时的主型车。P_{50} 型棚车除了可以装运各种免受雨雪的粒状、箱装及贵重物品外,车内还设有床托、灯钩、烟囱口等,可供运送人员之用;另有拴马环、拦马杆托等设备,以供装运马匹用。1958 年后设计制造了载重 60 t、容积为 120 m³ 的新型 P_{13} 型棚车,该棚车具有自重轻、载重大、结构牢固、外形美观等优点。为了适应散装货物装卸,该型车在车顶上设有装货口,侧壁下角设有卸货口。之后又生产了与 P_{13} 型棚车基本相同但取消了装卸口的棚车,改型为 P_{60} 型。为了适应货物装卸作业机械化的要求,1974 年又批量生产了 3 m 宽车门的 P_{61} 型棚车,其载重 60 t、容积 120 m³。

P_{61} 型棚车投入运用后,由于采用钢地板,空车地板面高度为 1 077 mm,不利于在标准货物站台上进行机械化装卸作业。同时钢地板不适宜运输人员及马匹。因此,在 1979 年提出了 P_{62} 型棚车方案,采用了刀把形牵引梁,车窗改为百叶窗式通风口。为提高铁路货车的耐腐蚀性能、延长检修周期,1987 年将 P_{62} 型棚车主要板材件改用耐候钢,并定型为 P_{62N} 型棚车。该车先后进行了转 8G、转 8AG 提速改造,以及转 8B、转 8AB 完善改造和转 K2 提速改造,改造后铁路货车定型为 P_{62T} 和 P_{62NT} 型棚车,装用转 K2 型转向架的铁路货车定型为 P_{62K} 和 P_{62NK} 型棚车。改造后棚车最高商业运行速度达到 120 km/h。

20 世纪 90 年代后生产了 P_{63}、P_{64}、P_{64A} 型棚车。1993 年,在 P_{62N} 型棚车的基础上研制了装用内衬结构的 P_{64} 型棚车;1997 年又研制了具有圆弧顶大容积、新型车门和下翻式车窗的 P_{64A} 型通用棚车;1998 年研制开发装用转 K2 型转向架的 P_{65} 型行包快运棚车并投入运用。2001 年,通过采用新材料、新工艺、新技术,研制了 P_{64GK} 型棚车,载重较 P_{64} 型棚车增加了 2 t,最高商业运行速度达到 120 km/h。

2005 年,为适应我国既有铁路线路、桥梁的实际承载能力,加快铁路装备现代化进程,研制了 P_{70} 棚车,装用转 K6 型转向架。装用转 K5 型转向架的棚车定型为 P_{70H} 型棚车。

6.2.2.2 P_{70}、P_{70H}型通用棚车

1. 车辆用途

P_{70}、P_{70H}型通用棚车供在标准轨距铁路上使用,可装运各种怕受日晒、雨雪侵蚀的货物和箱装、袋装的货物,添加辅助设施还可运装人员,能够满足叉车等机械化装卸作业要求。

2. 主要特点

(1) 该车容积 145 m³,载重 70 t,容积比 P_{64GK} 型棚车增加 10 m³,载重比 P_{64GK} 型棚车增加 10 t,单车载重量提高了 16.7%。

(2) 该车每延米重 5.5 t/m,比 P_{64GK} 型棚车增加 0.4 t/m,在既有 850 m 站场及线桥条件下,列车运能提高 300 t。

(3) 采用转 K6 型或转 K5 型转向架,改善了车辆运行品质,在既有线桥条件下车辆商业运营速度达 120 km/h;采用 17 型车钩、MT-2 型缓冲器、高强度钢中梁,提高了棚车的纵向承载能力,可适应编组万吨重载列车的要求。

(4) 在既有棚车运用经验的基础上优化了结构,提高了车体的疲劳强度及耐腐蚀性能;转向架、车钩缓冲装置及制动系统的主要零部件通过可靠性设计和完善的工艺、质量保证,实现了寿命管理。延长检修周期,取消辅修修程,段修周期由 1.5 年延长到两年,降低了检修维护成本。

(5) 采用高强度耐候钢及冷弯型钢,并应用可靠性设计理念优化断面结构,对大应力部位进行细部设计,对整车进行疲劳寿命预测,以提高结构的可靠性,有效减轻了车辆的自重,满足铁路货车提速、重载的要求。

(6) 为改善车内装货环境,避免聚集车顶上部的潮浊空气对车顶板的腐蚀,在车顶部采用了 4 个通风器,以加强车内空气流通。

(7) 为确保重载编组、高速运行工况下从板座与中梁的连接强度及抗振、防松性能,提高车辆的运用可靠性,前后从板座与中梁之间采用专用拉铆钉铆接。

(8) 为解决从棚车底门缝进行盗窃散粒货物的问题,对推拉式车门下部结构进行了改进,提高了车门的防盗性能。

(9) 车窗、车门及部分冷弯型钢等与现有棚车通用互换,方便维护和检修。

3. 主要性能参数

载重	70 t
自重	
无内衬板	≤23.8 t
有内衬板	≤24.6 t
轴重	
无内衬板	23 t(允差 −1% ~ +2%)
有内衬板	23 t(允差 −1% ~ +2.8%)
容积	145 m³
比容	2.07 m³/t
换长	1.6

自重系数
 无内衬板   0.34
 有内衬板   0.35
每延米重   5.5 t/m
通过最小曲线半径   145 m
商业运营速度   120 km/h
制动距离（重车、紧急）   ≤1 400 m
制动率
 空车   22%
 重车   17.3%

4. 主要尺寸

车辆长度   17 066 mm
车辆定距   12 100 mm
车辆最大高度（空车）   4 770 mm
车辆最大宽度   3 300 mm
车体内长
 无内衬板   16 094 mm
 有内衬板   16 087 mm
车体内宽
 无内衬板   2 800 mm
 有内衬板   2 793 mm
车钩中心线距轨面高（空车）   880 mm
地板面距轨面高（空车）   1 136 mm
车门门孔尺寸（高×宽）   2 593 mm × 3 012 mm
固定轴距
 转 K6 型   1 830 mm
 转 K5 型   1 800 mm
车轮直径   840 mm

5. 主要结构

该车主要由车体、转向架、车钩缓冲装置及制动装置等组成，如图 6.2.14 所示。

（1）车体。

该车车体为全钢焊接整体承载结构，主要由底架、侧墙、端墙、车顶、车门、车窗等组成。底架用主要型钢板材采用 Q450NQR1 高强度耐候钢，端、侧墙及车顶的主要型钢板材采用 09CuPCrNi-A 耐大气腐蚀钢。

① 底架。

底架由中梁、枕梁、下侧梁、大横梁、端梁、小横梁、纵向梁、地板等组成，如图 6.2.15 所示。

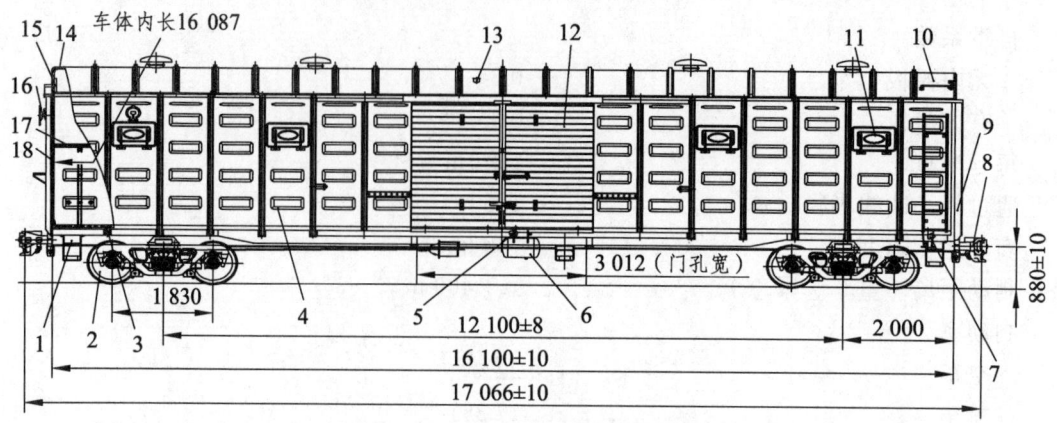

图 6.2.14 P₇₀、P₇₀H 型通用棚车

1—底架组成；2—转 K6 转向架；3—底架木结构；4—侧墙组成；5—底架附属件；6—制动装置；7—便器组成；8—车钩缓冲装置；9—端墙组成；10—车顶组成；11—车窗组成；12—车门组成；13—烟囱座组成；14—车顶木结构；15—电气安装；16—手制动装置；17—侧墙木结构；18—端墙木结构

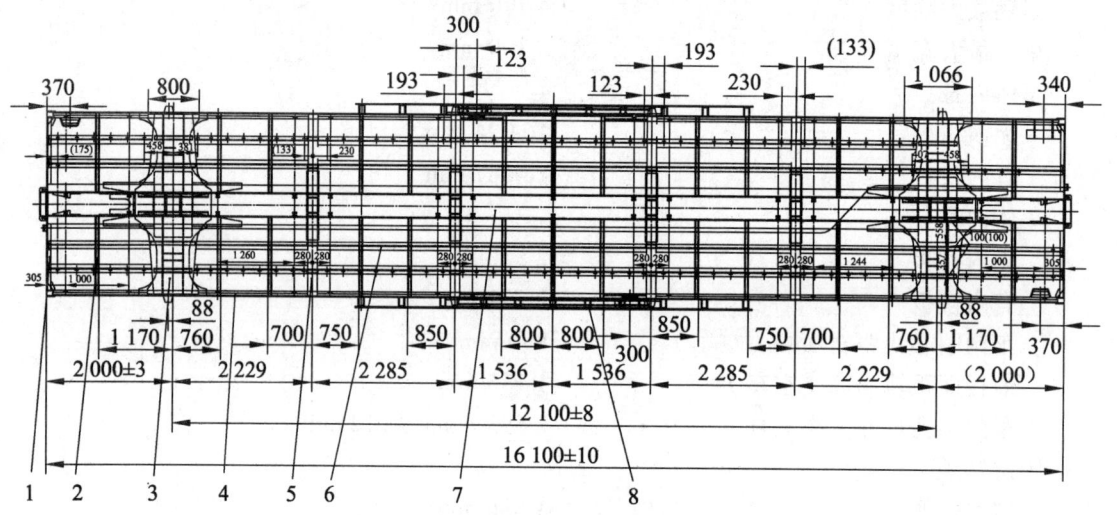

图 6.2.15 P₇₀、P₇₀H 型通用棚车底架

1—端梁；2—小横梁；3—枕梁；4—下侧梁；5—大横梁；6—纵向梁；7—中梁；8—导轨

中梁采用屈服强度为 450 MPa 的热轧 310 乙字形钢或冷弯中梁；采用直径为 358 mm 的锻钢上心盘和 C 级铸钢的前、后从板座；下侧梁为冷弯型钢组焊成的鱼腹形结构；枕梁为双腹板、单层上下盖板组焊而成的变截面箱形结构；大横梁为工字形组焊结构；底架铺设铁路货车用竹木复合层积材地板，门口处装 3 mm 厚扁豆形花纹钢地板，装用车号自动识别标签，预留便器安装座及火炉安装孔。前、后从板座与中梁间，脚蹬与侧梁间均采用专用拉铆钉连接。

② 侧墙。

侧墙为板柱式结构，由侧板、侧柱、门柱、上侧梁等组焊而成，如图 6.2.16 所示。侧板为 2.3 mm 厚钢板压型结构，侧柱采用 4 mm 厚的 U 形冷弯型钢，上侧梁由冷弯矩形管与冷弯角型钢组焊而成。

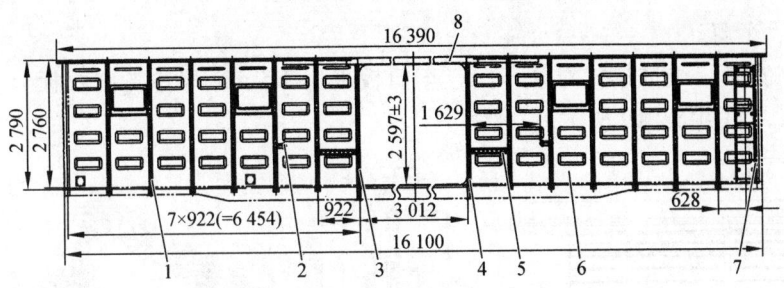

图 6.2.16　P_{70}、P_{70H} 型通用棚车侧墙

1—侧柱；2—车门止挡；3—左门柱；4—右门柱；5—开门座；6—侧板；7—扶梯；8—上侧梁

③ 端墙。

端墙为板柱式结构，由端板、端柱、角柱、上端梁等组焊而成，如图 6.2.17 所示。端板采用 3 mm 厚钢板，端柱采用热轧槽钢，角柱采用 125 mm×125 mm×7 mm 压型角钢，上端梁采用 140 mm×60 mm×6 mm 压型角钢，端板上预留电源线通过孔及照明设施安装座。

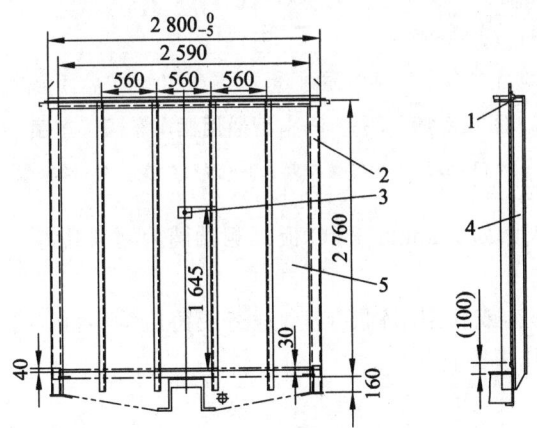

图 6.2.17　P_{70}、P_{70H} 型通用棚车端墙

1—上端梁；2—角柱；3—防雨罩；4—端柱；5—端板

④ 车顶。

车顶由车顶板、车顶弯梁、车顶侧梁、端弯梁等组焊而成，如图 6.2.18 所示。车顶弯梁为圆弧形结构，车顶侧梁采用冷弯型钢。车顶外部安装 4 个通风器和 1 个烟囱座，车顶弯梁处设有照明设施安装板。

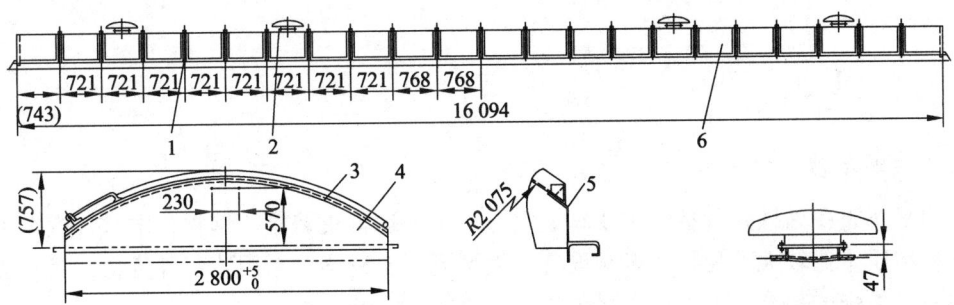

图 6.2.18　P_{70}、P_{70H} 型通用棚车车顶

1—车顶弯梁；2—通风器组成；3—端弯梁；4—车顶端板；5—车顶侧梁；6—车顶板

⑤ 车门、车窗。

车体每侧安装一组推拉式对开车门，车门板采用 1.5 mm 厚冷弯波纹板，车体每侧设 4 扇下翻式车窗，如图 6.2.19 所示。

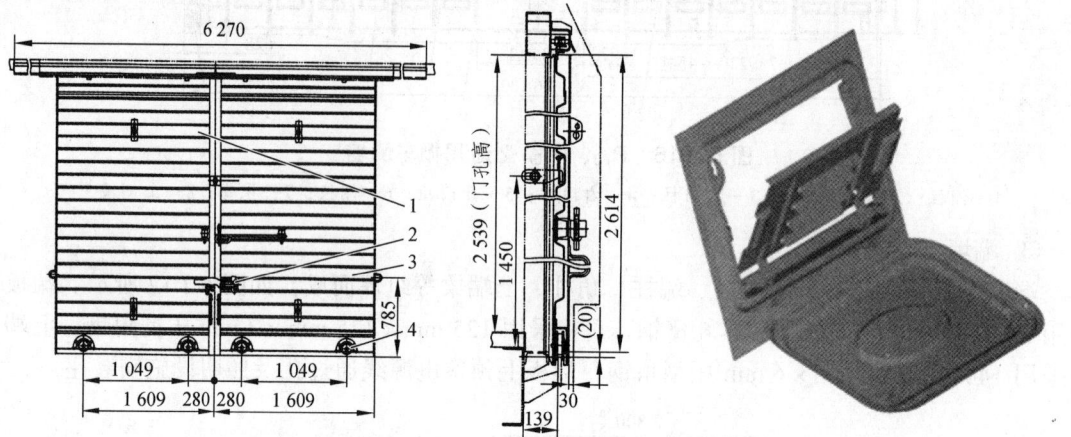

（a）P_{70}、P_{70H} 型通用棚车车门二维示意图　　（b）P_{70}、P_{70H} 型通用棚车车窗三维示意图

图 6.2.19　P_{70}、P_{70H} 型通用棚车车门、车窗

1—左门组成；2—门锁安装；3—右门组成；4—滑轮组装

⑥ 车顶内衬采用厚度为 5 mm 的 PVC 板，侧端墙内衬采用厚度为 3.5 mm 的竹材板。

（2）车钩缓冲装置。

采用 E 级钢 17 型车钩或新型车钩、17 型锻造或铸造钩尾框、合金钢钩尾销、MT-2 型缓冲器、含油尼龙钩尾框托板磨耗板。

（3）制动装置。

采用主管压力满足 500 kPa 和 600 kPa 的空气制动装置。主要由 120 型控制阀、直径为 $\phi 254$ mm 的整体旋压密封式制动缸、ST2-250 型双向闸瓦间隙自动调整器、KZW-A 型空重车自动调整装置、货车脱轨自动制动装置等组成；采用编织制动软管总成、奥-贝球铁衬套、高摩擦系数合成闸瓦、不锈钢制动配件和管系。

手制动装置采用 NSW 型手制动机。

（4）转向架。

采用转 K6 型转向架或转 K5 型转向架。

6.2.3　平　车

6.2.3.1　平车发展历程

通用平车是我国铁路货运的主要车型之一，主要运输集装箱、钢材、木材、汽车和拖拉机等体积和质量比较大的货物、机械设备、大型混凝土桥梁、军用装备等货物，具有适载性好、集载能力强的特点。

1970 年，研制了 N_{17} 型平车，该车加大了集载能力，适应军运特载和铁路大型混凝土梁运输要求，设有活动侧门，可以运输散粒货物。1988年，对 N_{17} 型平车进行了改进，加装 ST2-250 闸调器，定型为 N_{17G} 型平车。1992 年取消了 N_{17} 型平车侧门，仅保留了端门，定型为 N_{17A} 型平车。2001 年进行了换装转 8AG 型转向架提速改造，定型为 N_{17T} 型平车。目前国内的 N_{17} 系列平车是我国主型平车。

1998 年 1 月，研制了 NX_{17A} 型平车-集装箱两用平车，该车兼有普通平车和集装箱平车两种功能。作为平车使用时，均布装载 60 t，集载能力与普通平车相同，作为集装箱平车用时，可装运额定质量 24 t 的国际 40 英尺（1 英尺约 0.304 8 m）或 20 英尺国际标准箱，或铁标 10 t 集装箱。地板面距轨面高度为 1 145～1 211 mm；提速改造后定型定为 NX_{17K} 型平车，最高商业运行速度达到 120 km/h。

1998 年，为了扩大两用平车的适载性，开发了 XN_{17B} 型共用平车，随后定型为 NX_{17B} 型平车，随后进行了换装转 K2 型转向架提速改造，定型为 NX_{17BK} 型平车。在集装箱装载方面，它能装载铁标 10 t 箱、额定质量 30.48 t 的国际 20 英尺、40 英尺集装箱和非标的 45 英尺、48 英尺、50 英尺箱等。作为平车使用时均载载重量提高为 61 t，地板面距轨面高度为 1 147～1 213 mm。提速改造后定型的 NX_{17BK} 型平车最高商业运行速度达到 120 km/h。

为进一步满足运输需要，2000 年后又分别对 NX_{17A} 和 NX_{17B} 进行了改进设计，研制开发出 NX_{17T}、NX_{17BT}、NX_{17K} 和 NX_{17BH} 等平车，从而形成平车-集装箱两用平车系列产品。

2005 年，为了提高铁路货车的均载和集载能力，研制了 $NX_{70(H)}$ 型共用车。在集装箱装载方面，它能装载额定质量 30.48 t 的国际 20 英尺、40 英尺集装箱和非标的 45 英尺、48 英尺箱等。作为平车使用时载重量为 70 t。该车地板面距轨面高度为 1 150～1 216 mm，最高商业运行速度达到 120 km/h。

2009 年，为了增大集载能力，研制了 NX_{70A} 型共用平车，主要用于运输钢材、汽车、农用机械、大型混凝土预制梁、大型机械设备及军用装备等货物。当处于集装箱车工况时，可装运单箱总重≤35 t、外形尺寸符合 ISO 668 规定的两个 20 英尺集装箱或一个 40 英尺集装箱。作为平车使用时载重量为 70 t。该车地板面距轨面高度为 1 150～1 216 mm，最高商业运行速度达到 120 km/h。

集装箱专用平车主要运用运输国际标准集装箱的专用铁路货车。

1986 年研制了 X_{6A} 型集装箱平车，主要用途为运输国内铁路 5 t 箱和 10 t 箱及国际 20 英尺、40 英尺集装箱。该车承载面距轨面高度 1 097～1 162 mm，运行速度 80 km/h。

1993 年研制了 X_{6B} 型集装箱平车，该车可承载国内铁路 10 t 箱的国际 20、40 或 45 英尺集装箱。该车承载面距轨面高度 1 101～1 166 mm，运行速度 80 km/h。该车部分进行了转 8G、转 8AG 提速改造和转 8B、转 8AB 完善改造。

1995 年研制了 X_{3TEU} 型集装箱平车，2004 年进行换装 K2 型转向架改造后定型为 X_{3K} 型集装箱平车。该车可承载 3 个 20 英尺，或一个 40 英尺和一个 20 英尺，或一个 40、45、48 英尺集装箱，最高商业运行速度达到 120 km/h。

1996 年，在 X_{6B} 的基础上研制了 X_{6C} 型集装箱专用平车，它能装载国内铁路 10 t 箱的国际 20、40 或 45 英尺集装箱。该车承载面距轨面高度为 1 109～1 174 mm，运行速度 80 km/h。该车部分进行了转 8G、转 8AG 提速改造和转 8B、转 8AB 完善改造。

1999 年研制了 X_{1K} 型集装箱平车，该车可承载国内铁路 10 t 箱的国际 20、40 或 45 英尺集装箱。该车承载面距轨面高度为 1 095～1 160 mm，最高商业运行速度达到 120 km/h。

2003年，我国研制了X_{2K}、X_{2H}型双层集装箱专用平车，该车研制开辟了我国双层集装箱运输的先例，可较大幅度提高集装箱运输能力。

2005年研制了X_{4K}和X_{6K}型集装箱专用平车，X_{4K}型集装箱专用平车可承载3个20英尺，或一个40英尺和一个20英尺，或一个40、45、48英尺集装箱，承载面距轨面高度为1 075～1 140 mm；X_{6K}型集装箱专用平车可承载两个20英尺或一个40英尺集装箱，承载面距轨面高度为1 065～1 130 mm。两种车型的最高商业运行速度均达到120 km/h。

2010年研制了X_{70}型集装箱专用平车，该车可承载两个国际20英尺或一个40英尺集装箱，承载面距轨面高度为1 104～1 169 mm；该车考虑了未来我国发展内陆集装箱的可能性，除满足国际标准集装箱的运输外，还为我国开行国内重型、大型集装箱预留了运输空间。其最高商业运行速度达到120 km/h。

6.2.3.2 X_{4K}型集装箱平车

1. 主要特点

（1）该车采用Q450NQR1高强度钢组焊中梁，并优化了断面结构和连接方式，取消了传统侧梁结构，有效减轻了自重，提高了载重，增加了装箱数量，在相同站场条件下，与既有集装箱车相比，较大幅度地提高了运能，能满足铁路货车提速、重载的发展要求。

（2）应用等强度和可靠性设计理念，对中梁、枕梁、大横梁的连接节点等关键部位进行了细部设计，对整车进行疲劳寿命预测，提高了结构可靠性。

（3）采用转K6型转向架，改善了车辆运行品质，满足在既有线桥条件下车辆商业运营速度120 km/h的要求；采用17型车钩、MT-2型缓冲器、高强度钢组焊中梁，提高了纵向承载能力，可适应编组万吨重载列车的要求。

（4）在国内既有平车及出口澳大利亚集装箱平车运用经验的基础上优化了结构，提高了车体的疲劳强度及耐腐蚀性能；转向架、车钩缓冲装置及制动系统的主要零部件通过可靠性设计和完善的工艺、质量保证，实现了寿命管理。延长检修周期，取消辅修修程，降低了检修维护成本。

（5）该车的集装箱锁闭装置具有防集装箱倾覆和防跳功能，装卸方便，同时提高了集装箱中部翻转锁的防丢失能力，使集装箱运输更加安全。

（6）为确保重载编组、高速运行工况下从板座与中梁的连接强度及抗振、防松性能，提高车辆的运用可靠性，后从板座与中梁之间采用专用拉铆钉铆接。

2. 主要性能参数

载重	72 t
装箱工况	
3个20英尺国际标准集装箱	3×24 t
1个40英尺和1个20英尺国际标准集装箱	30.48 t + 26.8 t
1个40英尺国际标准箱或1个45英尺、48英尺、50英尺、53英尺集装箱	30.48 t
自重	≤21.8 t
轴重	≤23 t（允差0%～2%）

项目6 货车车体检修

换长	1.8
自重系数	0.3
每延米重	4.7 t/m
通过最小曲线半径	145 m
商业运营速度	120 km/h
空车重心高	685 mm
制动距离（重车、紧急）	≤1 400 m
制动率	符合中国铁路总公司有关规定

3．主要尺寸

车辆长度	19 416 mm
车辆定距	14 200 mm
车辆最大宽度	2 890 mm
底架长	18 400 mm
底架宽	2 630 mm
车钩中心线距轨面高（空车）	880 mm
集装箱承载面距轨面高（空车）	1 140 mm
固定轴距	1 830 mm
车轮直径	840 mm

4．主要结构

该车主要由底架、集装箱锁闭装置、转向架、车钩缓冲装置及制动装置等组成，如图6.2.20所示。

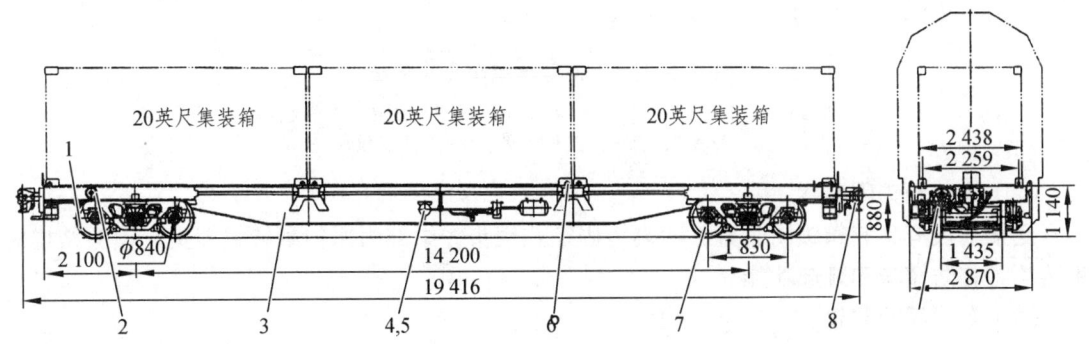

图 6.2.20 X_{4K} 型集装箱平车

1—转K6型转向架；2—标记；3—底架组成；4—空气制动装置；5—底架附属件；6—集装箱锁闭装置；
7—转K6型转向架；8—车钩缓冲装置；9—手制动装置

（1）底架。

该车底架为高强度耐候钢焊接结构，主要由中梁、端梁、枕梁、横梁、大横梁及端侧梁等组成，如图6.2.21所示。底架的主要型钢、板材采用Q450NQR1高强度耐候钢；小横梁、侧梁等辅助梁件采用09CuPCrNi-A耐大气腐蚀钢。

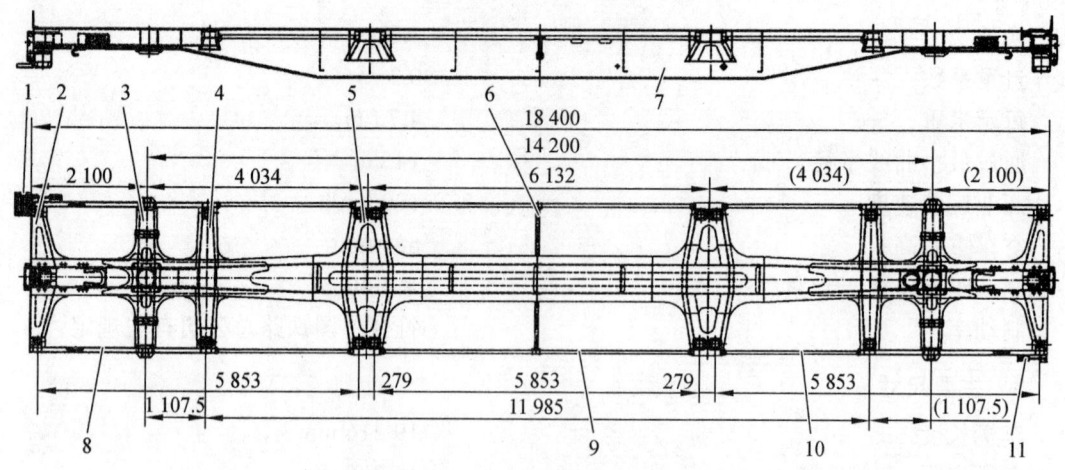

图 6.2.21 X$_{4K}$ 型集装箱平车底架

1—脚蹬组成；2—端梁组成；3—枕梁组成；4—横梁组成；5—大横梁组成；6—小横梁组成；7—中梁组成；
8—端侧梁；9—下侧梁（1）；10—下侧梁（2）；11—脚蹬组成（2）

中梁采用 Q450NQR1 高强度耐候钢组焊箱形变断面的鱼腹形结构，如图 6.2.22 所示。该车底架采用整体式冲击座，材质为 C 级铸钢，并与牵引梁组焊在一起，采用直径为 ϕ358 mm 的锻造上心盘及材质为 C 级铸钢的后从板座。端侧梁采用 300 mm × 87 mm × 7 mm 冷弯槽钢，枕梁、大横梁、端梁为双腹板变截面箱形结构，中部侧梁采用 60 mm × 60 mm × 4 mm 的冷弯型钢，与横梁、大横梁间采用螺栓连接，枕梁处设置顶车垫板；后从板座与中梁间、脚蹬与端梁间均采用专用拉铆钉连接，装用车号自动识别标签。

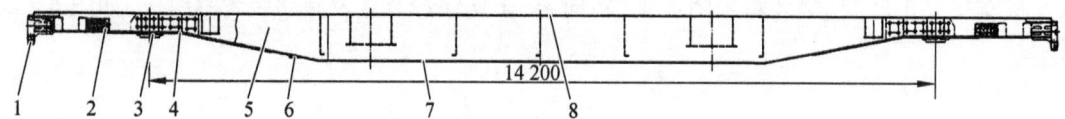

图 6.2.22 X$_{4K}$ 型集装箱平车中梁

1—冲击座；2—后从板座；3—上心盘；4—枕梁下盖板；5—腹板组成；
6—标签座；7—下盖板组成；8—上盖板组成

（2）集装箱锁闭装置。

底架上设有集装箱锁闭装置，两端为固定式锁头，中部为原位翻转式锁头，锁头结构对集装箱具有防倾覆和跳起功能。

（3）车钩缓冲装置。

采用 E 级钢 17 型车钩或新型车钩，配套采用 17 型铸造或锻造钩尾框、合金钢钩尾销、MT-2 型缓冲器、含油尼龙钩尾框托板磨耗板。

（4）制动装置。

采用主管压力满足 500 kPa 和 600 kPa 的空气制动装置，主要由 120 型控制阀、直径为 ϕ254 mm 的整体旋压密封式制动缸、ST2-250 型双向闸瓦间隙自动调整器、KZW-A 型空重车自动调整装置、货车脱轨自动制动装置等组成；采用编织制动软管总成、奥-贝球铁衬套、高摩擦系数合成闸瓦、不锈钢制动配件和管系。

手制动装置采用 NSW 型手制动机。

（5）转向架。

采用转 K6 型转向架。

6.2.3.3 NX_{70}、NX_{70H} 型平车-集装箱共用车

为实施"以扩能为中心，推行重载运输，提高铁路运输能力"的战略目标，北京二七车辆厂自 2003 年开始大载重共用车的研制工作，2003 年 10 月完成了样车试制工作、车体静强度试验、冲击试验及动力学试验。2004 年 10 月，该车通过了技术审查，并根据我国既有铁路线路、桥梁的实际承载能力，确定载重为 70 t，轴重为 23 t。2005 年 8 月该车定型为 NX_{70}（装用转 K6 型转向架）、NX_{70H}（装用转 K5 型转向架）。

1. 车辆用途

NX_{70}（NX_{70H}）型共用车为标准轨距、载重 70 t、具有装运多种货物功能的四轴平车，可供装载符合 ISO 668：1995《系列 1 集装箱-分类、尺寸和额定质量》所规定的 1AAA、1AA、1A、1AX、1CC、1C、1CX 集装箱及 45 英尺、48 英尺和 50 英尺国际非标箱，还可供装运钢材、汽车、拖拉机、成箱货物及大型混凝土桥梁等货物。

2. 主要特点

（1）该车均载达 70 t，集载最大可达 55 t/5 m，和 NX_{17B} 相比单车载重提高 14.7%，集重能力至少提高 10%。

（2）中梁采用 09CuPTiRE-B 耐候钢，全车大量采用屈服强度为 450 MPa 的高强度耐候钢 Q450NQR1，整车强度和抗腐蚀性能大大提高，可以有效提高车辆的寿命，降低维护费用。

（3）采用 17 型车钩及 MT-2 型缓冲器，车辆结构优化，可以适应开行万吨列车的要求。

（4）转向架采用转 K6 型转向架或转 K5 型转向架，具有运行速度高、动力学性能稳定等特点。

（5）为确保重载编组、高速运行工况下从板座与中梁的连接强度及抗振、防松性能，提高车辆的运用可靠性，前后从板座与中梁之间采用专用拉铆钉铆接。

3. 主要性能参数

轴重	23 t（允差 −1% ~ +2%）
轨距	1 435 mm
载重	70 t
集重	
1 m	30 t
2 m	35 t
3 m	45 t
4 m	50 t
5 m	55 t

集装箱箱型、数量、放置方式及总额定质量见表 6.2.1。

表 6.2.1　集装箱箱型、数量、放置方式及总额定质量

箱　型	数量/个	放置方式	总额定质量/t
1AAA、1AA、1A、1AX	1	顺放	30.48
1CC、1C、1CX	2	顺放	60.96
45英尺国际非标箱	1	顺放	30.48
48英尺国际非标箱	1	顺放	30.48
50英尺集装箱	1	顺放	30.48

自重　　　　　　　　　　　　　　　　　≤23.8 t
自重系数　　　　　　　　　　　　　　　0.34
空车重心高　　　　　　　　　　　　　　738 mm
每延米重　　　　　　　　　　　　　　　≤5.73 t/m
商业运营速度　　　　　　　　　　　　　120 km/h
通过最小曲线半径　　　　　　　　　　　145 m
制动倍率　　　　　　　　　　　　　　　11.2
全车制动率（常用制动位）
　重车　　　　　　　　　　　　　　　　19.1%
　空车　　　　　　　　　　　　　　　　30.3%
紧急制动停车距离（120 km/h 初始速度）　≤1 400 m
限界　　　　　　　　　　　　　　　　　符合《标准轨距铁路机车车辆限界》
　　　　　　　　　　　　　　　　　　　（GB 146.1—1983）要求

4．主要尺寸

车辆长度　　　　　　　　　　　　　　　16 366 mm
底架长度　　　　　　　　　　　　　　　15 400 mm
车辆定距　　　　　　　　　　　　　　　10 920 mm
车辆最大宽度　　　　　　　　　　　　　3 157 mm
底架宽度　　　　　　　　　　　　　　　2 960 mm
地板面距轨面高（空车）　　　　　　　　1 216 mm
国际集装箱装载面距轨面高（空车）　　　1 216 mm
车钩中心线距轨面高（空车）　　　　　　880 mm
车轮直径　　　　　　　　　　　　　　　840 mm

5．主要结构

　　该车由底架、地板、集装箱锁闭装置、端门、制动装置、车钩缓冲装置、转向架等部分组成，如图 6.2.23 所示。

项目 6　货车车体检修

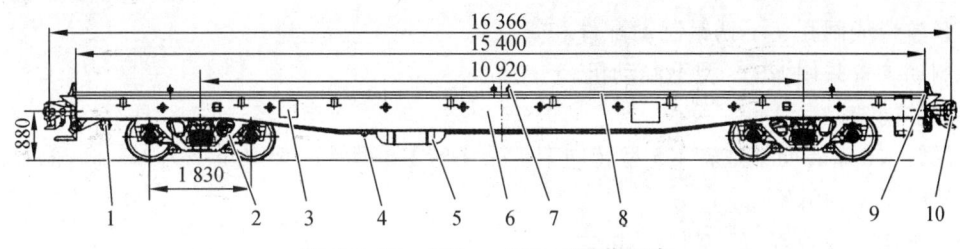

图 6.2.23　NX$_{70}$、NX$_{70H}$ 型共用车

1—手制动装置；2—转 K6 型转向架；3—标记；4—底架附属件；5—空气制动装置；6—底架组成；
7—集装箱锁闭装置；8—地板组成；9—端门组成；10—车钩缓冲装置

（1）底架。

底架为全钢焊接结构，由端梁、中梁、侧梁、枕梁、中央大横梁、大横梁、小横梁和辅助梁等组焊而成，如图 6.2.24 所示。

中梁为两根 630 mm × 200 mm × 13 mm × 20 mm H 形钢制成鱼腹形，与 10 mm 厚上、下盖板组焊成箱形结构，侧梁为单根 600 mm × 200 mm × 11 mm × 17 mm H 形钢制成鱼腹形。底架设有中央大横梁以及工字形大横梁。中、侧梁间设有纵向辅助梁，端梁上设有绳栓，侧梁上设有柱插和绳栓。采用直径为 ϕ358 mm 锻钢上心盘及材质为 C 级铸钢的前、后从板座。前、后从板座与中梁间采用专用拉铆钉连接，装用车号自动识别标签。

（2）地板。

底架上铺有 70 mm 厚木地板或 45 mm 厚竹木复合层积材地板。

（3）集装箱锁闭装置。

底架上设有集装箱锁闭装置，锁头可原位翻转，如图 6.2.25 所示。

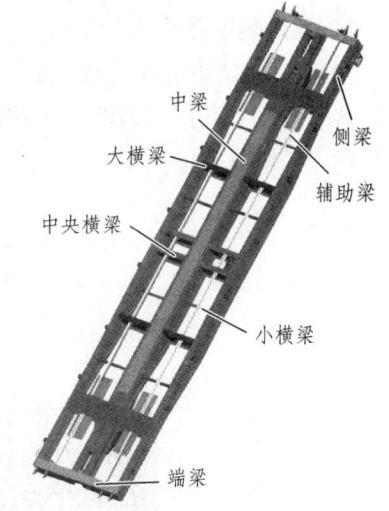

图 6.2.24　NX$_{70}$、NX$_{70H}$ 型共用车
底架三维示意图

（a）单锁

（b）双锁

图 6.2.25　NX$_{70}$、NX$_{70H}$ 型共用车集装箱锁闭装置三维示意图

（4）空气制动装置。

采用主管压力满足 500 kPa 和 600 kPa 的空气制动装置，主要由 120 型控制阀、直径为 ϕ254 mm 的整体旋压密封式制动缸、ST2-250 型双向闸瓦间隙自动调整器、KZW-A 型空重车自动调整装置、货车脱轨自动制动装置等组成；采用编织制动软管总成、奥-贝球铁衬套、

高摩擦系数合成闸瓦、不锈钢制动配件和管系。

手制动装置采用 NSW 型手制动机。

（5）转向架。

采用转 K6 型转向架或转 K5 型转向架。采用转 K6 型转向架时车型为 NX_{70}，采用转 K5 型转向架时车型为 NX_{70H}。

（6）车钩缓冲装置。

采用 E 级钢 17 型车钩或中国铁路总公司批准的新型车钩，配套采用 17 号铸造或锻造钩尾框、合金钢钩尾销、MT-2 型或中国铁路总公司批准的新型缓冲器、含油尼龙钩尾框托板磨耗板。钩尾销托梁、钩尾框托板、安全托板采用 BY-B 型或 FS 型防松螺母。

6.2.3.4 双层平车

1. 双层集装箱平车

2004 年全路第五次大提速中，双层集装箱货物列车首次出现在北京至上海的铁路干线上。这是 X_{2H} 型双层集装箱平车首次整列亮相，投入运行，为中国铁路的集装箱运输揭开了新篇章，如图 6.2.26 所示。

图 6.2.26　X_{2H} 型双层集装箱平车专列

X_{2H} 型双层集装箱平车如图 6.2.27 所示。该车载重达 78 t，运行速度达 120 km/h，集装

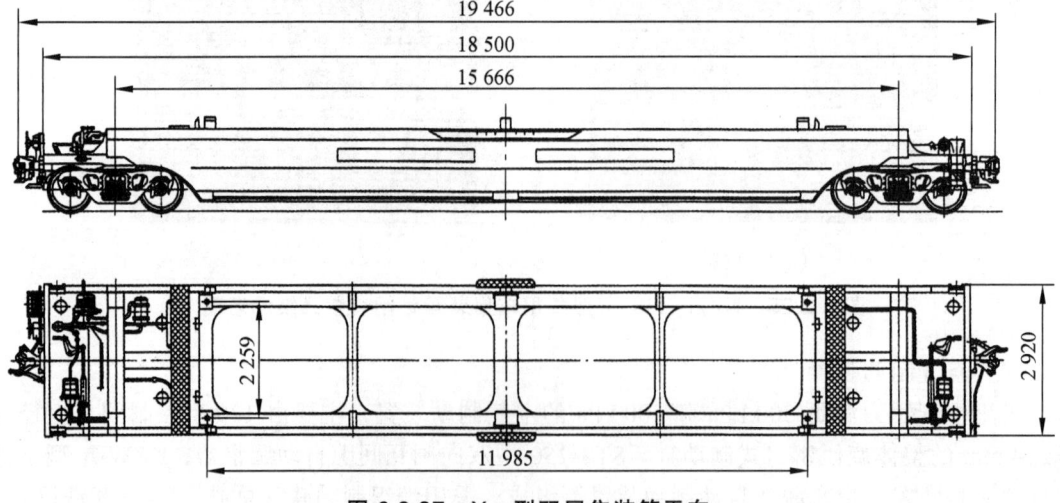

图 6.2.27　X_{2H} 型双层集装箱平车

箱可双层叠装，降低了集装箱承载面高度，能装运国际标准的长大集装箱，车辆整体水平达到国内先进水平，投产以来已取得良好的经济效益，标志着我国铁路已跨入集装箱双层运输的先进行列。

2. SQ 型双层平车

我国已成为汽车生产大国，铁路承担的汽车运输任务越来越重。过去，我国铁路没有专运小汽车的车辆，而用通用平车装运小汽车，运能浪费很大。

从 20 世纪 80 年代开始研制运输小汽车的专用平车，先后生产了 SQ_1、SQ_2、SQ_3、SQ_4 型运输小汽车的双层平车，如图 6.2.28 所示。车体为全钢电焊结构，分上、下两层底架，上、下层支撑。设有端渡板，两辆双层平车连挂时，放平端渡板，可使装运的小汽车安全通过。止轮器是它的重要装置之一，用以固定装载的汽车，保证汽车在运输途中的安全。止轮器分滑槽式止轮器、螺旋摆动止轮器和钢丝绳紧固器等几种。止轮器每层分布 16 个，每辆汽车 4 个，分置于汽车前轮前部和后轮后部。为防止小汽车在运输途中丢失，或被意外破坏，车体上下层均设有用铁丝网制成的防护罩。采用 SQ 型双层平车运输小汽车，充分利用了空间高度，比过去使用通用平车装运小汽车，运输效率提高一倍。

图 6.2.28 SQ 型双层平车举例

SQ_4 型运输汽车专用双层平车较之前更有改进，车体为全钢焊接筒形结构。装载方案灵活多样，运输微型、小型汽车时可采用双层单排装载；运输中型汽车时采用下层单排装载，上层根据净空高还可配装微、小型汽车；各种微、小型汽车可与中型汽车混装运输。可将上层支撑架一端降至下层地板面上，供上层汽车直接自行行驶装卸；下层净空高可以调整。汽车紧固装置采用止轮器和捆绑联合作用。

运送汽车的平车，原先没有车墙和车顶，只有一个铁丝网的罩。在以后的改型当中，设计了车墙和车顶，逐渐变成了在两端开门的一种"棚车"，该车既不像平车，又不像棚车，但习惯上还称为"平车"。实际上，随着其专业功能越来越完善，应该称其为"商品汽车运输专用车"。

2003 年，中铁特货运输有限公司成立，专营商品汽车运输，拥有 6 000 余辆专用的运输汽车专用车（集装箱），其运输汽车的 JSQ_5、JSQ_6 等专用车功能完善，能够实行全列车编组，定点定线按班列开行，提供大运量高效率的运力保障，创建了一套现代化商品汽车全程物流新品牌，如图 6.2.29 所示。

图 6.2.29　JSQ_5、JSQ_6 商品汽车运输专用车

6.2.4　罐车

罐车是用来装运各种液体、液化气体和粉末状货物等的铁路货车，在运输中占有很重要的地位。目前，铁路罐车基本完成 K2 改造，K2 改造提速车型和载重 70 t 级铁路罐车的最高商业运行速度为 120 km/h。

6.2.4.1　罐车概述

罐车按运输的介质可分为轻油、黏油、酸碱、化工产品、氧化铝粉、液化石油气、水泥等罐车；按工作压力可分为常压罐车和压力罐车；按结构特点可分为有底架和无底架罐车。

1. 轻油罐车

轻油罐车主要用于装运汽油、煤油、柴油等化工介质；装卸方式为上装上卸。目前，我国铁路运行的轻油罐车主要有 G_{17DK}、G_{60K}、G_{70K} 和 GQ_{70} 型等轻油罐车。其中，G_{17DK}、G_{60K}、G_{70K} 型为提速改造车型，GQ_{70} 为 70 t 级罐车，如图 6.2.30 所示。G_{17DK} 是黏油车 G_{17K} 的改造车型，主要改造内容为：取消下排油和进气装置，封闭加温套，增加聚液窝和一个安全阀。

图 6.2.30　GQ_{70} 型轻油罐车

2. 黏油罐车

黏油罐车主要用于装运原油、重柴油、润滑油等一般性黏油类介质；采用内加热，装卸方式为上装下卸。目前，我国铁路运行的黏油罐车主要有 G_{17K}、G_{17BK} 和 GN_{70} 黏油罐车。GN_{70} 为 70 t 级罐车，如图 6.2.31 所示。G_{17K}、G_{17BK} 为提速改造车型。

图 6.2.31　GN_{70} 型黏油罐车

3. 酸碱罐车

酸碱罐车主要用于装运 92.5% 及以上浓度的浓硫酸、盐酸和液碱等介质，装卸方式为上装上卸。由于酸碱有腐蚀型，因此酸碱罐车均为有底架罐车。目前，我国铁路运行的酸碱罐车主要有 G_{11K} 型酸碱罐车、G_{11JK} 型液碱罐车、G_{11SK} 型浓硫酸罐车、GF_{AK} 型盐酸罐车、GS_{70} 型浓硫酸罐车、GJ_{70} 型液碱罐车。GS_{70} 型浓硫酸罐车如图 6.2.32 所示。其中，GS_{70}、GJ_{70} 型为 70 t 级罐车，G_{11K}、G_{11JK}、G_{11SK}、GF_{AK} 型为提速改造车型。

图 6.2.32　GS_{70} 型浓硫酸罐车

4. 化工品罐车

化工品罐车主要用于装运液体石油化工产品、醇类等介质。目前，我国铁路运行的化工品罐车主要有 $G60_{XK}$ 型不锈钢罐车、$G60_{LBK}$ 型铝制罐车、G_{HA70} 型醇类罐车、GN_{70A} 型对二甲苯罐车、GQ_{70A} 型苯类罐车、GH_{70A} 和 GH_{70B} 型不锈钢罐车。其中，G_{HA70}、GN_{70A}、GQ_{70A}、GH_{70A}、GH_{70B} 型为 70 t 级罐车，$G60_{XK}$、$G60_{LBK}$ 型为提速改造车型。GH_{70A} 型不锈钢罐车如图 6.2.33 所示。

图 6.2.33　GH_{70A} 型不锈钢罐车

5. 沥青罐车

沥青罐车主要用于装运沥青、重油等介质，设有内加热和保温装置，装卸方式为上装下卸。目前,我国铁路运行的沥青罐车主要有 GL_{AK}、GL_{BK}、GL_{17K}、GL_{CK}、GL_{60K} 和 GL_{70} 型沥青罐车。GL_{70} 型为 70 t 级罐车,如图 6.2.34 所示。GL_{AK}、GL_{BK}、GL_{17K}、GL_{CK}、GL_{60K} 型为提速改造车型。

图 6.2.34 GL_{70} 型沥青罐车

6. 氧化铝粉罐车

氧化铝粉罐车主要用于装运容重 0.95~1.0 t/m^3 氧化铝粉的专用铁路货车,工作方式为上装上卸,通过压缩空气将粉状物料流态化,然后经卸料管输送到远距离的料塔。目前,我国铁路运行的氧化铝粉罐车主要有 GF_{1K} 和 GF_{70} 型等。其中,GF_{70} 型为 70 t 级罐车,如图 6.2.35 所示。GF_{1K} 型为提速改造车型。

图 6.2.35 GF_{70} 型氧化铝粉专用罐车

7. 液化气体罐车

液化气体罐车主要用于装运液化石油气体、液氨等介质,装卸方式为上装上卸。目前,我国铁路运行的液化气体罐车主要有 GQ、GY_{80}(GY_{80S})、GY_{60}(GY_{60S})、GY_{95}(GY_{95S})、GY_{100}(GY_{100S})、GY_{70A}(GY_{70AS})等型,型号后有 S 表示带押运间。GY_{80SK} 型液化石油气罐车如图 6.2.36 所示。

图 6.2.36 GY_{80SK} 型液化石油气罐车

6.2.4.2 GQ_{70}、GQ_{70H}型轻油罐车

1. 主要特点

（1）容积大，载重大。

GQ_{70}、GQ_{70H}型轻油罐车同轻油罐车G_{70K}相比，有效容积增大9 m^3；载重增加8 t，提高了13%；每延米载重由6.87 t/m提高到7.66 t/m，提高了11%。

（2）能利用现有地面装卸设施成列装卸。

我国主要的罐车使用单位一般均采用固定台位，成列装卸。

GQ_{70}、GQ_{70H}型轻油罐车的车辆长度比G_{70K}加长228 mm，经调查、计算，可以使用现有的地面装卸设施进行成列装卸作业。

（3）卸净率高。

现有轻油罐车筒体多为圆柱状，筒体中部容易产生上挠，卸油作业时油品卸不干净，留有残液。为方便用户使用，GQ_{70}、GQ_{70H}型轻油罐车采用了斜底结构，便于油品卸出，提高了卸净率。

（4）部件可靠性进一步提高。

为提高运用可靠性，在总结我国无中梁罐车设计及运用经验基础上，参考欧美同类罐车的成熟结构和先进产品标准，对关键结构进行了大量计算、分析和对比，确定了牵枕结构。采用助开式人孔，改进了呼吸式安全阀。

（5）采用E级钢17型高强度车钩和MT-2型缓冲器，提高了车钩缓冲装置的使用可靠性，可解决车钩分离、钩舌磨耗过快等惯性质量问题。

（6）采用转K6型或转K5型转向架，确保车辆运营速度达120 km/h，满足提速要求；改善了车辆运行品质，降低了轮轨间作用力，减轻了轮轨磨耗。

2. 主要性能参数

载重	70 t
自重	≤23.6 t
轴重	23 t（允差 −1% ~ +2%）
罐体总容积	80.3 m^3
罐体有效容积	78.7 m^3
换长	1.1
自重系数	0.33
每延米重	≤7.66 t/m
罐体工作压力	0.15 MPa
通过最小曲线半径	145 m
商业运营速度	120 km/h
制动距离（重车、紧急）	≤1 400 m
全车制动倍率	10.73
全车制动率（常用制动位）	
空车	24.4%
重车	16.67%
车辆使用的环境温度	−40 ~ +50 °C

3. 主要尺寸

车辆长度	12 216 mm
车辆定距	8 050 mm
车辆最大宽度	3 320 mm
车辆最大高度	4 494 mm
车钩中心线高（空车）	880 mm
固定轴距	
转 K6 型	1 830 mm
转 K5 型	800 mm
车轮直径	840 mm

4. 主要结构

该车采用无中梁结构，主要由罐体装配、牵枕装配、车钩缓冲装置、制动装置、转向架及安全附件等组成，车端不设通过台，如图 6.2.37 所示。

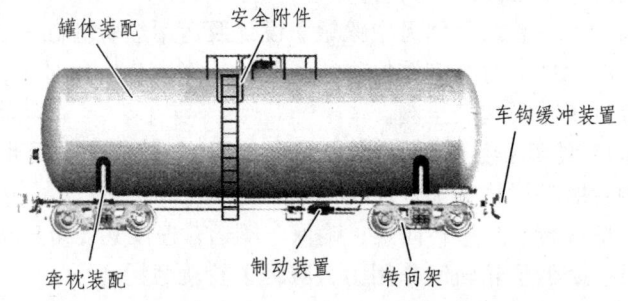

图 6.2.37　GQ_{70}、GQ_{70H} 型轻油罐车三维示意图

（1）罐体装配。

罐体装配主要由封头、筒体、人孔、聚液窝等组成，如图 6.2.38 所示。罐体采用直锥圆截面斜底结构，底部由筒体两端向中间截面下斜，斜度为 1.2°。封头采用 1∶2.5 椭圆封头，

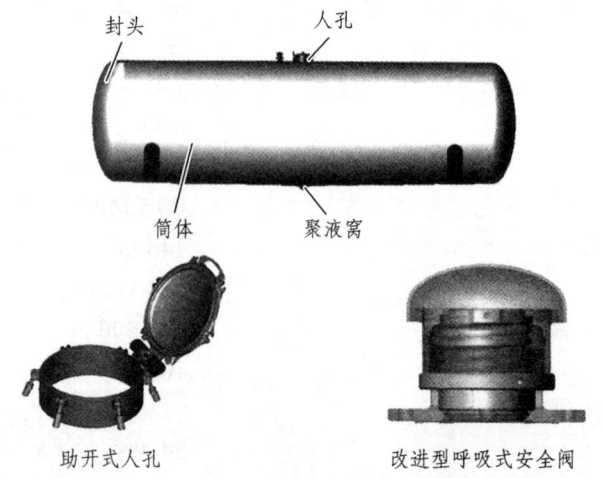

图 6.2.38　GQ_{70}、GQ_{70H} 型轻油罐车罐体装配三维示意图

内径为 ϕ3 050 mm，壁厚 10 mm，材质为 Q295A 低合金高强度结构钢。筒体两端内径为 ϕ3 050 mm，中部内径为 ϕ3 150 mm，壁厚 10 mm，材质为 Q345A 低合金高强度结构钢。罐体顶部设助开式人孔，罐体底部设聚液窝。

（2）牵枕装配。

牵枕装配主要由牵引梁装配、枕梁装配、边梁装配、端梁装配等组成，如图 6.2.39 所示。

牵引梁装配由牵引梁、前从板座、后从板座、心盘座和上心盘等组成。牵引梁采用屈服强度为 450 MPa 的热轧 310 乙字形钢，保证 –40 ℃ 时的低温冲击功 A_{kV} 不小于 24 J，前从板座、后从板座及心盘座材质采用 C 级铸钢，上心盘采用锻钢上心盘。前从板座与中梁间，脚蹬、扶手与侧梁间均采用专用拉铆钉连接。

枕梁采用单腹板、侧管支撑结构，枕梁包角 120°。枕梁腹板、下盖板壁厚 16 mm，材质为 Q345A 低合金高强度结构钢。

（3）车钩缓冲装置。

采用 E 级钢 17 型车钩或新型车钩、17 型铸造或锻造钩尾框、合金钢钩尾销、MT-2 型缓冲器、含油尼龙钩尾框托板磨耗板。

（4）制动装置。

采用主管压力满足 500 kPa 和 600 kPa 的空气制动装置，主要由座式 120 型控制阀、直径为 ϕ254 mm 的整体旋压密封式制动缸、ST2-250 型双向闸调器、KZW-A 型空重车自动调整装置等组成；采用编织制动软管总成、奥-贝球铁衬套、高摩擦系数合成闸瓦、不锈钢制动配件和管系，如图 6.2.40 所示；手制动装置采用 NSW 型手制动机。

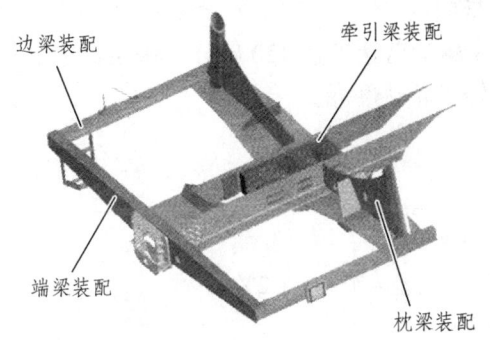

图 6.2.39　GQ_{70}、GQ_{70H} 型轻油罐车牵枕装配三维示意图

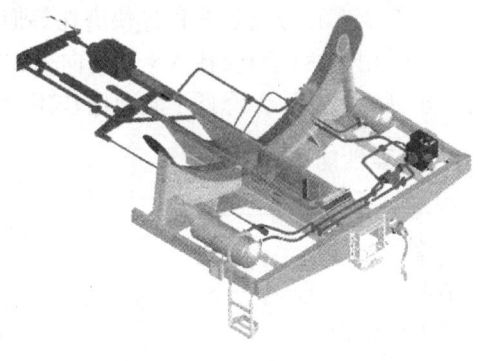

图 6.2.40　GQ_{70}、GQ_{70H} 型轻油罐车空气制动装置三维示意图

（5）转向架。

采用转 K6 型转向架或转 K5 型转向架。

6.2.4.3　GN_{70}、GN_{70H} 型黏油罐车

1. 主要特点

（1）容积大，载重大。

GN_{70}、GN_{70H} 型黏油罐车同黏油罐车 G_{17BK} 相比，有效容积增大 7.3 m³；载重增加 7 t，提高了 11%；每延米载重由 7 t/m 提高到 7.68 t/m，提高了 10%。

（2）能利用现有地面装卸设施成列装卸。

我国主要的罐车使用单位一般均采用固定台位，成列装卸。

GN_{70} 型黏油罐车的车辆长度比 G_{17BK} 加长 228 mm，经调查、计算，可以使用现有的地面装卸设施进行成列装卸作业。

（3）卸净率高。

现有黏油罐车筒体多为圆柱状，筒体中部容易产生上挠，卸油作业时油品卸不干净，留有残液。为方便用户使用，GN_{70} 型黏油罐车采用了斜底结构，便于油品卸出，提高了卸净率。

（4）进一步改善加热效果。

现有黏油类罐车的加热系统中，G_{17K} 型黏油罐车采用外加温套式加热系统，蒸汽利用率低，造成了能源浪费。G_{17BK} 型黏油罐车采用内置蛇管式加热系统，管程长，易积水。

GN_{70} 型黏油罐车采用内置排管式加热系统。加热管线随罐体底部倾斜，管程短，不会积水。带有 Z 形补偿器结构，合理布置管路支撑，使加热排管可较好适应热胀冷缩，减小热应力。罐外底部设加热槽钢，减少了加热盲区。采用带蒸汽套的下卸阀座，改善了下卸阀附近黏油的加热效果，缩短了加热时间。

（5）部件可靠性进一步提高。

为提高运用可靠性，在总结我国无中梁罐车设计及运用经验的基础上，参考欧美同类罐车的成熟结构和先进产品标准，对关键结构进行了大量计算、分析和对比，确定了牵枕结构。采用助开式人孔，改进了呼吸式安全阀。

（6）采用 E 级钢 17 型高强度车钩和 MT-2 型缓冲器，提高了车钩缓冲装置的使用可靠性，可解决车钩分离、钩舌过快磨耗等惯性质量问题。

（7）采用转 K6 型或转 K5 型转向架，确保车辆运营速度达 120 km/h，满足提速要求；改善了车辆运行品质，降低了轮轨间作用力，减轻了轮轨磨耗。

2. 主要性能参数

载重　　　　　　　　　　　70 t

自重　　　　　　　　　　　≤23.8 t

轴重　　　　　　　　　　　23 t（允差 −1% ~ +2%）

罐体总容积　　　　　　　　78.1 m³

罐体有效容积　　　　　　　73.7 m³

换长　　　　　　　　　　　1.1

自重系数　　　　　　　　　0.34

每延米重　　　　　　　　　≤7.68 t/m

罐体工作压力　　　　　　　0.15 MPa

通过最小曲线半径　　　　　145 m

商业运营速度　　　　　　　120 km/h

制动距离（重车、紧急）　　≤1 400 m

全车制动倍率　　　　　　　10.73

全车制动率（常用制动位）

　空车　　　　　　　　　　24.2%

重车	16.59%
车辆使用的环境温度	−40 ~ +50 ℃
限界	符合《标准轨距铁路机车车辆限界》(GB 146.1—83)的规定

3. 主要尺寸

车辆长度	12 216 mm
车辆定距	8 050 mm
车辆最大宽度	3 320 mm
车辆最大高度	4 466 mm
车钩中心线高（空车）	880 mm
固定轴距	
转 K6 型	1 830 mm
转 K5 型	1 800 mm
车轮直径	840 mm

4. 主要结构

GN_{70}、GN_{70H} 型车采用无中梁结构，主要由罐体装配、牵枕装配、加热及排油装置、车钩缓冲装置、制动装置、转向架、安全附件等部件组成，车端不设通过台，如图 6.2.41 所示。

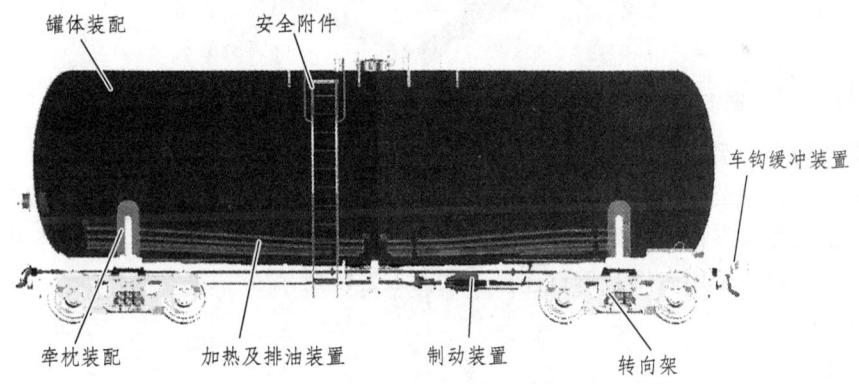

图 6.2.41　GN_{70}、GN_{70H} 型黏油罐车三维示意图

（1）罐体装配。

罐体装配主要由封头、筒体、人孔等组成。罐体采用直锥圆截面斜底结构，底部由筒体两端向中间截面下斜，斜度为 1.2°。封头采用 1∶2 标准椭圆封头，内径为 $\phi 3\,000$ mm，壁厚 10 mm，材质为 Q295A 低合金高强度结构钢。筒体两端内径为 $\phi 3\,000$ mm，中部内径为 $\phi 3\,100$ mm；上板壁厚 8 mm，下板壁厚 10 mm，材质为 Q345A 低合金高强度结构钢，罐体顶部设助开式人孔，如图 6.2.42 所示。

（2）牵枕装配。

牵枕装配主要由牵引梁装配、枕梁装配、边梁装配、端梁装配等组成，如图 6.2.43 所示。

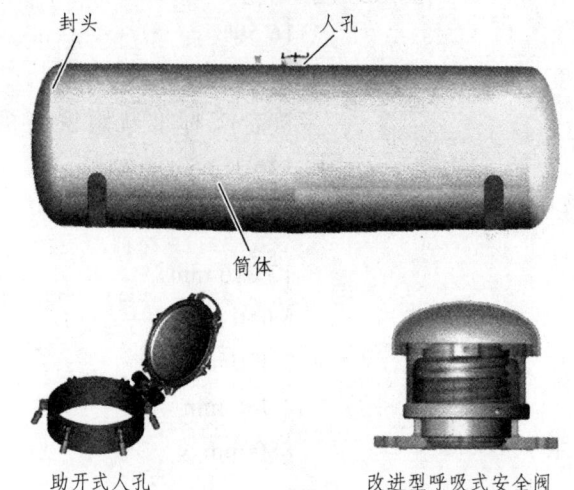

图 6.2.42　GN_{70}、GN_{70H} 型黏油罐车罐体装配三维示意图

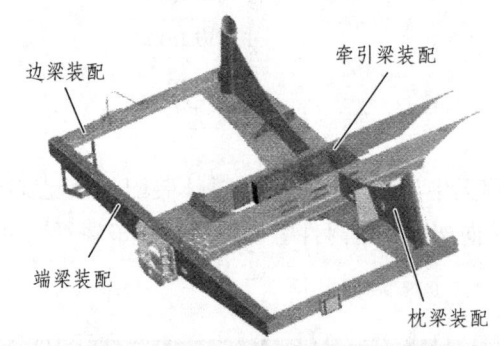

图 6.2.43　GN_{70}、GN_{70H} 型黏油罐车牵枕装配三维示意图

牵引梁装配由牵引梁、前从板座、后从板座、心盘座和上心盘等组成。牵引梁采用屈服强度为 450 MPa 的热轧 310 乙字形钢，保证 –40 ℃ 时的低温冲击功 A_{kV} 不小于 24 J。前从板座、后从板座及心盘座材质采用 C 级铸钢，上心盘采用锻钢上心盘。前从板座与中梁间，脚蹬、扶手与侧梁间均采用专用拉铆钉连接，如图 6.2.44 所示。

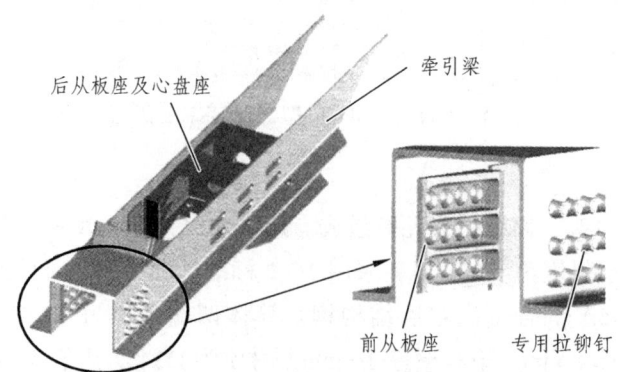

图 6.2.44　GN_{70}、GN_{70H} 型黏油罐车牵引梁三维示意图

枕梁采用单腹板、侧管支撑结构，枕梁包角 120°。枕梁腹板、下盖板壁厚 16 mm，材质为 Q345A 低合金高强度结构钢，如图 6.2.45 所示。

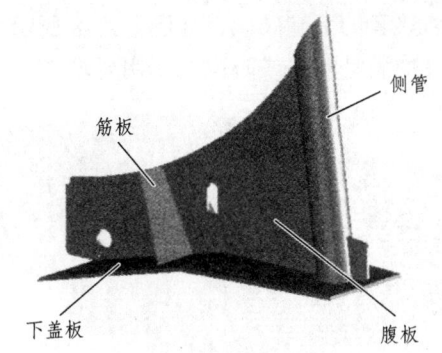

图 6.2.45　GN₇₀、GN₇₀H 型黏油罐车枕梁三维示意图

（3）加热及排油装置。

加热及排油装置由内置排管式加热系统和排油装置组成，如图 6.2.46 所示。

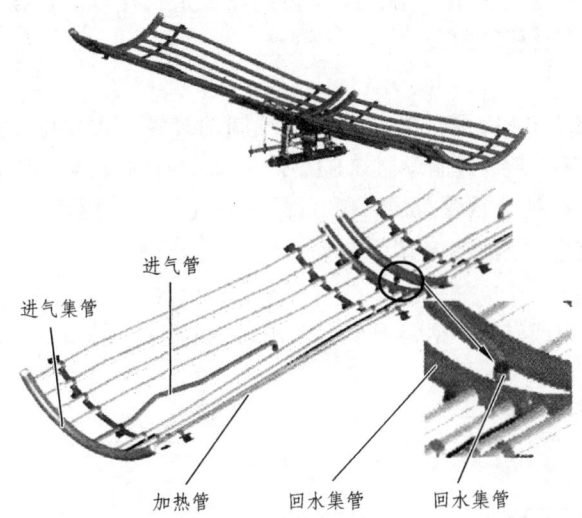

图 6.2.46　GN₇₀、GN₇₀H 型黏油罐车加热及排油装置管内部分三维示意图

内置排管式加热系统主要由两组排管式加热器组成，装设于罐内底部，沿罐体纵向中部截面对称布置，并沿罐壁向下倾斜。每组加热器主要由进气管（$\phi 57\ \text{mm} \times 4.5\ \text{mm}$）、回水管（$\phi 57\ \text{mm} \times 4.5\ \text{mm}$）、8 线加热管（$\phi 80\ \text{mm} \times 5\ \text{mm}$）、进气集管（$\phi 127\ \text{mm} \times 6\ \text{mm}$）、回水集管（$\phi 127\ \text{mm} \times 6\ \text{mm}$）组成，材质为 20 钢。

罐外底部设加热槽钢，如图 6.2.47 所示。

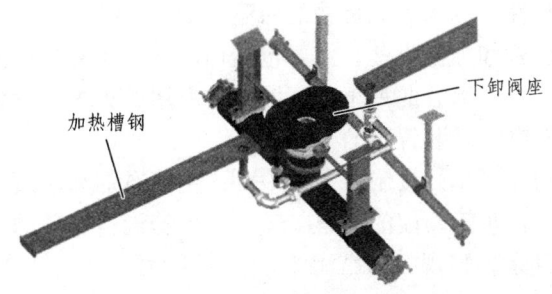

图 6.2.47　GN₇₀、GN₇₀H 型黏油罐车加热及排油装置管外部分三维示意图

排油装置中采用带蒸汽加热套的下卸阀座，如图 6.2.48 所示，改进型下卸阀，采用排油防盗装置，开闭轴和排油接头均满足防盗或防脱的使用要求。

图 6.2.48　GN$_{70}$、GN$_{70H}$ 型黏油罐车带蒸汽加热套的下卸阀座三维示意图

（4）车钩缓冲装置。

采用 E 级钢 17 型车钩或新型车钩、17 型铸造或锻造钩尾框、合金钢钩尾销、MT-2 型缓冲器、含油尼龙钩尾框托板磨耗板。

（5）制动装置。

采用主管压力满足 500 kPa 和 600 kPa 的空气制动装置，主要由座式 120 型控制阀、直径为 ϕ254 mm 的整体旋压密封式制动缸、ST2-250 型双向闸调器、KZW-A 型空重车自动调整装置等组成；采用编织制动软管总成、奥-贝球铁衬套、高摩擦系数合成闸瓦、不锈钢制动配件和管系。手制动装置采用 NSW 型手制动机。

（6）转向架。

采用转 K6 型转向架或转 K5 型转向架。采用转 K6 型转向架时车型为 GN$_{70}$，采用转 K5 型转向架时车型为 GN$_{70H}$。

6.2.5　保温车

保温车专运鱼、肉、鲜果、蔬菜等易腐败，需要保持一定温度、湿度和通风条件的货物。一般情况下，保温车的车体具有隔热层，以减少车体内外的热交换，车内设有冷却、加温、测温和通风、循环等装置，具有制冷、保温和加温三大功能。从外表看，保温车区别于其他车种的最显著的特点，就是它的外表一律涂成银灰色，目的是反射阳光，减少太阳的辐射热。

保温车的代码是 B，大致可分为隔热车和冷藏车两大类。

隔热车不设制冷和加温设备，仅靠车体良好的隔热性、货物自身储蓄的冷量或热量以及适量补充或夹带一次消耗性冷源来完成货物的保温运输。

冷藏车车内有制冷设备和加温设备，主要包括加冰冷藏车和机械冷藏车。加冰冷藏车是设有冰箱制冷设备的冷藏车，部分此种车内还设有加温用的火炉等设备。机械冷藏车是设有机械制冷设备（一般还有电采暖装置）的冷藏车。

目前，我国铁路用的保温车，按制冷方式来分，主要有加冰冷藏车和机械冷藏车两种。

加冰冷藏车中冰箱设在车辆两端的有 B$_4$、B$_3$ 型，冰箱设在车顶的有 B$_5$、B$_6$、B$_{6A}$ 等型号，主型产品为 B$_6$ 和 B$_{6A}$，其余各型现在均已淘汰。

机械冷藏车又可分为机械冷藏车组和单节机械冷藏车两种类型。机械冷藏车组由一辆发电车和若干货物车固定编组而成。发电车内有柴油发电机组,还有工作人员的生活设施;货物车内有制冷机组、空气循环设备和货物间。单节机械冷藏车则具有独立发电、制冷或加温的功能,同时设有押运室。

机械冷藏车曾有许多车型,早期从国外进口,我国自行设计制造的有 JB_5、JB_7、B_{19}、B_{23}、B_{10} 等,主型产品为 B_{23} 型,最新型产品为 B_{10} 型。B_{10} 型为单节式,其他均为冷藏车组。

加冰冷藏车装有冰箱制冷设备,夏天时,以天然冰或人造冰加盐的混合物为冷媒,冷却车内的空气,达到降低车内温度的目的。车内温度可以达到 -8 ℃。但寒冬季节,行驶在北方的这种保温车要通过火炉加温,使车上运载的蔬菜水果不致受冻。

加冰冷藏车有很多明显的缺点,运输途中,车里的温度在不断上升,车内各处的温度也不够均匀,保温质量差,而且加进的盐融化后漏到车上、轨道上,产生腐蚀作用。开发机械冷藏车,就是为了克服这些问题。

机械冷藏车内装有机械制冷机组,能自动进行制冷、加温、通风、换气、融霜等作业,车内温度可控制在 -24 ~ 15 ℃ 之间,保证货物品质优良,更容易组织货源;不需昂贵的加冰站和制冰厂,减少车辆因加冰所占的停站时间,可以加快货运速度,较好实现了制冷或加温操作自动化;消除了盐液对车辆及路轨的腐蚀。

B23 型机械冷藏车由 1 辆发电乘务车和 4 辆货物车组成,发电机器间内设有两台 64 kW 交流柴油发电机组和一台 20 kW 交流柴油机组,后者为辅助机组,当主机停机时,又恰在无外电源引入的地方,它可提供生活用电。配电室内设有 1 台总配电柜,对主柴油机组进行监控,同时对 4 辆货物车的制冷或加温机组实行集中控制。发电乘务车除机器间、配电室外,还设有大小卧室、休息室及各种生活设施。该冷藏车采用集中供电、单独制冷或加温的方式,当外界气温为 45 ℃ 时,车内最低温度可达 -24 ℃;当外界气温为 -45 ℃ 时,车内温度可保持在 14 ℃ 以上。

为满足小批量易腐货物的运输要求,1995 年设计并开始批量制造了 B_{10} 型单节式机械冷藏车。该车运行中,制冷、制热机组全部自动化控制。当外界温度在 -44 ~ 45 ℃ 时,车内货物间温度可维持在 -25 ~ 14 ℃ 之间。

知识 6.3 专用货车

【摘要】主要介绍专用货车中的漏斗车、自翻车、毒品车、家畜车、散装水泥车、守车、长大货物车。

专用货车是指专门用来装运某一种特定货物、为其"量身定做"的车辆。其实,通用货车里的专门运煤的敞车、运送商品小汽车的平车等也属于专用货车,但因为数量较多,仍归入通用货车中。这里说的专用货车主要指人们比较少见、形状比较特别、用途比较特殊的一些车辆。

6.3.1 漏斗车

6.3.1.1 漏斗车概述

漏斗车装运的都是散装货物，如煤炭、矿石、水泥、粮食等，车内设有与水平呈一定角度的斜板，像一个漏斗，卸货的时候，利用货物自身的重力作用，通过"漏斗"，从设在车底部或侧部的卸货门自流卸出。既能载货，又能卸货，一车两用。

散装货物占铁路货运总量的 70%，其中绝大部分是煤和矿石。装在这种靠重力卸货的漏斗车中，只要打开漏斗，货物就可自动卸下，整列卸、成组卸、单辆卸都可以，非常方便，节省了卸车的人力和物力。

漏斗车按其结构可分为无盖的和有顶的两大类。运送矿石（包括煤炭）的，代码为 K；运送粮食的，代码为 L。卸货门的开关方式可分为风控风动、电控风动和手动 3 种。

6.3.1.2 KM_{70}、KM_{70H} 型煤炭漏斗车

国内现在运营的 K_{18F}、K_{18DG} 和 K_{18DA} 等型煤炭漏斗车均为 21 t 轴重，载重均不大于 60 t，车体为漏斗形的侧壁承载全钢焊接结构，底架由中梁、侧梁、枕梁、端梁和横梁等组成。底架中梁除 K_{18DA} 型煤炭漏斗车采用 310 乙字形钢外，其余车型均采用 30C 槽钢。侧壁为梁、柱与平板组焊的板梁式结构，端壁制成倾斜状，与水平面夹角成 45° 左右。底门靠一套能自锁的机械传动装置（大刀片式杠杆机构或顶锁机构）进行开闭，借助压缩空气或手动操作可使煤炭自动卸出。

为提高铁路货运能力，缓解煤炭运输紧张的形势，适应铁道车辆提速和重载技术的发展趋势，满足不断增长的运输需求，设计了 70 t 级煤炭漏斗车，装用转 K6 型转向架的定型为 KM_{70}，装用转 K5 型转向架的定型为 KM_{70H}。

1. 车辆用途

该车适用于在标准轨距线路上运行，供装运煤炭、矿石等散装货物，可满足固定编组、循环使用、定点装卸、大量转运的电站、港口、选煤、钢铁等企业运用。

该车适用于在地面设有受料坑传输装置的供两侧同时卸煤、容量足够的卸煤沟或高站台自动、快速卸车，在无风源的情况下也可以手动卸车。

2. 主要特点

（1）车体主要承载部件均采用材质为 Q450NQR1 的高强度耐大气腐蚀热轧钢板和高强度冷弯型钢等。中梁采用直梁结构，提高了强度储备和结构的可靠性。通过车体疲劳寿命分析和结构的优化，减轻了车体自重，使载重达 70 t，满足了铁路运输发展的要求。

（2）底门开闭装置在成熟顶锁机构的基础上进行了优化，提高了运用可靠性。

（3）对车体扶梯、檐板等附属设施进行了人性化设计，提高了操作安全性。

（4）采用 E 级钢 17 型高强度车钩和 MT-2 型缓冲器，提高了车钩缓冲装置的使用可靠性，可解决车钩分离、钩舌磨耗过快等惯性质量问题。

（5）采用转 K6 型或转 K5 型转向架，能有效降低轮轨间的作用力，减轻各部分的磨耗，使该车在预防性计划修基础上，可实现状态修、换件修和主要零部件的专业化集中修，建立按走行公里和"当量公里"相结合的检修模式，显著减少了车辆的检修费用，提高了车辆的

使用效率。KM$_{70}$、KM$_{70H}$型车商业运营速度达到 120 km/h，满足铁路货车提速需要。

（6）侧柱采用新型双曲面冷弯型钢，提高了强度和刚度。

（7）在中央漏斗脊设有拉杆装置，提高了侧墙防外胀能力，并消除因抑制侧墙外胀变形而引起的应力集中现象。

（8）底门开闭机构主要零部件与现有 K$_{18AK}$ 型煤炭漏斗车通用互换，方便了日常维护和检修。

3. 主要性能参数

参数	值
载重	70 t
自重	≤23.8 t
自重系数	≤0.34
容积	75 m^3
比容	1.07 m^3/t
每延米重	≤6.5 t/m
轴重	23 t（允差 −1% ~ +2%）
传动形式	两级传动、顶锁机构
装卸方式	上装下卸、两侧卸货
商业运营速度	120 km/h
制动距离（重车、紧急）	≤1 400 m
通过最小曲线半径	145 m
全车制动倍率	11
全车制动率（常用制动位）	
空车	20.5%
重车	16%
限界	符合《标准轨距铁路机车车辆限界》（GB 146.1—83）的规定

4. 主要尺寸

参数	值
车辆长度	14 400 mm
车辆定距	10 500 mm
车辆最大宽度	3 200 mm
车辆最大高度（空车）	3 780 mm
上侧梁上平面距轨面高（空车）	3 690 mm
底架长度	13 434 mm
底架宽度	3 180 mm
底门长度	2 800 mm
底门开度	460 mm
两漏斗板间距	2 200 mm
漏斗板下缘距轨面高（空车）	210 mm
端板与水平面夹角	50°

漏斗板与水平面夹角	50°
底门数量	4
开闭机构连杆自锁偏心距	15 mm
车钩中心线距轨面高（空车）	880 mm
固定轴距	
转 K6 型	1 830 mm
转 K5 型	1 800 mm
车轮直径	840 mm

5. 主要结构

该车主要由车体、底门开闭机构、风动管路装置、车钩缓冲装置、制动装置及转向架等组成，如图 6.3.1 所示。

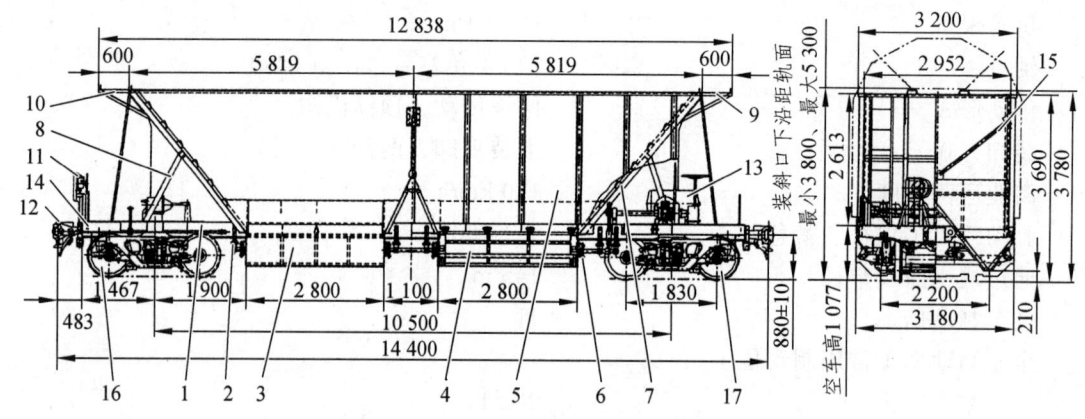

图 6.3.1　KM$_{70}$、KM$_{70H}$ 型煤炭漏斗车

1—底架；2—底架附属件；3—漏斗组成；4—底门组成；5—侧墙组成；6—底门开闭机构；7—端墙组成（1 位）；
8—端墙组成；9—檐板及扶梯组成（1 位）；10—檐板及扶梯组成（2 位）；11—制动装置；
12—车钩缓冲装置；13—风动管路装置；14—标记；
15—拉杆组成；16，17—转 K6 型转向架

（1）车体。

该车车体为全钢焊接结构，由底架、侧墙、端墙、漏斗、檐板及扶梯、底门及拉杆等组成。该车车体的主要型钢和板材均采用 Q450NQR1 高强度耐候钢。

① 底架组成。

底架由中梁组成、侧梁组成、枕梁组成、端梁组成、漏斗端板、漏斗板支撑等构成，如图 6.3.2 所示。

中梁采用屈服强度为 450 MPa 的热轧 310 乙字形钢，保证 $-40\ ℃$ 时的低温冲击功 A_{kV} 不小于 24 J；侧梁采用 200 mm × 75 mm × 7 mm 的冷弯槽钢。采用直径为 ϕ358 mm 的锻造上心盘及材质为 C 级铸钢的前从板座；心盘座与后从板座为 C 级钢一体式结构；前从板座与中梁间，脚蹬、牵引钩与侧梁间，扶手与端梁、地板间均采用专用拉铆钉连接；底架中梁上安装车号自动识别标签。

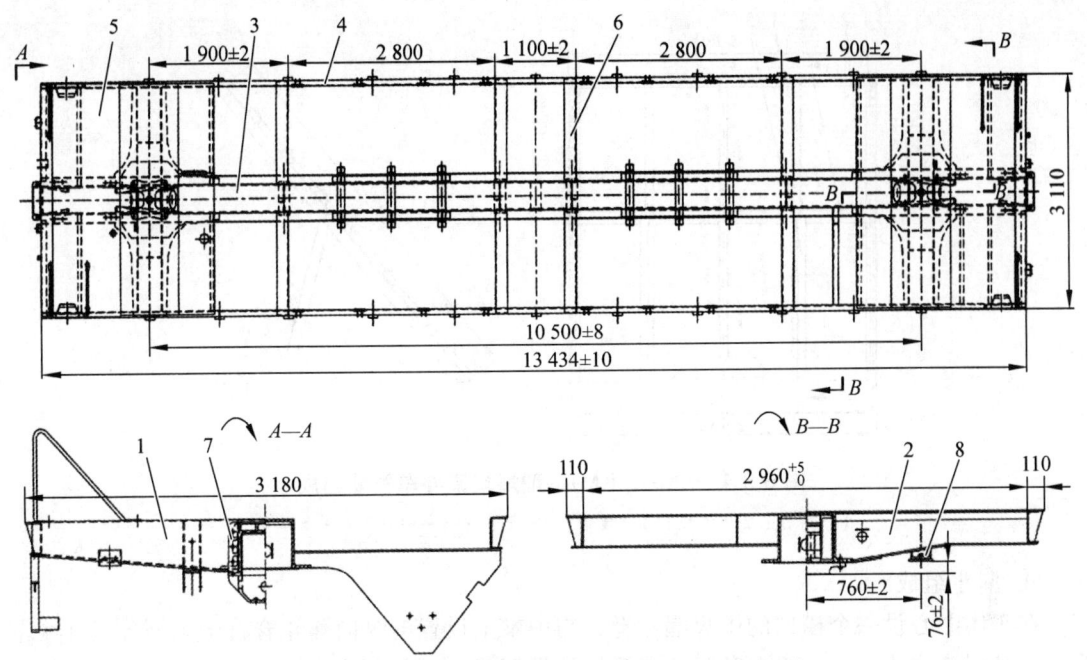

图6.3.2　KM$_{70}$、KM$_{70H}$型煤炭漏斗车底架组成

1—端梁组成；2—枕梁组成；3—中梁组成；4—侧梁组成；5—地板；
6—漏斗端板；7—冲击座组成；8—上旁承组成

② 侧墙组成。

侧墙为板柱式结构，由侧板、侧柱和上侧梁等组焊而成，如图6.3.3所示。侧柱采用U形双曲面冷弯型钢，上侧梁采用120 mm×60 mm×4 mm的冷弯矩型空心型钢，侧板厚度为4 mm。

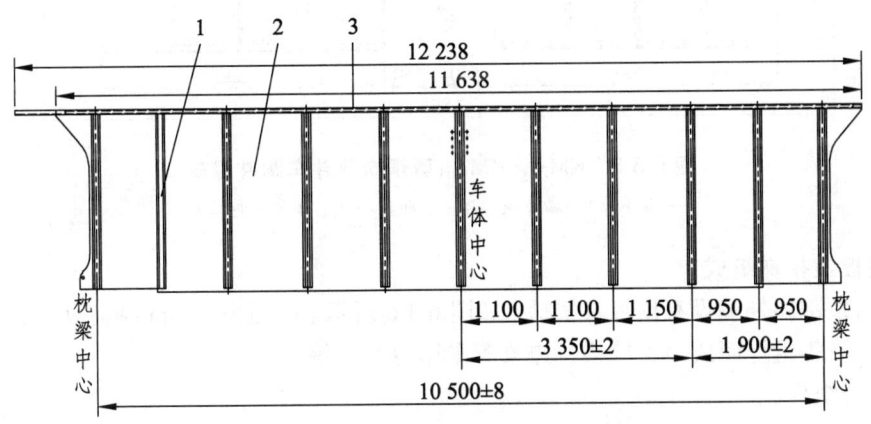

图6.3.3　KM$_{70}$、KM$_{70H}$型煤炭漏斗车侧墙组成

1—侧柱；2—侧板；3—上侧梁

③ 端墙组成。

端墙由端板、上端梁、端柱、角柱、横带和斜撑等组焊而成，如图6.3.4所示。上端梁采用专用异形冷弯型钢，端柱、横带和斜撑等采用U形冷弯型钢，角柱采用冷弯角钢，上端板厚度为4 mm，下端板厚度为5 mm，端板与水平面的夹角为50°。

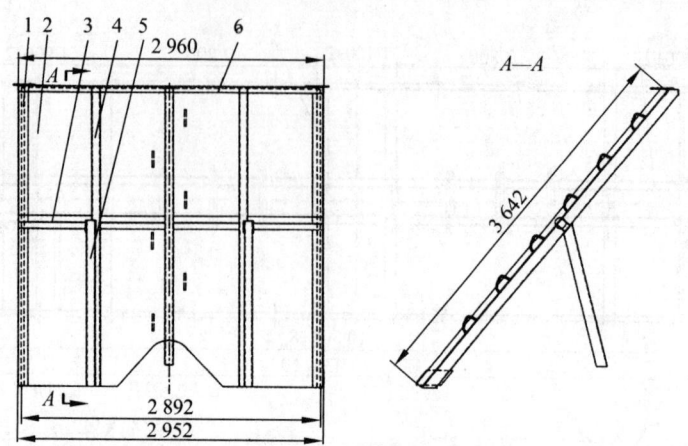

图 6.3.4 KM₇₀、KM₇₀H 型煤炭漏斗车侧墙组成
1—角柱；2—端板；3—腰带；4—端柱；5—斜撑；6—上端梁

④ 漏斗组成。

在车体中心设一个横向的中央漏斗脊，与中梁上设置的纵向漏斗脊将全车划分成 4 个漏斗区。各漏斗脊由 4 mm 的八形钢板和筋板组焊而成。漏斗板由 5 mm 的钢板和纵梁、横梁等组焊而成，与水平面的夹角为 50°。纵梁、横梁等采用 U 形冷弯型钢。漏斗组成的结构形式如图 6.3.5 所示。

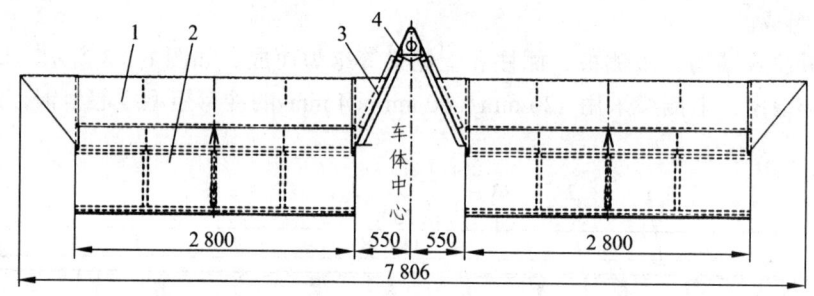

图 6.3.5 KM₇₀、KM₇₀H 型煤炭漏斗车漏斗组成
1—漏斗；2—漏斗板；3—中央漏斗板；4—中央漏斗

⑤ 檐板及扶梯组成。

在端墙顶部的外端设有檐板及扶梯，如图 6.3.6 所示。檐板由 3 mm 厚扁豆形花纹钢板与支持梁、边梁等组焊而成。支持梁、边梁等采用冷弯角钢。

⑥ 底门组成。

底门由门板、大横梁、横梁、立柱、上下门框和立门框等组焊而成，如图 6.3.7 所示。大横梁采用 140 mm × 80 mm × 5 mm 的矩形冷弯空心型钢，立门框采用 140 mm × 60 mm × 5 mm 的冷弯槽钢，横梁和立柱采用 U 形冷弯型钢，门板厚度为 4 mm。

⑦ 拉杆组成。

在中央漏斗脊设有拉杆装置，拉杆通过支座和螺栓与侧墙连接，如图 6.3.8 所示。

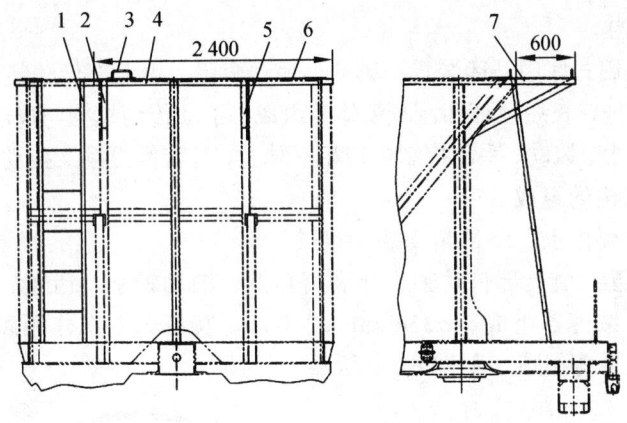

图 6.3.6　KM₇₀、KM₇₀H 型煤炭漏斗车檐板及扶梯组成

1—扶梯组成；2—斜撑（左）；3—拉手；4—边梁；5—斜撑（右）；6—盖板；7—支持梁

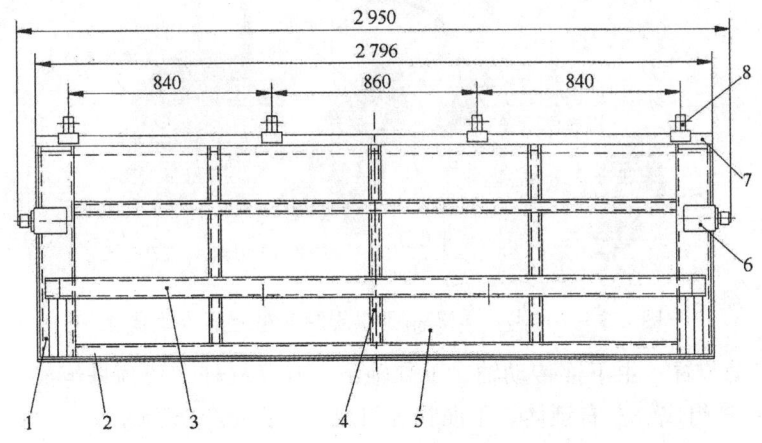

图 6.3.7　KM₇₀、KM₇₀H 型煤炭漏斗车底门组成

1—立门框；2—下门框；3—底门横梁；4—立柱；5—门板；6—底门销；7—上门框；8—门折页

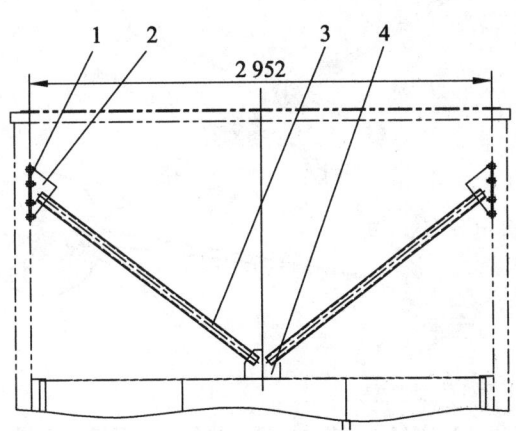

图 6.3.8　KM₇₀、KM₇₀H 型煤炭漏斗车拉杆组成

1—垫板；2—支座组成；3—连接管；4—连接板

⑧ 底门开闭机构。

采用两级传动顶锁式底门开闭装置，风动、手动两用，由上部传动装置、连杆、下曲拐、下部传动轴、双联杠杆、长短顶杆和左右锁体等组成。手动传动机构与风动控制管路系统均设在车体一位端的底架上，风动、手动控制机构相互独立，其转换由拨叉拨动牙嵌离合器来控制。

（2）底门开闭机构的组成。

底门开闭机构主要由上、下部传动装置组成。

① 上部传动装置：由上部传动轴、牙嵌离合器、滚动轴承、齿轮、限位器、上曲拐、离合器传动轴组成、减速器组成、$\phi 356\ mm \times 280\ mm$ 旋压式双向作用风缸、齿条、滚轮、压销座、手轮、齿轮罩等组成，如图 6.3.9 所示。

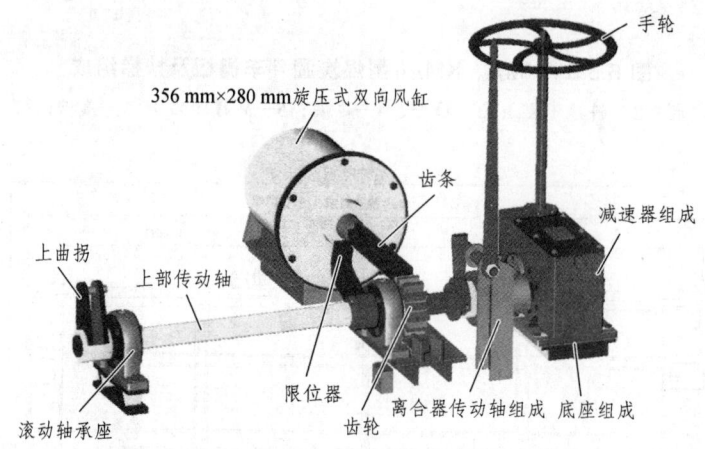

图 6.3.9　KM_{70}、KM_{70H} 型煤炭漏斗车上部传动装置

② 下部传动装置：由下部传动轴、下部轴承、双联杠杆、长顶杆组成、短顶杆组成、联轴节组成、连杆组成、左右锁体、下曲拐等组成，如图 6.3.10 所示。

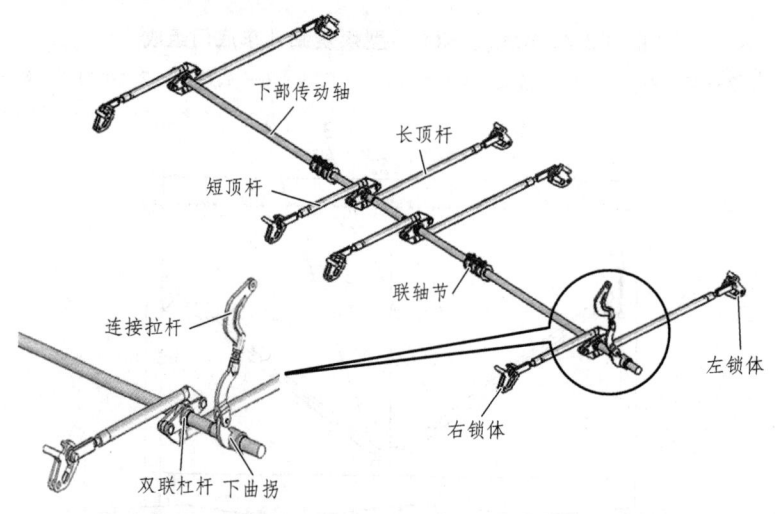

图 6.3.10　KM_{70}、KM_{70H} 型煤炭漏斗车下部传动装置

（3）风动管路装置。

风动管路装置由一个 $\phi 356\ mm \times 280\ mm$ 的旋压式双向作用风缸控制两侧 4 个底门的开

闭，风源来自列车主管，经截断塞门、给风调整阀充入储风缸内，作为风动开启底门时的动力源。风动管路装置由给风调整阀、操纵阀、截断塞门、储风缸、操纵台、压力表等组成，如图 6.3.11 所示。

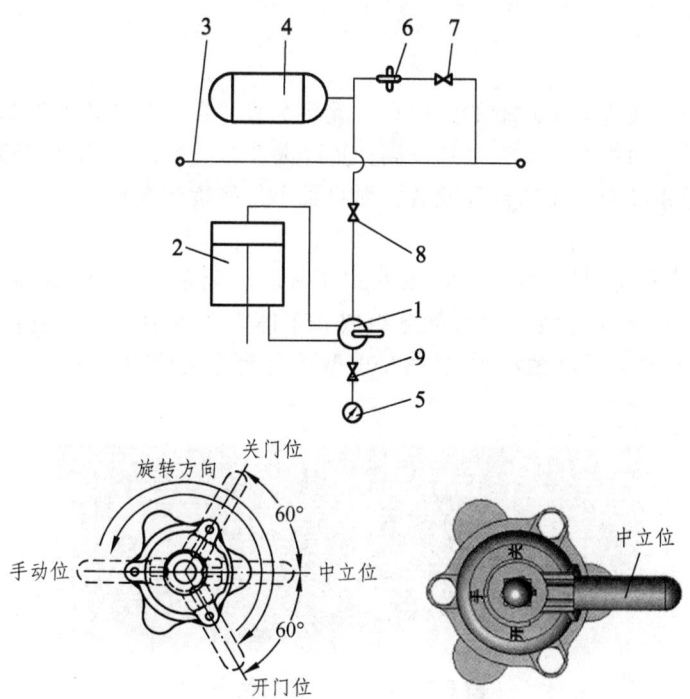

图 6.3.11 KM$_{70}$、KM$_{70H}$ 型煤炭漏斗车风动操纵系统示意图
1—操纵阀；2—双向风缸；3—列车主管；4—储风缸；5—空气压力表；
6—给风调整阀；7，8，9—截断塞门

（4）车钩缓冲装置。

采用 E 级钢 17 型车钩或新型车钩、17 型锻造钩尾框、合金钢钩尾销、MT-2 型缓冲器、含油尼龙钩尾框托板磨耗板。

（5）制动装置。

采用主管压力满足 500 kPa 和 600 kPa 的空气制动装置，如图 6.3.12 所示。主要由 120 型控制阀、直径为 ϕ254 mm 的整体旋压密封式制动缸、ST2-250 型双向闸瓦间隙自动调整器、KZW-A 型空重车自动调整装置等组成；采用编织制动软管总成、奥-贝球铁衬套、高摩擦系数合成闸瓦、不锈钢制动配件和管系。手制动装置采用 NSW 型手制动机，如图 6.3.13 所示。

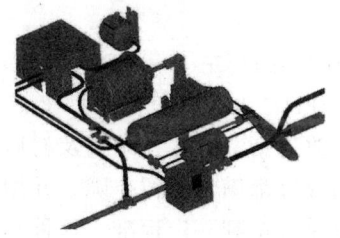 

图 6.3.12 空气制动装置　　　图 6.3.13 NSW 型手制动机

（6）转向架。

采用转 K6 型转向架或转 K5 型转向架。

6.3.2 自翻车

自翻车也是既能载货又能卸货的两用车。漏斗车能"自动"卸货，但卸车时货物要从漏斗口向下慢慢卸出，卸货效率不如自翻车高；另外漏斗车只能向车辆下方卸货，地面要有受料坑传输装置或者卸煤沟、高站台等设备；而自翻车是将货卸在轨道一侧，不需要另建接货装置。

1963 年研制了 KF_{60} 型自翻车，如图 6.3.14 所示。全车由车厢、底架、倾翻装置、转向架、制动装置、连接缓冲装置六大部分组成。车体为普碳钢的铆焊混合结构。转向架先后装用 H2E 型转向架（滑动轴承）、转 8A 重型转向架（滚动轴承），其最高商业运行速度为 80 km/h。

图 6.3.14　KF_{60} 型自翻车

1979 年研制了载重 100 t 的 KF_{100} 型液压自翻车。该车采用油压倾翻动力装置、电力及控制装置，采用四连杆式侧门倾翻机构和 H4E 型转向架，最高商业运行速度为 80 km/h。

2001 年研制了 $KF_{60(N)}$ 型自翻车。该车与 KF_{60} 型自翻车相比，基本结构和尺寸没有改变，车体材料采用耐候钢，采用转 E21 型转向架和手动两级空重车调整装置，最高商业运行速度达到 120 km/h。

2004 年在 $KF_{60(N)}$ 型的基础上研制了装用转 K5 型转向架的 KF_{60H} 型自翻车，装用转 K6 型转向架的 KF_{60AK} 型自翻车，均采用 KZW-A 型空重车自动调整装置、不锈钢制动管系，安装铁路货车脱轨自动制动装置；采用 NSW 型手制动机，最高商业运行速度达到 120 km/h。

2007 年研制了载重 80 t 的 KF_{80} 型自翻车，最高商业运行速度达到 80 km/h。

6.3.3 毒品车

毒品车是运输有毒物品的专用车辆。现在常用的毒品车主要有 PD_3 型、PD_4 型和 PD_5 型。从代号上可以看出它仍有"棚车"P 字的"血统"。PD_3、PD_4 型是由旧型 P_1、P_2 型棚车改造而成的，PD_5 型（W_5 型）是在 P_{62} 型棚车的基础上改进新造的，在结构及材质等方面都做了一系列防污染处理，如车体材质采用耐候钢，车内焊缝都满焊不留空隙，并用石棉沥青膏密封，车辆都经过除锈，并用高等级油漆等，漆膜总厚度达到一定标准。这种车在运用中要求定期清洗，用水量很大，所以车体上都有孔径较大的排水孔。W_6 型毒品车如图 6.3.15 所示。

图 6.3.15 W_6 型毒品车

6.3.4 家畜车

家畜车的代码是 J。铁路家畜车有 J_1、J_2、J_3 和 J_5 型两层家畜车，J_4 型三层家畜车和 J_6 型活牛家畜车。代表性车型为 J_5 和 J_6 型家畜车。

家畜车的结构，有两层和三层的。运输生猪一般用两层的车，运牛的必须是一层的车，运鸡鸭的两层或三层车都可以。

6.3.5 散装水泥车

水泥车的代码是 U。1967 年设计了 U_{60} 型 58 t 水泥罐车（原载重 60 t），如图 6.3.16 所示，3 个罐体立式放置，采用无中梁结构，带气卸装置的立罐安装在底架上，梁件均用普通低合金钢制造。卸料原理是，通过地面上净化后的压缩空气在一定压力下将水泥输送到存料仓内。

1986 年开始制造的 U_{60W} 型气卸粉状水泥罐车开始改用卧式车体，载重 59 t，适用于水泥厂料库作业，装卸简便高效。该车关键部件是气室和装料口盖结构。新型气室兼有 U_{60} 上卸和下卸两种车型气室的优点。装料口盖具有声音报警功能，当料口盖非正常开启时会自动发出声响，可保证安全，又可防盗。

1996 年设计制造了 U_{61W} 型载重 61 t 水泥罐车，如图 6.3.17 所示，罐体为卧式，内径 3 m。全车首次采用了耐候钢制造，厂修期延长到 8 年。该车为上装下卸式。与 U_{60W} 相比，自重减轻了 2 t，载重增加了 2 t，卸料时间短，剩灰量少。2001 年 7 月起改用转 8G 型转向架，最高运行速度可达 115 km/h，车型改为 U_{61WT}。

图 6.3.16 U_{60} 型立式散装水泥专用车

图 6.3.17 U_{61W} 型卧式散装水泥专用车

6.3.6 守车

守车,又称望车,是挂在货物列车尾部供运转车长乘坐的工作车。守车一般挂在货车的尾部,用来瞭望车辆及协助刹车,同时也是铁路(特别是小站)工人经常乘坐的交通工具。

6.3.7 长大货物车

铁路运输中,经常会碰到一些特别长、特别重的货物,如大型机床、发电机及汽轮机转子、轧钢设备、变压器、化工合成塔及成套设备,如使用前面介绍的各种通用货车则无法满足要求,因此车辆部门设计制造出了长大货物车,专门运送这类"阔大货物"。这些车是"稀物",一般很少见到。

长大货物车的代码是 D。长大货物车按结构不同可分为 5 种:长大平车、凹底平车、落下孔车、双联平车和钳夹车。它们被称为货车中的特种货车。其结构示意图见图 6.3.18。

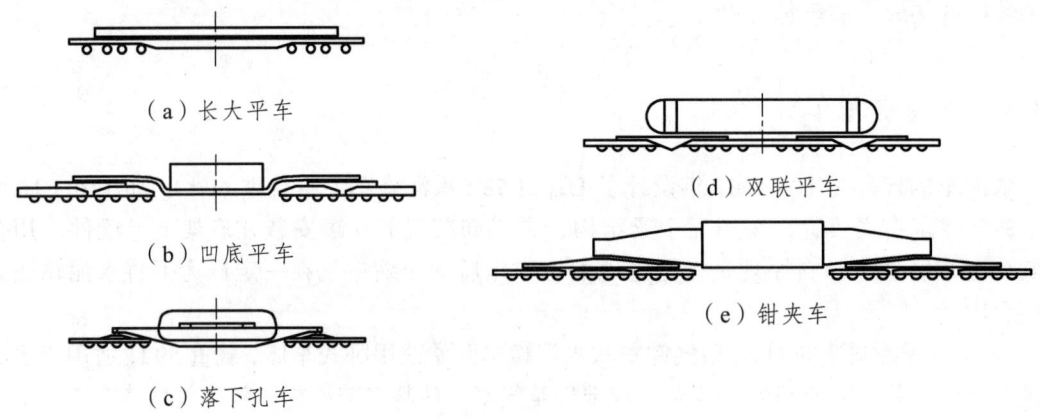

图 6.3.18 长大货物车结构示意图

长大货物车的载重吨位比前面介绍的平车大得多,自重也大为增加,所以,必须增加轴数,否则只能承受轴重 23 t 的线路就会被它压坏,从而无法通过,于是长大货物车就有了 4 轴车及多轴车之分。各种车的转向架结构也有不同,车底架结构也各式各样。

知识 6.4 特种货车

【摘要】简单介绍铁路特种车辆常见类型和用途。

特种货车是铁路企业办理自身业务用的铁路车辆。特种用途车在使用中可以是单辆车,也可以是由若干车辆组成的车列。特种用途车种类很多,如检衡车、除雪车、钢轨车、救援车、零担办公车、试验车、检查车、列车电站等。

6.4.1 检衡车

检衡车是用于检定轨道衡（供铁路车辆称重用的衡器）计量性能的车辆，用于对动态轨道衡进行计量性能检测和周期性检定。

检衡车的卸碴门分别面向两钢轨的中间和外侧，由设在车体一端的操纵室通过风动系统进行单独操纵或集中操纵。较完善的石碴车，不仅能控制卸碴门开闭，还能控制石碴的流量。

6.4.2 除雪车

除雪车如图 6.4.1 所示，是用于扫除钢轨内外侧积雪的车辆。除雪车通常由机车单机推送，借助于前端的犁铧除雪器，将积雪推向线路的一侧或两侧。车辆的侧面还装有可张开的翼板，以增大除雪面。在单线线路上除雪时，用双斜犁铧和双侧翼板，把积雪抛向两侧；在双线线路上除雪时，用单斜犁铧和单侧翼板，把积雪抛向线路外侧。有些国家的铁路还采用转轮式除雪车，它的前端装有与线路中心线相垂直的转轮，车上的动力驱动转轮时，轮上的叶片将积雪刮起抛出线路以外。

图 6.4.1 除雪车

6.4.3 钢轨车

钢轨车是用于载运铺设和维修无缝线路所需的长钢轨或用于回收旧钢轨的车列。车列由具有不同设备的车辆配套组成，包括首车 1 辆、锁定车 1 辆、Ⅰ型中车若干辆、Ⅱ型中车 1 辆和尾车 1 辆。首车又称发电、材料、宿营车，内有发电装置、材料室和生活设施。锁定车内有锁定缓冲装置、拖拉钢轨的电动卷扬机、用于锁定长钢轨的滚道等。Ⅰ型中车上有滚道和工作人员过道，用于装载长钢轨，其数量根据钢轨长度确定。Ⅱ型中车的一侧装有与锁定车和Ⅰ型中车相同的滚道，另一侧装有电动和手动两用的调高拨轨装置，以调整卸轨和收轨时长钢轨的装载高度，并代替人工拨轨。作业车的前部有与Ⅱ型中车相同的调高拨轨装置，后部在底架上设钢轨导向槽，槽内有滚筒，底架两端有翻板同Ⅱ型中车和尾车相连。尾车有两层，上层类似客车，用于指挥作业和宿营，下层设卸轨、收轨导槽。此外在尾车的前部装有拖拉钢轨的电动卷扬机，后部装有收轨架，需用时将收轨架放下，列车后退把地面上待收的钢轨铲上车。T_{11} 系列长钢轨车组是为我国铺设铁路线路的特种铁路货车，如图 6.4.2 所示。该车组满载可装运 500 m 长钢轨 56 根,铺设无缝线路 14 km,分为 T_{11A}、T_{11B}、T_{11BT} 及 T_{11BK} 型。

图 6.4.2　T_{11} 系列长钢轨车组

6.4.4　救援车

救援车是在发生列车脱轨、颠覆和线路水害、塌方等事故时,用以排除线路障碍物和起复事故机车车辆的专用车列。救援车通常由轨道吊车、平车、棚车和宿营车组成,由机车牵引,如图 6.4.3 所示。轨道吊车设有转臂起重机,由柴油机或蒸汽机提供动力,也可利用自备动力在轨道上做低速移动。平车在途中置放吊杆时作为游车使用,并可携带救援用的枕木、钢轨等。棚车用于存放备品和工具。宿营车供救援人员食宿和休息用。车列的排列顺序通常是:两端为轨道吊车,其次为平车,棚车和宿营车在中间。如果事故现场距救援车基地甚远,为便于联系和指挥,有时还配备轻型柴油轨道车。

图 6.4.3　救援车

6.4.5　零担办公车

零担办公车是供零担货物列车乘务人员、押运人员工作和休息的车辆。车内设有办公室、卧室、押运人员室和简易生活设施,通常以棚车为基础制成。

6.4.6　试验车

试验车装有试验仪器设备,编组在列车内,是用于在运行中测量和记录铁路机车车辆和线路的各项性能参数的车辆。试验车按不同用途有不同的名称:用于测试机车车辆各项振动参数和各部件动应力的称为动力学试验车；用于考查列车制动性能各有关参数的称为制动试验车；用于测量机车热工性能如输出功率、燃料和油脂消耗，以及牵引力等参数的称为牵引动力试验车；等等。试验车上常用的仪器有各种示波记录装置、速度计、压力计、测力计、测功计等，以及其他各种传感器。设备完善的试验车上还可进行数据处理并可迅速取得供评价用的打印资料。试验车通常为客车型，有瞭望窗并备有电源和生活设施。

6.4.7 检查车

限界检查车用于检查和核对铁路桥梁、隧道等大型建筑物是否符合建筑接近限界的要求，以及确认某待运车辆能否安全通过特定区段的车辆。车上装有可调的触杆，在车辆横断面的高和宽方向均可伸出借以进行检测。限界检查车通常用客车改成。

6.4.8 列车电站

发电车是铁路线上可随时调用供应电力的车辆，车内设小型电站。为沿线缺电地区的施工、抢险、救援和支援农业提供电能的，其车体通常用棚车改成；为旅客列车行车途中供电的，则用客车或行李车改成。发电车顶部均设有吊装孔和孔盖，侧墙上有门窗。车内设柴油发电机室和控制室、维修间、卧室、厨房、厕所等。此外，适应工程需要的大型发电车，用蒸汽机或燃气轮机发电，常与配套车辆组成专用车列，称为列车电站。

知识 6.5　车体钢结构主要损伤形式

【摘要】简单介绍车体钢结构常见损伤形式和处理方法。

车体钢结构承担着车体本身的质量和车体内货物的质量，承担着机车与车辆间的牵引力、冲击力及运行时的侧向力（风力、离心力）等静动载荷的综合作用，所以，当车辆运行一定时间后，车体必然会产生一定故障。

由于载重量不断增大、运行速度不断提高及维修不良和装卸冲撞等原因，铁道车辆车体钢结构的一些零部件会发生磨耗、松动、变形、腐蚀、裂纹、折断等故障。这些故障会危及列车行车安全。在列车技术检查作业中若不能及时发现和处理，轻者会造成列车晚点或途中甩车，重者可能造成铁路货车脱轨或列车颠覆等重大铁路交通事故，使国家和人民的生命财产受到巨大的损失。因此，我们要不断研究和探索铁路货车在运用中发生故障的规律和原因，做到早期发现、及时处理，以保证列车运行的绝对安全，以提高运营效率。

目前，车体钢结构故障中最严重的是腐蚀问题。腐蚀使金属材料受到损伤，降低了构件的承载能力；另外车顶腐蚀穿透后会造成漏雨，影响使用。腐蚀还增大了检修工作量和材料消耗，使修车费用增加。在设计钢结构时，考虑腐蚀的影响，有时不得不加大板厚或型材断面，结果既多消耗了金属，又增加了车辆自重。

6.5.1 车体钢结构腐蚀

（1）结合面：客车的雨檐、上墙板与上边梁搭接处，小腰带与窗门板搭接处，大腰带与下墙板搭接处，地板小横梁与铁地板结合面等。

（2）容易积存水分、尘垢的处所：客车的铁地板、车窗下角附近、侧墙板下部、内外端墙下部、车顶中顶板、车顶压筋、通风器根部等。

（3）与强腐蚀性物质接触的地方：客车的蓄电池箱等。

6.5.2 车体钢结构变形及裂纹

变形与裂纹这两种损伤，货车比客车严重。客车车体钢结构大多是整体承载的薄壁筒形结构，有较高的承载能力，而且客车的运用条件比货车好，因此客车钢结构的变形或裂纹比货车少得多。除了 22 型客车乙形钢侧柱被螺栓孔削弱后造成上墙板规律性波浪式外胀外，客车偶尔还能发现的变形有牵引梁下垂、车体抗扭刚度不足导致车体倾斜、底架边梁弯曲、墙板失稳及铁地板凹凸不平等，中梁、枕梁及其他梁件裂纹有时也能遇到。比较起来，货车钢结构的变形和裂纹就较为常见了。

（1）货车底架常见的变形：中梁下垂或旁弯，侧梁下垂或旁弯，牵引梁下垂、甩头或外胀，底架不平，铁地板变形等。

（2）货车车体常见的变形：端、侧柱外胀，上边梁弯曲，门折页弯曲，连接铁弯曲，侧柱局部凹陷，全钢车体的端侧墙板外胀，端墙板压筋失稳变形等。在各型货车中，又以敞车的变形最为严重。由于敞车在结构设计中，为了提高其装载货物的通用性，其设计比容系数为 $1.2 \text{ m}^3/\text{t}$ 左右，在散粒货物的装载中往往容易超载，使钢结构承载的载荷增加，侧墙、端墙侧压力增大，造成侧墙、端墙外胀变形，以及底架主要梁件的下挠变形。另外，运用中的冲击、振动所形成的附加载荷也是引起变形的主要原因之一。

（3）车体钢结构的裂纹：货车钢结构裂纹大多发生在底架的应力较大的部位，而这些部位又往往由于断面变化、焊缝复杂或开有铆钉孔、制动杠杆孔等造成应力集中。如枕梁与中梁节点附近，由于承受的载荷大，在组焊心盘座时又有多条焊缝交汇，焊缝复杂，应力集中，因而往往在枕梁根部和中梁隔板（枕梁）处产生裂纹，这种裂纹可以在部分敞车、棚车和罐车上发现。此外，侧柱根部与侧梁连接处以及侧柱与侧柱连接铁之间的焊缝也常见撕裂。

另外，与车体相连焊接部位如缓解阀拉杆及支架开焊脱落、吊架托架开焊折断、铆钉松动折断、阀体防盗罩折断等故障也会发生。

6.5.3 变形及裂纹处理方法

（1）变形矫正方法：车体钢结构发生变形后，会使结构的承载能力降低，影响车辆之间的连挂或使车辆超出限界，因此规定了车体钢结构的变形限度，超出限度的变形应予以矫正修理。最常用的是机械矫正和火焰矫正，个别零件（如货车脚蹬）弯曲时，也可用手工热矫正。

（2）裂纹处理方法：车体钢结构有了裂纹后，就要及时修理，否则，裂纹继续延伸就将导致整个构件的折损，造成恶性事故。熔焊修理是修复车体钢结构裂纹最常用的工艺方法。底架各梁裂纹后，可以焊后补强。补强板形式如图 6.5.1 所示。

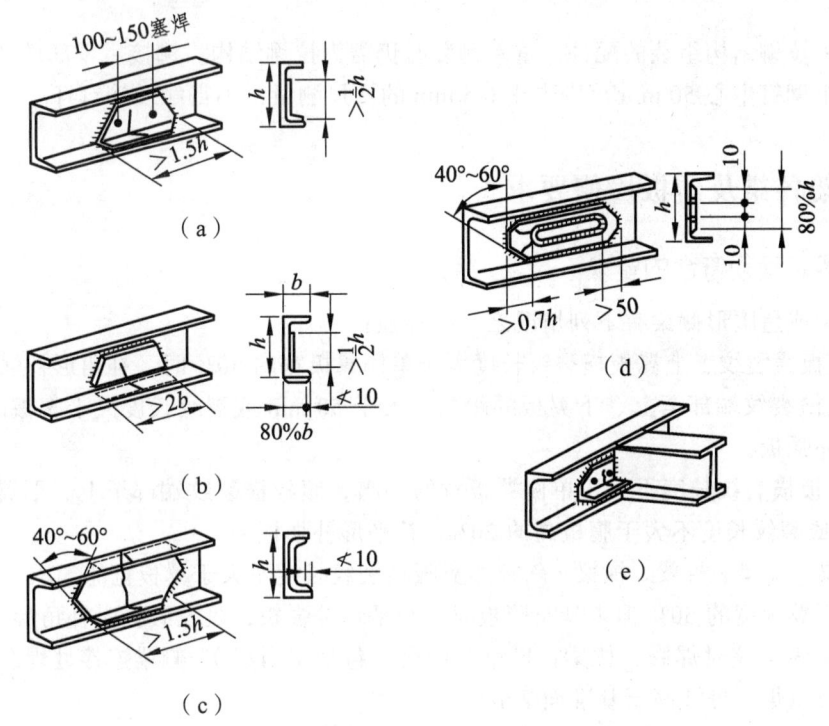

图 6.5.1 补强板形式

知识 6.6 货车车体检修要求

【摘要】主要介绍货车车体段修通用要求，底架各梁及盖板、不同车型车体综合要求。

段修车体，主要分为预修和入库检修。应配置以下主要工艺装备：金属测厚仪、综合调梁调柱机、架车机、液压热铆接机具、温控铆钉加热炉、拉铆设备及电焊机。检修罐车的单位还应配置：微机控制呼吸式安全阀试验台、微机控制下卸阀试验台、微机控制罐体水压试验设备、加温装置试验设备、可燃气体测爆仪及罐车洗刷装置等。检修有棚和带有押运间、操纵间铁路货车的单位还应配置漏雨试验装置。

6.6.1 通用要求

（1）车体各配件裂损、腐蚀、变质、变形、松动、焊缝开裂时修理或更换，丢失时补装。
（2）扶手、扶手座及各圆钢制杠杆托裂纹或弯角处损伤时更换。

（3）挖补、截换时，须符合原设计的材质、形状和厚度的要求。

（4）侧梁、枕梁、枕梁盖板、敞车上侧梁、侧柱截换时须斜接，接口与梁、柱纵向中心线夹角为：侧梁、枕梁、上侧梁腹板、侧柱不大于45°；枕梁、中梁及牵引梁下盖板不大于60°。

（5）原为拉铆结构组装的配件，重新铆装时仍需为拉铆结构。铆接后零部件的接触面间须严密，在距铆钉中心50 mm范围内用0.5 mm的塞尺测量，不得触及铆钉杆。

6.6.2 底架各梁及盖板检修要求

6.6.2.1 各梁修理须符合的要求

（1）中梁或鱼腹形侧梁有下列情况之一时补强：

① 下翼板横裂纹、上翼板横裂纹长度大于单侧翼板宽的50%时，补角形补强板。

② 腹板横裂纹端部至上、下翼板的距离不大于50 mm或裂纹长度大于腹板高的20%时，补角形补强板。

③ 上翼板横裂纹长度不大于单侧翼板宽的50%，腹板横裂纹端部至上、下翼板的距离大于50 mm或裂纹长度不大于腹板高的20%，补平形补强板。

（2）侧梁、端梁、枕梁、横梁、斜撑梁翼板横裂纹长度不大于翼板宽的50%时焊修；横裂纹长度大于翼板宽的50%但未延及腹板时，补平形补强板；延及腹板时补角形补强板。

（3）各梁纵裂纹时焊修，枕梁、横梁与中梁（包括牵引梁）、侧梁连接处焊缝开裂时，须割除原焊波重焊，焊波高于基准面2 mm。

（4）中梁（包括牵引梁）翼板与枕梁上、下盖板连接处（指枕梁盖板覆盖处）横裂纹未延及腹板时，焊修后在两翼板间、中梁的两侧对称水平焊装厚度为10～12 mm的三角形补强板，其直角边长度不小于150 mm，如图6.6.1所示。

（5）牵引梁接长部分的对接焊裂纹时重新焊接，焊后对焊缝进行磁粉探伤检查。

（6）C_{76}型敞车整体铸造牵引梁裂纹有下列情况之一时补强：

① 下翼板横裂纹长度大于单侧翼板宽度的50%时，焊修平整后补角形补强板。

② 腹板横裂纹端部至顶部、下翼板的距离不大于50 mm，或裂纹长度大于腹板高的20%时，焊修平整后补角形补强板。

③ 铸造牵引梁其余各部裂纹时焊修。

（7）上心盘座隔板裂纹时焊修，如图6.6.2所示。

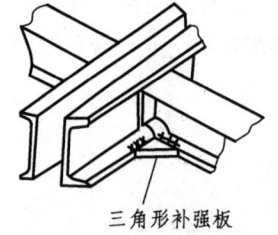 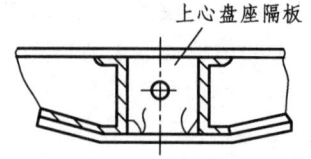

图6.6.1　中梁焊装三角形补强板示意图　　图6.6.2　上心盘座隔板裂纹焊修示意图

上心盘座两隔板焊缝开裂或裂纹延及中梁时、腹板横裂纹长度小于 30 mm 时焊修；焊缝开裂时，补焊成 8 mm×8 mm 的焊角。上、下翼板横裂纹长度不大于翼板宽的 50% 时焊修，焊波须高于基准面 2 mm。G_{70B} 型罐车心盘座隔板裂纹时，按照图样 XCH70B-01-01、XCH70B-01-02 进行焊接补强。

（8）各梁上、下盖板裂纹时焊修、截换或补强，中梁下盖板横裂纹（包括对接焊缝开裂）时须补强。燕尾形盖板根部裂纹时，焊装马蹄形补强板；尾部裂纹时，两侧对称焊装平形补强板，如图 6.6.3 所示。

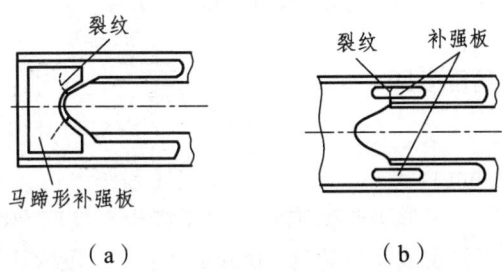

图 6.6.3　燕尾形盖板裂纹补强示意图

（9）P_{64} 系列棚车枕梁盖板裂纹及焊缝开裂时须按照图样 QCH148JX-01-01-000 或 QCH148JX-01-01A-000 修理；P_{65} 型棚车（包括由 P_{65} 型车改的 P_{64AK} 型车）枕梁盖板裂纹及焊缝开裂时须按图样 QCH148JX-01-01A-000 修理。

（10）X_{4k} 型集装箱车中部冷弯型钢侧梁纵裂纹时焊修，横裂纹时更换。

（11）双层集装箱车端梁、端侧梁、枕梁、中部底架各梁、侧墙组成各梁柱翼板横裂纹不大于翼板宽的 50% 时焊修；横裂纹长度大于翼板宽的 50% 但未延及腹板时，补平形补强板；延及腹板时补角形补强板。

6.6.2.2　各梁及盖板腐蚀、磨耗修理时须符合的要求

（1）腐蚀侧梁部位：翼板以全宽的 50% 处为准，腹板以腐蚀最深处为准，均测量原厚度的减少量。边缘腐蚀或个别腐蚀凹坑超限时，不作腐蚀深度的侧梁依据，但须焊修。

（2）中梁下翼板、腹板腐蚀深度大于 50% 时，堆焊或补平形补强板；侧梁、端梁、枕梁、横梁下翼板、腹板、斜撑梁腐蚀深度大于 50% 或金属辅助梁腐蚀严重时，堆焊、挖补、截换或更换。

（3）牵引梁内侧局部磨耗深度大于 3 mm 时堆焊或挖补。牵引梁腹板内侧面的磨耗深度在同一横断面大于梁厚的 50%，高度大于梁高的 50% 时，堆焊或挖补，挖补后在外侧焊装补强板。同一侧前、后从板座处均磨耗超限需补强时，须连接两从板座，补通长补强板。牵引梁补强示意如图 6.6.4 所示。

（4）无中梁铁路货车牵引梁接长部分腐蚀深度大于 30% 时堆焊、挖补或补强，大于 50% 时挖补、截换或更换；挖补时不能两面焊时须开单面坡口焊。

（5）中梁、侧梁下翼板、腹板及中梁下盖板麻点腐蚀直径大于 $\phi20$ mm 且深度大于原板厚度的 50%，或直径小于 $\phi20$ mm 且穿孔时，堆焊或补强。

（6）中梁下盖板腐蚀深度大于 50% 时补强。其他两盖板腐蚀严重时，补强、挖补或截换。

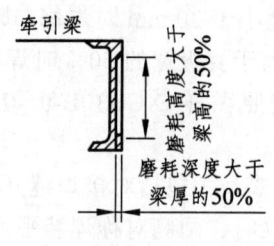 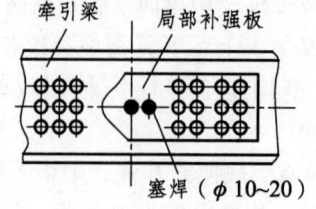 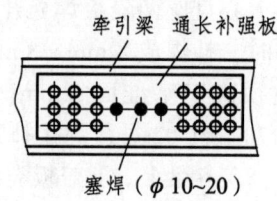

（a）牵引梁磨耗补强　　　（b）牵引梁磨耗局部补强　　　（c）牵引梁磨耗通长补强

图 6.6.4　牵引梁补强示意图

6.6.2.3　各梁补强时须符合的要求

（1）翼板平形补强板：厚度、宽度与翼板相同，长度须盖过裂纹每侧 300 mm 以上或盖过腐蚀部位边缘两端各 50 mm 以上。

（2）腹板补强板（平形、角形）厚度须大于原梁腹板厚度的 90%，高度须大于腹板高度的 50%，且须盖过腹板上的裂纹或腐蚀边缘 50 mm 以上，长度大于梁高的 1.5 倍，补强板四角须倒角。

（3）中梁上的补强板距主管孔、抗杆孔、枕梁、横梁腹板小于 50 mm 时，长度须盖过上述孔或腹板外侧 50 mm 以上，高度须大于腹板高度的 80%，如图 6.6.5 所示。

（4）两根中梁（牵引梁除外）的相对补强板两端部均须错开 150 mm 及以上，如图 6.6.6 所示。同一根中梁相邻两补强板内端部距离须不小于 300 mm，同一根侧梁相邻两补强板内端部距离须不小于 100 mm。

（5）侧梁在侧柱内侧局部腐蚀穿孔时，补强板须穿过枕梁、横梁，长度盖过侧柱两翼板边缘各 50 mm 以上，宽度与侧梁腹板高度相同；侧梁横裂纹、腐蚀距枕梁、横梁腹板大于 100 mm，补强板可不穿过枕梁、横梁，可与枕梁、横梁相连接，如图 6.6.7 所示。

图 6.6.5　　　　　图 6.6.6

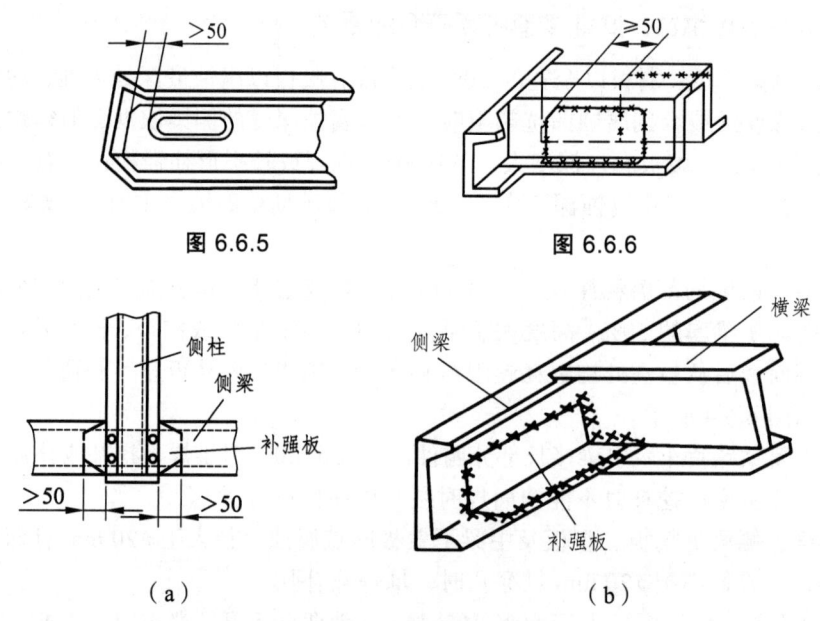

（a）　　　　　　　　　　（b）

图 6.6.7　侧梁补强示意图

（6）角形补强板须与下翼板紧贴。补强板穿过枕梁、横梁者，焊修后须用角钢将补强板与枕梁、横梁相连接，并焊接牢固。

（7）上、下盖板补强板须符合的要求：

① 各梁上、下梁盖板补强厚度不小于原盖板厚度，宽度与原盖板相同，补强板长度须盖过裂纹每侧 300 mm 及以上。腐蚀补强时，须盖过腐蚀边缘 50 mm 以上。

② 燕尾形盖板尾部的补强板长度须盖过裂纹每侧 200 mm 及以上。枕梁或跨过中梁的横梁下盖板横裂纹位于中梁下方或两侧各 100 mm 以内时，须焊装元宝形补强板，长度盖过中梁两侧 200 mm 及以上，如图 6.6.8 所示。

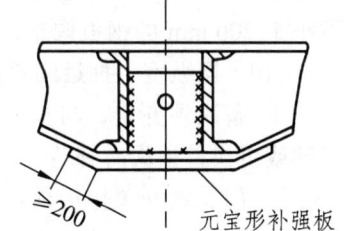

图 6.6.8 枕梁或跨过中梁的横梁下盖板补强示意图

（8）中梁、侧梁补角形补强板时，以补强部位为支撑点，将修理部位调修到水平线以上，在没有自重弯曲应力条件下焊修后补强，裂纹末端延及腹板时，须钻 $\phi 8 \sim 10$ mm 的止裂孔（止裂孔不焊堵）。

（9）X_{6BK}、X_{6BT} 型集装箱车，心盘座前加强板为搭接者，裂纹或焊缝开裂时更换，更换时须符合图样 ECH33A-01-05-103。

6.6.3 不同车型的车体检修要求

（1）上端梁、上侧梁、柱、斜撑、侧柱连铁、侧板、端板、顶板、遮阳板、门、窗、扶梯等钢质配件弯曲、腐蚀严重、丢失、裂纹、破损时调修、焊修、补装、挖补、补强或更换。

（2）车门口处竹质地板边缘护铁或压铁须完整，不良时修理或更换（原结构无护铁者除外）。

（3）车顶走板、端走板须安装牢固，螺栓连接者须将螺母与螺栓点焊固。新换装的拉网板厚度不小于 4 mm，腐蚀大于 50% 或破损时，截换或更换；截换时须为搭接，并不小于 2 个网孔长度。

（4）车体钢结构、各部钢板裂纹、腐蚀严重、破损时焊修、挖补、补强或截换。补强板须盖过腐蚀处边缘 20 mm 以上，其厚度不小于原板厚度。

（5）各配件须齐全良好，门窗开闭灵活，门与柱、板间隙或搭接量须符合规定。

（6）各型有棚铁路货车和专用车的操纵室、押运间，车体门、窗须进行透光检查。车顶金属板修补处须进行漏雨试验（冰冻期间可做渗漏试验）。

（7）内墙板、内顶板的压条用螺栓紧固者，每根压条上至少点焊两根螺栓或使用自锁螺母。

（8）装用在钢结构上不符合规定的票插须更换。票插变形时调修，丢失时补装；更换时须装用符合图样 QCH235-86-01-000 材质为 TCS345 的冲压组焊结构票插。60 t 级铁路货车更换冲压组焊结构票插时，可采用 09CuPCrNi-A 耐候钢材质。

（9）各型罐车的卡带、鞍木检修须符合下列要求：

① 卡带与卡带连接杆焊缝须采用渗透探伤方法进行探伤，应无裂缝等线性缺陷，焊缝有缺陷时补焊，并将焊缝表面打磨光滑后复探。

② 卡带裂损时截换，同一卡带接口不超过两个，截换长度每段不小于300 mm；卡带与连接杆新焊接时须搭接，搭接量不小于100 mm，四周满焊，焊后复探。

③ 卡带拧紧后锁紧螺母外侧螺纹露出长度不小于10 mm，两螺杆内侧不得接触。

④ 鞍木变质、破损时更换。鞍木与罐体须密贴，局部间隙不大于1 mm。鞍木与罐体间隙大于6 mm时，更换鞍木。鞍木与罐体间隙不大于6 mm时，可在鞍木托座上加1块长度不小于200 mm的钢板调整，钢板与托座接触面须涂防锈漆，并将钢板与托座点焊牢固。

（10）操纵室、押运间检修须符合下列要求：

① 备品须齐全，与车体件须连接良好，紧固件松动时紧固，焊缝裂纹时焊修，破损时修理或更换，丢失时补装。

② 门、窗开关作用须良好。车门挂钩、安全链齐全，门锁作用不良时修理或更换；车门折页须转动灵活，折页及折页座裂损时更换为新品；紧固件缺失时补装。车窗安全防护栏须作用良好，变形时调修，折断时更换。

③ 顶板、侧板、端板、地板腐蚀深度大于板厚的50%时，挖补、截换或更换，顶板修换时可搭接，搭接量不大于15 mm。侧板、端板、地板修换时对接两面焊。

④ 隔断墙腐蚀大于50%时更换，各焊缝须满焊；瞭望孔破损时修理，密封作用应良好。

⑤ 内衬板变质、脱胶或破损时截换或更换。地板布破损时截换或更换。

⑥ 端部渡板及支架、挂链须齐全，作用良好。

⑦ 毒品车押运间茶座上部须安装不锈钢标志牌。标志牌上的字体为宋体，并采用酸蚀处理，深度不小于0.2 mm，颜色为红色，尺寸和内容如图6.6.9所示。

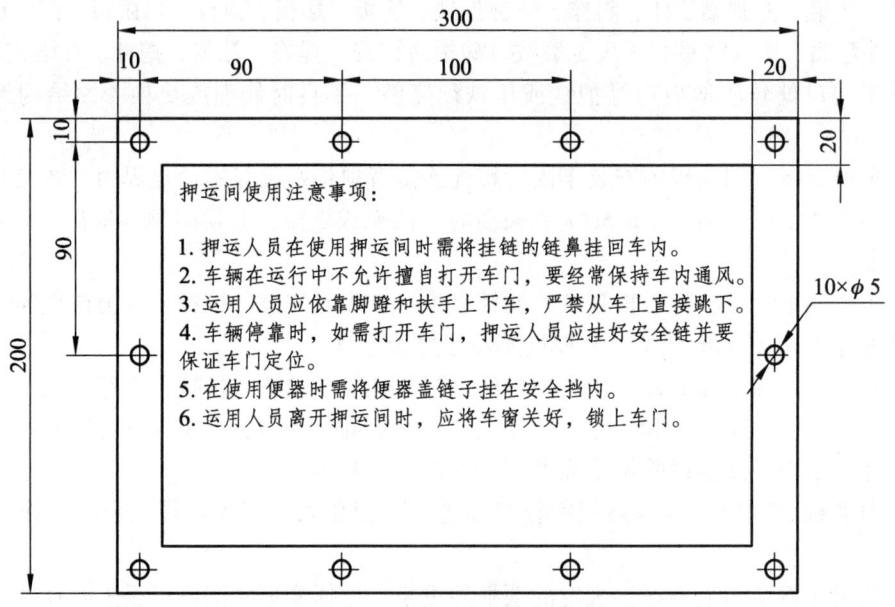

图6.6.9 毒品车押运间使用注意事项标志牌

【实践教学活动】

为了顺利进行实践教学活动，请参观货车车辆段的"车体间"，以增加感性认识。在此基础上，总结车体间生产组织形式和检修基本工艺。货车车体检修工艺流程如图6.6.10所示。

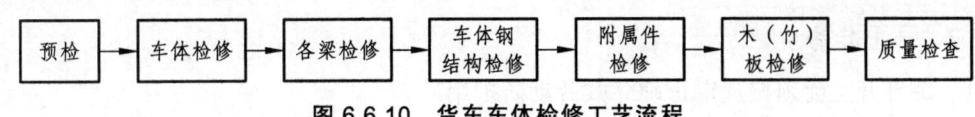

图 6.6.10　货车车体检修工艺流程

下面选取两个典型工作任务进行实践活动，旨在熟悉实际工作岗位作业内容、作业标准和岗位要求。

任务 6.1　货车段修预检作业

R6.1.1　任务导入

（1）货车段修预检按照什么作业流程作业？
（2）货车段修预检开工前准备工作体现在哪些方面？
（3）货车段修预检外观检查主要检查哪些内容？作业要点是什么？

R6.1.2　任务实施步骤

R6.1.2.1　熟悉货车段修预检作业流程

货车段修预检作业流程如图 R6.1.1 所示。

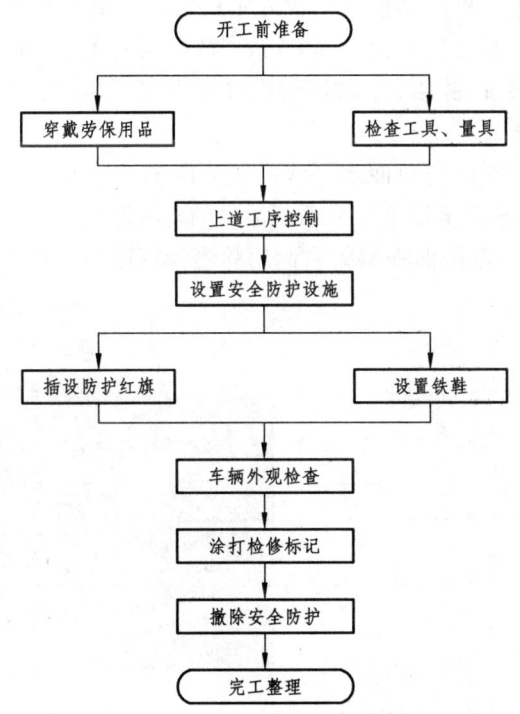

图 R6.1.1　货车段修预检作业流程

R6.1.2.2　开工准备

（1）每日开工前须按规定正确穿戴劳动防护用品。

（2）列表清点工具、材料。

R6.1.2.3　检查上道工序作业情况

（1）预检员在接到调度通知后，到指定地点进行预检作业。

（2）确认车列停留在警冲标内，车列两端有防溜措施，铁鞋鞋尖须紧贴车轮踏面。

注意：车辆未设防溜装置不得开始作业。

R6.1.2.4　设置安全防护设施

插设防护红旗。在待预检车列来车方向最前端车辆左侧票插上插设防护红旗，未插防护红旗不得开始作业。

R6.1.2.5　车辆外观检查

（1）站在车辆来车方向最前端，检查车辆的端墙、端梁、角柱状态，端墙、端梁、角柱腐蚀严重、裂纹、破损时修理或更换，并用粉笔在缺陷部位涂打施修标记，标注出施修部位和施修方法。

（2）目视检查端墙、上端梁变形情况，端墙、上端梁变形时用定位铁、钢直尺、测绳测量端墙的内凹、外胀及上端梁的弯曲变形量。在墙板凹陷和外胀部位两侧未变形部位，使用定位铁拉与墙板平行的测绳，测绳处于墙板变形部位最上方（外侧），测绳不得与侧柱、加强筋等相抵触，用钢直尺检测墙板内凹或外胀最大处与测绳的距离，如图 R6.1.2 所示。实测值与定位铁高度差：有盖货车大于 40 mm、敞车端墙大于 50 mm、上端梁弯曲变形大于 50 mm 时调修；端墙、上端梁变形超限时在端墙上用石笔涂打施修标记，标注出施修部位和施修方法。

（3）检测同一端梁上平面与轨面水平线的垂直距离左、右差。将直尺置于两钢轨上平面，用钢卷尺测量直尺下平面至端梁上平面两端处的垂直距离，左右实测值之差大于 20 mm 时超限，如图 R6.1.3 所示。超限时在端梁右侧用粉笔涂打标记，提示工作者对端梁进行调修。

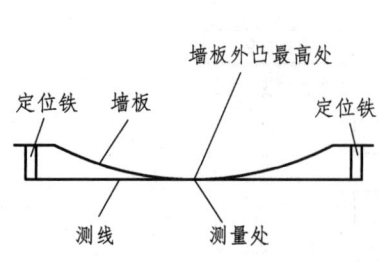

图 R6.1.2

图 R6.1.3

项目 6　货车车体检修

（4）检查钩尾框型号，装用 13（13A、13B）型等铸造钩尾框的车辆须全数改造为 13B 型锻钢钩尾框，并在《预检信息记录单》（辆统 H-39）上记录。

（5）检查制动圆销型号，制动圆销未改造的需进行改造，确认需进行制动圆销改造的车辆在《预检信息记录单》（辆统 H-39）上记录。

（6）检查车型、车号，对需进行转 K2 转向架换装改造或其他加装改造的车辆进行检查确认，确认需改造的车辆在《预检信息记录单》（辆统 H-39）上记录。

（7）沿逆时针方向站在车辆一侧，目视检查车辆的侧墙、上侧梁、车门状态，侧墙、上侧梁、车门腐蚀严重、裂纹、破损时修理或更换，并用粉笔在缺陷部位涂打施修标记，标注出施修部位和施修方法。

（8）检查车辆的侧墙及上侧梁变形情况，用定位铁、钢直尺、测绳测量变形部位，测量方法同前所述，如图 R6.1.4 所示。有盖货车侧墙内凹及外胀大于 40 mm、敞车侧墙内凹及外胀大于 30 mm、上侧梁弯曲变形大于 50 mm 时调修，用粉笔在缺陷部位涂打施修标记，标注出施修部位和施修方法。

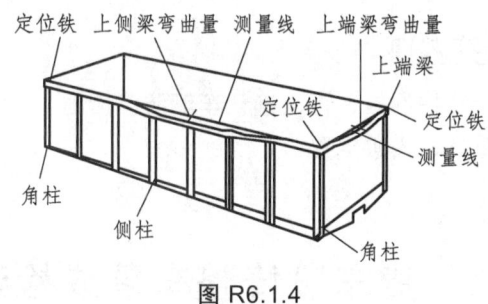

图 R6.1.4

（9）检查底架各梁弯曲变形。将定位铁分别贴靠在中梁与 1、2 位枕梁结合处下翼板下边缘或侧梁与 1、2 位枕梁结合处腹板外侧下边缘，拉直测绳，用钢直尺测量中梁或侧梁下垂最低点与测绳的垂直距离，大于 30 mm 时为超限，如图 R6.1.5 所示。将定位铁分别贴靠在 1、2 位枕梁与中梁或侧梁结合处下翼下平面边缘，拉直测绳，用钢直尺测量中梁或侧梁旁弯最大与测绳的水平距离，大于 30 mm 时超限，如图 R6.1.6 所示。中梁、侧梁变形超限时在中门对应的下侧梁上用粉笔涂打施修标记，提示工作者调修，并通知车间调度。

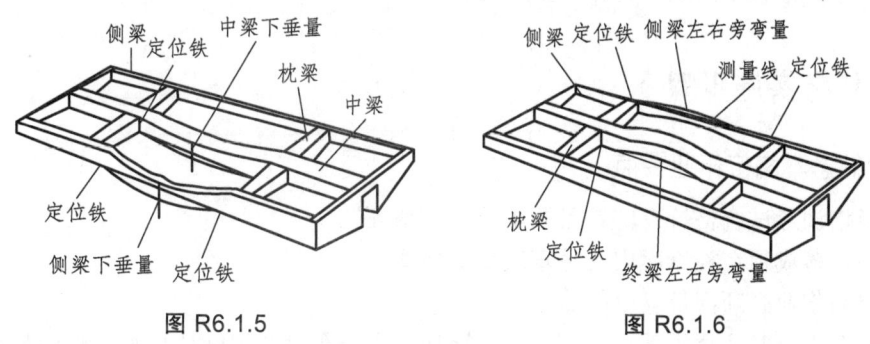

图 R6.1.5　　　　　　　　　　图 R6.1.6

（10）用定位铁、钢直尺、测绳测量检查侧柱连铁的弯曲变形。在侧柱连铁变形部位两侧柱外侧未变形处，用等高定位铁拉与侧柱连铁平行的测绳，测绳不得与侧柱抵触。用钢直尺测量侧柱连铁弯曲最大处与测绳的水平距离，实测值与定位铁高度差大于 20 mm 时超限，如图 R6.1.7 所示。侧柱连铁变形超限时在对应的下侧门上涂打施修标记,提示工作者调修。

(11)目视检查侧柱连铁、地板状态,侧柱连铁、地板腐蚀穿孔、破损、裂纹时焊修或更换。用粉笔在缺陷部位对应的下侧梁部位涂打施修标记,标注出施修部位和施修方法。

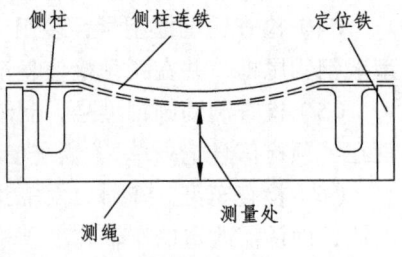

图 R6.1.7

(12)站在车辆另一端,重复(1)~(6)项动作,对端墙、端梁、角柱及钩尾框、制动圆销等进行检查、检测,并涂打相应检查标记。

(13)站在车辆另一侧,重复(7)~(10)项动作,对车辆的侧墙、上侧梁、车门、侧柱连铁等进行检查、检测,并涂打相应施修标记。

(14)有较大故障或可能因更换、加修配件影响出车计划时,应通知车间调度,以便做好劳动组织和配件、材料的准备。

(15)预检发现较大故障时,立即通知本班组工长,并按要求开展故障溯源工作。

R6.1.2.6　车辆外观检查完工整理

(1)作业完毕后,撤除防护红旗,再次确认车辆防溜措施。
(2)整理所用工具、量具,妥善保存。

任务 6.2　货车段修整车落成检查作业

R6.2.1　任务导入

(1)货车段修整车落成检查按照什么作业流程作业?
(2)货车段修整车落成检查开工前准备工作体现在哪些方面?
(3)货车段修整车落成检查作业要点是什么?

R6.2.2　任务实施步骤

R6.2.2.1　熟悉本岗位作业要点

(1)经培训考试合格持有"铁路职工培训合格证"。
(2)整车落成须在检修库内的平直线路上检测。
(3)登高作业必须配带安全带。
(4)钻车进出时注意头部、背部,防止撞伤。攀登车辆时须确认扶手、脚踏板正常,方可攀登。
(5)核对《货车检修记录单》(车统-22B),记录内容与现车实际相符,记录填写准确,配件无错装。

R6.2.2.2 货车段修整车落成检查作业流程

熟悉架车作业流程,如图 R6.2.1 所示。

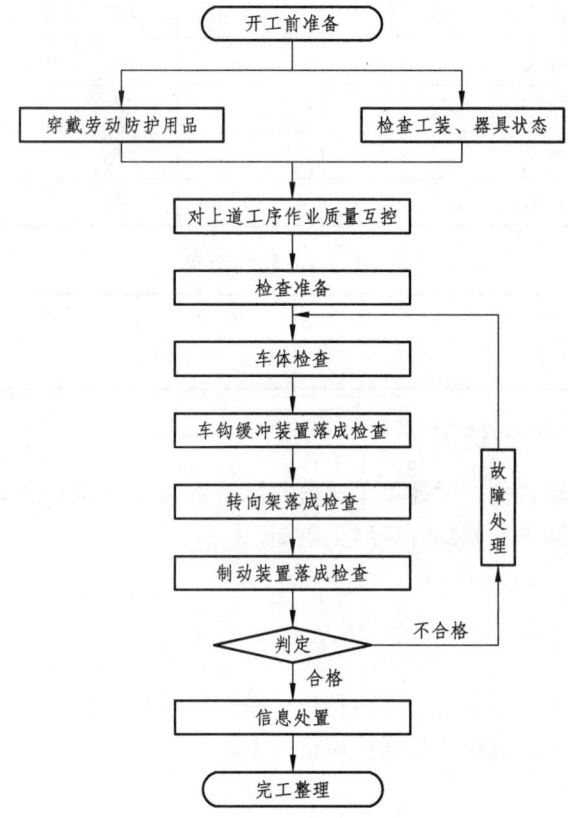

图 R6.2.1 货车段整车落成检查作业流程

R6.2.2.3 开工准备

(1)每日开工前须按规定正确穿戴劳动防护用品。

(2)参照表 R6.2.1、表 R6.2.2 清点、检查工具和量具,确保其外观技术状态良好,量具检定不过期。

表 R6.2.1 工装设备、检测器具、工具清单

序号	名称	规格型号	单位	数量	备注
1	手电筒	智能	把	1	
2	点检锤	0.25 kg	把	1	
3	钩高尺		把	1	
4	车钩缓冲装置组装综合检测样板		把	1	
5	线坠		把	1	
6	钩提杆松余量检测尺		把	1	
7	脱轨自动制动装置拉环综合样板测量		把	1	

续表

序号	名　称	规格型号	单位	数量	备注
8	阶梯塞尺	1～20 mm	把	1	
9	卷尺	2 m	把	1	
10	钢板尺	200 mm	把	1	
11	平尺		把	1	
12	组合塞尺	1～20 mm	把	1	

表 R6.2.2　物料清单

序号	物料名称	单位	数量	备注
1	粉　笔			

R6.2.2.4　检查上道工序作业情况

确认单车试验记录单合格，微控单车试验器风管连接器与编织制动软管接头已断开，制动缸压力试验传感器已卸下，制动缸后堵无松动。

R6.2.2.5　检查准备

1. 标记确认

整车落成须在车辆车体、底架、油漆标记、车钩缓冲装置组装、制动装置检修、车辆落成等各部位施修完毕后，经班组工长确认标记齐全。

2. 核对检修记录

（1）核对《货车检修记录单》，确认车辆载重、自重、换长等性能标记是否与原车标签信息一致。

（2）核对《货车检修记录单》中记录装用配件型号是否与现车一致，现车配件装用是否符合相应的车型要求。

（3）核对现车装用配件符合车型要求。

R6.2.2.6　检查车体

1. 外观检查

（1）车辆标记涂打准确、清晰、齐全，车体两侧标记须一致，与标签信息一致。

（2）车内须清扫，门、窗、盖开、关作用良好，卸料装置试验作用良好，各门、窗、盖、排油阀等均须关闭，搭扣须良好。

（3）确认车体、各梁及车体配件裂纹、腐蚀、变质、变形、松动、焊缝开焊等故障已按标准检修，故障已消除。

2. 检查测量

（1）在轨面水平摆放平尺，使用卷尺测量同一端梁上平面与轨面的垂直距离左、右相差不大于 20 mm。无端梁上盖板的车辆，在两侧梁下平面处测量，如图 R6.2.2、R6.2.3 所示。

项目6　货车车体检修

图 R6.2.2　无端梁上盖板　　　　图 R6.2.3　有端梁上盖板从端梁上平面测量

（2）在棚车车顶悬挂垂线测量铁路货车车体倾斜量不大于 30 mm，如图 R6.2.4 所示。

（3）人力自然攀登 1、4 位脚蹬时，车体不得动摇，在脚蹬下侧轨面水平摆放平尺，使用卷尺测量脚蹬至轨面的垂直距离在 400～500 mm 范围内，如图 R6.2.5 所示。

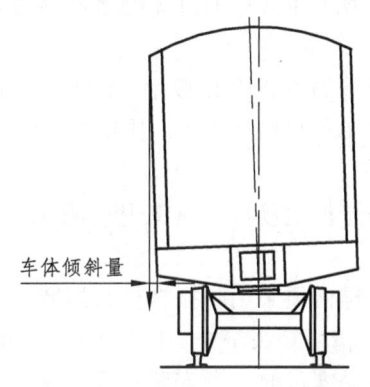 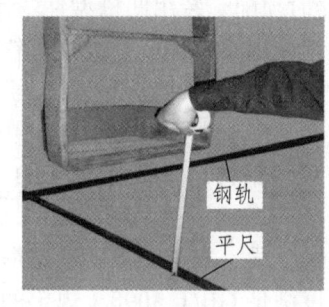

图 R6.2.4　有棚车车体倾斜测量　　　　图 R6.2.5　脚蹬至轨面垂直距离

（4）罐车排油管盖、链放下后，在其正下轨面水平摆放平尺，使用卷尺测量其距轨面垂直距离不小于 50 mm，如图 R6.2.6 所示。

（5）在下作用车钩钩提杆手把下端面轨面水平摆放平尺，使用卷尺测量其至钢轨上平面的距离须大于 380 mm，如图 R6.2.7 所示。

 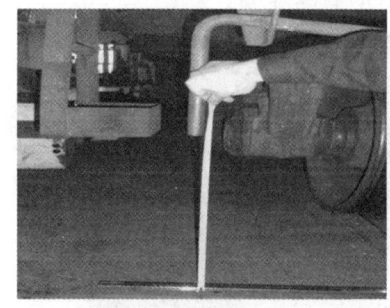

图 R6.2.6　排油管盖至轨面垂直距离　　　　图 R6.2.7　下作用钩提杆至轨面距离

（6）70 t 级货车须装用编织制动软管总成 665ZC（总长 795 mm），装有软管吊链组成。60 t 级货车须装用总长为 715 mm 的编织制动软管总成；不摘车翻卸的车辆（装用 16 型车钩），须装用带外护簧的总长为 980 mm 的编织制动软管总成。编织制动软管总成与软管吊链组成连接后，软管连接器的最下端距轨面的距离不小于 120 mm，如图 R6.2.8 所示。

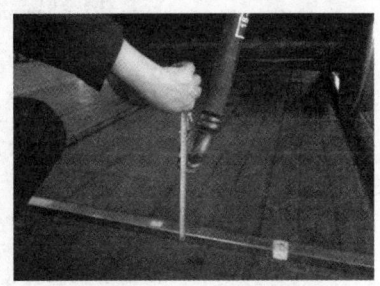

图 R6.2.8　软管连接器的最下端距轨面的距离

R6.2.2.7　车钩缓冲装置落成检查

1. 车钩缓冲装置检查

（1）检查除特殊设计者外，同一辆车的车钩、缓冲器、钩尾框型号均需一致，钩尾框型号须与车钩匹配，符合车钩缓冲装置型号匹配表（见表 5.5.2）。除以下情况外，现车装用的缓冲器型号须符合原结构要求：原装用 ST 型缓冲器的铁路货车可换装 MT-3 型缓冲器，MT-2 型缓冲器可换装 HM-1 或 HM-2 型缓冲器，HM-1 型缓冲器与 HM-2 型缓冲器可互换；装用 MT-3 型缓冲器时须配套装用凹槽型冲击座。

（2）原设计装用 C 级钢、E 级钢车钩的铁路货车仍须装用 C 级钢、E 级钢车钩。取消辅修铁路货车须装用 C 级钢或 E 级钢 13 号（13A、13B）车钩、钩舌、钩尾框、ST 或 MT-3 型缓冲器。

（3）13B 型铸钢钩尾框改造或 13B 型锻钢钩尾框更换时，应装用三孔式 13B 型锻钢钩尾框。

（4）钩尾销托梁、安全托板、钩尾框托板安装螺栓须采用防松螺母并加装开口销，同时须配套使用强度满足 GB/T 3098.1 规定的 10.9 级，精度等级符合 GB/T 9145 标准 6g 要求的螺栓，螺栓头部须有 10.9 级标记。装用 BY-B 型防松螺母时，须安装重型弹簧垫圈。

（5）车钩托梁采用 M22 螺栓者须安装背母和 $\phi 5$ mm 开口销，开口销须卷起。车钩弹性支撑装置分解检修后，组装止挡铁，原为拉铆结构者仍须采用拉铆结构。

（6）从板或缓冲器与前、后从板座工作面，钩身与车钩托梁或支撑座，钩尾框与钩尾框托板须接触。使用塞尺测量钩尾端面与从板的间隙不大于 8 mm，从板与牵引梁两内侧面间隙之和不大于 22 mm，如图 R6.2.9、图 R6.2.10 所示。车钩两侧严禁碰撞冲击座内侧（缓冲器缩短销未断者除外）。

图 R6.2.9　测量钩尾端面与从板的间隙

图 R6.2.10　测量从板与牵引梁两内侧面间隙之和

项目 6　货车车体检修

（7）对装 13B 型锻造钩尾框的成套车钩锻造钩尾框插托进行检查，确认插托插入落槽。检查螺栓、螺母安装良好，组装无松动，并且螺母经过半圆焊固。

（8）16 型、17 型车钩钩提杆复位弹簧靠近端梁非工作部位须对折钎焊，如图 R6.2.11 所示。

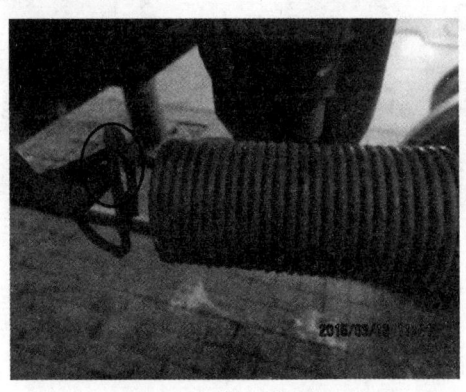

图 R6.2.11　对折钎焊

（9）钩提杆座采用 M16 螺栓组装，并安装背母。提钩链上、下马蹄环组装圆销与垫圈要三等分点焊固。

2. 装用非金属尼龙磨耗板时须符合的要求

（1）钩体上无金属磨耗板凹槽及金属磨耗板、有金属磨耗板凹槽并带有金属磨耗板的 17 型车钩，须配套装用符合图样 QCH255-84-00-004 的 16（17）型车钩支撑座和符合图样 QCH255-84-00-003 的 16（17）型车钩支撑座尼龙磨耗板。

（2）16 型车钩可配套装用符合图样 QCH255-84-00-004 的 16（17）型车钩支撑座和符合图样 QCH255-84-00-003 的 16（17）型车钩支撑座尼龙磨耗板。

（3）配套装用车钩支撑座尼龙磨耗板时，已焊装金属磨耗板的车钩支撑座应按图样 QCH255-84-00-004 进行改造，清除棱角和毛刺。

（4）钩体上无金属磨耗板凹槽及金属磨耗板、有金属磨耗板凹槽并带有金属磨耗板的 13B 型车钩，须配套装用符合图样 QCH199-84-00-001 的 13 系列车钩托梁尼龙磨耗板。

（5）下部无金属磨耗板的 13B 型钩尾框须配套装用符合图样 QCH194A-84-00-002A 的非金属钩尾框托板磨耗板，不再焊装金属磨耗板。已焊装金属磨耗板的钩尾框托板，金属磨耗板须切除并加焊挡块，切除时不得伤及钩尾框托板并修磨平整。

（6）原装用符合图样 QCH255-84-00-005 的 16（17）型车钩钩尾销托梁尼龙磨耗板者按原形式装用，钩尾销托梁上不再焊装金属磨耗板。

3. 车钩缓冲装置测量

（1）车钩钩肩与冲击座间距测量：使用车钩综合检测样板测量钩肩与冲击座的距离。

① 13、13A、13B 型车钩装用 MT-3 缓冲器时，间距须符合 91^{+10}_{-5} mm。

② 16、17 型车钩装用 MT-2、HM-1、HM-2、HN-1 型缓冲器时，间距须符合 95^{+10}_{-5} mm。

③ 装用 ST 型缓冲器时，间距须符合 76^{+10}_{-5} mm；不符合时可换装凹槽型冲击座，车钩钩肩与冲击座间距须大于 76 mm，如图 R6.2.12 所示。

（2）16型车钩弹性支撑装置组装后，使用卷尺测量弹性支承托板上平面（不含磨耗板）至冲击座上口的距离不小于197 mm，如图R6.2.13所示。

图R6.2.12　测量车钩钩肩与冲击座间距

图R6.2.13　测量弹性支承托板上平面（不含磨耗板）至冲击座上口的距离

（3）使用车钩综合检测样板测量，70 t级铁路货车钩身上部与冲击座（A部）间隙不小于28 mm，如图R6.2.14、图R6.2.15所示。

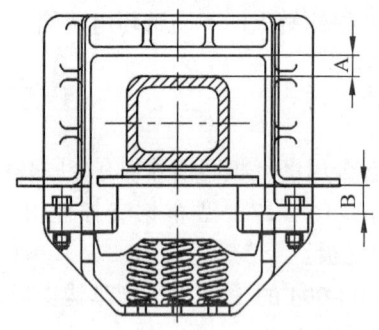
图R6.2.14　A部、B部间隙

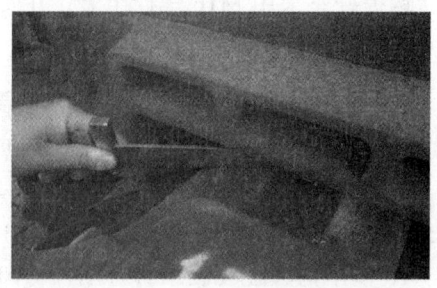
图R6.2.15　测量A部、B部间隙

（4）使用车钩综合检测样板测量，车钩支撑座与冲击座（B部）间隙不小于46 mm，如图R6.2.16所示。其他型铁路货车16型、17型支撑弹簧座腔顶部至支撑托板下平面的距离不小于42 mm，车钩支撑座左右横向移动量不大于15 mm。

（5）13号、13A型、13B型车钩组装后，使用车钩综合检测样板测量，钩身上部与冲击座间隙不小于10 mm，如图R6.2.17所示。

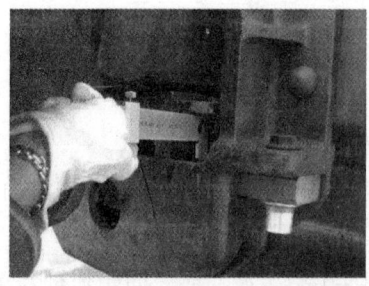
图R6.2.16　测量车钩支撑座与冲击座（B部）间隙

图R6.2.17　测量钩身上部与冲击座间隙

4. 车钩高度及上翘下垂检查

（1）车钩缓冲装置装车时，缓冲器要有不小于 2 mm 的压缩量，安装后要取出工艺垫。从板或缓冲器与前、后从板座各工作面要接触；使用车钩高度检测尺检测：13 号、13A 型、13B 型、16 型、17 型车钩上翘量和 13 号、13A 型、13B 型车钩下垂量均不大于 5 mm；16 型、17 型车钩下垂量不大于 8 mm，如图 R6.2.18 所示。6 型、17 型车钩上翘、下垂量超限时应换支撑弹簧或支撑座磨耗板调整。

（2）除特殊设计者外，使用车钩高度检测尺，测量车钩中心线至轨面的垂直距离为（880±10）mm，同一辆车两车钩中心高度差不大于 10 mm，如图 R6.2.19 所示。

图 R6.2.18　上翘下垂测量
（标注测量读取位置）

图 R6.2.19　测量车钩中心线至轨面的垂直距离

5. 车钩钩提杆及附属件落成测量

（1）用钢直尺在冲击座上取中点，向右 25 mm 即为车体纵向中心，用手向右推动钩提杆至尽头，在左端钩提杆与钩提杆座外侧重合处用白色粉笔画上记号；用手向左推动钩提杆至尽头，在右端钩提杆与钩提杆座外侧重合处用白色粉笔画上记号。移动车钩体及钩提杆，使得车钩纵向中心线与车体纵向中心线重合，且上锁销孔纵向中心与钩提杆头部纵向中心重合时，分别测量钩提杆左、右两侧最大移动量。此时，钩提杆与左端钩提杆座外侧重合处和原左端钩提杆记号的距离即为钩提杆右移动量，钩提杆与右端钩提杆座外侧重合处和原右端钩提杆记号的距离即为钩提杆左移动量，如图 R6.2.20 所示。上作用车钩装用圆孔型钩提杆座的钩提杆左右横动量为 30～50 mm，上作用车钩装用钥匙孔型钩提杆座的钩提杆左右横动量为 23～40 mm。

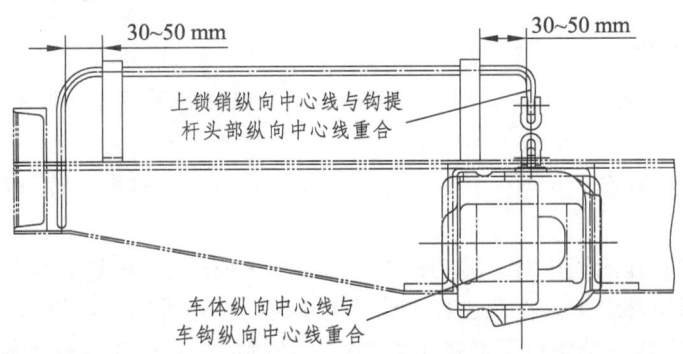

图 R6.2.20　横动量测量方法

（2）使用卷尺测量，下作用车钩钩提杆扁平部位在钩提杆座处每侧长度不小于 60 mm，如图 R6.2.21 所示。

（3）使用车钩松余量检测样板，测量上作用车钩提钩链松余量为 45～55 mm，如图 R6.2.22 所示。

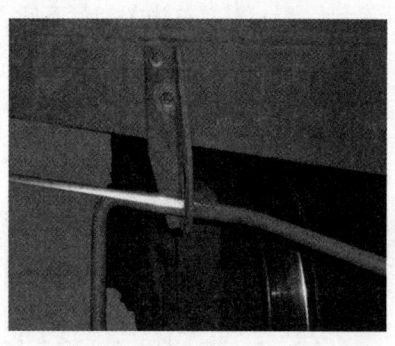

图 R6.2.21　测量下作用车钩钩提杆扁平部位在钩提杆座处每侧长度

图 R6.2.22　测量上作用车钩提钩链松余量

（4）使用卷尺测量，钩提杆弯曲部位与手制动轴托上、下部和水平距离均须大于 20 mm，如图 R6.2.23 所示。

（5）闭锁位置时，钩提杆扁平部位须能自由落入钩提杆座的扁孔内，使用塞尺测量其间隙不大于 3 mm，如图 R6.2.24 所示。

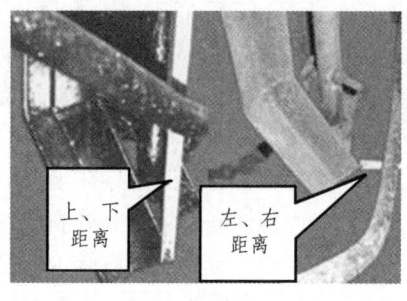

图 R6.2.23　测量钩提杆弯曲部位与手制动轴托上、下部和水平距离

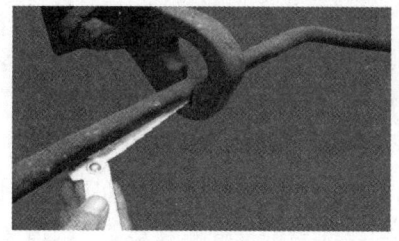

图 R6.2.24　测量钩提杆扁平部位与钩提杆座间隙

6. 车钩三态试验

（1）全开试验：在闭锁位时，持续稳定地转动钩提杆的手把（或扳动 16 型车钩下锁销杆），钩舌应达到全开位置。

（2）闭锁试验：在全开位时，持续稳定地推动钩舌鼻部，钩舌应转动到闭锁状态，同时钩锁落到闭锁位置。

（3）开锁试验：在闭锁位时，转动钩提杆的手把（或扳动 16 型车钩下锁销杆），使钩锁坐锁面抬高到钩舌尾部以上。在此过程中钩舌不应转动，钩舌仍处在闭锁位置；当回转钩提杆（或放开 16 型车钩下锁销杆）并落下钩锁时，钩锁应坐在钩舌推铁的锁座面上，此时用手扳动钩舌鼻部，钩舌应能转动到全开位置。

7. 下作用车钩车钩防跳插销检查

（1）装用下作用车钩时须装用车钩防跳插销，如图 R6.2.25 所示。

（2）装用下作用式车钩的货车要装有车钩防跳插销，插入防跳插销后，提起提钩杆时，不得开锁。

（3）使用塞尺，插入插销 B 部间隙大于 8 mm 时应更换或调修恢复，如图 R6.2.26 所示。

图 R6.2.25　防跳插销插入显示孔　　图 R6.2.26　测量防跳插销 B 部间隙

8. 金属磨耗板挡边高度检查

如装用金属磨耗板，则须测量金属磨耗板挡边高度为 50 mm，如图 R6.2.27 所示。

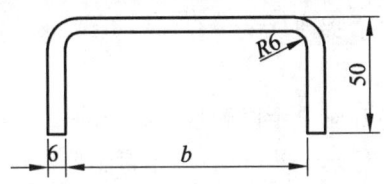

图 R6.2.27　金属磨耗板挡边高度

R6.2.2.8　转向架落成检查

1. 整车落成后，转向架须符合以下要求

（1）确认转向架为原车装用，未发生故障时不得互换，同一辆车装用转向架须为同一型号。

（2）如转向架存在故障须进行转向架更换时，须符合原设计型号。转 8B 型转向架可替换转 8AB 型转向架。

（3）同一辆车车轴型号须一致。

（4）检查摇枕弹簧、减振弹簧及轴箱弹簧正位，须落入弹簧定位脐及挡边内，不得卡阻，如图 R6.2.28 所示。

（5）装用双作用弹性旁承的铁路货车，同一辆车 4 个弹性旁承组成安装须同侧同向，同一转向架反向。

（6）转 8AB、转 8B 型转向架斜楔的弹簧支承面不得高于摇枕的弹簧支承面。转 8A 型承载斜楔的弹簧支承面须低于摇枕弹簧支承面 1~6 mm。

（7）斜楔主摩擦面与侧架立柱磨耗板须接触，无垂直方向的贯通间隙，发现局部有间隙时，用 2×10 mm 的塞尺测量，深入不超过 50 mm，如图 R6.2.29 所示。

（8）转 K2 型整体式斜楔主摩擦面磨耗限度高度标记为 19.1 mm，空车状态下超出摇枕上平面时，须将斜楔、侧架立柱磨耗板和摇枕斜楔摩擦面磨耗板或分离式斜楔插板成套更换。

图 R6.2.28 弹簧正位

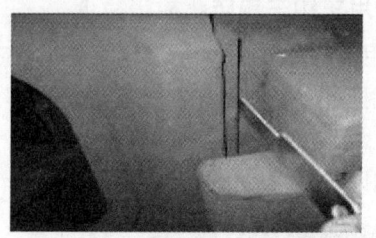
图 R6.2.29 测量斜楔主摩擦面与侧架立柱磨耗板

（9）使用钢板尺测量，K4、K5 型转向架斜楔上移量不大于 4 mm，超限时须更换斜楔主磨耗板。

（10）使用卷尺测量转向架侧架上部与底架，确认其簧下配件与底架相对部位的垂直距离不小于 45 mm。

（11）检查横跨梁垫板总厚度 0~12 mm，不得超过 2 块，且应安装在尼龙磨耗板的下面。使用塞尺测量横跨梁垫板与横跨梁托调整垫板的间隙不大于 1 mm。

（12）使用塞尺测量横跨梁组装螺栓垂直移动量为 3~5 mm，调整垫圈数量不超过 3 个，如图 R6.2.30 所示。

（13）检查测重机构触头中心应位于以触板中心为圆心、半径 20 mm 的圆范围内。传感阀抑制盘触头至横跨梁触板距离为 2~4 mm，当不符合要求时，可在横跨梁触板上焊装材质为 0Cr18Ni9（不锈钢）的触板。转 8AB 和转 8B 型横跨梁触板规格为 150 mm×70 mm×（5~20）mm，数量不超过两块，两长边满焊；其他形式横跨梁触板规格为 175 mm×95 mm×（5~20）mm，数量不超过两块，两长边满焊。

（14）使用卷尺测量横跨梁与转向架移动杠杆及上拉杆距离不小于 6 mm，如图 R6.2.31 所示。

（15）使用卷尺测量横跨梁与车体枕梁下盖板的距离不小于 60 mm，转 8AG 型、转 8G 型、转 8AB 型、转 8B 型转向架不小于 68 mm，如图 R6.2.32 所示。

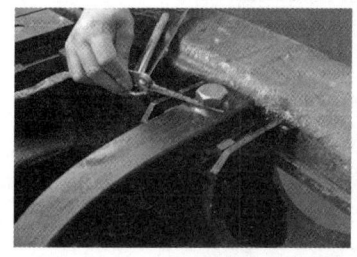
图 R6.2.30 测量横跨梁组装螺栓垂直移动量

图 R6.2.31 测量横跨梁与转向架移动杠杆及上拉杆的距离

图 R6.2.32 测量横跨梁与车体枕梁下盖板的距离

2. 整车落成后，检查上、下心盘须符合以下要求

（1）上心盘、心盘磨耗盘、下心盘须匹配，各型转向架下心盘、心盘磨耗盘与上心盘对照如表 R6.2.3 所示。

项目 6　货车车体检修

表 R6.2.3　各型转向架下心盘、心盘磨耗盘与上心盘对照表

序号	转向架型别	下心盘 内径/mm	心盘磨耗盘 外径/mm	配合上心盘外径 /mm
1	转 K6	375^{+1}_{0}	$375^{0}_{-1.5}$	358
2	转 K5	$375^{+0.6}_{0}$	$375^{+0.3}_{-1.0}$	358
3	转 K4（大心盘）	$355^{+0.6}_{0}$	355^{0}_{-1}	338
4	转 K4（小心盘）	$308^{+0.6}_{0}$	$308^{+0.3}_{-1.0}$	295
5	转 K2	355 ± 0.6	355^{0}_{-1}	338
6	转 8AB、转 8B	$308^{+0.95}_{+0.3}$	$308^{+0.2}_{-0.8}$	295

（2）使用塞尺测量上、下心盘之间的螺栓与铆钉垂直相对距离不小于 5 mm，如图 R6.2.33 所示。

（3）使用塞尺测量上心盘底座平面与下心盘立棱间距不小于 3 mm，如图 R6.2.34 所示。

（4）检查中心销须落入下心盘座孔内，上心盘、心盘磨耗盘须正位、落实。

图 R6.2.33　测量上、下心盘之间的螺栓与　　图 R6.2.34　测量上心盘底座平面与
　　　　　　铆钉垂直相对距离　　　　　　　　　　　　　　下心盘立棱间距

3. 检查整车旁承落成间距须符合的要求

（1）铁路货车装用双作用弹性下旁承的转向架时，整车落成后上下旁承须接触，须使用塞尺逐个测量上旁承下平面与双作用弹性下旁承滚子（或支撑磨耗板）的间距，如图 R6.2.35 和表 R6.2.4 所示。

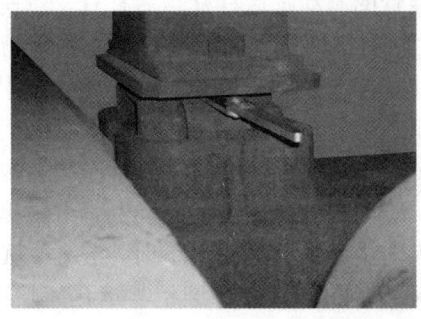

图 R6.2.35　测量上旁承下平面与双作用弹性下旁承滚子（或支撑磨耗板）的间距

表 R6.2.4　旁承下平面与双作用弹性下旁承滚子（或支撑磨耗板）的间距

序号	转向架型号（旁承型号）	上旁承下平面与双作用弹性下旁承滚子（或支撑磨耗板）间隙/mm	备注
1	转 8AB、转 8B、转 K2、转 K6	5±1	
2	转 K2 或转 K6（装用 JC-2）	7±1	装用于 GY_{95K}、GY_{95AK}、GY_{95SK}、GY_{100K}、GY_{100SK} 等型罐车
3	转 K2 或转 K6（装用 JC-2）	10±1	装用 JSQ_5、JSQ_6、P_{70B}、T_{13} 等型铁路货车
4	转 K6	6±1	装用于 X_{4K} 型集装箱车，C_{80}、C_{80B} 等铁路货车

（2）装用转 K4、转 K5 型转向架时，上下旁承须接触，使用 K4、K5 型转向架旁承间隙样板，检测弹性旁承体与旁承体下部间距为（9±1）mm。装用转 E21 型转向架时，弹性旁承体与旁承体下部间距为（6±1）mm，如图 R6.2.36 所示。

图 R6.2.36　测量弹性旁承体与旁承体下部间距

R6.2.2.9　制动装置落成检查

1．基础制动装置组装检查

（1）基础制动不得存在别劲、抗托现象。

（2）检查车体基础制动装置的制动缸后杠杆与后杠杆支点座、闸调器与前制动杠杆（装用 ST2-250 型闸调器时）、手制动拉杆与手制动链之间采用圆销、垫圈和开口销连接，组装后垫圈与圆销焊固。制动缸前杠杆与制动缸推杆、前杠杆（或附加杠杆）与手制动链、上拉杆与转向架游动杠杆之间采用圆销、垫圈和开口销连接，在圆销上组装的圆开口销须为新品，根部双向劈开，角度不小于 60°。手制动滑轮仍采用原连接结构。其余原圆销连接的部位改为扁孔圆销和扁开口销连接。竖向或斜向安装的制动圆销、拉铆销须由上向下装入，横向安装的圆销、拉铆销须以车体纵向中心线为准，由里向外装入，无安装空间者及有特殊要求者除外，制动圆销横向安装时须装用垫圈。各种圆销与销孔间隙不大于 3 mm。扁开口销在扁孔圆销上组装后，扁开口销销尾须卷起，并超过圆销杆圆周长度的 3/4 圈。组装后扁孔圆销的窜动量为 2～10 mm，不得与邻近的其他零部件、管系等发生干涉。特别是 2007 年以前生产的装用 10″制动缸的 P_{70}、C_{70} 型车，严格检查控制杠杆与前制动杠杆间的扁孔圆销与横梁下盖板的间隙，不得干涉。

（3）既有 KM_{70}、KZ_{70}、K_{18AK}、K_{18BK}、K_{13NT}、K_{13NK}、K_{13B}、K_{14T}、K_{14K}、K_{13}、K_{13T}、K_{13K}、K_{13A}（或 K_{13N}）、K_{13AT}、K_{13AK}、K_{13B}、K_{18DK}、K_{18DA}、K_{18AT}、K_{18D}、K_{18DG}、K_{18DG}（Ⅱ）型漏斗车须检查前制动杠杆与转换拉杆间采用圆销、垫圈和开口销连接，组装后垫圈与圆销焊固。

（4）原车已采用拉铆销连接的防脱落结构时，段修时仍应采用原车连接结构。

（5）检查手制动滑轮组装圆销与垫圈，手制动拉杆、拉杆链组装圆销与垫圈，手制动掣子锤组装圆销与垫圈，掣子组装圆销与垫圈，平车手制动轴折叠处组装圆销与垫圈，脚踏式制动机安装螺栓与螺母，NSW 型和 FSW 型手制动机安装螺栓与螺母。脱轨自动制动装置作用杆与调整螺母及安装座的螺栓与螺母，手制动轴链眼环螺栓与螺母等均须圆周满焊（可重复用拉铆钉者除外）。圆销与垫圈焊固时，焊缝长度须大于圆销周长的 1/2，垫圈与组装件间须有 1～3 mm 的轴向间隙。

（6）制动梁组装状态：检查同一车辆上装用的制动梁形式须一致，装用的闸瓦形式须一致并为新品，各车型的闸瓦插销上须安装闸瓦插销环。

（7）对底架与悬吊件焊接、螺栓连接等部位须全数检查，确认状态良好后在焊缝处或紧固件的连接处涂打检查确认标记。

2. 空气制动装置组装状态检查

（1）检查各制动装置各塞门处于开通位。

（2）主管、支管穿过各梁处不得与底架各梁接触，使用塞尺测量其间距不小于 3 mm，超过时分解主管、支管调整。

（3）检查制动阀、安全阀、空重车调整阀须安装有防盗装置或具备自防盗功能。

（4）检查取消辅修铁路货车应装用 120 型空气制动机、密封式或半密封式制动缸。

（5）检查制动缸、副风缸、加速缓解风缸螺母与螺栓间须点焊固定。N_{17}、NX_{17}、NX_{17A}、NX_{17B}、NX_{70}、X_{6A}、X_{6C}、G_{60} 等系列车型受安装位置限制，与侧梁或中梁相邻一侧不能施焊的制动缸安装螺栓、螺母可不进行点焊。

（6）检查阀及缸类零部件安装须正位、牢固。缸与吊座间、制动管与吊座间原设计是木垫者须更换为尼龙垫或短纤维增强橡胶垫；原车装用尼龙垫者须使用尼龙垫，装用球芯折角塞门（TB/T 2698）者，须在端梁外侧吊座与塞门之间安装尼龙垫；原车设计无垫者，可不加垫。储风缸采用圆钢 U 形吊和短纤维增强橡胶垫或尼龙垫安装的，须安装背母；采用螺栓安装的，须安装弹簧垫圈。

3. 脱轨自动制动装置检查

脱轨自动制动装置应根据转向架型别组装，如表 R6.2.5 所示。用脱轨自动制动装置拉环综合样板测量 1～4 位脱轨自动制动装置拉环与车轴上下、左右的距离，调整拉环、顶梁与车轴的位置尺寸须符合表 R6.2.6 的要求，如图 R6.2.37～R6.2.40 所示。

表 R6.2.5 脱轨制动阀、顶梁组成及拉环组装对应的转向架型别表

脱轨制动阀型别	顶梁组成型别	拉环型别	拉环颜色	拉环销孔距底部钢管内侧高度/mm	适用转向架型别	备注
（Ⅰ）	（Ⅰ）	（Ⅰ）	黑色	341	转8系列、转K2	含JSQ$_6$
（Ⅱ）	（Ⅱ）	（Ⅱ）	黄色	366	转K4、转K5、转K6	
（Ⅲ）	（Ⅲ）	（Ⅲ）	红色	331	转K2	JSQ$_5$等型铁路货车

表 R6.2.6 ΔX、ΔY_2、ΔY_1 取值范围限度表　　　　　　　　　　mm

转向架型号	转8系列、转K2	转K4	转K5、转K6	转K2（JSQ$_5$）	转K6（JSQ$_6$）
ΔX	80±10	80±10	75±10	80±10	75±10
ΔY_2	85±2	105±2	100±2	80±2	75±2
ΔY_1	40^{+3}_{-5}	45^{+3}_{-5}	40^{+3}_{-5}	40^{+3}_{-5}	40^{+3}_{-5}

图 R6.2.37 ΔX 的检测示意

图 R6.2.38 ΔY_1 的检测示意

图 R6.2.39 ΔY_2 的检测示意图

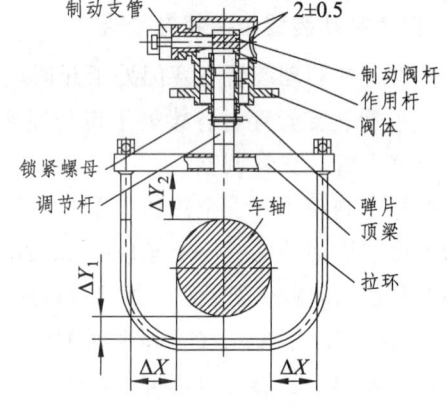

图 R6.2.40 拉环、顶梁与车轴的位置尺寸检测示意图

4. 手制动机检查

（1）检查手制动机定滑轮、动滑轮组装时，圆销型号与原车一致。使用塞尺测量扁孔圆销的窜动量应符合 2～10 mm。原采用螺栓或拉铆销组装且状态良好时，可保持原连接方式。手制动轴上、下端及手制动轴链羊眼螺栓的开口销及各扁开口销安装后须劈开卷起。

（2）人力制动机定滑轮圆销与垫片结构须为螺栓与螺母结构，螺栓由外向里（即车体纵向中心线方向）穿，螺母与螺栓须四周满焊焊固。

（3）人力制动机拉杆及托与摇枕间、固定支点与牵引梁间须有间隙。对人力制动机进行作用试验。制动状态时，检查链式手制动机手制动轴链卷入量为 0.5～2 圈，脚踏式制动机链

卷入量为0.5~1圈。装用FSW型或NSW型手制动机的车辆空车全缓解位时，使用卷尺测量前制动杠杆与手制动拉杆之间链条的松余量不小于30 mm。制动机缓解时各闸瓦不得抱紧车轮。人力制动机拉杆及托与摇枕间、固定支点与牵引梁间须有间隙。

（4）敞车手制动机手轮在上端梁上方时，使用卷尺测量手轮下面至车体端部上平面的距离不小于80 mm，手轮在上端梁下方时手轮上面至上端梁下平面的距离不小于200 mm。手制动踏板上平面至手轮上面的距离为950~1 050 mm。手轮原为ϕ400 mm时，不得更换为ϕ300 mm的手轮（原设计上述各尺寸小于者除外）。

（5）既有装用转K2型转向架提速改造罐车手制动附属件进行测量，测量手制动拉杆导架吊座底面与中梁上平面的定位尺寸在290~300 mm之间，原车装用手制动拉杆导架高度为160 mm，不符时须进行调整更换。车辆落成时，测量手制动拉杆与车轴的最小距离L值（推动、向下按手制动拉杆，使其与车轴的距离最小）不小于60 mm，如图R6.2.41所示。小于时适当调整手制动拉杆导架吊座距中梁上平面的定位尺寸。

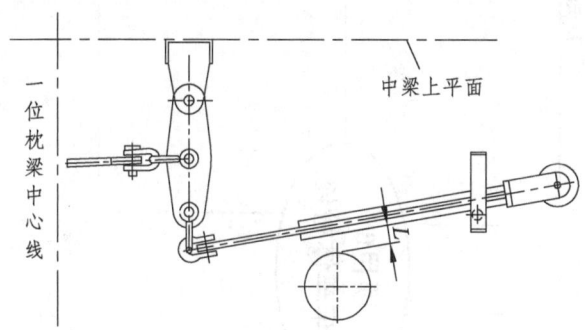

图R6.2.41 测量手制动拉杆与车轴的最小距离

⚠️**注意**：检查手制动机登高作业时必须系好安全带，登高车时登高车的止轮器要打好，安全防护链要挂好。

R6.2.2.10 涂打标记

落成检查合格后，在车体端部交检标记"落"字下面画"人"。

R6.2.2.11 信息处置

（1）作业人员收到反馈信息后，立即对作业质量进行复查，确认作业质量不良时立即重新进行作业。

（2）故障处理完毕后，通知班组工长对故障处理情况及质量进行复查，并通知质量信息反馈人员进行复查。

R6.2.2.12 填写记录

填写《货车检修记录单》（车统-22B-1）（背面），在"整车落成交验记录"部位填写修竣车型车号、闸调器型号及闸调器制造（大修）标记。

R6.2.2.13 完工整理

完工后整理工具、工作场地，做到整齐、清洁、安全。

【小结】

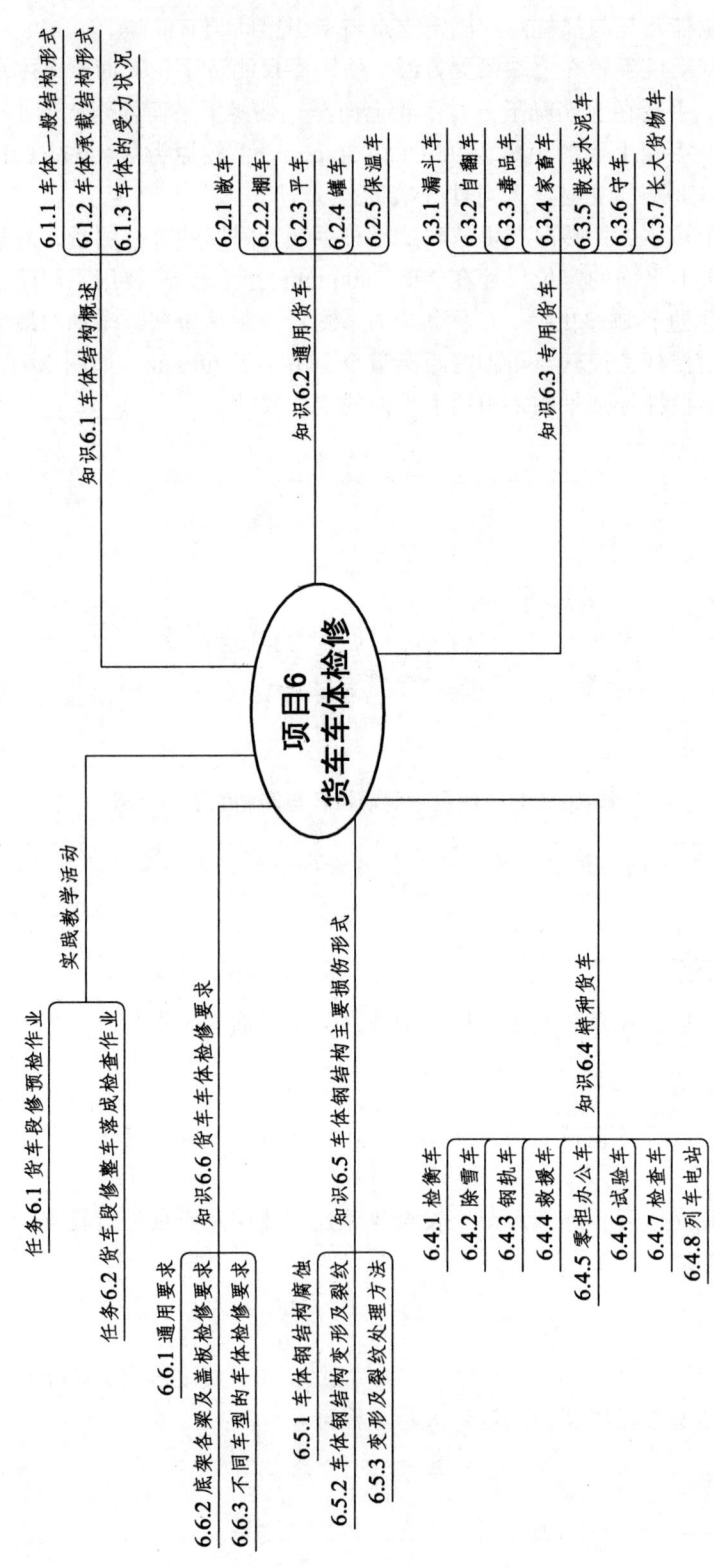

【学习要求】

1. 基本要求

（1）通过铁路货车运输的货物，分析货车的种类。
（2）熟悉货车车体基本结构形式和受力情况。
（3）对于敞车、棚车、平车等通用货车熟悉其基本类型和结构组成。
（4）对于专用货车熟悉其结构特点。
（5）能现车指认车体结构组成。
（6）能识别货车车体类型及车上标记。
（7）能识别车体钢结构常见损伤。
（8）熟悉车体钢结构一般故障处理方法。
（9）熟悉车体检修工具和设备。
（10）熟悉一辆车落成检查过程和要求。

2. 课后作业

（1）基于对货车的认知，完成"铁路货车专题片"制作，视频、幻灯片、Word等表达形式不限，图文并茂，分类描述。
（2）通过网络或利用企业跟岗实习、社会实践等活动，收集货车车体运用中常见的故障，分类制作"货车车体故障集锦"，要求指明故障形式、分析原因、提出处理措施。

3. 拓展要求

（1）能够熟练、规范地完成货车段修预检、架车、落车等。
（2）能熟练、规范地完成一辆车落成检查。
（3）自主学习，熟悉重载货物列车在我国的应用现况，总结重载货车车体技术。

项目 7　客车车体检修

【项目导入】

铁路客车是为满足旅客旅途生活需要而设置的,有运送旅客的车辆,如硬座车、软座车、硬卧车、软卧车;有为旅客服务的车辆,如餐车、行李车;有特种用途的车辆,如邮政车、发电车、宿营车。客车车体必须具有足够的坚固性,确保旅客乘车安全,同时要具有隔热、隔音性能,还要有较大空间,以安装座椅、铺位、洗脸室、卫生间及供水、供电、采暖、空调等设施。

随着我国铁路的快速发展,铁路客车技术不断升级换代,产品平台持续完善。铁路客车经过多年沉淀具备了完善的管理体系,已通过 ISO9001 质量保证体系、ISO14001 环境管理体系、OHSMS 职业安全健康管理体系、ISO10012 计量检测体系、EN15085 焊接技术标准体系和 IRIS 国际铁路行业标准等认证,当前正在申请多项国际管理体系认证。

在铁路客车生产方面,我国具有极强的自主研发能力和制造能力,有博士、硕士、高级工程师、教授级工程师组成的累计超过 2 000 人的研发团队,建有国家工程实验室、多条试验线以及国家级企业技术中心、博士后科研工作站等,承担了大量的国际合作项目、国家级重点项目以及新产品研发项目。通过近几年技术改造,我国已具备年新造检修高速动车组超过 600 组、年新造铁路客车超过 3 000 辆、年检修铁路客车超过 4 500 辆的能力。

铁路客车形成了多样化、系列化的产品结构。以高速动车组、城际动车组、内燃动车组、25 型系列铁路客车为主体,具备了适合不同速度等级、不同档次水平、不同动力牵引方式、能满足多层次用户需求的多样化、梯次化的产品结构。铁路客车产品主要有速度 120~200 km/h 座车系列、卧车系列、餐车、行李车、发电车、特种车、高原车等。高速动车组主要有 250 km/h、350 km/h 两个速度等级系列化产品。产品出口澳大利亚、阿根廷、突尼斯、伊朗、孟加拉国、斯里兰卡等几十个国家和地区。

【学习内容】

知识点:

知识 7.1　25 型客车

知识 7.2　客车车体检修要求

知识 7.3　客车段修整车落车要求

实践教学活动:

任务 7.1　客车段修架车前准备(转向架)作业

任务 7.2　客车段修落车作业

任务 7.3　DC 600 V 供电 25T 型空调客车整车落成检查

【知识点】

知识 7.1　25 型客车

【摘要】概述了 25 型系列客车车型，主要介绍 25T 客车车体结构、结构特点和技术创新。

铁道车辆更新了几代，繁衍出诸多品种。我国铁路客车的发展以安全、高速、舒适为追求目标。我国铁路"普速"客车的发展经历了三代车型的变化：第一代为 21 型客车，第二代为 22 型客车，第三代为 25 型客车。21 型客车已经成为历史，22 型客车也只在极少数线路或者春运繁忙季节才使用，25 型客车已经成为"普速"客车的主型车。根据功能的不同，组成一列旅客列车的各节车辆分为不同的类型，有运送旅客的车辆：包括硬座车、软座车、硬卧车、软卧车；有为旅客服务的车辆：包括餐车、行李车；还有特殊用途的车辆：包括发电车、邮政车、宿营车。下面主要介绍 25 型客车。

7.1.1　25 型客车概述

25 型客车是中国铁路第三代主型客车，它有多个系列，20 世纪 90 年代开始逐渐替代 22 型客车系列，用于干线长途列车和各大城市之间的特快列车，成为中国铁路客车的主型产品。

25 型客车 1967 年开始生产，除基本车型外还有双层客车。

1967—1969 年试制了车长 25.5 m 客车组，也就是"轻、快、稳"客车组，车体材质为低合金钢，采用 KZ 系列转向架，构造速度为 160 km/h，各车均有空调，集中供电。因当时转向架技术不成熟，使用中出现了不少问题。

1978—1985 年原铁道部科技规划中研制车长 25.5 m 客车，车体为无中梁，平直墙结构，材质是耐候钢，采用 209 型转向架，构造速度为 140 km/h，发电车集中供电，1980—1981 年投入运用。

1986 年，原铁道部下达 25.5 m 新型空调客车研制要求，使用 206 型转向架，构造速度为 140 km/h，用于京广线列车，这批车由于不符合要求并不成功。

1987 年，开始利用国外技术制造集中供电空调客车。

自 1990 年开始，根据铁路客车升级换代的要求相继研制生产了一系列车长 25.5 m 的 25 型客车投入运营。

25 型客车有 25A、25B、25C、25G、25Z、25K、25T 及双层客车 SRZ_{25K}、SRW_{25B}、SYZ_{25B} 等车型，在发展过程中，不断进行技术革新，采用了一系列新材料、新工艺、新技术，如低磨耗低噪声的风挡及橡胶风挡、单元式铝合金车窗、单元式空调装置、自动塞拉门、真空集便器、性能更好的高速转向架等。其中，25T 型客车作为第五次大提速的主型车，集中体现了新技术的应用。

7.1.2 25T 型客车

25T 型旅客列车是中国铁路第五次大提速开发研制的 160 km/h 新型提速客车,与国外同类客车相比,每延米载客量大,整列车载客近千人。整车设计和制造水平达到国际同类产品先进水平,国内领先水平。

7.1.2.1 车种介绍

25T 客车包含硬座车、软座车、硬卧车、软卧车、高级软卧车、餐车 6 个车种。

1. YZ$_{25T}$ 硬座车

定员 128 人(车长办公车 122 人),采用 2+3 座椅。硬座车平面布置如图 7.1.1 所示。

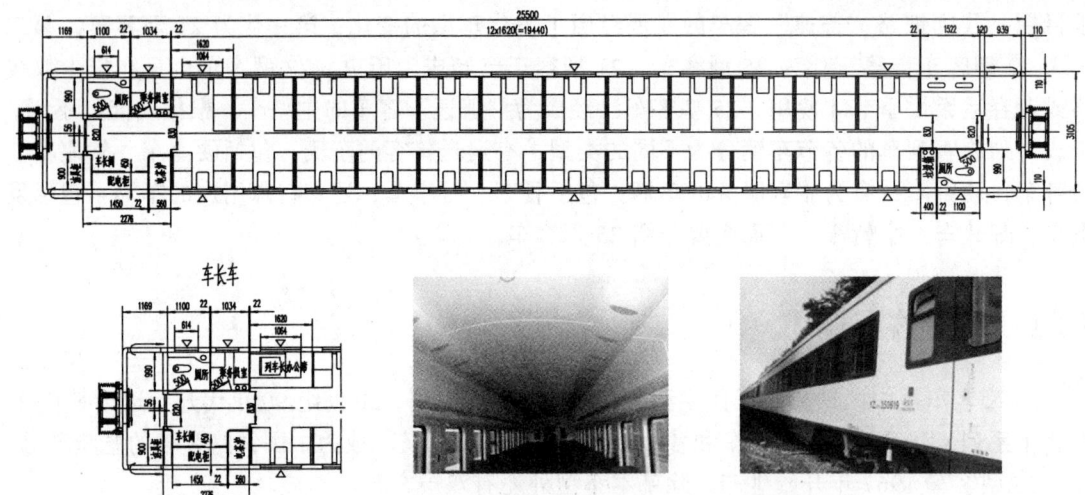

图 7.1.1　YZ$_{25T}$ 型无障碍硬座车平面布置图

2. YW$_{25T}$ 简介

硬卧车:定员 66 人,其平面布置如图 7.1.2 所示。带残疾人卫生间硬卧车:定员 57 人,其平面布置如图 7.1.3 所示。

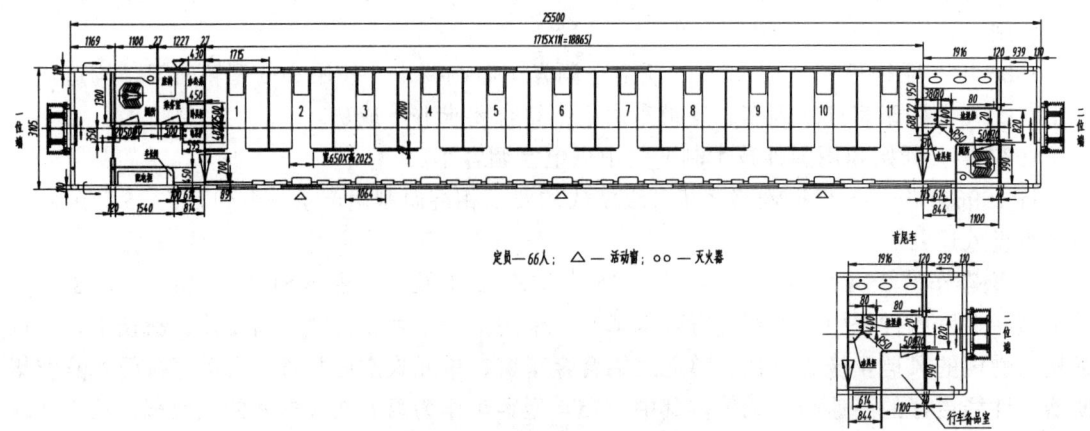

图 7.1.2　YW$_{25T}$ 硬卧车平面布置图

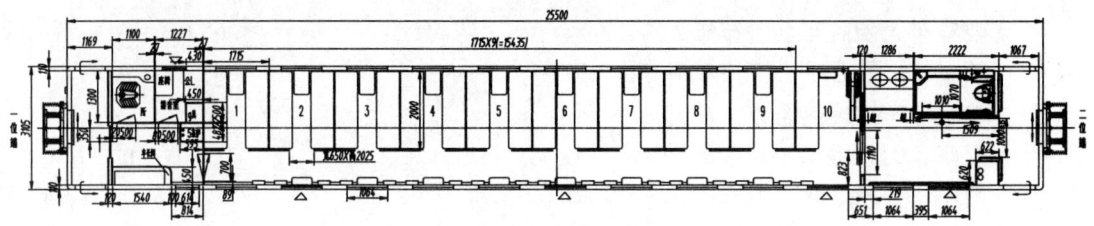

图 7.1.3　YW$_{25T}$ 型无障碍硬卧车平面布置图

3. RW$_{25T}$ 简介

软卧车：定员 36 人，平面布置如图 7.1.4 所示；高级软卧车：定员 16 人。

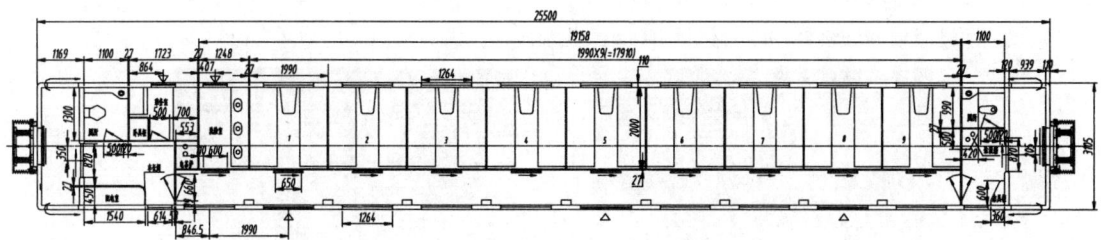

图 7.1.4　RW$_{25T}$ 型软卧车平面布置图

4. CA$_{25T}$ 简介

餐车：带休闲茶座区的餐车定员 16 人，不带休闲茶座区的餐车定员 40 人，其平面布置如图 7.1.5 所示。

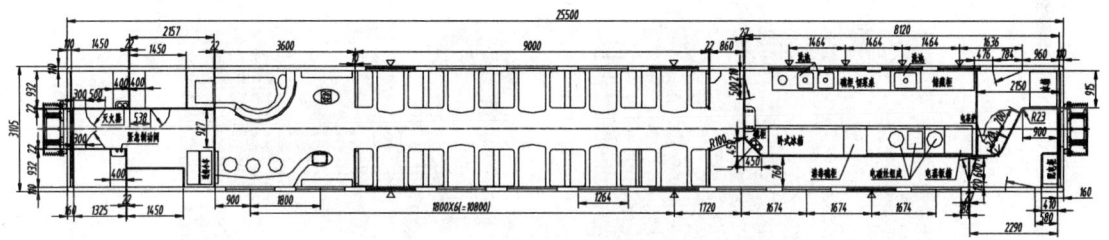

图 7.1.5　CA$_{25T}$ 型不带休闲茶座区的餐车平面布置图

7.1.2.2　技术参数

构造速度	170 km/h
持续运营速度	160 km/h
在平直道上重车紧急制动距离，初速度为 160 km/h 时	≤1 400 m
通过最小曲线半径	
单车时	100 m
连挂时	145 m
平稳性指标	W≤2.5
噪声（140 km/h 时）	

| 硬座车、硬卧车、餐车餐厅 | ≤68 dB（A） |
| 软座车、软卧车、高级软卧车 | ≤65 dB（A） |

静止状态下车体传热系数（K 值）

| 软座车、软卧车、高级软卧车 | ≤1.1 W/(m^2·K) |
| 硬座车、硬卧车、餐车 | ≤1.16 W/(m^2·K) |

轴重　　　　　　　　　　　　　　　　　　　　≤15.5 t

7.1.2.3　关键技术及创新点

（1）成功地研制出满足速度 160 km/h 持续运营 20 h 的需要，满足一次库检作业 5 000 km 无须检修要求的新型提速客车。

（2）研制出制动管排、制动机、风缸模块化设计方案，如图 7.1.6 所示。

图 7.1.6　制动管排、制动机、风缸模块化示例图

（3）研制出安全行车监控系统、提高行车安全性的车下新型整体吊装结构，如图 7.1.7 所示。

图 7.1.7　安全行车监控系统、新型整体吊装结构示例图

（4）研制出整体模压玻璃钢卫生间、洗脸室，如图 7.1.8 所示。

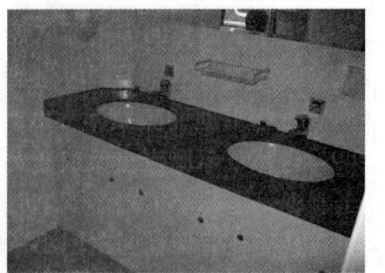

图 7.1.8　整体模压玻璃钢卫生间、洗脸室示例图

（5）研制出车下充电机、逆变器、蓄电池箱吊装、线槽模块化设计方案，如图7.1.9所示。

图7.1.9　充电机、逆变器、蓄电池箱吊装、线槽模块化示例图

（6）成功地开发出内装骨架无木结构。

（7）研制出新型结构的折棚式风挡，确保旅客在两车连接处无障碍通过，如图7.1.10所示。

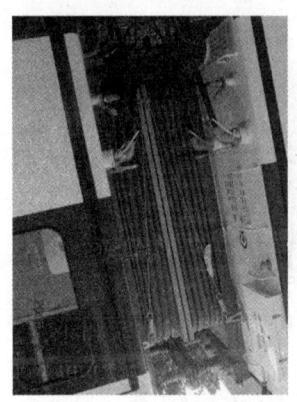 

图7.1.10　新型结构的折棚风挡

（8）解决了播音室配电柜散热不良的惯性问题，如图7.1.11所示。

图7.1.11　解决播音室配电柜散热不良示例图

（9）解决了影视系统干扰问题。

（10）研制出新型脚蹬翻板结构，体现了人性化设计，如图 7.1.12 所示。

图 7.1.12　新型脚蹬翻板结构

（11）研制出新型车下裙板结构，提高了工艺性、维修使用方便性，如图 7.1.13 所示。

图 7.1.13　新型车下裙板结构

（12）规范和完善了 DC 600 V 供电系统。

（13）解决了长期困扰的轮重超差问题。

（14）提高了高寒客车的抗低温性能。

（15）改善了集便系统、塞拉门控制系统的抗低温性能，如图 7.1.14 所示。

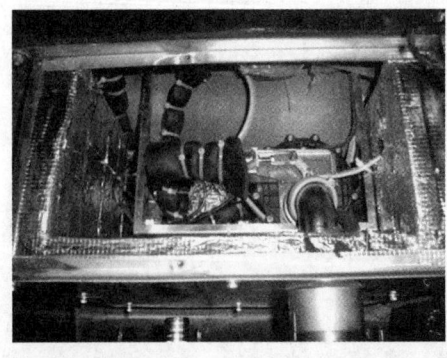

图 7.1.14　改善集便系统、塞拉门控制系统的抗低温性能示例图

（16）研制出外端墙登车扶梯防护箱，具有防止随意攀登安全作用，如图 7.1.15 所示。

图 7.1.15　端墙登车扶梯防护箱

（17）解决了列车纵向冲动问题，如图 7.1.16 所示。

（18）采暖与通风更加人性化。

图 7.1.16　车端连接缓冲阻尼装置

7.1.2.4　车体结构

以 25T 型硬卧车为例。

1. 车体钢结构

25T 型硬卧车车体钢结构如图 7.1.17 所示，为整体承载无中梁筒形结构，由端墙钢结构、侧墙钢结构、底架钢结构和车顶钢结构四大部分组成，车下设部统裙板。

（1）车体钢结构采用的材料。

① 钢结构中板材及型材厚度不超过 6 mm 的采用镍铬系耐候钢，厚度不超过 2.5 mm 的采用 05CuPCrNi，厚度为 3~6 mm 的采用 09CuPCrNi-A，型钢和厚度大于 6 mm 的板材使用普通碳素钢 Q235-B。

② 车顶空调机组座处平顶板、厕所、洗脸室铁地板、翻板脚蹬、调车脚蹬等易腐部位采用不锈钢板。

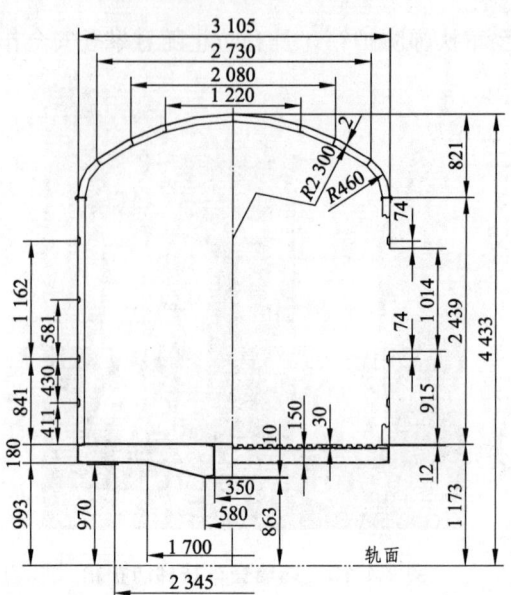

图 7.1.17　25T 型硬卧车车体钢结构横断面

（2）车体钢结构的除锈。

车体钢结构的零部件在组焊前钢材表面均进行预处理，进行抛丸处理的钢材表面清洁度应达到 Sa2½ 级，局部 Sa2 级，薄钢板表面清洁度达到有关规定要求。

（3）车体钢结构的平面度。

车体钢结构组成后，其表面平面度达到以下要求：

侧墙≤1.5 mm/m；

端墙≤2.5 mm/m；

车顶两侧≤2 mm/m；

车顶中部≤4 mm/m。

组成之后没有明显的局部凹凸不平。

（4）车体钢结构的防腐处理。

为保证钢结构在厂修间隔期 15 年内不发生挖补、截换等情况，车体钢结构在彻底干燥的情况下，涂两遍双组分环氧底漆，每遍漆膜厚度不小于 30 μm，车体钢结构内部及底架外部在涂完双组分环氧底漆后，再喷涂厚度不小于 200 μm 厚的重防腐涂料。底漆、腻子、中间涂层、面漆及清漆由同一厂家配套，采用经部审定厂家的产品或进口产品。各封闭断面涂防腐液，外部采用双组分聚氨酯高档面漆，在段、厂修时应采用相同的油漆及与钢种相协调的焊条。钢结构底架下表面及各梁采用环氧底面合一涂料。

2. 车体内部结构

25T 型硬卧车采用无木结构，部统方案，并做了防寒、防腐、防火处理，提高了客车的安全性、通用性、互换性。

（1）车内骨架采用无木结构，螺钉连接。墙、顶板和间壁板的安装减少了明钉和压条。

（2）车内防寒材料采用超细玻璃棉毡，并加铝箔（铝箔设在玻璃棉包装薄膜外侧），各接缝均用塑料胶带密封。

（3）各板、梁、柱之间均采取隔音减振措施，减少车辆在运行过程中发生的声响。

（4）车体内装采用部统方案。客室、走廊墙板和顶板采用玻璃钢板，乘务员室或播音室、行车备品室墙板采用塑贴胶合板。车内间壁板、平顶板均采用塑贴胶合板。客室地板表面覆经部批准厂家生产的橡胶地板布，可采用分幅组焊形式，地板布厚度 4 mm，具有良好的抗灼烧能力，各项性能符合部批技术条件，保证地板布黏结牢固。正常使用情况下，在一个厂修期内不出现鼓泡、开胶、褪色、破损等缺陷。

3. 车钩缓冲装置

25T 型硬卧车车钩缓冲装置采用密接式车钩、弹性胶泥缓冲器。

4. 车端阻尼装置

车端阻尼装置是为了缓解列车纵向冲动而专门设置的机构，它将列车的纵向冲动产生的动能与弹簧的弹性势能之间相互转化，从而缓解冲击。车端设阻尼装置如图 7.1.18 所示。

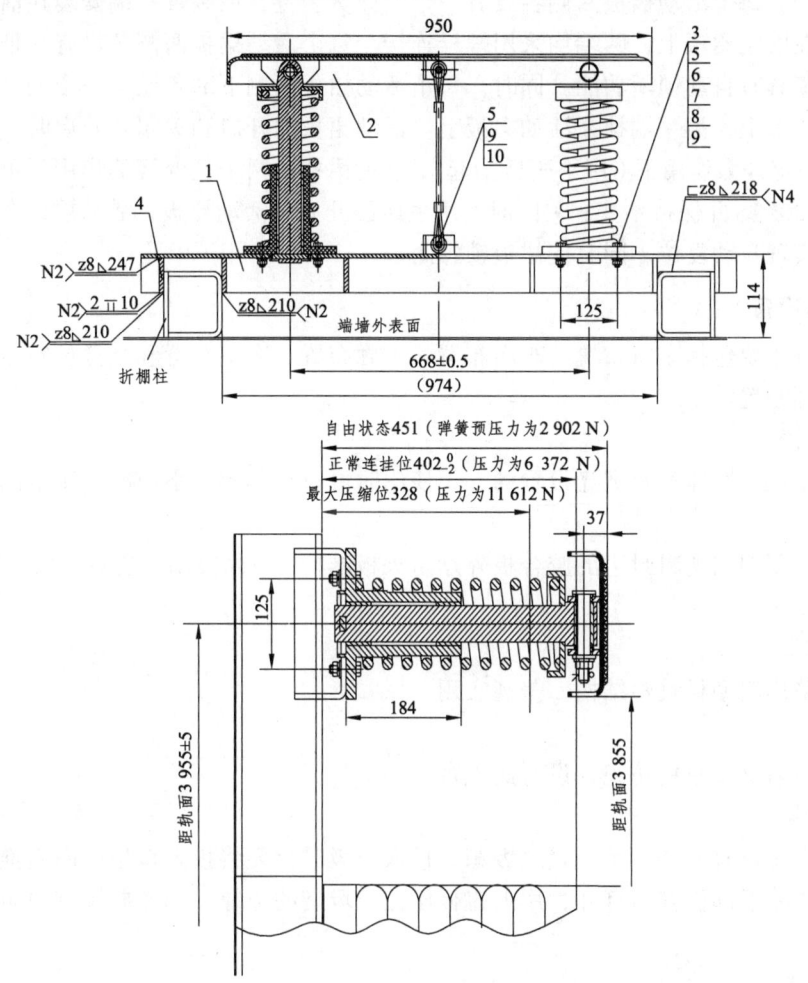

图 7.1.18 车端阻尼装置安装

1—安装梁组成；2—车端阻尼装置；3—垫板 ϕ30 mm；4—连接板 10 mm×187 mm×70 mm；
5—开口销 ϕ4 mm×40 mm；6—螺栓 M16×60；7—螺母 M16；
8，9—垫圈 16；10—销轴 ϕ16 mm×60 mm

5. 风挡装置

与机车连挂的一端采用橡胶风挡，与客车连挂的一端采用折棚式风挡。橡胶风挡安装于客车的端部，它主要由橡胶板组成的横橡胶囊和立橡胶囊及下部缓冲装置构成，具有良好的纵向伸缩性能。除自行连挂外，亦可与铁风挡连挂运行，可安全通过 145 m 的小曲线半径的线路。此外横橡胶囊上方设置了防晒板（兼导雨作用），防晒板更具有较高的抗紫外线照射防止老化的特性。

6. 裙板装置

25T 型硬卧车裙板装置采用部统的外形图及分块图，由固定裙板、活动裙板两部分组成。固定裙板采用与车体边梁对焊固定，并靠斜支撑与底架小纵梁焊接进行加强。活动裙板分别设置在蓄电池箱、逆变器箱、充电机箱、制动单元模块对应的位置，共有六个活动裙板。每个活动裙板靠三个可拆卸的折页与底架之间用螺栓固定，折页与活动裙板之间采用销轴连接，为可拆卸结构。每个活动裙板两侧各设有一个气弹簧装置，该装置一端安装在活动裙板上，另一端安装在固定裙板上，两端均采用螺栓连接。每个活动裙板两侧各设有一把三角弹簧卡锁，弹簧卡锁具有自动锁闭功能。同时，每个活动裙板两侧下部各设有一个安全挂吊，一端焊接在固定裙板上，另一端挂在活动裙板上。活动裙板的开启和关闭：开启时，当裙板锁打开之后，在一定外力作用下（用手稍微抬起），活动裙板在两个气弹簧的作用下可以开启到一定角度（≥120°），并保持不变；关闭时，用手压已开启的活动裙板，活动裙板在气弹簧的作用下，可以实现自动复位，同时使裙板锁锁闭。

7. 车体设备

车内设备主要包括车窗布置、车门布置、走廊布置、客室布置和乘务员室布置。

（1）走廊布置。

① 翻转椅。

翻转椅是供旅客休息及观光设置的，不使用时可自动翻起，不影响走廊空间。

② 边桌。

边桌面采用四周塑料封边的胶合板外贴防火板结构，坚固实用、造型美观，下部设托盘，可供放杂物使用。

③ 窗饰带。

窗饰带采用铝型材喷塑结构，美观实用。

④ 窗帘。

窗帘采用阻燃型布料纺织，设有遮光帘。

⑤ 垃圾箱。

二位端走廊设有一个封闭柜式垃圾箱，投入垃圾时只要将投入口柜门向内推动即可，更换垃圾袋时需将下部检查门打开，用上盖板压住垃圾袋的边缘。如需要倾倒内胆时，可直接将内胆拉出。

⑥ 灭火器。

一位端及二位端走廊各设两个嵌入式可翻出灭火器，根据中国铁路总公司统一要求设计，采用箱式内嵌结构安装于间壁内，灭火器不突起。使用时，操作者只需用手握住灭火器顶部，用力向外拉动灭火器，使套筒板与灭火器同时翻转一定角度，再用力将灭火器自套筒中拔出即可使用。该结构在紧急情况下可以迅速拔出,利于旅客安全。

⑦ 配电柜。

一位端走廊设一个配电柜,各门板为铝蜂窝材质,配电柜设有观察窗及风口。

⑧ 为方便旅客,在走廊处还设有行车时刻表框和温度计。

(2)客室布置。

客室布置主要包括卧铺、茶桌、窗帘、上铺脚蹬及衣帽钩等。每个包间6个定员,每辆车为66个定员。

① 卧铺。

卧铺分为上、中、下铺,均为固定式,采用整体蒙面结构,具有外形美观、坚固耐用等特点。卧铺支架采用部统图新型结构,创意性设计的下部钢管具有裤挂及毛巾杆等多种功能。装于卧铺外侧的防护栏杆既不占用卧铺的有效使用空间,又能起到安全防护功能。

② 茶桌。

茶桌面采用四周塑料封边的胶合板外贴防火板结构,坚固实用、造型美观。茶桌支架有效利用空间,增加了乘坐的舒适性。

③ 窗帘。

窗帘采用阻燃型布料纺织,设有遮光帘和透光帘。

④ 上铺脚蹬。

上铺脚蹬采用暗藏在铝型材框内结构,简洁、适用。

(3)乘务员室、播音室、工程师室布置。

乘务室、播音室、工程师室主要包括办公桌、座椅、图表框、窗帘、卧具柜、衣帽钩。

(4)车窗。

采用的车窗为25T统型车窗。

(5)车门。

本车采用的车门包括电控气动塞拉门、电动内端拉门、外端手动对开拉门、残疾人厕所门、走廊双摆隔门、小间门等。

知识7.2 客车车体检修要求

【摘要】主要介绍客车段修时,车体钢结构、木结构及内装饰、防火装置的检修要求。

客车车体检修必须满足《客车段修规程》中规定的"车体"的技术要求。下面主要针对车体钢结构、木结构及内装饰、防火装置相关要求进行介绍。

7.2.1 钢结构检修要求

7.2.1.1 钢结构外露部分

钢结构外露部分需进行状态检查,清除锈垢,并按下列要求检修:

（1）涂层鼓泡、脱落时须清除并延伸到周边 10 mm 以上，底、体架及金属地板各结合处夹锈超过 2 mm 须清除。各除锈表面须在除净锈垢后 4 h 内进行防腐处理。

（2）底、体架腐蚀超过 30% 时，墙、顶、底板腐蚀穿孔时挖补或截换；变形严重时调修或截换。

（3）车下各吊梁、吊座、拉铆式车窗安装位置的墙板（车窗分解时检查）腐蚀超过 30% 或裂纹时焊修或更新，变形影响功能时调修或截换。

（4）雨檐安装牢固，腐蚀超过 50% 或破损时修补或截换。

（5）防攀盒安装牢固，无变形，配件齐全，各锁、锁扣、折页作用良好。

（6）扶手（梯）安装牢固，破损严重时更换，变形时调修。

（7）车顶各检查盖板、防滑板等设施安装牢固；烟囱及帽、通风器及安装座、进排气口、各天线及座、空调安装座、车下废排风道腐蚀超过 50% 或裂纹时焊修或更新，安装牢固，作用良好。

（8）脚蹬破损时补修或更换，围板腐蚀超过 50% 时截换或更换。脚蹬全车形式一致。

（9）底、体架及底板管孔缝隙不大于 3 mm，超限时须封堵严密（排水工艺孔除外）。

（10）从板座磨耗、腐蚀大于 2 mm 时焊修；前后从板座距离为 625_{-3}^{0} mm，超限时可在前从板座处焊装磨耗板。从板与牵引梁两侧面焊接的磨耗板之间的间隙之和小于 20 mm，超限时焊修或更换。

（11）上旁承须保持光洁，安装牢固，变形或偏磨大于 2 mm 时更换。SW-160（H）/CW-2（1）、209HS 转向架上旁承磨耗板须使用不锈钢材质。

（12）心盘、从板座、牵引梁铆钉松动、锈蚀严重时更换。

（13）上心盘直径磨耗超过 6 mm 或接触面异常磨损影响功能时检修或更换。

7.2.1.2 底架各梁

底架各梁下垂及弯曲超过下列限度时调修：牵引下垂 30 mm，边梁水平弯曲 50 mm，底架中部下垂 50 mm。

7.2.1.3 裙　板

（1）腐蚀超过 50% 或局部穿孔时挖补，变形影响安装时调修。

（2）裙板折页、检查门折页腐蚀、磨耗影响功能时更换。

（3）裙板检查门安装后与下边梁间隙均匀，裙板检查门相对侧墙局部错位不大于 8 mm。

（4）裙板气动簧、安全链、支撑轮和锁状态检查，作用不良时修复或更新。

7.2.1.4 通过台

1. 翻　板

（1）清除各部锈垢，开裂时焊修，变形时调修，腐蚀超过 50% 时修补或更换。

（2）翻板锁 A2 修作用不良时分解检修，配合面润滑，A3 修时分解检修；挡栓（销）注油，作用不良时分解检修。

（3）拉簧、转轴弹簧衰弱时调整或更新，折损时更新。

（4）防风胶条、压铁不良时更新，安装牢固。

（5）开闭器压杆弯曲、变形影响作用时调修，压板不许碰撞侧门，防转固定座安装牢固，作用良好。

（6）转轴注润滑脂，磨耗大于 1 mm 时更换；翻板座裂纹、破损时更新。

2．渡板、扶手、安全链

（1）渡板腐蚀超过 50% 时焊修或截换，变形时调修。

（2）扶手、安全链及座安装牢固。

7.2.2　木结构及内装饰检修要求

7.2.2.1　木制件

（1）木配件状态不良时按现车规格修配，检修后需牢固、耐用、平整、严密、美观。

（2）更换的车内各木质配件须进行防腐、防火处理。

（3）黏结时须使用耐水的胶合剂，木配件外露装饰表面修补不允许用钉子。

7.2.2.2　地　板

（1）木地板凸起、塌陷时挖补，新换地板板间间隙不大于 1 mm。

（2）铝（不锈钢）地板无凸起和翘曲变形，接缝平整，间隙不大于 3 mm，铝（不锈钢）压条、盖板轻微变形时调修平整。

（3）玻璃钢地板破损、龟裂时用相同材质修补或截换。

（4）客室地板布局部包须注胶后压平，鼓包面积大于 200 mm×200 mm 或破损时更换。地板布截换的形状须为矩形，材质相同，颜色近似，接缝严密，两截换处间距不小于 1 m，接缝处进行密封防水处理。通过台、小走廊地板布更换时须整块更换。

（5）地板压条（板）完整，压接牢固，紧密，间隙不大于 2 mm；通过台、小走廊地板压条防水密封胶良好，更换时须先涂打密封胶。

（6）地板沥水格破损时修复或更换，可采用玻璃钢或其他非木材质。

7.2.2.3　内　装

（1）内墙板、装饰板、间壁及玻璃钢顶板等无破损，裂纹时允许修补。破损严重不能修复时须更新，颜色需近似，表面平整美观。

（2）内墙板、内顶板及间隔板为胶合板时，无脱胶、破损。贴面板局部破损时截补，颜色需近似。表面喷塑的内顶板、装饰板局部脱落时可用颜色近似的油漆修补。配件检修后须牢固、严密、平整、美观。

（3）墙、顶板分解时，内部承木及垫木修配齐全，防寒材不良时修补完整，补充的防寒材须为玻璃棉板。

（4）各管路通过处与外露间壁、内顶板、地板的间隙不大于 5 mm。

7.2.3 防火装置检修要求

(1) 茶炉室、锅炉室铁地板腐蚀漏水时焊修或截换，焊缝开焊时补焊。

(2) 各烟囱周围、餐车厨房间壁内的防火隔热材缺失或破损时补齐；墙板、顶板处的镀锌（不锈钢）包板无破损，接缝严密，与各管路间隙不大于 2 mm。

(3) 厨房挡火板清除污垢，腐蚀、破损时修补或截换，与间壁间距不小于原车尺寸。

知识 7.3　客车段修整车落车要求

【摘要】主要介绍客车段修时，整车落成基本要求、车钩缓冲装置落成要求、转向架落成技术要求。

客车段修整车落车要求必须满足《客车段修规程》中规定的"整车落车及试验"的技术要求。下面主要针对整车落成、车钩缓冲器是转向架部分的相关要求进行介绍，旨在明确客车常见故障及检查关键技术要求。

7.3.1　整车落成基本要求

(1) 在侧门靠构架中心方向（200±20）mm 的车顶雨檐下平面至侧墙板下边缘测量车体左右倾斜，不大于 30 mm。

(2) 转向架上各配线须安装牢固并留有适当的余量，保证在车辆运行中不被拉张，不磨碰。

(3) 心盘承载客车，上、下心盘边缘的垂直间隙不小于 3 mm；同一转向架上、下旁承间隙两侧之和为 4~6 mm，两侧均不得密贴。

(4) 有抗侧滚扭杆的客车，在空气弹簧处于工作高度时安装抗侧滚扭杆，安装时不允许用螺栓紧固来消除间隙；一个连杆关节轴承与扭臂接触，另一侧连杆关节轴承与对应侧扭臂间隙大于 105 mm 时，须加垫调整。

(5) 有高度阀的客车，车体找平后，须将高度调整阀调节螺杆螺母锁紧，丝扣、杆须涂油脂，并用革布或胶皮包扎捆固。

(6) 盘型制动客车构架上单元制动缸限位螺栓无松动，限位螺栓与单元制动缸间隙为 2~10 mm。

7.3.2　车钩缓冲装置落成要求

车钩缓冲装置车前，确认车体防跳板状态良好。

(1) 风挡缓冲板外侧面与钩舌外侧面距离为 13~35 mm（紧密式车钩、折棚风挡除外）。测量钩舌与钩腕内侧面距离，闭锁位置时不大于 130 mm，全开位置时不大于 245 mm。

（2）钩提杆落在钩提杆座内，顺时针拉紧钩提杆，钩提杆与下锁销连杆之间距离大于 15 mm。

（3）测量车钩高度（有空气弹簧的须充至工作高度），15 号车钩（含托梁式车钩）的中心线至钢轨面的垂直距离为 860～890 mm。紧密式车钩圆锥顶尖至钢轨面的垂直距离为 850～880 mm。

（4）15 号车钩同一辆车两段钩高相差不大于 10 mm；一端为紧接钩，另一端为托梁钩的，钩高差不大于 40 mm。

（5）钩身上部与冲击座下部间隙为 20～48 mm。

7.3.3 转向架落成技术要求

7.3.3.1 209T、209P、206C、206P 型转向架

（1）转向架落成后，摇枕吊须入槽，摇枕吊轴与吊组装正位，各摇枕吊受力状态良好。

（2）车体找平后，车辆处于缓解状态时，在同一端摇枕端头与构架摇枕吊座之间的间隙差不大于 5 mm 时，调整并紧固牵引拉杆（不得以其调整摇枕偏移量）。

（3）转向架构架两段外侧的导柱安装面与轨面垂直距离：同一转向架左右差不大于 10 mm，前后差不大于 12 mm。

（4）可在轴箱弹簧装置缓冲胶垫下方，加总厚度不大于 10 mm 且数量不超过两块的调整铁垫。

（5）同一轴箱圆弹簧高度差不大于 6 mm，支持环下边缘与轴箱弹簧座间隙不小于 5 mm。

（6）转向架构架侧梁下部与轴箱体顶部的距离不小于 38 mm。

（7）转向架上部与车底下部各零部件的垂直距离：横梁以外不小于 75 mm，横梁以内不小于 50 mm（手制动拉杆、摇杆与枕梁间距除外）。线管及空气制动管与轮缘距离须大于 100 mm。

（8）转向架各下垂品与轨面距离不小于 50 mm（闸瓦插销不小于 25 mm），电器装置不小于 100 mm。

7.3.3.2 209PK 型转向架

（1）落成后，空气弹簧工作高度为 192～200 mm。

（2）在空气弹簧处于工作高度时测量构架两段外侧的导柱安装面与轨面垂直距离：同一转向架左右差不大于 10 mm，前后差不大于 12 mm。

（3）可在轴箱弹簧装置缓冲胶垫下方，加总厚度不大于 10 mm 且数量不超过两块的调整铁垫。

（4）同一轴箱圆弹簧高度差不大于 6 mm，支持环下边缘与轴箱弹簧间隙不小于 5 mm。

（5）转向架构架侧梁下部与轴箱体顶部距离不小于 38 mm（包括轴温报警器传感器部分）。

（6）转向架上部与车底下部各零部件的垂直距离：横梁以外不小 75 mm，横梁以内不小于 50 mm（手制动拉杆、摇枕与枕梁间距除外）。

7.3.3.3 209HS 型转向架

（1）在空气弹簧无压力时，车钩高为（855±5）mm，不足时可用旁承垫进行调整，中心销圆锥面端部与橡胶钢套端部不许接触；空气弹簧充气至高度 196 mm（包括 4 mm 橡胶垫厚度）时，摇枕端部上平面与构架侧梁下平面间隙不小于 35 mm；落成后，空气弹簧工作高度为 185~200 mm，同一转向架两侧空气弹簧高度差不大于 10 mm。

（2）在空气弹簧处工作高度时，测量构架两端外侧的导柱安装面与轨面垂直距离：同一转向架左右差不大于 10 mm，前后差不大于 12 mm。

（3）可在轴箱弹簧装置缓冲胶垫下方，加总厚度不大于 10 mm 且数量不超过两块的调整铁垫。

（4）全车落成找平后，同一轴箱弹簧高度差不大于 6 mm，同一转轴架弹簧高度差不大于 8 mm。

（5）轴箱两侧下部定位器防松吊座螺栓紧固时应使定位器与导柱止口密贴。

（6）转向架构架侧梁下部与轴体顶部的距离不小于 38 mm（包括轴温报警传感器部分）。

（7）转向架上部与车底下部各零件的垂直距离：横梁以外不小于 75 mm，横梁内不小于 50 mm（手制动拉杆、摇枕与枕梁间距除外）。

7.3.3.4 CW-2（1）型转向架

（1）落成后，空气弹簧工作高度为（150±3）mm。

（2）在空气弹簧处于工作高度时，测量构架定位座下表面至轨面高度：同一转向架高度差不大于 4 mm。

（3）可在轴箱弹簧和上定位座之间加 1 块厚度不大于 5 mm 的调整铁垫，弹簧下方加不超过两块，总厚度不大于 15 mm，加垫时优先加弹簧下方。

（4）转向架上部与车底下部各零部件的垂直距离：横梁以外不小于 75 mm，横梁以内不小于 50 mm（手制动拉杆、摇枕与枕梁间距除外）。

（5）摇枕到构架下平面距离：CW-2 型转向架为（45±3）mm，CW-1 型转向架为（29±3）mm［基准块到构架下平面距离，无基准块车辆为（37±3）mm］。

7.3.3.5 SW-160（H）型转向架

（1）落成后，空气弹簧高度为（200±5）mm。

（2）在空气弹簧处于工作高度时测量基准块至轨面高度：同一转向架左右差不大于 10 mm，前后差不大于 12 mm。

（3）可在轴箱弹簧装置缓冲胶垫下方，加总厚度不大于 20 mm 且数量不超过两块的调整铁垫。

（4）转向架上部与车底下部各零部件的垂直距离：横梁以外不小于 75 mm，横梁以内不小于 50 mm（手制动拉杆、摇枕与枕梁间距除外）。

（5）轮对提吊与定位转臂挡座处的间隙不小于 12 mm。

7.3.3.6 CW-200（K）型转向架

（1）空气弹簧充气后，构架上的测量基准面与空气弹簧上平面距离须为：采用 $\phi 630$ mm

空气弹簧（长客股份 2004 年出厂的邮政车除外）为 [(130 + t) ± 3] mm；其余为 [(150 + t) ± 3] mm（其中 t 指空气弹簧下面调整垫厚度，不大于 25 mm，数量不超过两块，加垫后须保证油压减振器防尘罩端高于另一端），车体两侧空气弹簧高度差不大于 3 mm。

（2）在空气弹簧处于工作高度时测量转臂定位座下加工面至轨面垂直距离：同一转向架四角高差不大于 4 mm。

（3）可在轴箱弹簧装置下方加总厚度不大于 20 mm 且数量不超过两块的调整铁垫。

（4）转向架上部与车体底架下部各零件垂直距离：转向架两横梁外侧不小于 60 mm，内侧不小于 50 mm。

（5）横向止挡与纵向梁挡板之间间隙每侧为 (40 ± 2) mm。

（6）轮对提吊间隙不小于 30 mm。

（7）空气弹簧充风至工作高度时，防过充钢丝绳余量不小于 30 mm。

（8）牵引拉杆锁紧板与定位块下表面间隙大于 1 mm。

7.3.3.7　SW-220K 型转向架

（1）空气弹簧工作高度下，构架上的测量基准面与空气弹簧上平面距离为 [(320 + t) ± 3] mm（其中 t 指空气弹簧调整垫厚度，不大于 30 mm；t 在 16～30 mm 范围时，在牵引销的安装面加 15 mm 的铁垫板），车体两侧空气弹簧高度差不大于 3 mm。

（2）在空气弹簧处工作高度时测量基准块至轨面垂直距离：同一转向架，左右差不大于 8 mm，前后差不大于 10 mm。

（3）可在轴箱弹簧装置缓冲胶垫下方，加总厚度不大于 20 mm 且数量不超过两块的调整铁垫。

（4）转向架上部与车体底架下部各零件垂直距离：转向架两横梁外侧不小于 60 mm，内侧不小于 50 mm。

（5）横向止挡与纵向梁挡板之间间隙每侧为 (40 ± 2) mm，两侧之和为 (80 ± 2) mm。

（6）轮对提吊间隙不小于 15 mm。

7.3.3.8　AM96 型转向架

（1）空气弹簧充气状态下，转向架空气弹簧盖板（包括调整板厚度）距轨面高度为 1 020 mm，两侧高度差不大于 4 mm。不足时，优先在空气弹簧座处加数量不超过 3 块、总厚度不超过 18 mm 的调整垫调整，仍不足时在空气弹簧上盖板处加数量不超过两块、总厚度不大于 36 mm 的铁垫调整。空气弹簧充风与排风时空气弹簧板（包括调整板厚度）距轨面高度差为 30～35 mm。

（2）在空气弹簧处于工作高度时测量基准块至轨面垂直距离：同一转向架左右差不大于 10 mm，前后差不大于 12 mm。

（3）可在轴箱弹簧装置缓冲胶垫下方，加总厚度不大于 6 mm 的内、外簧调整铁垫。

（4）转向架上部与车体底架下部各零件垂直距离：两横梁内侧不小于 50 mm，横梁外侧不小于 75 mm。

（5）转向架牵引销与横向止挡间隙每侧为 (20 ± 2) mm，两侧之和为 (40 ± 2) mm；纵向间隙为 13～17 mm。

（6）轮对提吊间隙不小于 40 mm。

7.3.3.9 PW-220K 型转向架

（1）空气弹簧工装高度为 $[(358+t)±3]$ mm（其中 t 指空气弹簧下座调整厚度）。调整钩高时，可在上盖板处加数量不超过两块总厚度不大于 20 mm 的铁垫，也可在下座加数量不超过两块总厚度不大于 10 mm 的铁垫（优先在上盖板处加垫调整），同一转向架空气弹簧上平面距轨面高度差不大于 3 mm。

（2）在空气弹簧处于工作高度时测量基准块至轨面垂直距离：同一转向架左右相差不大于 8 mm，前后差不大于 10 mm。

（3）可在轴箱弹簧下加总厚度不大于 8 mm 且数量不超过两块的铁垫调整。

（4）转向架上部与车体底架下部各零件垂直距离：两辅助横梁内测不小于 50 mm，辅助横梁外侧不小于 75 mm。

（5）横向止挡与中心销止挡座面间隙每侧须为（20±3）mm。

（6）轮对提吊与定位转臂间隙不小于 35 mm。

【实践教学活动】

为了顺利进行实践教学活动，请参观客车车辆段的"客修车间"，以增加感性认识。在此基础上，总结客修车间生产组织形式和检修基本工艺。客车段修工艺流程示意图如图 7.3.1 所示。

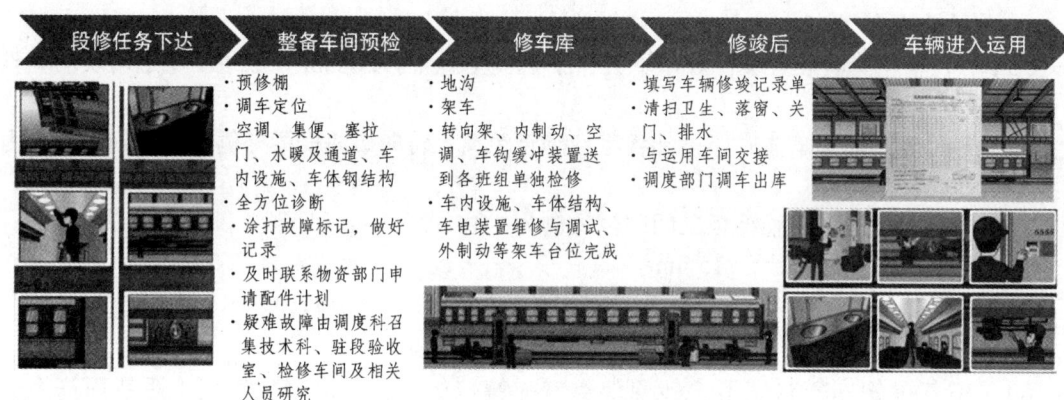

图 7.3.1　客车段修工艺流程示意图

下面选取 3 个典型工作任务进行实践活动，旨在熟悉实际工作岗位作业内容、作业标准和岗位要求。

任务 7.1　客车段修架车前准备（转向架）作业

R7.1.1　任务导入

（1）客车段修任务下达后，在预修库里需要做哪些预检工作？

（2）架车前准备（转向架）岗位作业要领是什么？
（3）架车前准备（转向架）岗位工作流程及作业内容是什么？

R7.1.2 任务实施步骤

R7.1.2.1 了解段修任务下达后，在预修棚里的作业内容

段修任务下达后，调度科调度员负责在预修棚调车定位，完成空调、集便、塞拉门、水暖及管道、车内设施、车体钢结构等全方位诊断，涂打故障标记，做好记录，有些更换零部件需要及时联系物资部门申请配件计划。对于疑难故障由调度科召集技术科、驻段验收室、检修车间及相关人员研究，做出合理安排检修生产任务的计划。

R7.1.2.2 熟悉架车前准备（转向架）岗位作业要领

（1）架车前准备（转向架）岗位作业要领如图 R7.1.1 所示。

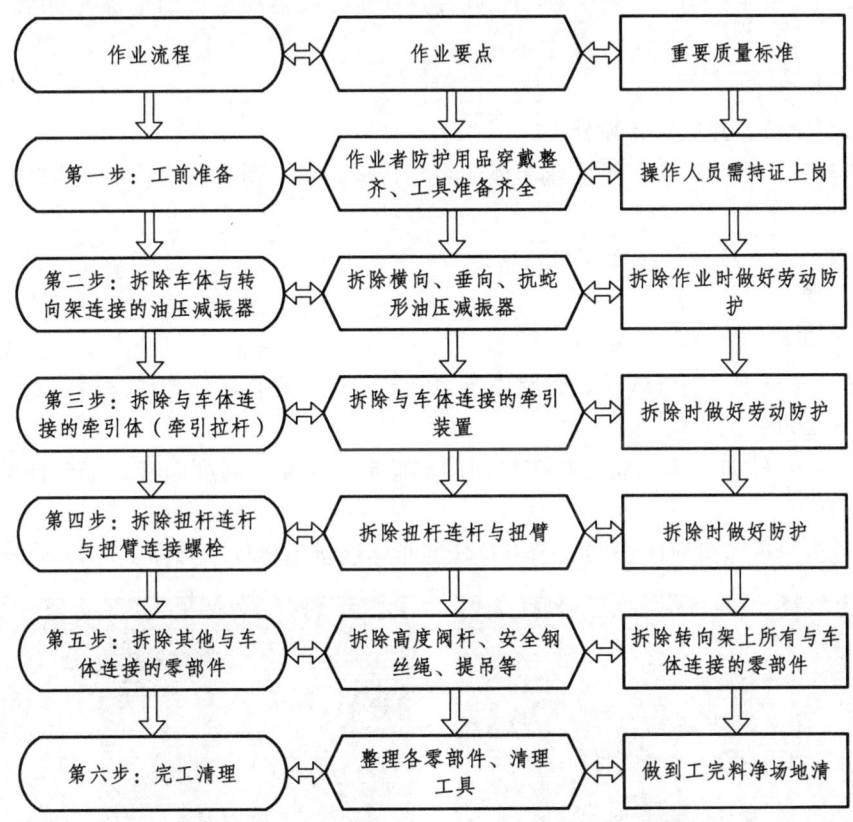

图 R7.1.1 架车前准备（转向架）岗位作业要领

（2）架车前准备（转向架）岗位注意事项：
① 作业时必须正确穿戴防砸皮鞋、手套、帽子等劳保用品，防止配件砸伤。
② 拆除车底下部连接件时，注意劳动安全。
③ 在架车前须确保已拆除转向架上所有与车体连接的零部件（管线）。

④ 作业前在轮对两侧打好止轮器。
⑤ 拆除转向架与车体连接的各零部件时不能野蛮拆卸。
⑥ 对拆卸下的油压减振器、高度调整杆等零部件做好防护。
⑦ 对风管接头、各传感器安装孔加装防尘堵。

R7.1.2.3　准备好作业材料和工装工具

（1）作业材料：手套、工作帽、防砸皮鞋等。
（2）工装工具：风扳、扳手、风扳枪、止轮器、钩引、手锤、钩高尺、卷尺、车体倾斜仪、直尺、千斤顶。

R7.1.2.4　工前准备

（1）作业者防护用品穿戴整齐，须穿防砸皮鞋。
（2）确认工具齐全，且状态良好。
（3）检查榔头木柄与锤头有无松动，钩高尺等测量仪器检定日期是否过期等。

R7.1.2.5　基础数据测量

（1）牵引定位，并放置止轮器。
（2）根据生产组织需要，可测量车体倾斜、钩高、构架四角高、轮径等参数，作为落成调整参考数据。

⚠ **注意**：测量后须如实记录相关数据。

R7.1.2.6　拆除转向架与车体各连接件

（1）排尽各风缸、空气弹簧、管路内压力空气。检查确认转向架已除垢、吹尘。
（2）CW-200 系列转向架。
① 将连接在转向架构架组成和车体间的抗蛇形减振器、高度阀杆、安全钢丝绳拆下，如图 R7.1.2 所示。
② 在地沟里拆除横向减振器、牵引拉杆与车体连接端螺栓，如图 R7.1.3 所示。

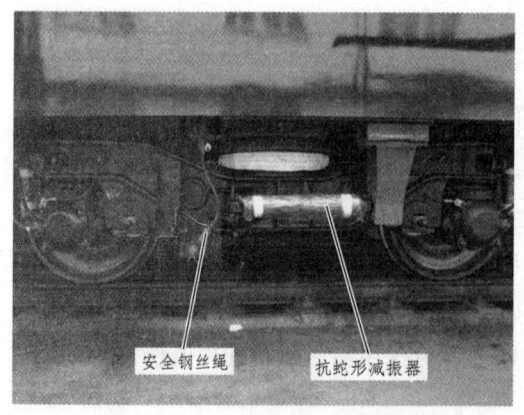

图 R7.1.2　CW-200 系列转向架

图 R7.1.3　CW-200 系列分离牵引拉杆、扭杆

③ 分离车体与转向架间的制动软管、手制动机连接装置。

④ 分解扭杆连杆与扭臂连接螺栓。

（3）PW-220K、AM96系列转向架如图R7.1.4、图R7.1.5所示。

① 卸下牵引销下部紧固板连接螺栓。

② 卸掉高度调节杆与构架连接螺栓。

③ 分离车体与转向架间的制动软管、手制动机钢丝绳与制动杠杆连接圆销。

④ 分解横向、抗蛇形、二系垂向油压减振器（PW-220K）。对于AM96系列转向架，应拆除空气弹簧上盖板与车体连接螺栓。

⑤ 分解扭杆连杆与扭臂连接螺栓。

图 R7.1.4　PW-220K 分离抗蛇形、　　　　图 R7.1.5　PW-220K 分离横向油压减振器
　　　　　二系垂向油压减振器

⚠ 注意：PW-220K 转向架如架车过程中较难分离牵引中心销与牵引体，可以使用 M85 工艺螺栓结合千斤顶将车体与转向架顶开。

（4）SW-220K 型转向架。

① 将轴箱弹簧座上的防锈帽揭开，将 Tr32×6 规格的工艺螺栓（与工艺垫圈配合使用）拧入并紧固。

② 将空气弹簧内的压力空气排尽。将连接在转向架构架组成和车体间的抗蛇行减振器、高度控制阀拆下。

③ 分离车体与转向架间的制动软管、手制动机连接装置。

④ 在地沟里拆除横向减振器、牵引拉杆与车体连接端螺栓，如图 R7.1.6 所示。

图 R7.1.6　SW-220K 转向架连接件拆除

（5）其他型号转向架（209、206、CW 等）。
① 卸掉高度调节杆与构架连接螺栓。
② 分离车体与转向架间的制动波纹管、手制动机连接装置。
③ 分离转向架与车体连接的其他管路、接线。
④ 209HS 型转向架拆除导柱防松吊座，206G 型转向架拆除支柱扁销开口销及扁销。
⑤ 分解均衡杠杆与转向架基础制动装置，移动杠杆连接圆销及开口销。

⚠️ 注意：① 拆下速度传感器探头并包扎好，定位放置，防止探头损坏，轴箱上传感器孔必须用螺丝堵上以防进入异物。对风管加堵。② 排掉风缸、空气弹簧等处的余风。

R7.1.2.7　完工清理

（1）把使用完的工、量具及时收拾放于工具柜里。
（2）将车上拆下的零部件做好防护送到相关检修区域。
（3）把没有用完的材料或者分解下来的废旧材料收集起来，分类归放。完工后，做到工完、料净、场地清。

任务 7.2　客车段修落车作业

R7.2.1　任务导入

（1）落车作业要领是什么？
（2）落车工作流程及作业内容是什么？

R7.2.2　任务实施步骤

R7.2.2.1　熟悉落车作业要领

（1）落车作业要领如图 R7.2.1 所示。
（2）落车作业注意事项。
① 作业时必须正确穿戴防砸皮鞋、帽子、手套等劳保用品。
② 作业前须检查架车机外观、性能是否良好，确认线路是否无破损，防止触电危险。
③ 在落车作业中严禁作业人员身体任何部位进入架车机下。
④ 落车作业中须保证 4 台架车机同步上升、下降。
⑤ 落车时必须撤离车上、车下、车顶人员。
⑥ 落车前彻底检查上下、前后是否有作业人员及障碍物。
⑦ 落车时，应集中精神，密切注视托架，当车体上升到需要高度时，立即停车，切断电源。如发现车体发生歪斜时，应立即停车处理。
⑧ 架车机丝杆及螺母处要经常保持清洁，工作后必须检查、清扫设备，做好日常保养工作。

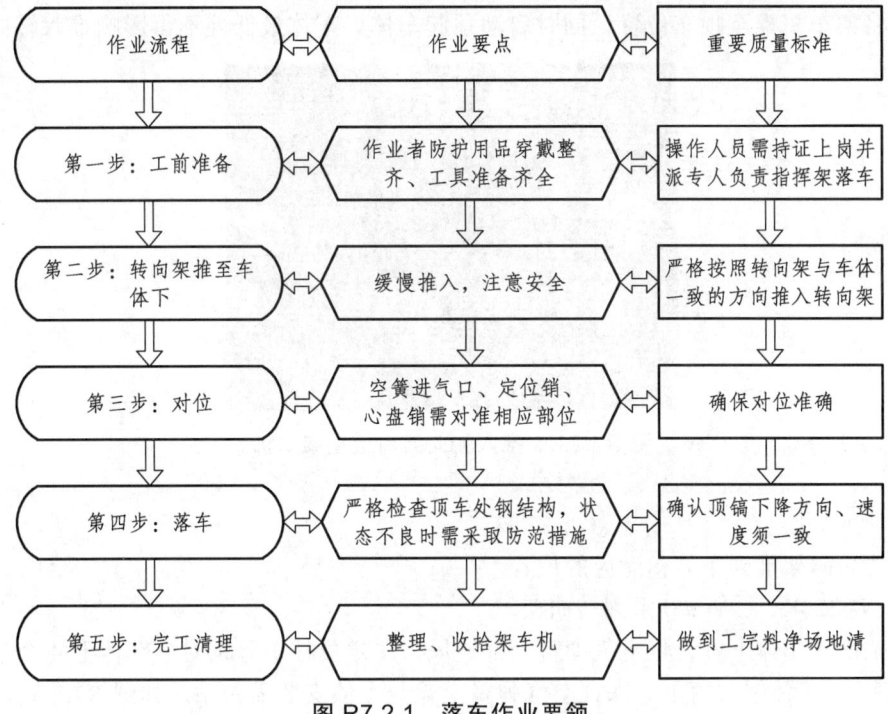

图 R7.2.1 落车作业要领

R7.2.2.3 准备好作业材料和工装工具

（1）作业材料：手套、工作帽、防砸皮鞋等。

（2）工装工具：止轮器、架车机、铁马、行车、千斤顶。

R7.2.2.4 熟悉落车基本技术要求

（1）四台架车机同时使用时，必须由三人同时作业，分别负责操作架车机、指挥作业和巡视监控架车状态；架车过程中车上、车下、车顶不得有其他作业人员。

（2）落车时横梁负重后，应检查架车机底座下面是否与基层地面相触，如有间隙时，须加垫板，消除间隙。

（3）在用行车起吊转向架时，应注意转向架下不得有人；吊运工作时，只许听从一人指挥，但"停车"信号不论发自何人，均应立即停车。起吊工件时钢丝绳应处于垂直无拧劲状态。

R7.2.2.5 工前准备

（1）作业者正确穿戴防护用品，须穿防砸皮鞋。

（2）确认工具齐全，且状态良好。检查榔头木柄与锤头有无松动，架车机、行车等工具仪器检定日期是否过期等。

R7.2.2.6 推入转向架

（1）落车前检查架车机是否良好，如图 R7.2.2 所示。

（2）将架车机推至顶车位置，同时启动顶起车体，车体最低处不得影响推入转向架。

图 R7.2.2　推入转向架前检查架车机

R7.2.2.7　落　车

（1）将转向架推到车体相对应的位置。

（2）SW-220K、CW-200 系列转向架。

转向架推入车体下方，将空气弹簧上部进风口（定位柱）分别对准车体上 4 个锥形安装座（定位座），车体缓缓落下，保证空气弹簧上盖与车体安装面密贴，如图 R7.2.3 所示。

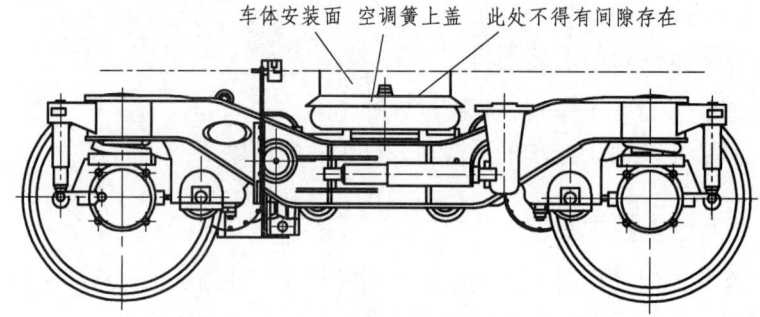

图 R7.2.3　气弹簧上盖与车体对准后落车

（3）PW-220K、AM96 转向架。

① 转向架推入车体下方，清洁车体空气弹簧安装面，去除浮锈及其他杂质，涂抹抗咬合剂，可交叉涂抹后用棉纱抹匀，确保接触面不露底。

② 将中心销与牵引中心节点接触部位涂抹抗咬合剂，落车时中心销应垂直于轨面，对准定位销孔。取下空气弹簧进气口的防尘罩，检查 O 型密封圈是否完整，清除进气口及定位销杂质。定位销及进气口嘴涂抹少量中性凡士林以便落车。将车体缓缓落至转向架上。

（4）其他型号转向架。

落车前需在心盘销涂抹适量油脂，心盘销对准车体（构架、摇枕），缓慢落下。

（5）启动架车机，缓慢落下车体，车体完全落下后，将架车机（镐头）、铁马凳移至存放处。

⚠ 注意：① 四台架车机同时使用时，必须由三人同时作业。② "停车"信号不论发自何人，均应立即停车；落车时必须撤离车上、车下、车顶人员。③ 落车时，应精神集中，密切注视托架,如发现车体发生歪斜时,应立即停车。④在任何情况下,不得将头和身体探入枕梁与转向架之间。

R7.2.2.8 完工清理

（1）完工后把使用完的工具及时收拾放于工具柜里,架车机推至指定位置。
（2）把没有用完的材料或者分解下来的废旧材料收集起来,分类归放。
（3）完工后,做到工完、料净、场地清。

任务7.3　DC 600 V供电25T型空调客车整车落成检查

R7.3.1　任务导入

（1）进一步熟悉DC 600 V供电25T型空调客车,清楚每一部分的结构组成。
（2）整车落成检查需要检查的作业流程是什么?
（3）整车落成检查车下、车上、车顶主要检查什么?

R7.3.2　任务实施步骤

R7.3.2.1　熟悉作业流程

作业装备→车下部分检查→车上部分检查→车顶部分检查→完工整理。

R7.3.2.2　准备好工具材料

常用电工工具、电筒、检点锤、防护红旗、塞尺、1 000 V级兆欧表、500 V级兆欧表、风源、DC 600 V地面供电设备。

R7.3.2.3　明确注意事项

（1）工作者必须按规定穿好防护服、戴好防护帽等劳动保护用品。
（2）作业前全面检查所用设备、工具状态良好。
（3）操作设备人员,确认持有有效的设备操作证或上岗证。
（4）作业时要注意用电安全,两人同时作业时要做好呼唤应答。
（5）每天完工后切断电源,清点工具,确认工具状态良好并擦拭干净后放入工具箱内,做好设备保养,离岗前须确认电闸关闭、周围无杂物、无火源。

R7.3.2.4　作业准备

（1）确认穿戴好劳动保护用品。
（2）确认相关工装、设备状态良好、齐全。
（3）确认电源、风源满足工作要求。

R7.3.2.5 车下部分检查

1. 绝缘测试

（1）断开车上综合控制柜内 Q1、Q2、Q3 空气开关，断开各负载开关、熔断器。

（2）使用 1 000 V 级兆欧表分别测量 I 路、Ⅱ 路主干线绝缘值，绝缘值符合要求。

⚠ **注意**：在使用兆欧表时，摇动手柄的转速应掌握在 2 rad/s 左右。

（3）使用 500 V 线兆欧表测试 39 芯通信线座各使用针脚对地绝缘值应符合要求，如表 R7.3.1 所示。

表 R7.3.1　39 芯通信连接器座插针线号表

插针号	8	9	10	11	15	16	18	23	31	32
线号	41	198	BY1	BY2	ZB1	ZB2	LWxxA	LWxxB	+117	-117
信号定义	供电请求	供电允许	播音		轴报		网线		+110 V 电源	-110 V 电源

2. 绝缘测试完毕后，开始车下作业

（1）作业流程如图 R7.3.1 所示。

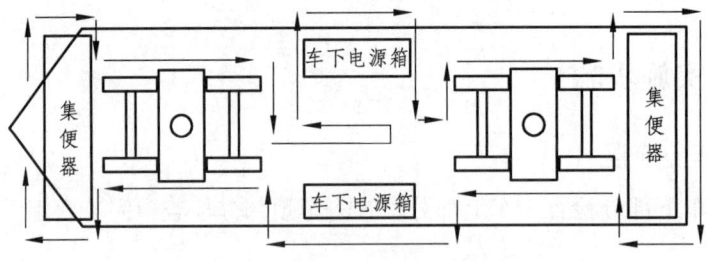

图 R7.3.1　车下作业示意图

🛡 劳动安全风险点。

⚠ 警告车下作业易磕碰、摔伤。

🔑 风险卡控措施：劳保用品穿戴整齐，作业时做好自我保护。

（2）车端部位检查（一、二位端检查内容相同）。

① 检查 DC 600 V 动力连接器座，如图 R7.3.2 所示；安装螺栓无松动，油漆标记齐全；配件作用良好、齐全、无松动；极柱无变色、烧损；各部件活动灵活；密封圈齐全、良好；油润到位，防开装置作用良好；检修标记粘贴牢固。

② 检查 DC 110 V、通信、接地、电空制动连接器座，如图 R7.3.3 所示；安装螺栓无松动，油漆标记齐全；配件作用良好、齐全无松动；极柱无变色、烧损；弹簧及卡簧活动灵活；密封圈齐全良好；油润到位，防开装置作业良好；检修标记粘贴牢固（尾灯插座除外）。

③ 检查空调溢水管安装牢固，无堵塞，如图 R7.3.4 所示。

（3）车下电气设备检查（分两侧进行）。

① 检查真空集便装置：污物箱螺栓、各阀门、各箱门螺栓、垫圈安装无松动，如图 R7.3.5 所示；阀门开启灵活、线管固定符合要求、伴热分线盒配件齐全、外包层无脱落，如图 R7.3.6 所示。

图 R7.3.2　DC 600 V 电力连接器座检查

图 R7.3.3　车端其他连接器座检查

图 R7.3.4　空调溢水管检查

图 R7.3.5　污物箱阀门检查

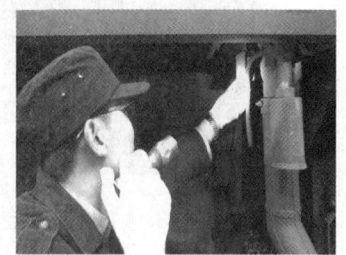
图 R7.3.6　伴热装置检查

② 转向架电气配件检查：接地装置配件齐全，安装牢固，如图 R7.3.7 所示；电阻线、编织铜线使用符合要求；轴温传感器及紫铜垫（不超过三个）安装无松动，与轴箱密贴，线管不抗磨，如图 R7.3.8 所示；车体各分线盒配件齐全、安装无松动，如图 R7.3.9 所示；速度传感器安装牢固，测量探头与齿轮间隙，如图 R7.3.10 所示，要求 TFX 型为（1.0±0.2）mm，SWKP 型为（1.5±0.5）mm。

图 R7.3.7　检查接地线

图 R7.3.8　检查速度传感器及轴温传感器

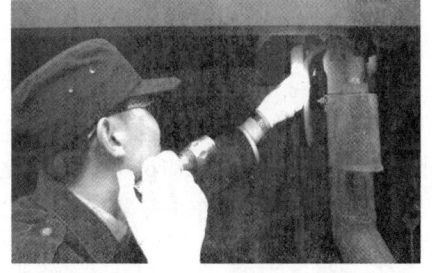
图 R7.3.9　检查车体各线盒

图 R7.3.10　测量速度传感器间隙

③ 打开裙板，进行车下电源及箱体检查：裙板防开装置齐全，开启过程中各部转动良好；箱体悬吊及安装螺栓无松动、裂纹，防松标记齐全，如图 R7.3.11 所示；箱门盖、锁及折页齐全良好；箱体接地线无断股、松动，标识清晰；箱体油漆规范；散热片、散热风扇清洁无缺损；检查内部除尘彻底，各元器件齐全、无烧损，熔断器容量符合图纸要求，如图 R7.3.12 所示；接线排及配线安装牢固，图纸齐全且粘贴牢固。

图 R7.3.11　检查车底各箱体悬吊　　　图 R7.3.12　检查车下电源

④ 打开裙板，进行蓄电池及箱体检查：裙板防开装置齐全，开启过程中各部转动良好；箱体悬吊及安装螺栓无松动、裂纹；箱体接线地无断股、松动，正负标记、检修标识清晰，油漆规范；箱门、定检框及托盘配件齐全，导轨作用灵活，防开装置使用良好；蓄电池液面高度位于最高液位线，配线安装无松动，极柱挡块齐全，表面清洁，如图 R7.3.13 所示；打开熔断器盒，检查内部除尘到位，空气开关及配线外观良好，安装无松动，熔断器符合 80 A 要求，如图 R7.3.14 所示。

图 R7.3.13　蓄电池检查图　　　图 R7.3.14　检查蓄电池接线盒

⑤ 车底配件检查：排风阀安装牢固，螺栓防松标记、检修标记齐全，线管固定不抗磨；线槽、线管、螺栓、卡簧齐全且安装无松动腐蚀，如图 R7.3.15 所示；分线盒、过线盒搭扣齐全、无脱落，线盒内配线无变色、松动；DC 110 V 干线熔断器作用良好，防松标记符合要求，清洁除尘，检修标记清晰且粘贴牢固，密封胶条齐全，如图 R7.3.16 所示；加速度传感器、压力传感器安装牢固，配线防护规范，如图 R7.3.17 所示；客车电子标签安装牢固，如图 R7.3.18 所示。

（4）通电测试：供电信号及尾灯点亮测试按《车电装置试验作业指导书》执行。

图 R7.3.15　检查电子防滑器排风阀

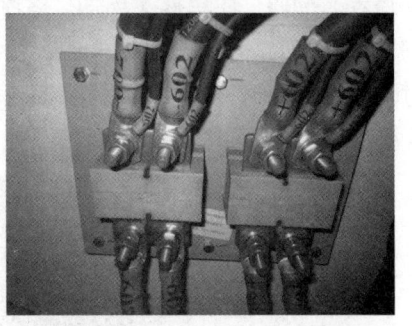
图 R7.3.16　检查车底各分线盒

图 R7.3.17　检查加速度传感器

图 R7.3.18　检查客车电子标签

R7.3.2.6　车上部分检查

（1）车下部分作业完毕后从一位端上车逐项开始检查，车内设施通电测试在静态检查结束后按《车电装置试验作业指导书》及《车内设备试验作业指导书（车电）》执行。

（2）电控气动塞拉门检查：检查塞拉门控制箱各配件齐全无松动；各配线接线牢固、标记清晰；各标牌、图纸齐全、清晰、正确；各管路连接正确，排列整齐，安装牢固；门扇整洁、无损伤，上下滑道、防护罩内、门框周边密封胶条无杂物；门锁状态作用良好，如图 R7.3.19 所示；各运动件润脂均匀；密封胶条无破损、龟裂、老化、变形；手动开关塞拉门，开关灵活、无卡滞，如图 R7.3.20 所示；防火改造符合要求。

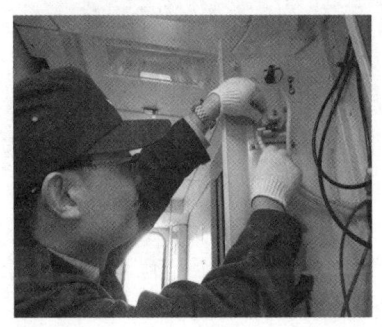
图 R7.3.19　检查塞拉门气路控制箱

图 R7.3.20　手动静态检查

（3）四合一综合控制柜检查。

① 检查各配线、插接件无松动、烧损，元器件齐全，如图 R7.3.21 所示；防松标记齐全；静态试验空调主回路各接触器无卡滞，触摸屏、热继电器、过流继电器整定值正确；漏电报警器旋钮刻度正确；各熔断器容量符合图纸要求；紧急断电按钮状态良好，铅封齐全，如图 R7.3.22 所示。

图 R7.3.21　综合控制柜静态检查　　　　图 R7.3.22　检查紧急断电按钮

② 门饰板上各配件齐全且安装无松动，轴温报警装置检修月份与车辆检修月份一致，如图 R7.3.23 所示。

③ 各类空气开关静态试验无弹开。使用 500 V 兆欧表在接线排处分别测量通风机、压缩机、冷凝风机、空气预热器对地绝缘值不小于 2 MΩ，如图 R7.3.24 所示；伴热装置对地绝缘不小于 20 MΩ。

图 R7.3.23　检查轴温报警装置　　　　图 R7.3.24　测试交流负载绝缘

④ 在柜内线排处测试客室电加热器绝缘值不小于 50 MΩ，如图 R7.3.25 所示。

⑤ 控制柜内线槽齐全，元器件标识清晰，电气原理图、元件布置图齐全。

（4）出回风口及废排风机检查，如图 R7.3.26 所示。空调航插连接无松动，配件齐全，无烧损现象；回风滤网、蒸发器滤网齐全，清洁无脏堵；蒸发器清洁无脏堵；温度传感器安装牢固、表面清洁，周围无覆盖物；防脱装置配件齐全，作用良好；出风口清洁，风量调节装置作用良好；废排风机安装牢固，外观良好。

（5）照明配电柜、厨房配电柜、集便电源箱、影视系统控制柜、行车安全监控柜检查按照相关要求执行；烟火报警装置安装牢固，显示面板及按键无破损。

（6）TCDS、KAX-1 安全监控装置检查。

① 检查车内 GPRS 天线连接线无破损，吸附牢固，周围无屏蔽，状态良好，如图 R7.3.27 所示。

② 车厢级主机内接插件、开关、端子排等零部件齐全、安装牢固、性能良好；各连接线缆无破损、变色、老化、连接正确；配线线号清晰、排列整齐、接线牢固、作用良好，如图 R7.3.28 所示。

图 R7.3.25 测试直流负载绝缘

图 R7.3.26 检查回风口

图 R7.3.27 检查无线传输装置

图 R7.3.28 检查车厢级主机

③ 工程师车列车级主机、TCDS 主机内接插件、开关、端子排等零部件齐全、安装牢固、性能良好；各连接线缆无破损、变色、老化，连接正确；配线线号清晰、排列整齐、接线牢固、作用良好，如图 R7.3.29 所示。

④ 主机板卡齐全、安装位置正确；各板卡连接器状态良好，连接牢固可靠；监控屏安装牢固状态正常，如图 R7.3.30 所示。

图 R7.3.29 检查工程师车监控设备

图 R7.3.30 检查监控屏

（7）电开水器检查。

① 各类水阀配件齐全，安装牢固，转动灵活，如图 R7.3.31 所示。

② 控制箱内元器件齐全，无烧损，静态手动试验接触器作用良好，熔断器符合图纸要求，如图R7.3.32所示。

③ 各门饰板无脱落，锁闭到位；裸露配线须防护到位；接地线贯通且安装牢固；

④ 各部位无渗水现象，检修标记、电气原理图清晰，粘贴牢固。

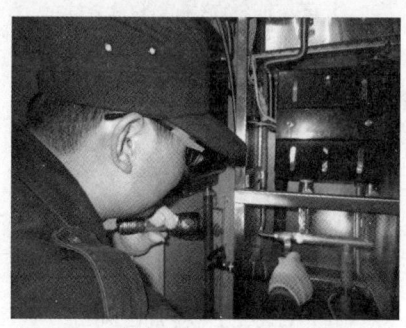 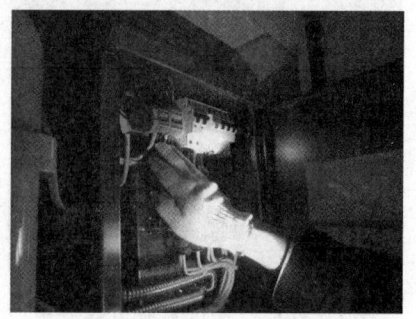

图R7.3.31　检查电开水器各水阀　　　图R7.3.32　检查电开水器控制箱

（8）客室其他用电设备检查。

① 客室灯具：无缺失、脱落、异型，抽检一盏灯具检查逆变器、灯管、配线安装符合要求，接地线安装牢固，检修标记清晰且粘贴牢固，如图R7.3.33所示。

② 客室播音开关、风量调节开关、呼唤器开关、残疾人车"SOS"开关、旋钮配件齐全，旋钮开关无反向，指向准确，如图R7.3.34所示。

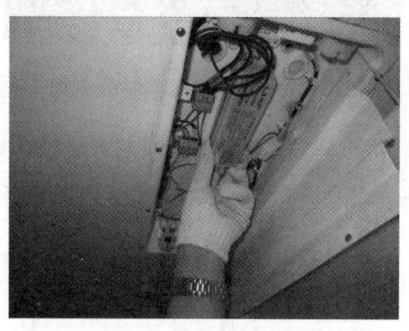 

图R7.3.33　检查照明灯具检修情况　　　图R7.3.34　检查客室各开关旋钮

③ 扬声器外罩外观良好，安装紧固，无异型。

④ 客室AC 220 V插座、电话插座：须符合"CCC"认证，警示标识清晰且粘贴牢固；抽检一个客室插座检查内部除尘及接线情况，如图R7.3.35所示。

⑤ 客室电加热器，各部件安装牢固，螺栓齐全，上下左右与障碍物距离应大于40 mm；检查内部除尘、清洁到位，抽查分线盒接线无松动、变色，检修标记清晰且粘贴牢固，如图R7.3.36所示。

⑥ 手动检查电动端门：手动施加不大于150 N的力可实现开、关门，无卡滞、异音、回弹现象发生；操作按钮无破损，手动锁闭功能良好，如图R7.3.36所示。

⑦ 客室内烟火报警器：探测器齐全，无破损，检修标记粘贴规范；抽检一只探测器，拆下外罩，内部清洁无垢；检查底座接线紧固，配线无破损、老化，如图R7.3.38所示。

项目 7　客车车体检修

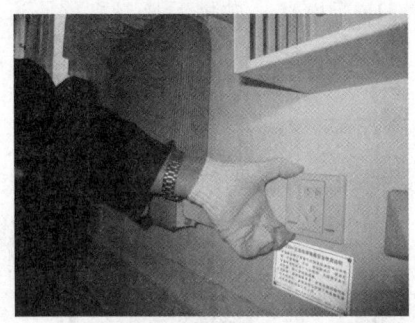 

图 R7.3.35　检查客室插座　　　　　　图 R7.3.36　检查电加热器装置

图 R7.3.37　检查电动内端门　　　　　　图 R7.3.38　检查烟火报警探测器

⑧ 旅客信息系统及影视系统：顺号调节器、车端信息显示屏幕无破损，如图 R7.3.39 所示；影视系统终端齐全，屏幕无破损、划伤，终端控制器安装牢固，按键齐全无破损，如图 R7.3.40 所示。

图 R7.3.39　检查旅客信息显示屏　　　　图 R7.3.40　检查影视终端

⑨ 客列尾装置检查，如图 R7.3.41 所示。

　　a. 天线馈线无破损，线卡无松动，与车顶天线、馈线转接插座安装牢固，馈线转接插座螺纹须良好。

　　b. 列尾箱柜门锁作用良好，"内有客列尾装置"铭牌安装正确。

　　c. 空气管路各管系安装牢固，管卡齐全，风管延长管无泄漏，球芯截断塞门作用良好，快速接头体螺纹良好，与球芯截断塞门连接可靠，堵帽和堵帽挂座齐全、良好。线路套管无破损，"危险请勿动"警示牌、"DC 48 V"铭牌安装牢固，无丢失。KLW 主机挂钩安装牢固可靠。外露管、线防护良好，专用 DC 48 V 电源插座无松动、破损，接触良好。

⑩ 温水箱检查：控制箱内元器件齐全、无烧损，静态手动试验接触器作用良好，熔断器符合图纸要求，如图 R7.3.42 所示。

⑪ 集便器检查：便盆各部状态良好，无变形、破损、泄漏；打开气路控制盒，检查水增压器、过滤减压阀、冲便阀配件齐全；管系连接无泄漏，各部无破损，如图 R7.3.43 所示。

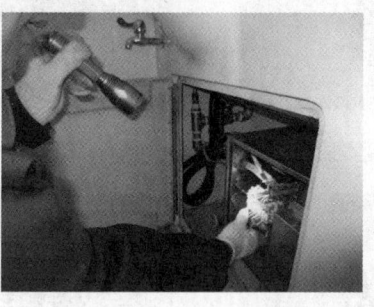

图 R7.3.41　客列尾装置检查　　图 R7.3.42　温水箱静态检查　　图 R7.3.43　真空集便装置管路检查

⑫ 餐车设备检查。

a. 冰箱：内部污垢清洁；箱门开闭灵活，门锁、门封胶条及滤网等齐全且作用良好；金属箱体无变形、锈蚀；温控器按键齐全，显示屏无破损，温度传感器固定良好且表面清洁；热交换器表面清洁，翅片无腐蚀、倒伏，如图 R7.3.44 所示；冷凝风扇、压缩机、干燥过滤器、气液分离器等安装牢固，无变形，除锈、油漆到位，配线防护规范，如图 R7.3.45 所示。

图 R7.3.44　餐车冰箱检查　　　　图 R7.3.45　冰箱制冷管路检查

b. 排油烟机及排气扇：灯具清洁，安装牢固，如图 R7.3.46 所示；外罩、风机、控制面板、开关等部件安装牢固，部件、烟道油垢清洁，如图 R7.3.47 所示。

图 R7.3.46　检查灯具　　　　　　图 R7.3.47　排气扇检查

c. 电蒸饭箱：内部污垢清洁，水位电极、加热管、防干烧保护器清洁且安装牢固；箱门开闭灵活，门锁、门密封胶条齐全且作用良好；金属箱体无变形、锈蚀；控制器按键齐全，显示屏无破损；各类阀门转动灵活，排气阀畅通；进水管系、电磁阀无渗漏，如图 R7.3.48 所示。

d. 电磁灶：表面无破损，清洁无污垢；台面与电磁炉表面密封良好；控制旋钮转动良好，安装牢固，标识清晰；电磁灶接地线安装牢固，接地良好；散热风扇、滤网、风道无污垢，如图 R7.3.49 所示。

图 R7.3.48　电蒸饭箱检查

图 R7.3.49　电磁灶检查

e. 电炸炉：内部无破损，清洁无污垢；控制旋钮转动良好，安装牢固，标识清晰；排油阀外观良好，转动灵活无渗漏，如图 R7.3.50 所示。

f. 消毒柜：箱体无变形、腐蚀；箱内无油垢；面板无破损，把手、碗架等零部件齐全；滑道作用良好，如图 R7.3.51 所示。

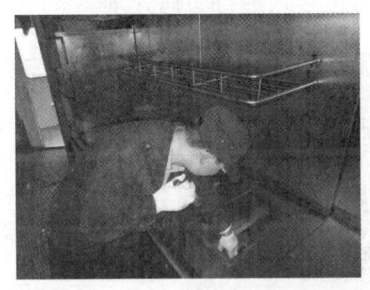
图 R7.3.50　电炸锅检查

图 R7.3.51　检查消毒柜

g. 吧台冷藏柜：箱体无变形、腐蚀；箱内无油垢；面板无破损，把手、置物架等零部件齐全，如图 R7.3.52 所示。

图 R7.3.52　检查吧台冷藏柜

R7.3.2.7 车顶部分检查

（1）通过二层作业平台对车顶电气配件进行防脱检查，各配件及安装螺栓齐全，如图 R7.3.53 所示。

🔵劳动安全风险点。

⚠警告登顶作业易发生跌落。

🔧风险卡控措施：登顶作业时必须穿戴安全绳。

（2）空调机组盖板、软风道、软风道防护罩、溢水管及附属装置检查：螺栓齐全无腐蚀，安装牢固；各部件安装无松动；通电后检查冷凝风机无反转，如图 R7.3.54 所示。

图 R7.3.53　登顶检查

图 R7.3.54　检查空调机组溢水管

（3）车顶各天线状态检查：手摇、扳动检测，安装牢固无脱落，如图 R7.3.55 所示。

（4）各螺栓、铆钉必须为不锈钢材质，焊接部位必须进行防锈处理。

图 R7.3.55　检查车顶各类天线

R7.3.2.8 完工整理

（1）关闭设备电源、风源，擦拭保养。

（2）收好工具材料，定置存放。

（3）清扫作业场地，保持清洁。

【小结】

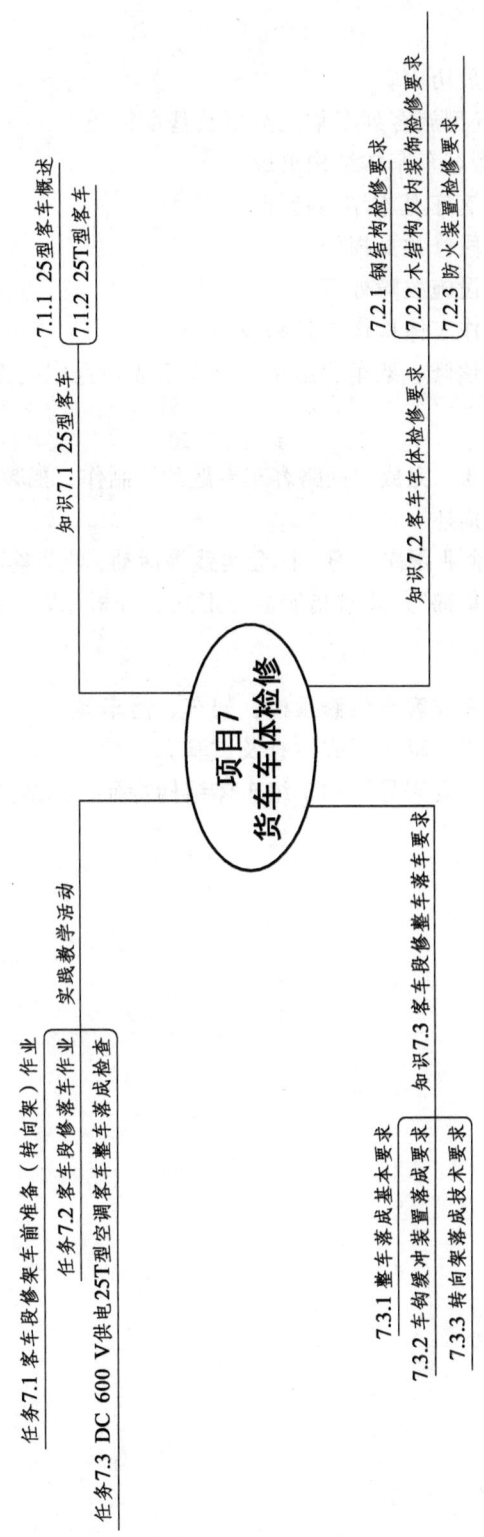

【学习要求】

1. 基本要求
（1）了解铁路客车发展历史。
（2）能够清楚表达25型旅客列车常见类型及基本特征。
（3）能现车指认25型客车车体结构组成。
（4）能清晰描述25T客车基本结构特征。
（5）能识别客车车体段修常见损伤。
（6）能进行车体内部设施故障处理。
（7）能熟练、规范操作车体检修工具和设备。
（8）熟悉完成一辆车预修、架车、落车、整车落成检查作业流程和作业内容。

2. 课后作业
（1）基于对客车的认知，完成"铁路客车专题片"制作，视频、幻灯片、Word等表达形式不限，图文并茂，分类描述。
（2）通过网络或利用企业跟岗实习、社会实践等活动，收集客车车体运用中常见的故障，分类制作"客车车体故障集锦"，要求指明故障形式、分析原因、提出处理措施。

3. 拓展要求
（1）能够熟练、规范完成客车段修预检、架车、落车等。
（2）能熟练、规范完成一辆车落成检查及试验。
（3）自主学习，熟悉"复兴号"动车组车体结构特征，总结高速动车组车体技术。

项目 8　客车典型装备检修

【项目导入】

铁路客车上设有为旅客提供方便、舒适和安全的旅行生活条件的诸多设备，如照明、采暖、通风、空调、列车广播、供电、卫生等设备。随着高速列车的开通，适合电气化的列车设有供电的受流装置，25T 型青藏客车上还配备了制氧系统。

本项目以给水装置、集便装置、塞拉门 3 种典型设备为学习载体，主要讲授设备功能、工作原理、系统组成、使用与维护、常见故障及处理方式等内容。

【学习内容】

知识点：

知识 8.1　客车给水装置

知识 8.2　客车集便装置

知识 8.3　电控气动塞拉门

实践教学活动：

任务 8.1　电控气动塞拉门检修与试验

任务 8.2　真空集便器专项检修作业

【知识点】

知识 8.1　客车给水装置

【摘要】主要介绍客车给水装置的类型，车上和车下给水系统工作原理、系统组成及其配件在车上的布局、常见故障和处理方式。

铁路客车在运行途中，为了供给旅客在洗脸室、厕所、茶炉、餐车用水，每辆客车上都安装了存放水的设备，这种设备统称为客车给水装置。根据水箱在车上的安装位置不同，可分为车上自然压力式供水和车下压力式供水两种形式。从车辆的运行性能和车辆结构设计要求考虑，车下供水方式无疑是理想的供水方式，由于重心低，且不占用车上有限的空间，目前 200 km/h 以上的高速动车组基本上都采用车下供水方式。

20世纪70年代前，我国21型客车曾采用车下设置水箱，采用手动"五通阀"注水，利用列车制动风源，向水箱加压供水。由于利用制动风源进行供水会对制动的可靠性产生影响，且这种供水方式可靠性差，操作不便，所以这种供水方式在后来的客车设计中已逐步淘汰。

20世纪70年代末，22型车开始采用车上自然压力式供水，由于当时22型客车直至现在的25型客车上有足够的空间进行水箱设置，行车速度不高，重心的变化对客车运行性能的影响并不突出，且具有系统合理、结构简单、使用方便、成本较低的优点，所以这种供水方式表现出较强的生命力，目前在25G/T型客车上被广泛使用。

尽管车上供水方式对普通客车性能影响有限，但还是在一定程度上制约了客车的发展。设计人员在20世纪80年代末到90年代初的"168"客车上（即早期的25G型客车），开始进行车下供水方式的改革，使用水泵自动打水方式向车上供水，但由于频繁启动，加上水泵质量不过关，故障频发，影响使用。由于当时技术水平的局限，这种供水方式未能成功。

"九五"国家重点科技攻关项目先锋号动车组"两动一拖"，对车下供水方式又进行了改进，采用双保险两个水泵打水方式，实践证明，这种改进仍不理想。近年来随着高速动车组的发展，已经比较妥善解决了车下供水问题。

8.1.1　给水系统组成

给水系统由注水装置、排水装置、水箱、管系、用水装置等部分组成。水箱是系统组成的核心部件。

8.1.1.1　注水装置

旅客列车必须在车体两侧设置注水装置，每侧均可向车内水箱进行注水。多年来，客车注水装置一般都按标准《客车用注水口（A、B型）形式与尺寸》（TB/T 112—74）设置注水口，安装于车体下部。这种注水口结构简单，使用方便，但在高寒地区容易结冰，影响使用。另一方面，随着客车运行速度的提高，注水口污染严重，设计人员曾进行改革，加装带盖橡胶注水盒，来解决以上问题，但因使用不便而取消。后来在客车两侧侧墙上设计隐藏式注水装置，这种方式被原铁道部认可并得到广泛应用。

注水是用250～300 kPa的压力将自来水通过注水口压到水箱的过程。目前使用的注水口有普通铸铁注水口和不锈钢电热注水口两种。

25G、25T型非高寒车采用普通铸铁注水口，没有特殊要求的高寒车也采用普通铸铁注水口；车下水箱和有特殊要求的车种注水口采用不锈钢电热注水口。两种注水口的接口关系都是一致的，与Dg25的注水管相匹配。

8.1.1.2　排水装置

排水就是将车上的生活污水排放在车外。各排水口下方应避开转向架，防止水洒在转向架轴箱、制动盘、制动缸及车轮踏面上。洗脸间、厕所地面最低处设有带盖的排水口，这是排水设计的基本原则。

随着我国铁路客车运行速度及环保要求的提高，要求铁路客车具有很高的密封性、环保性。一些老型客车直排方式污染铁路环境，而青藏铁路及 200 km/h 的动车组都具有污水收集装置。具有污水收集装置，是当前铁路的努力方向。

客车设排水套的主要作用是引导生活污水的排放，使之在客车运行时避免抛洒在转向架等须防水的部位，避免影响客车的运行安全。排水套按其材质、功能可分为不锈钢排水套、橡胶排水套、电热排水套。排水套按其外形形状可分为直型排水套、弯型排水套。

非高寒 25G 型客车排水套一般采用不锈钢排水套，非高寒 25T 型车排水套一般采用橡胶排水套，高寒 25G、25T 型车排水套均采用电热排水套（AC 220 V，100 W）。至于是采用直型还是弯型（及弯的角度）要根据现车的具体情况确定。

排水套的安装方式：橡胶排水套采用喉箍与车底架的排水套管固定，不锈钢排水套采用 4 个 M5 的螺栓与车底架的排水套管固定，电热排水套采用 3 个 M8 的螺栓与车底架钢结构的法兰盘连接。

8.1.1.3 管　系

常规客车给水系统管路材质由《技术规范》规定，如 25G 型客车给水管路采用镀锌钢管，25T 型客车采用不锈钢管。管系组成按其使用性质可分为注水管路、供水管路、连通管路、空气管路。

注水管路就是位于车体两侧用于向车上水箱注水的管路。注水管一般采用 Dg25，在靠近水箱处水平注水管路中一般加设不锈钢单向阀以防止注水时从另一侧注水管溢水。

供水管路即从水箱引出送到车内各用水部位的水管路。供水管一般采用 Dg20 或 Dg15，从水箱上的管座引出经合理的路径到达需要用水的部件位置。供水管路过长时要求在 2～3 m 的距离内一定要加固定管卡或管吊以防止供水管因振动而导致接头松动漏水。为了便于检修更换，供水管路在适当的位置要安装控制阀门。

连通管路就是用于一个车上有多个水箱时，水箱与水箱之间连通的管路。连通管一般采用 Dg25 或 Dg20，当水箱较多时也可采用 Dg40。连通管路要求有一定的坡度从而能够排净水箱内的存水。

空气管路包括水箱之间的空气连通和水箱的溢水管路（注水时充当溢水），以及各部件用水时充当进气的管路。空气管一般采用 Dg20，当水箱较多时应采用 Dg25，以保证水箱注水时能够全部注满，不产生憋气的现象。

管系的设计应尽量设计成暗管，水管路的走向一定要利于排尽余水，按要求设置管路防寒，尽量减少管接件的数量等基本要求。

8.1.1.4 用水装置

用水装置一般由《技术规范》规定。餐车主要用水集中在厨房（如洗池、电茶炉等）。硬座车、硬卧车和软卧车用水装置基本相同，如厕所（便器冲洗、洗手器）、洗脸间（洗手器、温水箱）和电茶炉。在设计时电茶炉用水必须优先得到保证，也就是茶炉用水要从水箱的最低位引出。

8.1.1.5 水 箱

水箱是客车给水系统的核心部件，水箱的容量由《技术规范》规定，其外形及结构必须由特定车种的特定结构来决定。

1. 水箱的外形

常用水箱的外形一般有圆形、椭圆形和方形三种。从强度设计角度考虑，其优先选用顺序为圆形→椭圆形→方形。在相同条件下方水箱的容量能达到最大，其次是椭圆形水箱，所以在空间结构条件相同的条件下，想要达到水箱的最大容量，其优先选择顺序为方形→椭圆形→圆形。方水箱具有空间利用率高，更利于小空间水箱的布置。特别要指出的是椭圆形水箱和圆形水箱其两端堵板需特制模具成形，一次性投入成本较高，在设计时要注意批量和成本之间的关系，其尺寸不宜随意变更。

在相同空间条件下，圆形水箱：容量小，强度好，批量成本低，安装简单；椭圆形水箱：容量较大，强度好，批量成本较低，安装难度较小；方形水箱：容量大，强度差，成本高，安装难度大。

2. 水箱容量的确定

常规客车水箱容量在标准 GB/T 12817—2004 中规定：软席车、硬席车不小于 1 000 L，行李车、邮政车、发电车不小于 400 L，餐车不小于 1 200 L。但在具体招议标中，会根据不同情况做出特殊规定，如在原铁道部《09 年一标》技术规范中规定 25G 型客车：餐车不小于 1 200 L，其他车种不小于 1 000 L，《08 年二标》技术规范中规定 25T 型客车：硬座车容量不小于 1 200 L，其余车容量不小于 1 500 L。所以正常情况下需符合标准规定，特殊情况下还需符合用户的特殊要求。

3. 水箱的结构组成

水箱一般由箱体、防波、安装、接口（注水、溢水、用水、排水）、液位传感器、检查门和防寒设施等部分组成。对于容量较大的水箱，为了保证强度，内部设置支架等加强措施。水箱材质一般由《技术规范》规定，如 25G/T 型客车规定水箱采用不锈钢材质。25G、25T 车水箱设置情况见表 8.1.1。

表 8.1.1　25G、25T 车水箱设置情况

序号	车型	水箱数量/个	容积/L	水箱外形	安装位置
1	25G 硬座车	2	1 000（750 + 250）	方水箱	车上
2	25G、25T 硬卧、软卧、餐车	1	1 500	椭圆水箱	车上
3	25G、25T 行李车、发电车	1	400	圆水箱	车上
4	25T 硬座车	3	1 250（750 + 250 + 250）	方水箱	车上

水箱的安装方式主要取决于水箱形式、体积、质量和车体结构。车上式水箱安装方式一般有两种：车顶悬吊式和侧墙托梁式。25G 硬座车方水箱和行李车、发电车圆水箱采用车顶悬吊式安装，采用 M12×45 螺栓使水箱吊座固定在车顶焊接的吊铁上。硬卧、软卧、餐车椭圆形水箱安装在架于侧墙的水箱的托梁上，采用 M16×45 螺栓使水箱固定座与水箱托梁

固定在一起。由于椭圆形水箱体积大，无法从门孔进入，只能从车顶活顶孔由起重设备吊装进入车内安装。

液位传感器按其安装位置可分为下装式和侧装式。下装式主要是装在水箱的底部，采用压力感应或浮球分级感应显示水位情况；侧装式主要是装在水箱的侧面，一般发电车上油箱使用较多，水箱很少使用。液位传感器按其工作原理可分为压力式和浮球式。由于压力式客车运行情况复杂、传感器反应灵敏不符合实际运用，因此 25G、25T 型车都采用下装式浮球液位传感器。液位显示器一般安装在车上配电柜内，低水位报警指示灯闪烁报警。

8.1.1.6 系统防寒装置

对于适用于高寒地区的客车，《技术规范》中明确要求，水箱及水管路采取防冻、防寒措施，在最低环境温度下能正常使用，这是客车给水系统防寒设计的原则。所谓高寒客车，就是在非限定运行区间（环境温度 -40～+40 ℃）运行的客车。在限定运行区间（环境温度 -20～+40 ℃）运行的客车称之为非高寒车。

给水系统防寒，关键要对水箱、供水管路、注水口（排水套）采取有效的防寒措施，确保给水系统在最低环境温度下能正常使用。目前采用的电伴热设计是解决客车给水系统防寒的关键措施。

一个完整的电伴热系统包括电源接线盒、自控温电伴热线、三通接线盒、尾端接线盒。伴热系统设计的基本原则是电源接线盒要求放置在易于检修的部位，伴热线的走向要合理、全面，系统复杂时三通接线盒的位置尽可能考虑到接线合理，容易检修。

1. 水箱防寒

非高寒车，一般车上水箱采用 10 mm 厚的聚乙烯板外包。车下水箱采用 40 mm 厚的聚乙烯板外包，并设自控电伴热线（AC 220 V，26 W/m）强行通电加热防寒。

高寒车，一般车上水箱缠绕自控电伴热线（AC 220 V，26 W/m）加热并外包 10 mm 厚的聚乙烯板。车下水箱采用 40 mm 厚的聚乙烯板外包，并设自控电伴热线（AC 220 V，26 W/m）强行通电加热防寒，加热功率比非高寒车水箱大。

2. 管路防寒

非高寒车，一般车上平顶上及夹层内的管路采用 6 mm 厚的聚乙烯铝箔管外包防寒，车下厕所及洗脸间内的管路一般不作防寒处理。

高寒车，一般车上平顶上及夹层内的管路缠绕自控电伴热线（AC 220 V，26 W/m）加热并外包 6 mm 厚的聚乙烯铝箔管防寒，车下厕所及洗脸间内的管路一般不作防寒处理。

3. 注水口（排水套）防寒

非高寒车，一般采用普通注水口，排水套采用橡胶排水套或不锈钢排水套；高寒车，一般采用电热注水口，排水套采用电热排水套。

8.1.2 给水系统工作原理

8.1.2.1 车上自然压力供水系统原理

车上自然压力供水系统原理就是把"注水→储水→用水→排水"的功能通过管路、管接件和用水设备连接起来,利用水箱与用水设备的高度差产生的压力实现供水。车站或车辆段将 250～300 kPa 压力的自来水通过列车下的注水口注到车上水箱内,同时水箱内原空气通过设置在车水箱上的溢水管排出车外,当水箱水注满时,水从溢水管中溢出,水箱的水通过供水管路送到车上厕所、洗脸间、茶炉等各用水部位。车上自然压力供水给水系统工作原理如图 8.1.1 所示。

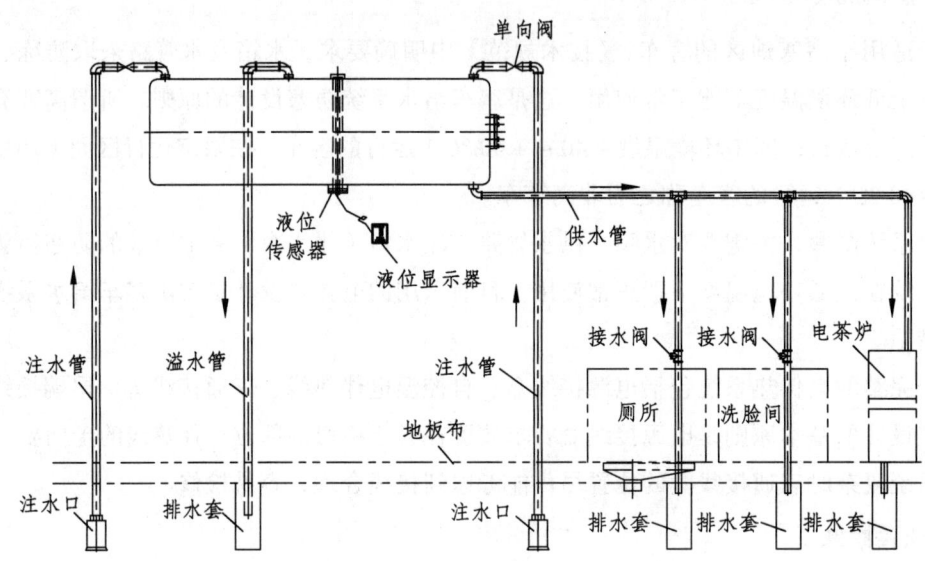

图 8.1.1 车上自然压力供水给水系统工作原理

优点:供水原理简单、可靠,不受车上其他设备或能源的限制,组装工艺简单、制造费用低。

缺点:影响车上空间,全车重心高,高速行车有影响,安装位置限制了水箱的容积。

8.1.2.2 车下压力供水给水系统原理

车下压力式供水系统原理和车上供水系统基本上是一致的,也是把"注水→储水→用水→排水"的功能通过管路、管接件和用水设备连接起来,但供水方式完全不同,因为水箱设在车下,必须通过加压才能实现向车上用水设施供水。这种方式主要是通过设在车上或车下的电动水泵利用水阀内外的压力差控制水泵的开关实现供水,还有一种方式就是通过"五通阀"利用压力空气压水到水阀处实现供水。

车站或车辆段将 250～300 kPa 压力的自来水通过列车下的注水口注到车上水箱内,同时水箱内原空气通过设置在车水箱上的溢水管排出车外。当水箱水注满时,水从溢水管中溢出。水箱的水通过供水管路送到车上厕所、洗脸间、茶炉等各用水部位。车下压力供水给水系统原理如图 8.1.2 所示。

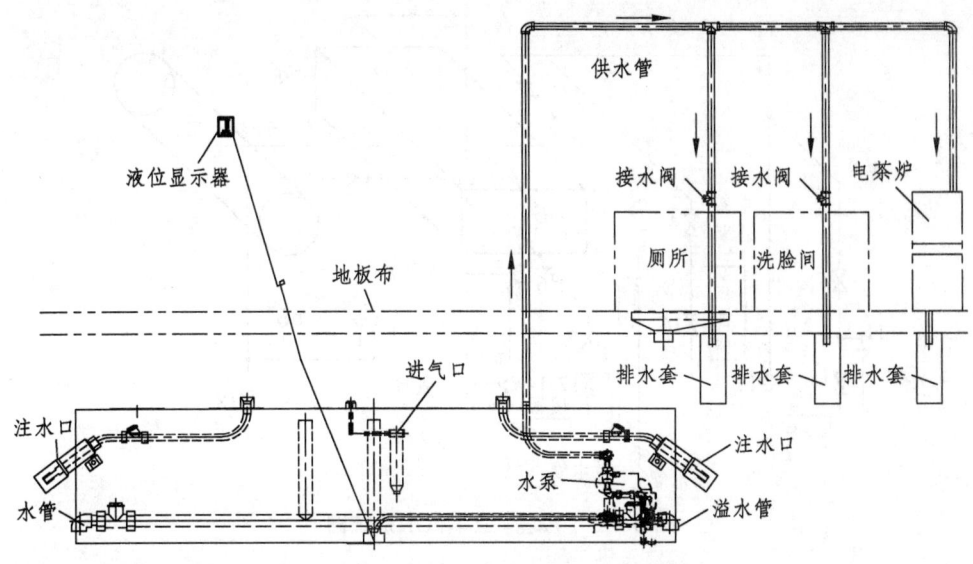

图 8.1.2 车下压力供水给水系统原理

优点：不占用车上空间，使整车重心低，方便车上合理布局。

缺点：机构相对复杂，特殊情况会影响制动用风，水箱制作要求高，水箱制作需作强制保温处理。

8.1.3 25 型客车给水系统简介

以 YZ_{25G}、YW_{25T}、RW_{25T}、CA_{25T} 型车给水系统为例，说明铁路旅客列车给水系统基本设置及常规注水、排水操作。

8.1.3.1 YZ_{25G} 型车给水系统

本车供水系统在二位端设置两个不锈钢水箱，通过台上方是一个圆形水箱，容水量为 250 L，厕所和洗脸间上方是一个方水箱，容水量为 750 L，两者之间有连通管。水箱及平顶板以上各水管路包有防寒材，水箱的水位装置为水位表，放置在二位端厕所内，可以直接显示水箱的水位。水箱的水通过一位侧连接管向设在一位端的电茶炉供水，并且通过各支管路分别向洗面室、厕所供水。二位端车下两侧分别设有注水口，可任意向车上水箱注水。其供水系统如图 8.1.3 所示。

1. 正常使用时各阀的位置

（1）常开的阀：1、2、3、4、5、6、7。
（2）常闭的阀：15、16、17、18。
（3）根据不同需要打开：8、9、10、11、12、13、14。

2. 注水操作

（1）确认阀 1、2、3、4、5、6、7 必须全部打开。
（2）确认阀 8、9、10、11、12、13、14、15、16、17、18 必须全部关闭。

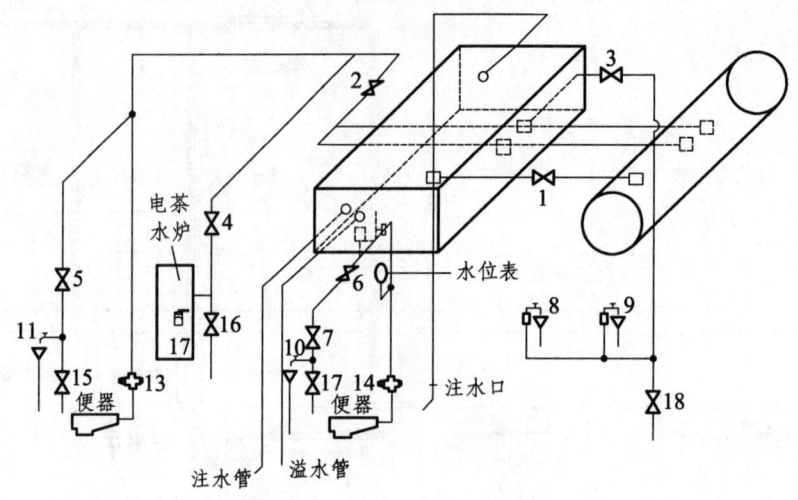

图 8.1.3 YZ$_{25G}$ 型车供水系统图

（3）从车下任一侧注水口向车上注水。

（4）当水位表表示满水，或另一侧注水口及水箱的溢水管大量溢水时，表明水已注满，应立即停止注水（注：冬季注水冻堵时，必须将两侧注水口全部捅开后方可注水，否则可能引起鼓裂水箱等事故）。

3. 排水操作

打开阀 18，确认水箱中水已全部排净后，再将厕所和洗脸间以及电开水炉其余各阀打开，排净管路中的水后，再将各阀恢复至使用状态。尤其是冬季，或甩车不用时，必须在甩车前将系统中的水全部排净，否则将冻裂或锈蚀系统，影响正常使用。

8.1.3.2 YW$_{25T}$ 型车给水系统

本车供水系统在二位端走廊平顶板上方设置一个椭圆形不锈钢水箱，容水量为 1 500 L。水箱及平顶板以上各水管路包有防寒材，水箱的水位通过一位卫生间内的水表来显示水位高度。水箱的水通过支管向电开水炉、洗面室、厕所供水。二位端车下两侧分别设有注水口，可从任一侧向车上水箱注水。车有水管伴热线，冬季外温 0 ℃ 以下时，打开控制柜内给水管伴热线加热的电源，以免冻裂管路系统。伴热线的电源接线盒布置在一位厕所和洗脸间的检查门上方，伴热线是自调节功率伴热带，可以自动调节伴热温度。洗面室内设有温水器，温水器的控制箱设在乘务员室的柜子里，通过观察窗可以看到温水器的工作状况。硬卧车供水系统原理如图 8.1.4 所示（首尾车供水系统去除二位卫生间供水管路）。无障碍硬卧车及播音车供水系统原理如图 8.1.5 所示。

1. 硬卧车和首尾车正常使用时各阀的位置

（1）常开的阀：1、2、3、4、17、18。

（2）常闭的阀：5、16、19、20、21。

（3）根据不同需要打开的阀：6、7、8、9、10、11、12、13、14、15。

项目 8 客车典型装备检修

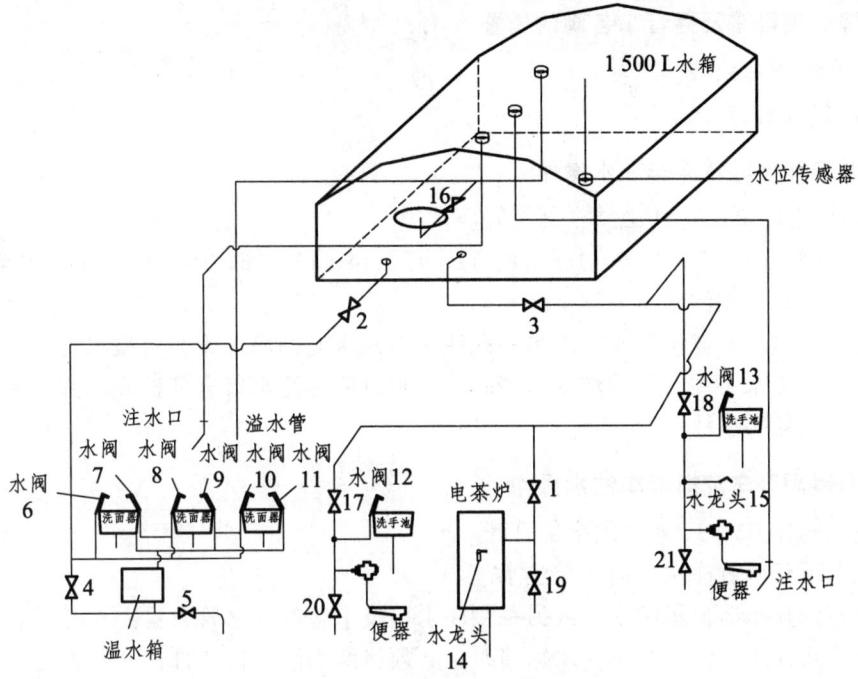

图 8.1.4 硬卧车供水系统原理

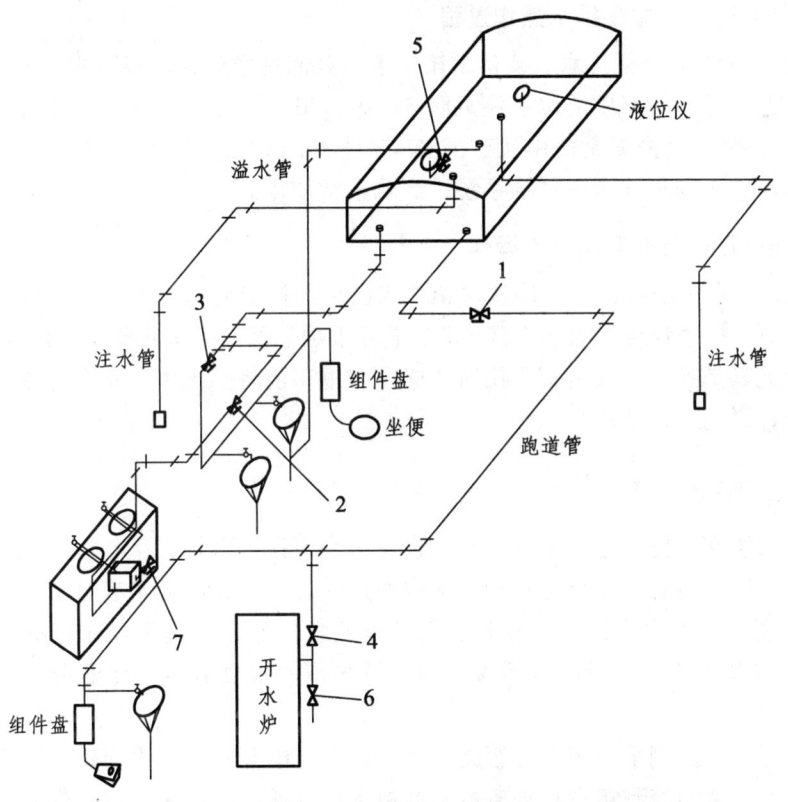

图 8.1.5 无障碍硬卧车及播音车供水系统原理

2. 无障碍硬卧车及播音车各阀的位置

(1) 常开的阀:1、2、3、4。

(2) 常闭的阀:5、6、7。

3. 硬卧车和硬卧首尾车注水操作

(1) 确认阀1、2、3、4必须全部打开。

(2) 确认阀5、6、7、8、9、10、11、12、13、14、15、16、19、20、21必须全部关闭。

(3) 从车下任一侧注水口向车上注水。

当控制柜内显示器显示满水,或另一侧注水口及水箱的溢水管大量溢水时,表明水已注满,应立即停止注水(注:冬季注水冻堵时,必须将两侧注水口全部捅开后方可注水,否则可能引起鼓裂水箱等事故)。

4. 无障碍硬卧车及播音车注水操作

(1) 确认阀1、2、3、4必须全部打开。

(2) 从车下任一侧注水口向车上注水。

当控制柜内显示器显示满水,或另一侧注水口及水箱的溢水管大量溢水时,表明水已注满,应立即停止注水(注:冬季注水冻堵时,必须将两侧注水口全部捅开后方可注水,否则可能引起鼓裂水箱等事故)。

5. 硬卧车和硬卧首尾车排水操作过程

打开阀16,对水箱进行排水,确认水箱中水已全部排净后,再将厕所、洗脸间以及茶炉室其余各阀打开,排净管路中的水(注意阀5、19、20、21以及温水器、电开水炉下部自带排水阀),然后再将各阀恢复至使用状态,尤其是冬季,或甩车不用时,必须在甩车前将系统中的水全部排净,否则将冻裂或锈蚀系统,影响正常使用。

6. 无障碍硬卧车及播音车排水操作

打开阀5,对水箱进行排水,确认水箱中水已全部排净后,再将厕所、洗脸间以及茶炉室其余各阀打开,排净管路中的水(温水器、电开水炉下部自带排水阀),然后再将各阀恢复至使用状态。尤其是冬季,或甩车不用时,必须在甩车前将系统中的水全部排净,否则将冻裂或锈蚀系统,影响正常使用。

8.1.3.3 RW_{25T} 型车给水系统

本车供水系统在二位端走廊平顶板上方设置一个不锈钢水箱,容水量为1 500 L。水箱及平顶板以上各水管路包有防寒材,水箱的水位通过一位卫生间内的水表显示。

水箱底部还设有集尘盒,集尘盒是水箱的最低水位处,污垢可以在这里积存。集尘盒底部水管与溢水管连通,并设有排污阀,为保持水箱内水质清洁,需要定期打开排污阀排除污垢。

水箱的水通过二位侧平顶板上方管路送入一位端的电开水炉、洗面室、厕所。洗面室内设有温水器,温水器的控制箱设在乘务员室的柜子里,通过观察窗可以看到温水器的工作状况,温水器使用方法注意阅读厂家提供的有关"温水箱使用说明书"。二位端由水箱引出支管向厕所供水。水箱底部中心处设有一溢水管，溢水管穿过二位侧清洁柜一角的地板将水箱的溢水排出车外。二位端车下一、二位侧分别设有注水口，可在任意一侧向车上水箱注水。

水管伴热线，冬季外温 0 ℃ 以下时，打开控制柜内给水管伴热线加热的电源，以免冻裂管路系统。伴热线的电源接线盒布置在厕所顶板检查门上方，伴热线是自调节功率伴热带，可以自动调节温度。RW_{25T} 给水系统原理如图 8.1.6 所示。

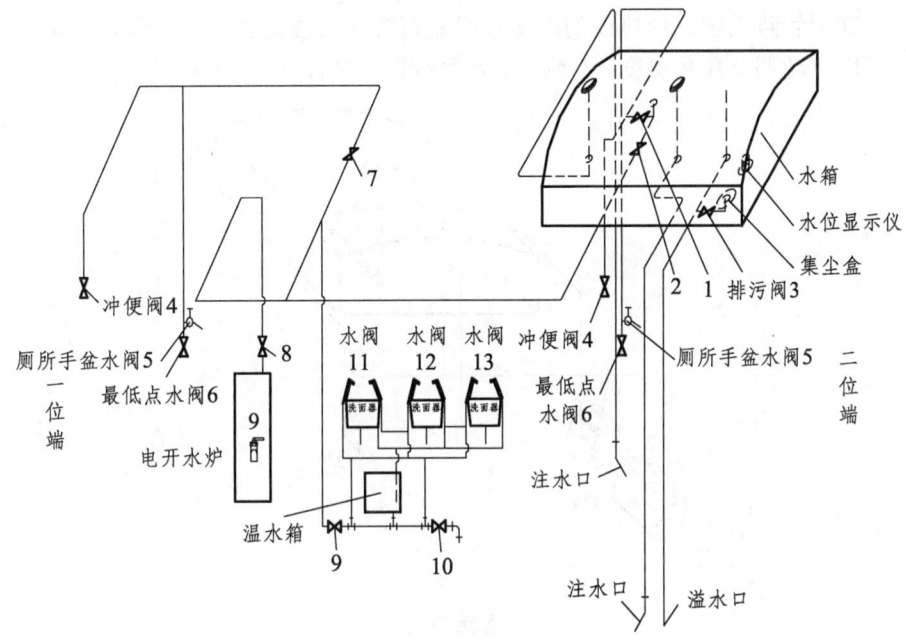

图 8.1.6　RW_{25T} 给水系统原理图

1. 正常使用时各阀的位置

（1）常开的阀：1、2、7、8、9。
（2）常闭的阀：3、6、10。
（3）根据不同需要打开的阀：4、5、11、12、13。

2. 注水操作

（1）确认阀 1、2、7、8、9 必须全部打开。
（2）确认阀 3、4、5、6、10、11、12、13 必须全部关闭。
（3）从车下任一侧注水口向车上注水。

当控制柜内显示器显示满水，或另一侧注水口及水箱的溢水管大量溢水时，表明水已注满，应立即停止注水（注：冬季水管冻堵时注水，必须先将两侧注水口全部捅开后方可注水，否则可能引起鼓裂水箱等事故）。

3. 排水操作

打开二位端通过台检查门上方的水阀 3 进行水箱排水，确认水箱中水已全部排净后，将其关闭。再将厕所和洗面室（茶炉电磁阀后的）其余各阀打开，排净管路中的水后，再将各阀恢复至使用状态。尤其是冬季，或甩车不用时，必须在甩车前将系统中的水全部排净，否则将冻裂或锈蚀系统，影响正常使用。

8.1.3.4 CA$_{25T}$型车给水系统

本车供水系统在二位端走廊平顶板上方设置一个椭圆形不锈钢水箱,容水量为1 500 L。水箱及平顶板以上各水管路包有防寒材,水箱的水位通过管路上的水表显示。水箱的水通过支管向电开水器、洗池、蒸饭箱以及吧台供水。二位端车下两侧分别设有注水口,可任意向车上水箱注水。水管设有伴热线,冬季外温 0 ℃以下时,打开控制柜内给水管伴热线加热的电源,以免冻裂管路系统。伴热线的电源接线盒布置在二位走廊上部,伴热线是自调节功率伴热带,可以自动调节伴热温度。CA$_{25T}$供水系统原理如图 8.1.7 所示。

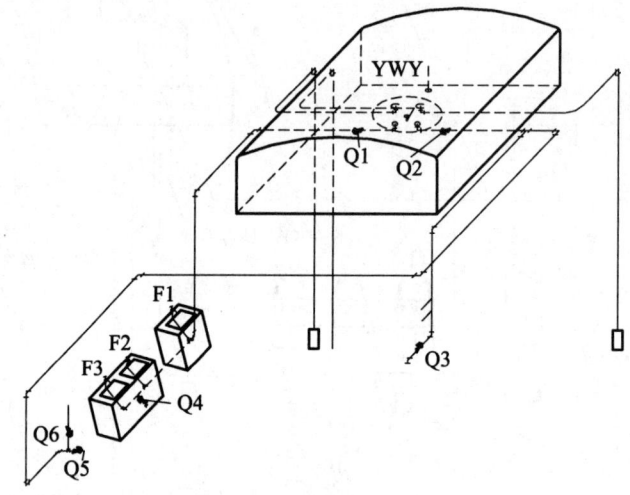

各阀形式

代 号	名 称	代 号	名 称
Q1、Q2、Q3	球型止阀 Dg25	F1、F2、F3	放水阀 Dg15
Q4、Q5、Q6	球型止阀 Dg15	YWY	液位仪

图 8.1.7 CA$_{25T}$供水系统原理

1. 正常使用时各阀的位置

(1) 常开的阀:Q1、Q2。
(2) 常闭的阀:Q3、Q4、Q6。
(3) 根据不同需要打开的阀:Q5、F1、F2、F3。

2. 注水操作

(1) 从车下任一侧注水口向车上注水。
(2) 水表显示水满,或另一侧注水口及水箱的溢水管大量溢水时,表明水已注满,应立即停止注水(注:冬季注水冻堵时,必须将两侧注水口全部解冻后方可注水,否则可能引起鼓裂水箱等事故)。

3. 排水操作

打开所有的水阀,确认系统中水已全部排净后,将各阀恢复至使用状态,尤其是冬季,或甩车不用时,必须在甩车前将系统中水全部排净,否则将冻裂或锈蚀系统,影响正常使用。

8.1.4 给水系统模块化设计

给水系统采用模块化集成化设计，可以把给水系统各部分先按小块集成，然后再把集成的小块组合成给水装置模块。水箱要利用车体模块梁固定，但同时也要把水箱体作为一个刚体，有效地利用水箱体固定车体部件。

给水系统按部位可分为厕所给水集成块、洗脸间给水集成块、茶炉室给水集成块、厨房给水集成块等；按大部件可分为水箱集成块、供水主管集成块等。

8.1.5 给水装置的检修

运用中的客车在单车或列车检查技术作业过程中规定各管路、大小止阀、止回阀、管卡等必须完整、不漏水、作用良好、不松动，保证给水装置处于良好状态。当客车施行段级修时，给水装置必须符合下列技术要求。

8.1.5.1 电开水炉的检修

电开水炉炉体不漏、不腐蚀可不拆下，但须清除内部水垢。各阀芯、过滤器、磁水器浮子开关，均需分解检修，水位表、电开水炉门、锁、折页不良时检修或更换。

8.1.5.2 给水管系的检修

（1）平顶板以上各阀及塞门作用良好时可不分解，各部水管须除锈垢，腐蚀漏水时修理或更换。

（2）各水管更换时，除排水管外均须使用镀锌铁管（25K型车一律使用不锈钢管），各管卡安装须牢固，各管不得松动。

8.1.5.3 水箱的检修

（1）上、下部水箱须做外观检查，冲洗内部水垢，漏水时检修。
（2）水箱外露部分包裹层不良时修补。
（3）水箱挖补、截换时须用与原材料材质及厚度相同的钢板。
（4）水箱水位表作用须良好。
（5）下水箱外罩及门腐蚀、破损时修理，保温材料必须完整，门锁作用良好，防锈漆良好。
（6）电茶炉组成后须进行注水、通电、烧水试验，各部分作用良好，不得有泄漏现象。

8.1.5.4 洗面器、洗手盆、便器的检修

（1）不锈钢制品（如洗面器、洗手盆、便器、台板等）接缝处局部开焊时，焊修补严。
（2）陶瓷制品（如洗面器、洗手盆、便器等）有裂纹时更换。
（3）脚踏水阀须分解检修，脚踏板安装牢固，作用良好。

8.1.5.5 组装试验

（1）给水装置须配件齐全，安装牢固，各部作用良好，无泄漏；排水须避开轴箱及转向架，25K 型车的排水口距轴箱及制动盘水平距离不足 250 mm 时须加装排水导管。

（2）给水装置组成后须做注水试验，水位显示器及其他各部作用良好，无泄漏。

知识 8.2　客车集便装置

【摘要】主要介绍客车集便装置的类型、工作原理、系统组成及维护检修。

铁路跨越式发展战略的实施为铁路客车装备技术水平的快速提升提供了强劲动力，作为铁路客车重要装备之一的厕所也正朝着以人为本、舒适方便、安全可靠、绿色环保的方向发展。我国铁路客车厕所的发展，如果按工作方式来分，大致经历了三个阶段。

1. 直排式厕所

（1）直通式厕所。

直通式厕所排便口敞开，直接与轨道相通。我国铁路客车多使用这种厕所，从 22 型车到 25B 型车再到 25G 型车，至今已经有 60 年的历史了。直通式厕所最初采用水泥地板槽配陶瓷便器，手动冲便阀冲水。这种厕所的特点是水泥地板槽容易吸水，厕所臭味太重，另外，陶瓷蹲便器受列车振动和硬物撞击容易碎。

20 世纪 80 年代末，出现了玻璃钢地板槽配不锈钢便器，解决了上述问题。玻璃钢地板槽与间壁之间用橡胶条密封，基本上可满足防水要求，但污水经常溅到间壁上，久而久之，对间壁造成腐蚀。为解决该问题，后来间壁下部采用了玻璃钢围板。

（2）脚踏便碗冲便机构厕所。

1997 年，我国铁路第 1 次大提速，铁路客车制造厂设计制造了 25K 型车，采用了脚踏便碗冲便机构的厕所。该机构主要包括脚踏阀、作用轴、连杆机构、便碗等零部件。使用时，脚踩脚踏阀踏板，水即冲洗便器，与此同时，踏板作用于下面作用轴，通过机械连杆原理，打开便碗，水将污物冲下；松开脚踏阀踏板时，便碗在重锤重力作用下关闭。这种厕所对降低列车快速运行带来的车外噪声起到了一定的作用，但该机构不能完全实现车内外密封，另外，冲洗便器用水没有经过增压，便盆有时冲洗不干净，比较费水，每次冲洗用水 5~8 L。

2. 水封气动冲水厕所

1998 年，我国铁路客车引进了国外水封气动冲水便器——美国 Microphor 便器。这种便器主要利用压缩空气通过气水联动阀控制便碗开闭，通过电动水泵给水加压，实现压力冲水，彻底解决了便器密封的问题，对降低客车噪声、改善厕所环境卫生起到了很大作用。但该便器冲洗用水量同样比较大，每次为 5~6 L。同期，还引进了美国 T&T 便器，它是利用压缩空气给水加压，控制便碗开闭，系统不用电，每次冲洗用水为 2~3 L，且有记忆功能。

随着便碗装置的使用，卫生间也由围板结构发展成了整体玻璃钢卫生间。它是通过木模翻制玻璃钢模具，再由玻璃钢模具手工糊制卫生间产品，这种传统手工糊制的卫生间至今仍然在我国乃至世界广泛应用。其特点是模具费用低，便于修改，但手工糊制面精度比较低。

3. 真空集便器

铁路真空集便器，是我国第五次铁路大提速中首次在 25T 客车上整机引进的一项外国技术。它既代表了铁路客车运行品质的提升，又标志着客车卫生设备迈进了一个新的阶段，因此它已成为准高速列车及高速列车必备的设备之一。

8.2.1 真空集便器系统简介

8.2.1.1 特　点

真空集便器系统具备以下特点：

（1）采用污物箱收集存放排泄物，减轻了污物对转向架等设备的影响，保证了动车组运营安全，保护了环境，防止公害发生。

（2）采用了真空吸引式除臭，臭味不会传至卫生间内。

（3）进行压力供水，冲洗彻底干净，降低了用水量。

（4）封闭结构满足高速动车组的气密性要求。

（5）系统自动化程度高，易操作，可靠性高。

8.2.1.2 类　型

真空集便装置根据真空产生的位置不同进行定义，主要有在线式、保持式、中转式三种类型。

1. 在线式

在线式真空集便装置，真空产生于排污管路中，通过压力差自动将污物直接从便器处抽吸排放到常压污物箱内，如 CRH1A 动车组采用的集便装置。在线式真空集便装置基本组成示意如图 8.2.1 所示。

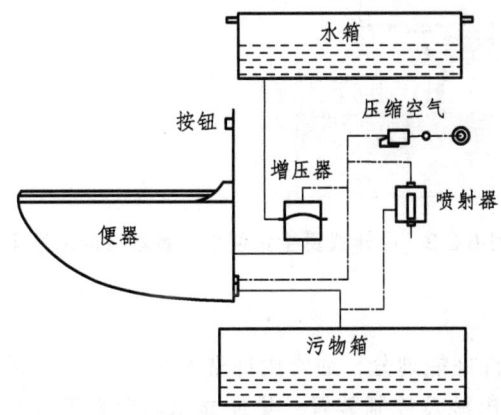

图 8.2.1　在线式真空集便装置基本组成示意图

2. 保持式

保持式真空集便装置，在污物箱建立真空，污物箱采用了真空保持式工作方式，如 CRH380B 系列等动车组采用的集便装置。保持式真空集便装置基本组成示意如图 8.2.2 所示。

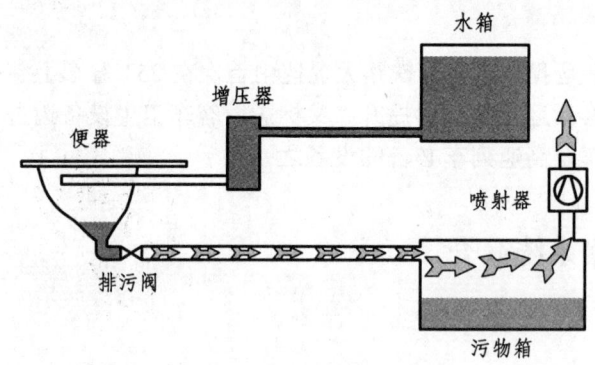

图 8.2.2　保持式真空集便装置基本组成示意图

3. 中转式

中转式真空集便装置，便盆和污物箱之间增设中转箱，中转箱保持真空，利用压差将便斗内污物收集到中转箱内，然后中转箱再注入压缩空气，将中转箱内污物排入污物箱内，如 CRH2/380A 系列、CRH3C/5A 动车组采用的集便装置。中转式真空集便装置基本组成示意如图 8.2.3 所示。

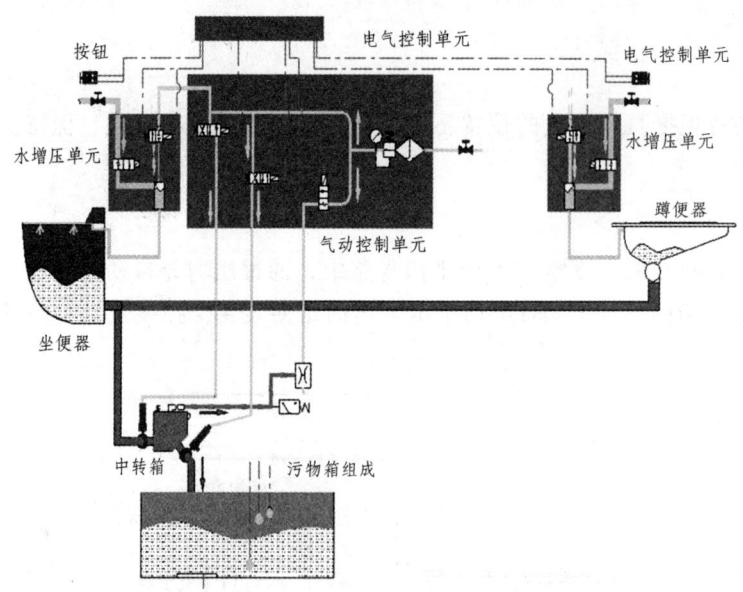

图 8.2.3　中转式真空集便装置基本组成示意图

8.2.1.3　工作原理

真空集便器系统按部件性能划分，通常由冲洗按钮、真空便器、增压冲洗装置、真空发生装置、污物收集装置、电源及控制装置、集便显示器七大部分组成，如图 8.2.4 所示。其工作原理如图 8.2.5 所示。

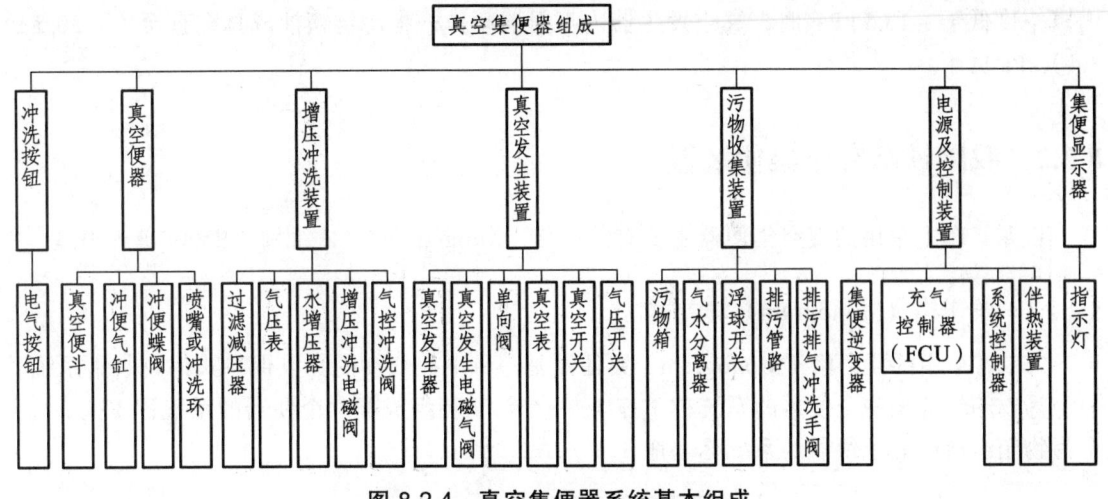

图 8.2.4 真空集便器系统基本组成

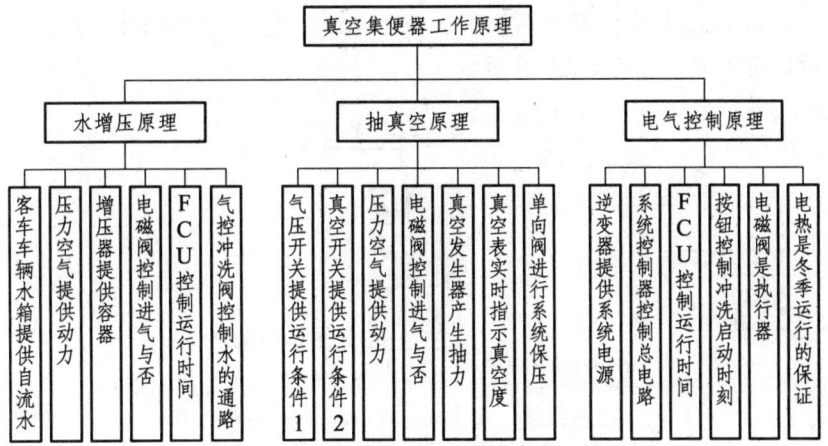

图 8.2.5 真空集便器系统工作原理

真空集便器使用了三种能源，即水、压力空气和电源。而在实际工作中，又是由水增压、抽真空和电气控制三个基本作用原理共同完成排污集便的工作过程。

该系统是用电磁气阀控制压力空气通路，用压力空气来控制水的增压与冲洗、抽取真空及保持、冲便蝶阀的开启与关闭，就是说系统采用的是电控压力空气、压力空气控制系统动作的模式。其优点是采用电磁气阀控制压力空气的通路开关，实现气的电动控制方式比较方便；可实现水与电的安全隔离，有效地防止漏电，可充分利用客车的气源。其缺点是涉及环节多，互相关联，有问题须全面检查气、水和电路，各项都不能有遗漏。

以保持式真空集便系统为例，说明其工作原理。通过真空发生器将污物箱抽成真空。利用文丘里管原理，车辆压缩空气通过真空发生器内的喷射器将污物箱抽成负压，在污物箱和排便管内建立并保持一定的真空度。污物箱内真空度由真空发生器内的真空开关来控制，它让污物箱内始终保持 -30.5 ~ -23.7 kPa 的真空度。

在此状态下，按一下按钮，通过电信号传入系统控制盘。系统控制将信号再传入遥控操作单元，冲洗控制单元动作，水阀打开，冲洗便器。30 s 后，冲洗控制单元动作，排污闸阀关闭，水阀关闭，气阀动作，水增压器膜板复位，水充满水增压器以便下次使用。如污物箱

内真空度低于 -13.5 kPa 时，真空发生器内喷射器动作，将污物箱抽成真空直至 (-30.5 ± 3.4) kPa 负压。

8.2.2 我国铁路客车集便装置

铁路客车上采用的真空集便器主要有蒙诺格（Monogram）、依维柯（EVAC）等类型。

8.2.2.1 蒙诺格（Monogram）集便器

25T 客车用的蒙诺格（Monogram）集便器是一种电控气动的真空保持式污物收集系统。一个污物箱组成配一个便器的系统称 1 拖 1，一个污物箱组成配两个便器的系统称 1 拖 2，一个污物箱组成配三个便器的系统称 1 拖 3。

1. 蒙诺格（Monogram）集便器系统组成

蒙诺格（Monogram）集便器由污物箱、便器（蹲、坐）、水增压器、冲洗控制单元、按钮及状态显示灯等组成，如图 8.2.6 所示。

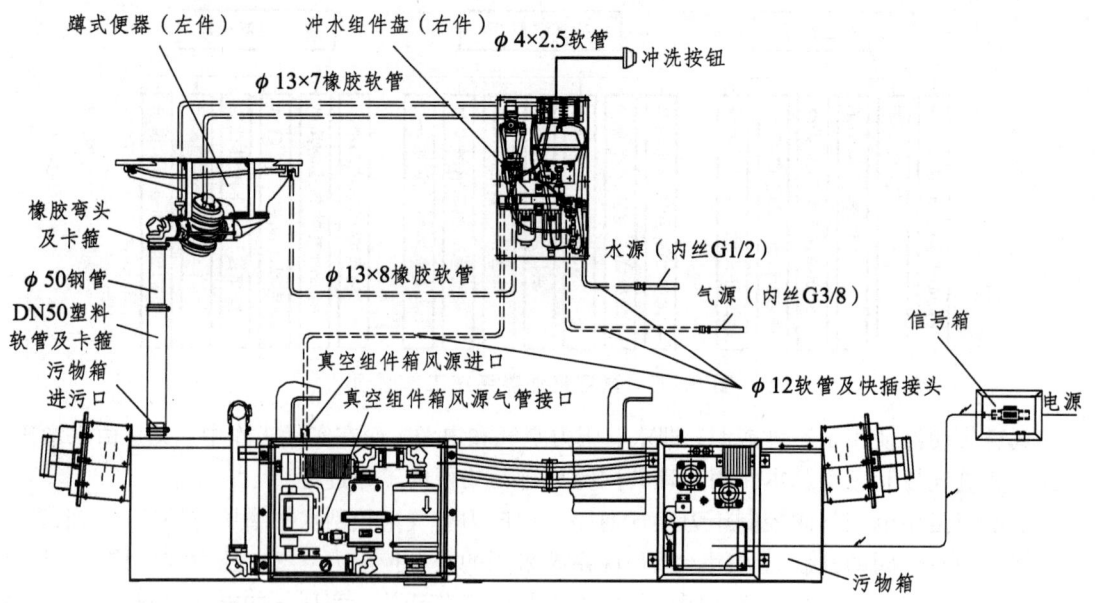

图 8.2.6 蒙诺格（Monogram）集便器系统组成

（1）污物箱。

污物箱中保持有一定真空度，是用于收集和存放列车污物直到污物箱在站台上排空的不锈钢容器。污物箱是由内箱体（不锈钢）、真空发生器箱、系统控制器箱、水分离器、两个液位开关（80%和100%）、两个排空阀、两个通气阀、两个冲洗阀、手动排放装置和防冻系统等组成，如图8.2.7所示。

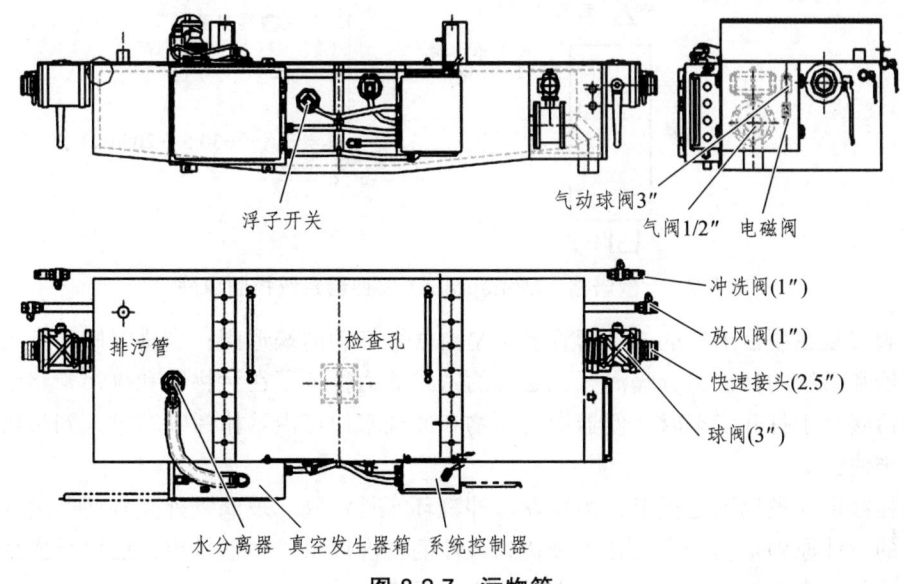

图 8.2.7　污物箱

污物箱采用 M20 的螺栓吊装在车下，分 200 L、300 L 和 400 L 三种。其技术参数如下：
① 污物箱真空度：变化范围 - 35 ~ - 20 kPa。
② 污物箱容积：200 L、300 L 和 400 L。
③ 污物箱电加热系统功率（不含管路系统保温）：1 500 W（采用自控温电伴热线）。
④ 污物箱采用 2.5″ 快速排空接头、1″ 冲洗阀和 1″ 排气阀。
⑤ 手动排放装置为 3″ 气动球阀。
⑥ 污物可运行的最大距离（便器—污物箱）：6 m。

真空发生器箱安装在污物箱的箱体上，内有真空发生器、真空开关、压力开关、电磁阀、真空度表及温度传感器和伴热线等。

系统控制器箱安装在污物箱箱体上，内有继电器、延时器、温度控制器和接线排等。其作用是控制真空发生器的抽真空动作，保证污物箱的真空度在设定范围内；控制冬季污物箱防冻系统的正常工作；提供系统工作状态的显示信号。其系统控制原理如图 8.2.8 所示。

污物箱的外部缠有自控温电伴热线，保证污物箱冬季能正常工作；排污阀及排污管路加伴热线，保证冬季污物可正常排空。

手动排放装置设在污物箱一端，保证客车在低速运行时可以排放一定量污物。手动排放装置由 3″ 排放阀、电磁阀、1/2″ 通气阀组成。当打开位于乘务员室的排放开关后，3″ 排放阀和 1/2″ 通气阀打开，同时切断集便系统的电源以保护系统，污物箱中污物便可排到车外（排放量和排放地点由乘务员控制）。

（2）蹲式便器。

蹲式便器糊在玻璃钢地板上，由蹲便盆、三个喷嘴和排污阀等组成。便盆造型的设计原则是用最小的耗水量达到最佳的冲洗效果，并分左、右件。

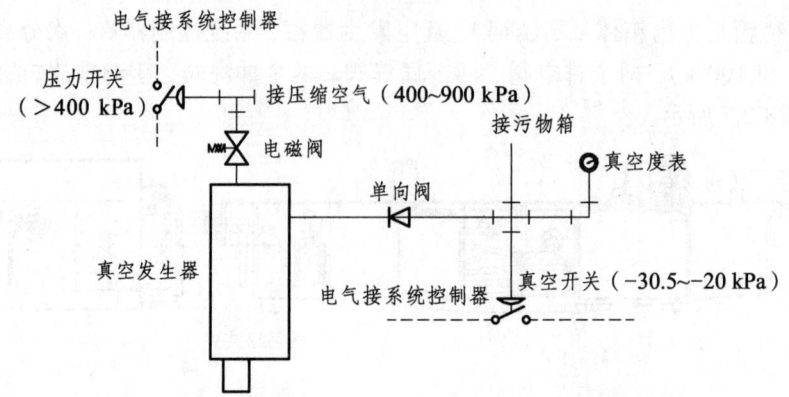

图 8.2.8 蒙诺格（Monogram）集便器系统控制原理

排污阀安装在便盆出口的 90° 弯管上，是由气缸带动的蝶形阀；当排污阀处于关闭状态时，将便器和系统的其他部分隔离开，足够的密封能力保证了在污物箱和排污管路中形成真空；当排污阀处于打开状态时，便器中的污物和冲洗水便可沿着排污管路进入到污物箱中。

（3）坐便器。

用螺栓固定在玻璃钢地板上，由便盆、冲洗环、排污阀、玻璃钢外壳和便器盖等组成。便盆造型的设计原则是用最小的耗水量达到最佳的冲洗效果。便盆排出口的口径比系统其他部分小，并与一个 90° 弯管连接，防止污物堵塞管路。

（4）水增压器（ROU）。

水增压器是采用压缩空气为冲洗水增压，以保证用最小的耗水量达到最佳的冲洗效果，并为冲便阀开启提供压缩空气。

（5）冲水控制单元（FCU）。

冲水控制单元主要由电子线路板组成，用于控制冲洗循环持续时间和气阀开启的时间。

（6）逆变器。

逆变器将客车提供的直流电 DC 110 V（变化范围：77～130 V）逆变为 AC 220 V ×（1 ± 10%）供集便系统电气控制使用。

逆变器型号：1NIC-NB100。

输入电压：DC 110 V（变化范围：77～130 V）。

输出电压：AC 220 V ×（1 ± 10%），功率 100 W，频率 50 Hz。

瞬间过载：300 W（1～1.5 min）。

外形尺寸：306 mm × 195 mm × 90 mm。

工作环境温度：− 25～50 °C。

电压调整率：< 5%。

电流调整率：< 5%（100 W），< 10%（300 W）。

同时具有输入极性保护，输出短路、过热、过流、过压保护。

2．蒙诺格（Monogram）集便器的工作原理

系统工作时污物箱中保持有一定真空度，当按下冲洗按钮时，水增压器提供增压水冲洗便斗；排污阀打开，便器中的污物通过便器和污物箱内产生的压差进入到污物箱中；在装备

有污物排空设备（吸污车）的站段上，将污物箱中的污物排空并清洗污物箱。系统设紧急排放装置，以保证客车在低速运行时可以排放一定污物，保证厕所应急使用。

3. 主要技术参数

（1）一个冲洗过程（从按下冲洗按钮到便器内污物冲洗干净）：≤6 s。

（2）所需压缩空气为 410～900 kPa。

（3）电源：控制电源 DC 110 V（变化范围：77～130 V）；防冻电源：3 相 50 Hz，AC 220 V×（1±15%）。

（4）每次冲洗过程所耗水量：蹲式便器 0.295～0.473 L；坐式便器 0.177～0.236 L。

（5）每次冲洗耗气量：70 L（1 标准大气压）。

（6）空气连接管路：3/8″ 管、阀。

（7）水连接管路：1/2″ 管、阀。

4. 使用中应注意的问题

（1）在客车出库时应确保以下条件正常。

① 控制电源 DC 110 V（变化范围：77～130 V）。

② 防冻电源 AC 380 V/AC 220 V×（1±15%）（冬季）。

③ 为集便器供水水源正常。

④ 集便器供风风压＞410 kPa。

⑤ 污物箱处于排空状态。

⑥ 检查水、风、真空管路无泄漏。

⑦ 检查污物箱的吊装正常，螺母无松动。

（2）客车运行中便器的使用和维护。

① 避免乘客将报纸、卫生巾等难溶易堵废品投到便器中造成堵塞。

② 当污物箱中污物满时，在允许排放的路段可打开手动排放开关将污物箱中污物排放一部分。

③ 为方便在运行中处理紧急情况，在客车风、水管路前设有截止阀。

（3）污物箱排空。

① 关掉系统电源。

注意：如果未关掉电源，可能会对系统造成损坏，导致系统失灵。

② 在客车的任一侧，将污物箱排污接头（2.5″）和地面收集设施（吸污车）的吸污软管连接牢固。

③ 打开排气阀，排气阀位于排污阀和冲水阀之间，使大气和污物箱相通。

④ 打开排污阀红色手柄，至其中心和排污管水平。

⑤ 启动吸污车开始排污，至污物箱污物排放干净。

⑥ 用清水冲洗污物箱并排放干净。

⑦ 卸下所有管路连接，将各阀关闭。

⑧ 为系统恢复电源，恢复系统的正常状态。

注意：冬季在污物箱中未排空时应保证污物箱防冻装置正常供电，以免污物箱冻坏，避免造成重大损失。

5. 维护和检修

（1）客车运行一次进库后应进行以下工作。

① 用软毛刷清洁便盆，必要时可加柔和清洁剂（避免使用钢刷和腐蚀性清洁剂）。

② 按"污物箱排空"操作进行污物箱排空。

③ 检查并保证污物箱的各球阀处于关闭状态。

④ 对每个便器的动作操作一次，确保抽真空、冲洗便器、排污等动作正常。

⑤ 检查风、水、真空管路无泄漏，污物箱吊装螺栓、螺母无松动。

⑥ 冬季入库前，应打开集便系统的放水阀（水增压器前）将管路中水排放掉，最后按几次按钮将水增压器后管路中水排掉。

（2）定期检修。

① 彻底清洗污物箱，查看污物箱各阀、水分离器及液位仪的螺纹连接和检查门及手动排放阀的密封胶垫有无真空泄漏，如有泄漏，涂密封胶或更换密封垫；查看并处理污物箱外箱是否有翘起现象；检修液位仪保证其动作正常。

② 清洁便盆（坐便器的冲洗环和蹲便器的冲洗喷嘴），除去无机物沉淀，如在冲洗时冲洗效果不理想，更换配件。

③ 滴 2~3 滴机油至冲便阀气缸接头的进口处润滑冲便阀。

④ 清洗过滤/减压阀滤芯。

⑤ 拆下坐便器的玻璃钢外壳（蹲便器车下的便器防护箱），检修便器的风、水、真空管路接头是否有泄漏或损坏，如有泄漏或损坏应更换；检修螺母、螺栓、螺钉、垫圈有无松动并紧固好。

⑥ 检修水增压器（ROU），确保水增压器、冲洗阀、电磁阀及所有接头无泄漏。

⑦ 手动排放装置检修，确保 3″ 排放阀、电磁阀、1/2″ 通气阀动作正常，各阀及所有接头无泄漏和损坏。

⑧ 按"系统测试"进行系统测试并符合要求。

（3）段修。

① 污物箱组成。

a. 查看污物箱各阀、水分离器及液位仪的螺纹连接和检查门及手动排放阀的密封胶垫有无泄漏，更换密封垫；查看污物箱外箱是否有翘起现象并处理。

b. 检查污物箱防冻系统确保工作正常。

c. 查看污物箱吊装螺栓、螺母、垫圈情况，考虑更换。

② 蹲式便器。

a. 将冲洗喷嘴拆下清洗，用醋溶解清洁无机物沉淀。

b. 拆下、拆开并清洗排污阀组成的零件，更换 O 型密封圈。

③ 坐式便器。

a. 将冲洗环拆下清洗，用醋溶解清洁无机物沉淀；更换 O 型密封圈。

b. 拆下、拆开并清洗排污阀组成的零件，更换 O 型密封圈。

④ 水增压器（ROU）。

清洗冲洗阀，检修水增压器。

⑤ 进行系统测试并符合要求。
⑥ 如需要拆卸检修，按要求进行。
（4）在维护和检修中应注意以下问题。
① 在检修过程中应切断系统电源，避免操作中触电。
② 进行清洁、检修污物箱和排污阀时，应戴至肘部的橡胶手套。

8.2.2.2 EVAC2000P 型真空式集便器系统

1. EVAC2000P 型真空式集便器系统组成

EVAC2000P 型真空式集便器系统（以蹲式便器为例），由蹲式便器、冲水组件盘、真空组件箱、污物箱、信号箱等组成，如图 8.2.9 所示。

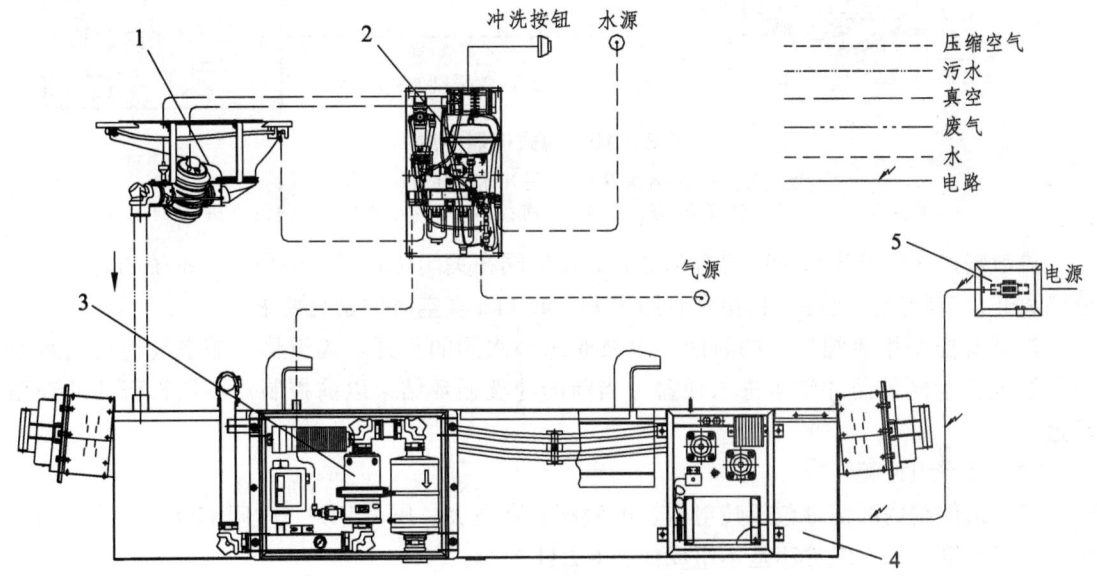

图 8.2.9 蹲式集便器系统图

1—蹲式便器（左件）；2—冲水组件盘（右件）；3—真空组件箱；4—污物箱；5—信号箱

（1）蹲式便器。

蹲式便器为地面安装式，采用不锈钢便盆，主要由蹲式便盆、冲洗按钮、冲水组件盘和排泄阀等部件组成，如图 8.2.10 所示。

该便器的设计能利用最少水量达到最佳的冲洗效果，水消耗量为 0.45 L/次。便盆排出口的直径比系统其他部分小，并与一个 90° 弯管直接连接，这样的便盆排出口，能够阻止可能在系统中造成堵塞的物体。

其中，冲水组件盘包括水增压器组成、过滤减压阀、水阀、阀组、控制器和主过滤器等部件。

为保证便盆最佳的冲洗效果和最少的耗水量，需要对水加压，加压通过水增压器组成进行。压缩空气进入水增压器以前，先通过主过滤器进行过滤，再通过过滤减压阀进行过滤和减压。主过滤器对系统的总风源进行过滤。

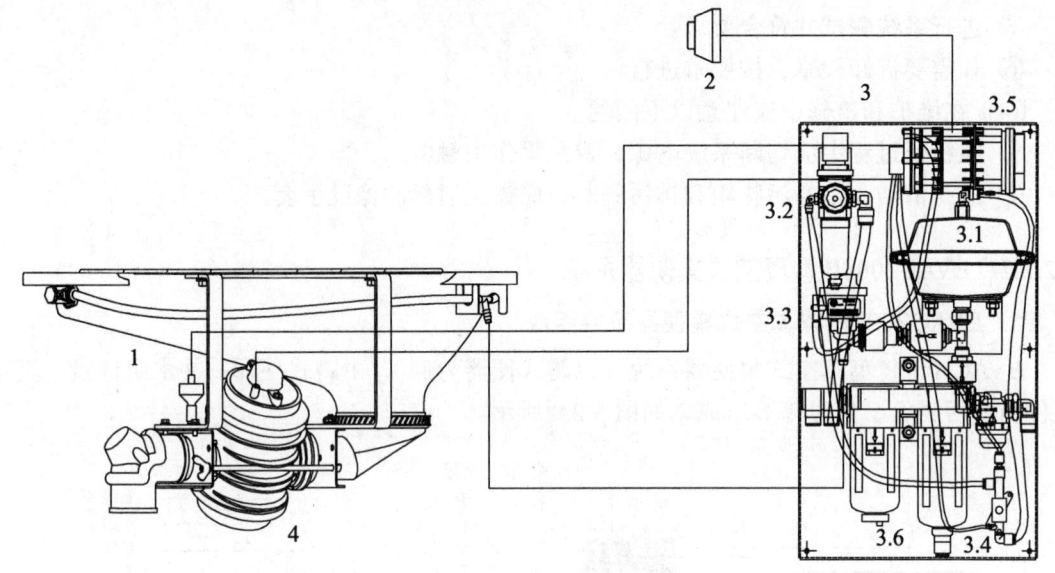

图 8.2.10　蹲式便器组成

1—蹲式便盆；2—冲洗按钮；3—冲水组件盘；4—排泄阀；
3.1—水增压器组成；3.2—过滤减压阀；3.3—水阀；3.4—阀组；3.5—控制器；3.6—主过滤器

排泄阀接在便盆出口 90° 的弯管之后。排泄阀在关闭位置时，将便盆与系统的污物箱部分隔离开，该阀能满足在污物箱和管路中有 –45 kPa 真空时的密封要求。

控制器控制排泄阀打开的时间，以及阀组和水阀的打开。阀组将压缩空气连接到水增压器组成，水阀控制冲洗水进入便盆。当前的冲洗循环结束以前控制器不执行新的冲洗循环过程。

（2）真空组件箱。

真空组件箱内的部件包括喷射器、电磁阀、真空表、压力开关、时间继电器-接线端子、臭气过滤器等。真空组件箱基本组成如图 8.2.11 所示。

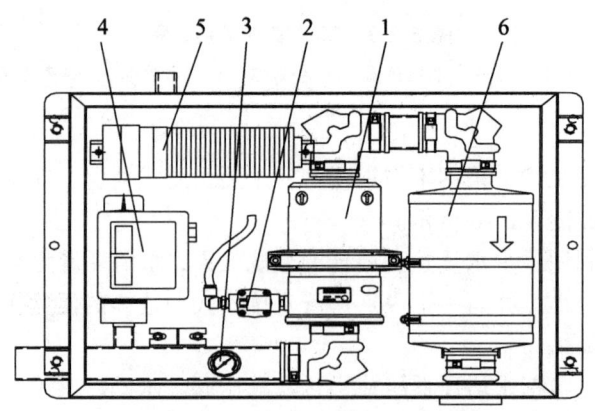

图 8.2.11　真空组件箱基本组成

1—喷射器；2—电磁阀；3—真空表；4—真空开关；5—接线端子；6—臭气过滤器

如果喷射器工作时间超过时间继电器的预置时间，则时间继电器控制显示并报警。根据污物箱的大小，其工作时间是可变的。对于 400 L 污物箱，时间继电器的预置时间为 1.5 min。

真空组件箱根据客户要求安装在污物箱上。

（3）污物箱。

污物箱主要包括箱体、排空装置、液位开关、伴热线、接线盒、温控器、电加热管、检查口、电控箱等部件。污物箱基本组成如图 8.2.12 所示。

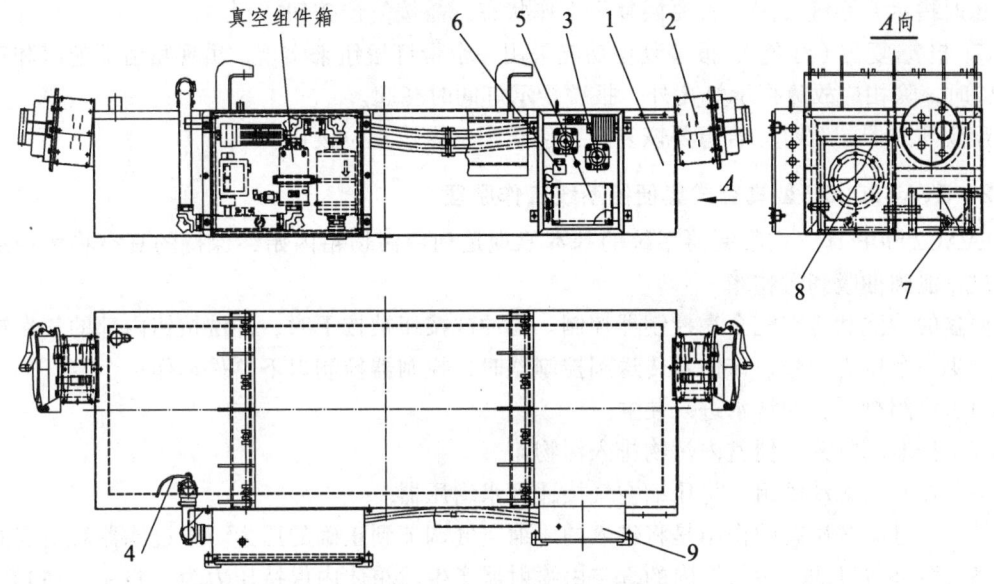

图 8.2.12　污物箱基本组成

1—箱体；2—排空装置；3—液位开关；4—伴热线；5—接线盒；6—温控器；
7—电加热管；8—检查口；9—电控箱

箱体由内胆、保温层、外部包板三层组成，有效容积为 400 L。内胆及外部包板采用不锈钢材质，具有良好的抗腐蚀性。

一个污物箱配有两个排空装置。排空装置内设有 2.5″ 排污快速接头，该接头与通到污物箱底部的排污管连接，排污时只需将车站卸污装置接头与该接头相接，进行抽吸，就可将污物箱内污物排空。排空装置内还设有 1″ 清洗快速接头，连接压力水可将污物箱冲洗干净。排空装置内还设有一个通气口。

污物箱上设有两个液位开关，分别控制污物箱的液位 80% 和 100%。液位到 80% 时，箱满 80% 指示灯亮，但系统仍能工作；液位到 100% 时，系统报警，停止工作。

所有污物管路外缠有伴热线，污物箱的底部设有加热管，其目的是防止气温过低时系统被冻影响其正常使用。加热管的启停受装在污物箱上的温控器控制。温控器设置为箱体内污物温度低于 3 ℃ 时启动，高于 8 ℃ 时停止。

污物箱上电控箱内设有接线盒，污物箱上的所有接线都通过该接线盒连接。污物箱上所有电气件的电源也由车上下至此盒内。

污物箱上设有检查口，以便观察污物箱内部情况和在特殊情况下清理内部。

（4）信号盒。

信号盒面板上安装有信号显示灯，显示便器系统的状态或报警信号。显示灯包含以下指示：

① 箱满 80%（橙色）：当污物箱内液位达到 80% 时亮起显示。

② 箱满 100%（红色）：当污物箱满 100% 时显示，同时报警指示灯显示，系统关闭。

③ AC 220 V（绿色）：显示电源为 AC 220 V。

④ DC 24 V（绿色）：显示电源为 DC 24 V。

⑤ 加热（橙色）：显示系统正在加热。

⑥ 喷射器超时报警（红色）：如果喷射器工作 1.5 min 后，系统仍未建立起真空，则喷射器超时指示，系统关闭。若要恢复至工作状态，需按复位按钮。

⑦ 报警/复位（红色）：报警复位功能采用一个带灯按钮来实现，出现喷射器超时和箱满 100% 时，除相应故障指示灯亮外，报警指示灯同时亮起。

出现喷射器超时时，若想要恢复至工作状态，需按复位按钮。

2. EVAC2000P 型真空式集便器系统工作原理

EVAC2000P 真空式集便器系统的基本原理是利用污物箱内始终保持的真空将污物从便盆通过排泄阀抽吸到污物箱。

便盆的冲洗和排空完全靠控制器控制。当冲洗按钮被按下时，冲洗按钮内部的气囊被促动，产生一个压力信号，该信号传送到控制器时，控制器控制以下器件动作：

（1）水阀打开，冲洗水进入便盆。

（2）排泄阀打开，便盆内污物排入污物箱。

（3）控制器触动阀组，将压缩空气接通到水增压器。

其中，过滤减压阀的作用是将进入的压缩空气调节到正确的压力。主过滤器对系统的压缩空气气源进行过滤。污物箱内的真空由喷射器产生。箱体内保持压力为 -45～-35 kPa 的持续真空，真空度由安装在真空组件箱上的压力开关控制。

冲洗循环过程如图 8.2.13 所示。

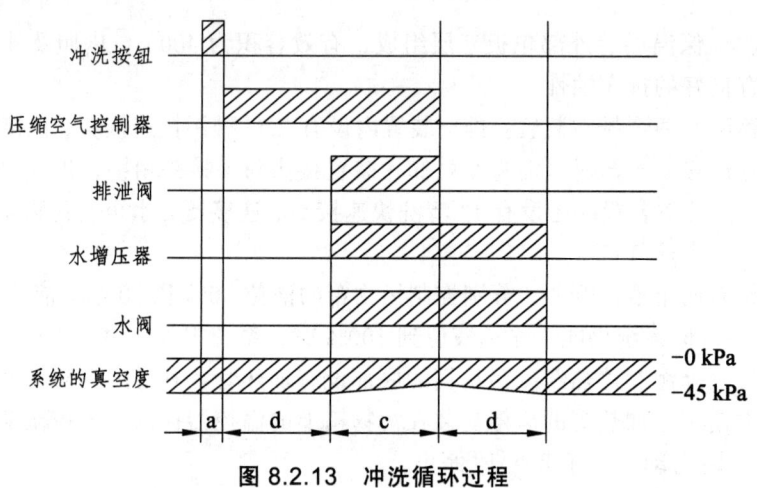

图 8.2.13 冲洗循环过程

"a" 表示按钮被触动时间。

"b" 表示控制器允许真空通至水阀和排泄阀的时间。

"c" 表示排泄阀打开排空便盆的时间。

"d" 表示排泄阀关闭后，水增压器和水阀延迟的工作时间。

气水原理如图 8.2.14 所示。

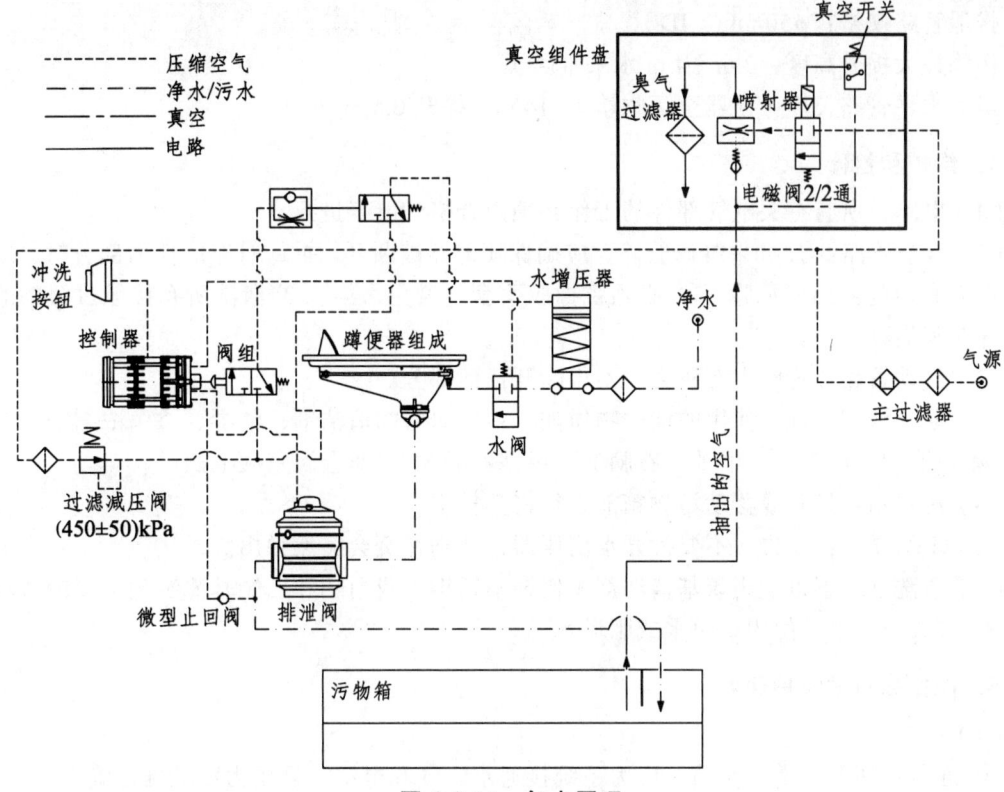

图 8.2.14 气水原理

电气控制系统基本工作过程如下：

压力开关控制污物箱内的真空压力。箱内真空压力低于 −35 kPa 时，压力开关发出信号，传给电磁阀，使其打开，喷射器启动，在箱体内建立要求的真空。

时间继电器与电磁阀相连，如果喷射器运行时间超过预置时间值（该时间值是变量），则报警。

污物箱内两个液位开关分别控制箱内 80% 和 100% 的液位显示。当污物箱内液位至 80%，箱满 80% 信号指示灯亮。当污物箱内液位至 100%，箱满 100% 信号指示灯亮，系统报警，同时系统停止工作。

温控器控制电加热管的启动和停止。当污物箱内污物温度低于 3 ℃ 时，电加热管启动开始加热，当温度高于 8 ℃ 时停止加热。

3. 主要技术参数

形式：真空保持式。

水消耗量：每次冲洗 0.45 L。

压缩空气消耗量：≤150 L/次（换算成一个标准大气压）。

污物箱中的工作真空：−45 ~ −35 kPa。

供应的压缩空气气源压力：500 ~ 1 000 kPa。

压缩空气连接：G3/8″。

水连接：G1/2″。

排泄管路规格：$\phi 50$ mm（ID）。
污物最大提升高度：2 m（4 m 水平管路）。
最大水平管路长度（便器至污物箱）：1.4 m，提升 0.5 m。

4. 维护和检修

（1）电路：所有有关电气部件的工作必须由合格的电工进行。

（2）真空管路：① 如果维修管路，应确保喷射器被断开。拆卸管路的任何部分时，应检查是否会有污物溢出的危险。② 必须戴橡胶手套，避免污染。③ 清洗所有接触过污物的地方，并对其消毒。

（3）气动管路：管路中有压力时不得断开任何部分。

（4）便盆清理。推荐使用的清洁物质如下：非研磨的清洁剂；消毒、杀菌浓缩物（四氨化合物）；溶剂（甲苯、二甲苯、石脑油、甲基乙醛酮）；非金属坚硬毛刷。

（5）污物箱：打开或移动污物箱前必须将其排空。

（6）水增压器：警告，不要拆开水增压器，否则弹簧会突然弹出。

（7）清洗剂：不得使用氯基清洗剂（侵蚀不锈钢）或丙酮和乙醚基清洗剂（侵蚀塑料和橡胶），多数情况下，使用干净水或肥皂水。

5. 操作和日常维护保养

（1）操作。

① 准备：便器正常工作前，应为系统接通水、气和电源，且压力和电压正确。

② 冲洗：按压冲洗按钮，系统即进行一次正常冲洗循环。系统有记忆功能，即按下按钮后，若系统真空度未达到 -35 kPa 时，系统不进行冲洗，真空度达到 -35 kPa 时，系统自动进行冲洗循环。

③ 复位：若系统出现喷射器超时故障，解决故障后，需按复位按钮，使系统恢复正常待机状态。

（2）日常维护保养。

① 每次列车运行结束：

a. 立即排空污物箱。

b. 排空车上水箱后操作冲洗按钮 3~4 次，排空水增压器内的水。

② 每月：

a. 检查系统是否漏水。

b. 检查空气和真空连接，确保没有泄漏。

c. 用清水清理污物箱内部。

6. 检修规程

为保持便器系统保持良好的状态，延长使用寿命，应对其进行相应检修。检修规程的制定以经验和便器的橡胶部件服务寿命为基础。

A1 修：

（1）检查不锈钢便盆是否泄漏，并清洁便盆。

（2）用湿布清洁便盆冲刷喷嘴。

（3）检查水增压器的工作情况。
（4）检查水阀工作情况。
（5）利用压缩空气检查气阀工作情况。
（6）检查排泄阀工作情况。
（7）清理微型止回阀。
（8）清理水阀过滤器。
（9）清理水过滤器。
（10）检查冲洗按钮。
（11）检查并清理喷射器，检查在工作时是否有泄漏。
（12）更换臭气过滤器。
（13）检查箱体和所有的连接，确保没有泄漏。
（14）检查所有压缩空气管路的连接，确保没有泄漏。
（15）通过灌满污物箱，检查箱满 80% 和箱满 100% 信号的工作情况，确保箱满报警显示时系统被停用。
（16）将液位开关从污物箱上拆下，并用水和压缩空气清理。
（17）检查冷却剂（如冰），检查伴热线、电加热管和温控器的功能。

A2 修：每次 A2 修需进行的项目与 A1 修相同（略）。

A3 修：每次 A3 修，除进行 A2 修例行检验项目外，还需对控制器进行操作检查，以确认系统是否工作正常。对控制器的检查，不需将控制器从系统上卸下，只需进行正常冲洗循环，按时序图检查冲洗循环动作是否正常。

更换过滤减压阀滤芯。旋转并向下用力取下过滤减压阀杯罩，更换内部滤芯。

更换主过滤器滤芯。拉下防转扣旋转并向下用力取下过滤器杯罩，更换内部滤芯。

清理控制器端部的滤网。

测试污物箱的电加热管，电加热管的绝缘、耐压性能应达到规定的标准，不符合标准者更换。

A4 修：将所有的系统部件从车辆上拆卸下来，分解、清洁干净，检查是否有损坏的零部件，损坏的应更换。组装后，各紧固件应牢固，水、真空、气路不得泄漏。

A4 修需更换以下部件：
（1）更换过滤减压阀滤芯。
（2）更换主过滤器滤芯。
（3）更换排泄阀的橡胶部分及其上连接的橡胶软管。
（4）更换水阀的橡胶隔膜。
（5）更换微型止回阀。
（6）更换蹲式便器上的冲洗喷嘴的密封圈。
（7）更换水增压器。
（8）更换喷射器橡胶部件。
（9）更换污物箱橡胶件。
（10）更换真空组件箱上电磁阀。
（11）更换冲水组件盘上阀组。

（12）更换真空组件箱内的压力开关。

（13）更换臭气过滤器。

（14）更换污物箱上的温控器。

（15）更换污物箱上的加热管。

（16）更换系统的橡胶连接管和塑料管。

A4 修需进行以下操作项目：

（1）清理控制器端部的滤网。

（2）清理水过滤器。

（3）对控制器进行操作检查，以确认系统是否工作正常。对控制器检查时，不需将控制器从系统上卸下，只需进行正常冲洗循环，按时序图检查冲洗循环动作是否正常。

（4）测试电伴热线，绝缘、耐压性能应达到规定的标准，不合格者更换。

A4 修时，下列部件组装后应进行如下测试：

（1）水增压器泄漏试验：对水增压器组成的上腔进行气压试验，试验压力 0.5 MPa；对水增压器组成的下腔进行水压试验，试验压力 0.4 MPa，应无泄漏。

（2）污物箱保压试验：将污物箱进行真空保压试验，试验真空度为 -50 kPa，在 1 h 内压力上升不得超过 3 kPa。

（3）排泄阀功能试验：① 阀中间通道泄漏试验（排泄阀在关闭状态下对通往便器一侧的内腔进行 -50 kPa 真空试验，检验有无泄漏）；② 开启试验（排泄阀在 -30 kPa 的真空度下，通道应迅速开启）。

（4）集便器功能试验：将系统的真空度设定为 -45 ~ -35 kPa，按如下规定检查系统。① 冲洗水量：（0.45 ± 0.05）L；② 冲洗流型；③ 调节过滤减压阀的设定压力 0.45 MPa；④ 冲洗循环动作。

（5）真空组件箱试验：将真空组件箱连接在真空容器上，对其进行以下项目检验。

① 压力开关的设定压力：-45 ~ -35 kPa；喷射器应在 -45 kPa 时停止，在 -35 kPa 时启动。

② 喷射器超时检测：将喷射器抽气口通大气，模拟喷射器超时，1.5 min 后系统应停止并拒绝工作，同时信号箱显示报警。

③ 信号显示检测：在接线端子上模拟各信号，检测信号箱上信号显示。在模拟箱满 80% 和 100% 时检验系统是否能正常工作。

（6）污物箱加热试验。

用冷却剂（如冰）冷却温控器探头，当温控器探头温度降至（3 ± 0.5）℃ 时，检验电加热管是否开始工作，此时信号箱上的加热指示灯应亮起；当温度升到（8 ± 0.5）℃ 时，电加热管应停止工作，此时信号箱上的加热指示灯应关闭；同时检查上述工作情况是否正常。

知识 8.3 电控气动塞拉门

【摘要】主要介绍电控气动塞拉门的工作原理、系统组成及使用方法。

铁路客车侧门的塞拉门分为外挂式塞拉门和内置式侧拉门两种形式。塞拉门一般由门控单元、门扇、驱动装置、气动单元、锁闭装置、隔离装置、紧急解锁装置等部分组成,具有集中控制、单辆车控制、障碍检测及防挤压、速度联锁保护、隔离、紧急解锁和故障自诊断等功能。塞拉门的关键技术,主要体现在"控制技术,即门控策略与逻辑设计、网络接口关系,侧门的锁闭安全性与可靠性,门扇的隔音、隔热技术"等几方面。目前,国内动车组和普通铁路客车采用的塞拉门型号不尽相同。

8.3.1 塞拉门简介

国内铁路客车塞拉门主要分为手动塞拉门、电控气动塞拉门两种。下面以南京康尼公司、北京博得公司和青岛欧特美公司生产的塞拉门为例,介绍电控气动塞拉门性能参数、系统组成、使用方法、电控气动工作原理等基本内容。

8.3.2 MS730CP6 电控气动塞拉门

MS730CP6 电控气动塞拉门是南京康尼公司生产的,供 25T 型旅客列车使用的系列化外摆塞拉门。门扇为直形,有左右之分。驱动方式为气动,控制方式为电控。门锁为双重闭锁,另设独立的保险锁(隔离锁),安全可靠。门扇采用铝蜂窝复合结构,其优点是质量轻、强度高、密封性能好、隔音、隔热。车门系统的承载驱动机构具有结构简洁,运动阻力小,安装方便,可靠性高等优点。车门系统具有防挤压和列车速度大于 5 km/h 自动锁闭功能(5 km/h 信号由车辆提供);另外,可实现整列车门系统的集中控制,与车辆计算机通信实现监控功能。

8.3.2.1 主要结构尺寸及要求

门框宽:930^{+5}_{0} mm。

门框高:$2\ 480^{0}_{-4}$ mm。

通过宽:≥730 mm。

通过高:≥1 850 mm。

门宽:(878 ± 3) mm(含胶条)。

门高:(2 524 ± 5) mm。

门厚:(43 ± 1) mm。

除易损件外,车门的正常使用寿命为 15 年。

环境温度:-40 ~ +60 ℃。

最大相对湿度:95%。

适用站台高:300 ~ 1 100 mm(脚蹬设两级于车内,一级为车外可自动翻转)。

构造速度:160 km/h。

列车主管压缩空气:600 ~ 900 kPa。

8.3.2.2 主要性能指标

质量：≤140 kg。
手动开门力：≤150 N。
开门时间：2.5~6 s。
关门时间：3~6 s。
隔音：≥30 dB（A）。
导热系数：≤4.4 W/（m² · K）。
能检测的最小障碍物：30 mm（宽）×60 mm（高）。
障碍物检测力：≤150 N。
门页能承受 2.5 kPa 的均布载荷，同时能承受一个作用于门中心的 800 N 集中力。
车门关闭后，在车辆有电、有气的情况下符合《铁道车辆漏雨试验方法》（TB/T 1802—96）的要求。
电缆符合《机车车辆电缆第 1 部分：额定电压 3 kV 及以下标准壁厚绝缘电缆》（TB/T 1484.1—2010）的要求。
车门配线布线符合《铁道客车配线布线规则》（TB/T 1759—2003）的要求。
整个塞拉门系统符合《铁道客车塞拉门》（TB/T 3108—2011）的要求。

8.3.2.3 左右门的定义

针对不同安装位置的门系统，要保证在安装过程中的各阶段总是使用正确的部件。车门系统制造单位人为地规定了左和右之分。列车车辆电控气动塞拉门位置示意如图 8.3.1 所示。

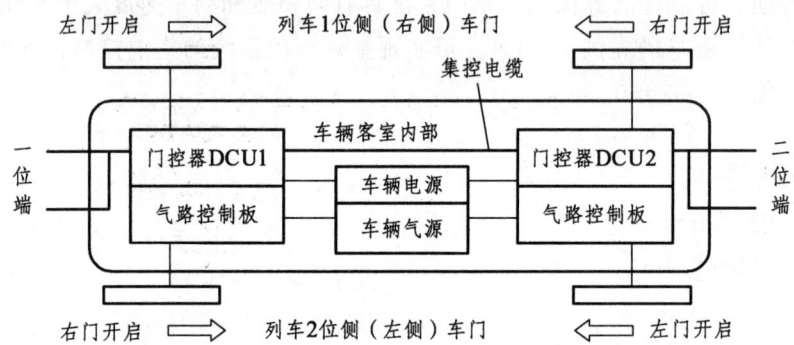

图 8.3.1 列车车辆电控气动塞拉门位置示意图

注：门的左右定义是人在车厢外面对车门，向右手方开启为右门，向左手方开启为左门。而门控器信号的"左侧""右侧"是相对整列车而言：车体 1 位侧定义为"右侧"，包括 1 个左门、1 个右门；车体 2 位侧定义为"左侧"，也包括 1 个左门、1 个右门。

8.3.2.4 塞拉门结构介绍

MS730CP6 电控气动塞拉门由基础部件、门扇部件、承载驱动机构部件、操作部件、门锁部件及门控单元六大部件组成。MS730CP6 电控气动塞拉门基本结构组成如图 8.3.2 所示，其三维爆炸图如图 8.3.3 所示。

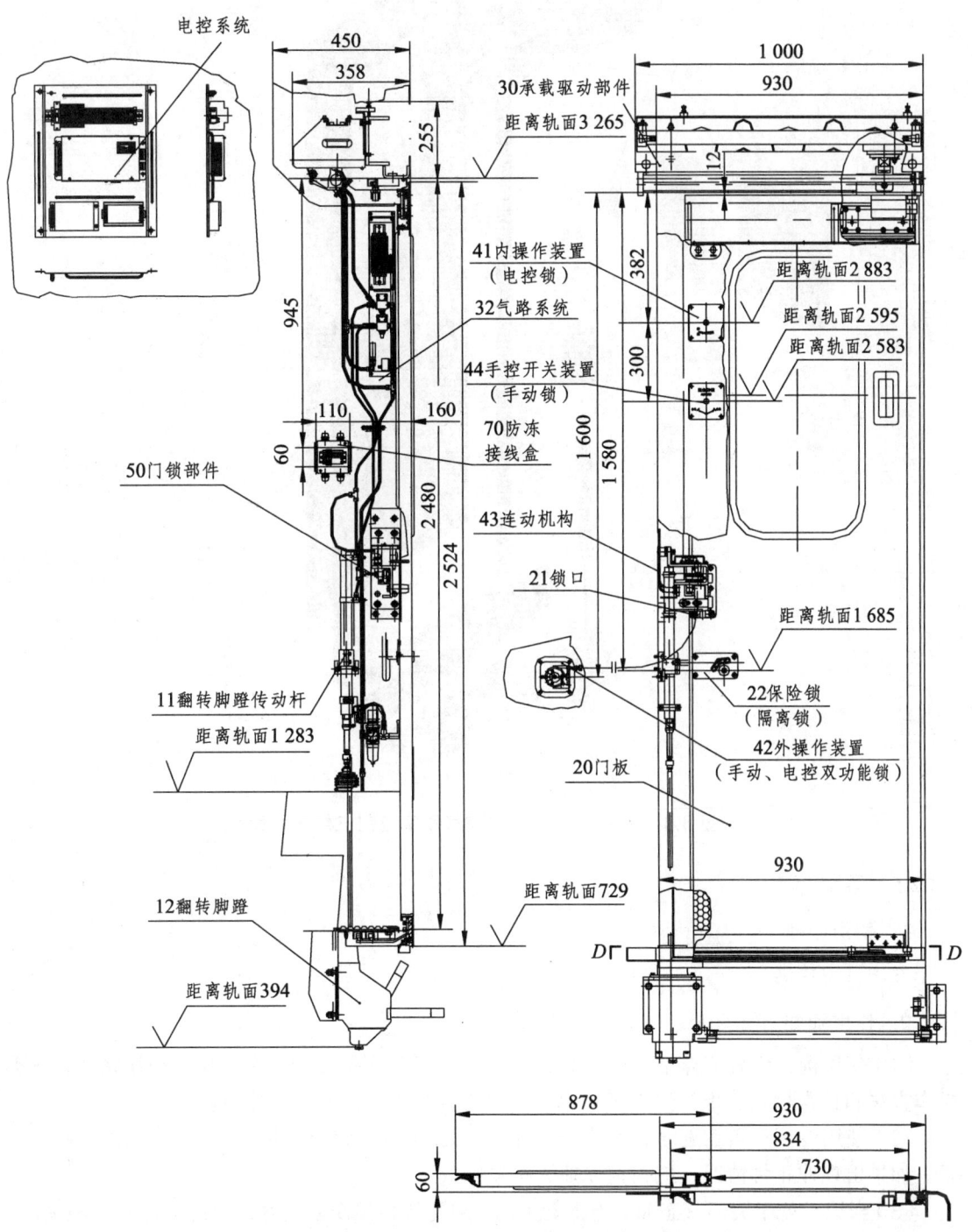

图 8.3.2 MS730CP6 电控气动塞拉门基本结构组成

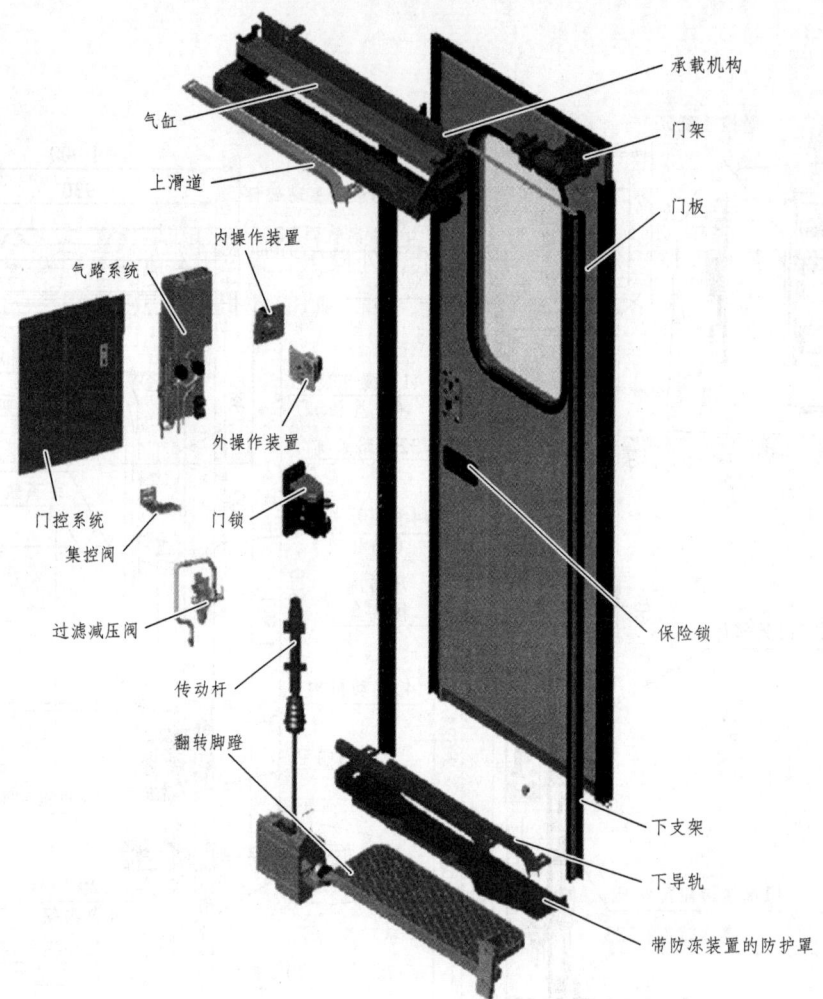

图 8.3.3 MS730CP6 电控气动塞拉门三维爆炸图

8.3.2.5 使用方法

1. 使用必备

专用三角钥匙。

2. 使用须知

（1）使用前操作者应详细了解 MS730CP6 电控气动塞拉门的主要结构、动作原理，熟悉操作方法和日常检查、维护保养等知识，避免错误操作，造成人为故障。

（2）使用专用三角钥匙时，只能按"开"（"关"）指向旋转不超过 45°，以免损坏操作装置。如果出现非正常情况，应报请专业人员排除故障。

（3）当锁叉处于关门状态时，绝不能关门，须先将锁叉恢复到开门状态后才可实施关门。执行一次开门程序，可使锁叉恢复到开门状态。

（4）当正常开、关门出现故障时，可关断气源，手动将门关闭，锁上保险锁，并报请专业人员检修。

（5）为安全起见，对不需集控的车门可用保险锁锁闭。

（6）防冻装置在进入寒季时接通电源后，无特殊情况应持续通电到寒季结束。严禁强酸碱接触其表面，如不慎接触，应立即用水清洗，并对其进行绝缘测试。

3. 开、关门的操作方法

MS730CP6 电控气动塞拉门的操作装置包括内操作装置、外操作装置和手控开关装置。其中，内操作装置和手控开关装置位于立罩上，外操作装置位于车外距后门框 900 mm 处。可以手动、电控气动、集控气动三种控制方式实现车门的开和关，其中有电有气时可以实现电控气动或集控气动，没电没气或有电没气或没电有气时实施手动。

（1）手动操作开、关门。

当门系统无电无气时，MS730CP6 电控气动塞拉门可用如下方法实现门的开、关。

① 开门。

用专用三角钥匙按手控开关装置（或外操作装置）标记上箭头所指方向（顺时针）转动装置上的三角头转轴约 45° 实现解锁后，用手拉动门扇即可实现开门。

注意：手动开关装置经手控开关后应及时复位。操作者虽进行了解锁操作，但如遇非正常情况松开钥匙后仍不能拉动门扇，此时操作者可一手进行解锁操作，同时另一手拉动门扇即可将门打开。

② 关门。

用手拉动门扇直至关闭位，当听到锁的二级闭锁动作发出声响时，即可认定门已被可靠关闭并锁定；若只听到一级闭锁动作声响则应开门重新关门，直到实现二级锁闭。

（2）电控气动方式开、关门。

① 开门。

首先打开隔离锁。集控系统未开或没有集控关门信号且有电有气时，外操作装置与内操作装置具有相同的功能。用三角钥匙按箭头所示方向操作，如图 8.3.4 所示。蜂鸣器响 3 s 后车门打开，翻转脚踏板翻下成水平状。

（a）手控开关装置　　　　　　　　（b）内操作装置

图 8.3.4　电控气动方式开、关门操作示意图

注意：扳动三角钥匙用力不宜过大。

在有集控关门信号且有电有气时，内、外操作装置不能开门。

紧急状态下的开门。在遇到紧急情况时，用三角钥匙按箭头所示方向顺时针操作手控开关装置，系统将电磁阀电源切断，报警蜂鸣器报警，此时可以手动开门（没电没气时的开门同上）。

注意：手动开关装置是需要手动复位的，使用后，请将手动开关装置复位。否则有电时报警蜂鸣器将持续报警，塞拉门也将失去所有自动控制开关门的功能。

② 关门。

车门处于开启状态，用三角钥匙按箭头所示操作，蜂鸣器响 3 s 后，车门关闭，同时翻转脚踏板向上翻起。若门扇在关闭过程中遇到障碍，门扇会自动返回，10 s 后再自动关闭。若关闭途中障碍仍存在，则车门会重复上述动作，直到障碍排除，门扇关闭至锁定位置。车门在关闭至离门框胶条 15~30 mm 时，无防挤压功能。

车速达到 5 km/h 时（5 km/h 信号由车辆提供），车门将自动关闭，若门扇在关闭过程中遇到障碍，门停在原处，5 s 后再自动关闭。

集控开/关门：集控上电后，打开钥匙开关，电源指示灯亮，系统处于集控操作状态；当左/右侧选择开关在中间 0 位时，所有集控操作无效。将左/右侧选择开关旋到开左侧门位置 0.5 s 后，10 s 内揿下开门按钮大于 0.5 s，左侧车门应打开。将左/右侧选择开关旋到开右侧门位置 0.5 s 后，10 s 内揿下开门按钮大于 0.5 s，右侧车门应打开。左/右侧选择开关在左侧或右侧位置 0.5 s 后，揿下关门按钮 0.5 s 以上，未关的车门关闭。如果有门未关到位，则门未关到位指示灯亮。可重新揿下关门按钮，已经关到位的门不动作，没有关到位的门重新打开后自动关闭，直到门关到位指示灯熄灭，证明列车所有的门已经关好。

集控关门后，内、外操作不能开、关门，紧急解锁可以手动开、关门。只有在集控开门状态或集控系统断电的情况下才能通过内、外操作开、关门。

4. 电控系统门状态的自动识别

控制系统上电，门控器上的 DC 5 V 指示灯亮，门系统自动执行关门一次，保持关门状态。当隔离锁锁闭时，所有手动、电控、紧急解锁集中控制功能失效。系统处于开门状态时，压下隔离锁开关时间大于 0.5 s，门扇执行关门动作，系统切换为关门状态；压下保险锁开关时间小于 0.5 s，门扇不动作。

8.3.3 BBT39 型电控气动塞拉门

BBT39 型电控气动塞拉门由北京博得公司生产，适用于最高时速不大于 200 km/h 的铁路客车。该型门系统，在列车播音室设有 1 个集中控制箱，通过集控电缆对整列车的门系统进行集中控制；而每节车厢设有 4 个塞拉门和两个门控器（DCU），同一车端的 1 左 1 右两个门共用 1 个门控器。同一车厢门控器通过集控电缆相连，并通过车厢两端的集控连接器与其他车厢的门控器实现整列连挂。塞拉门系统的电源、风源分别由各车辆本身供给。

8.3.3.1 门系统介绍

单个门系统由基础安装部分、驱动装置、门板、门板附件、锁闭装置、活动脚蹬、气路系统及电控系统等组成。以单个右门为例，其基本组成如图 8.3.5 所示。

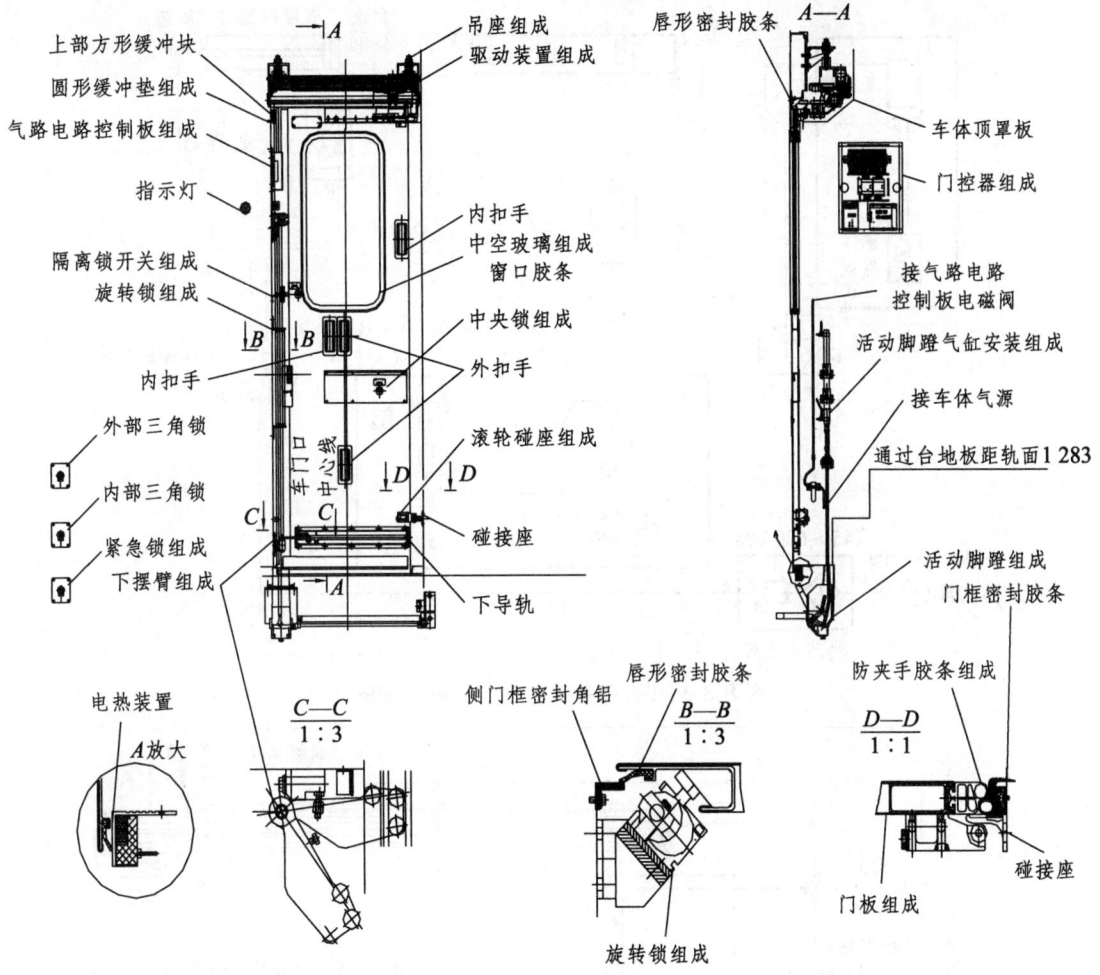

图 8.3.5 门系统基本组成（右门）

8.3.3.2 气路控制系统

气路控制系统由车辆风源、过滤减压阀、风缸、气路控制阀及空气管路组成。气路原理如图 8.3.6 所示，气路布置如图 8.3.7 所示。

气路控制系统各部分主要组成和作用如下：

（1）车辆风源由车下储风缸提供，供气压力为 450～900 kPa，车门气路系统适应的空气压力为 450～600 kPa。

（2）过滤减压阀的作用是对进入门气路系统的压力空气进行过滤，除尘除湿，调节车辆风源供给气路系统的空气压力，以保证气路系统有 450～600 kPa 的平稳工作压力。

（3）门的气路主要由两个二位三通电磁换向阀（Y1、Y2）进行控制，其主要作用是通过电控信号控制换向阀的电磁线圈，实现电控方式的开关门操作。当门的电控装置关闭或失效时，这两个阀的电磁线圈失电，阀的位置复位，排气口与大气相通，使气路系统的剩余空气排出。此时，可以方便地用手动方式进行开关门操作。

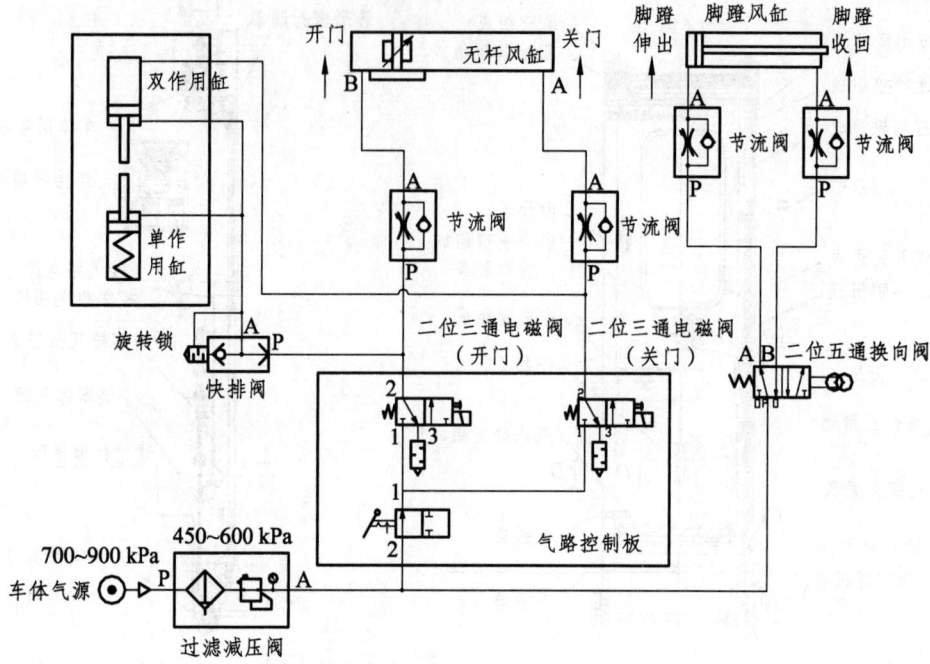

图 8.3.6　BBT39 型塞拉门气路原理图

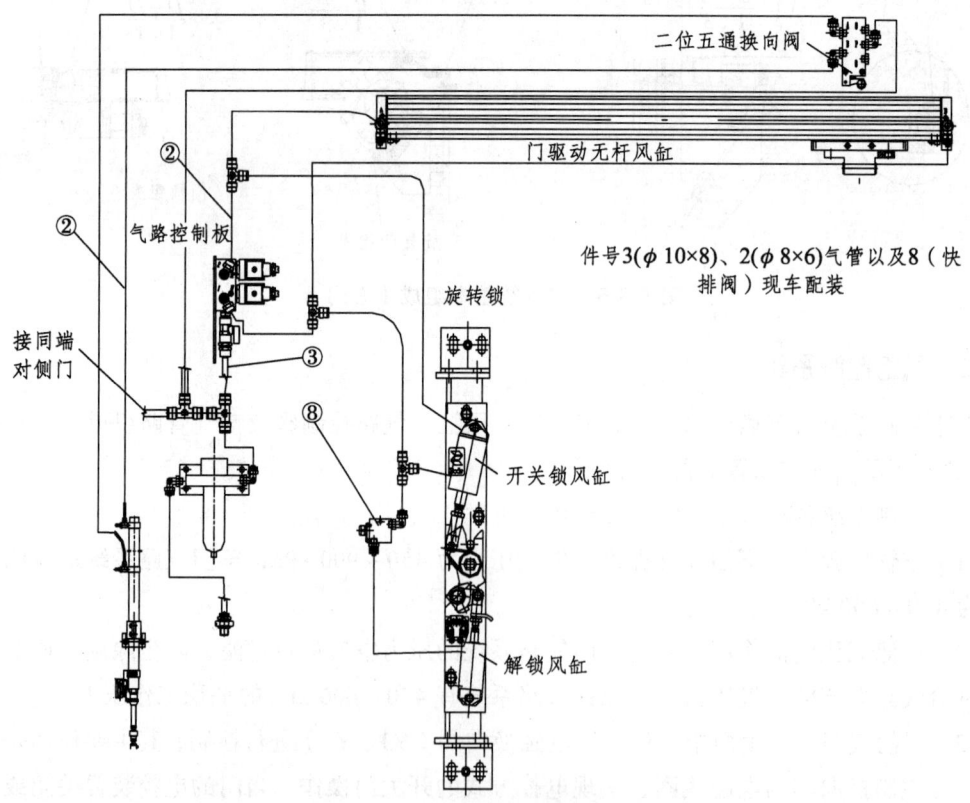

图 8.3.7　气路布置图

（4）风缸包含驱动装置处的无杆风缸、旋转锁处的开关锁风缸、解锁风缸和活动脚蹬风缸。无杆风缸的作用是为门板运动提供驱动力,安装在驱动装置上。旋转锁机构处的开关锁风缸与解锁风缸的作用是分别控制旋转拨叉和锁定凸轮的相对位置,形成二级锁闭、一级锁闭、开启三种状态位置,实现门的锁定、关闭和开启。

(5)无杆风缸两端各自装有一个可调式单向节流阀,可以调节气流大小以控制门板的移动速度。

(6)吊架组成上装有一个机械滚轮式二位五通换向阀,用以控制活动脚蹬风缸的动作,使脚踏板在门板关闭位 98% 处完成快速打开和收起功能。

(7)气路主管路采用规格 $\phi 10\ mm \times 8\ mm$ 的聚酯压力软管,其余采用规格为 $\phi 8\ mm \times 6\ mm$ 的聚酯压力软管。各阀排气口必要处均设有消音器,以减少气流噪声。

8.3.3.3 电控系统

整列车塞拉门的电控系统主要由一个集控箱和各车厢的单车电控系统组成。单车电控系统主要由门控器、传感器、操作元件、控制元件、指示元件及电路等组成。一个车厢总共有四套门,两套门控器,每端 1 左 1 右两个门共用一个门控器。

列车有一个"车辆静止"信号,由车辆防滑器的"5 km/h 信号"控制。门控器得电后,首先检测该信号。

当车速小于 5 km/h 时,判定"车辆静止",门控系统处于"非安全"状态,门可以打开;当车速大于等于 5 km/h 时,判定"车辆不静止",门控系统处于"安全"状态,除了紧急解锁外,其他电控方式均不可以将门打开。

1. 传感器及控制元件

门控器接线图如图 8.3.8 所示。

车门设有以下传感器及控制开关(参见图 8.3.8)。

(1)"隔离锁开关"(S1)。

该开关是一个用三角钥匙控制的一组常开和常闭开关,其作用是门停用时,将隔离锁置于"锁闭"位。触动门框上的隔离锁开关,常开开关闭合,将门的电控系统隔离,使门不能打开,同时常闭开关断开,切断 TW2 信号,报告门已关好。

(2)"门 98% 关闭开关"(S2)与"压力波信号开关"(S3)。

前者是一个滚轮杆式微动开关,装在驱动装置上;后者是一个空气压力感应开关,装在上部门板内。两者串联,其作用是当两者都接通时实现防夹保护功能。两者有一个未接通时,可以正常关门。门关闭时,门控系统通过检测关闭方向的压力波信号,以识别关门时所遇到的障碍。当遇到障碍物时,门自动开启并在 6 s 后重新自动关闭。关门前蜂鸣器以 1 Hz 的声音鸣叫警示。

(3)"锁定凸轮开关(即 100% 开关)"(S4)。

该开关是一个换位微动开关,装在旋转锁锁定凸轮的下部,输出"门 100% 关闭信号"和"门未关好信号"。它有两组触点:一组常闭触点显示旋转锁处于二级锁闭位,进而在门控器上显示"车门 100% 关闭";另一组常开触点显示旋转锁未处于二级锁闭位,门指示灯(H3)显示为"红灯","门未关好信号"传递给集控箱,集控箱上指示灯(H1)也显示为红灯,表示整个列车至少有一个车门没有关好。

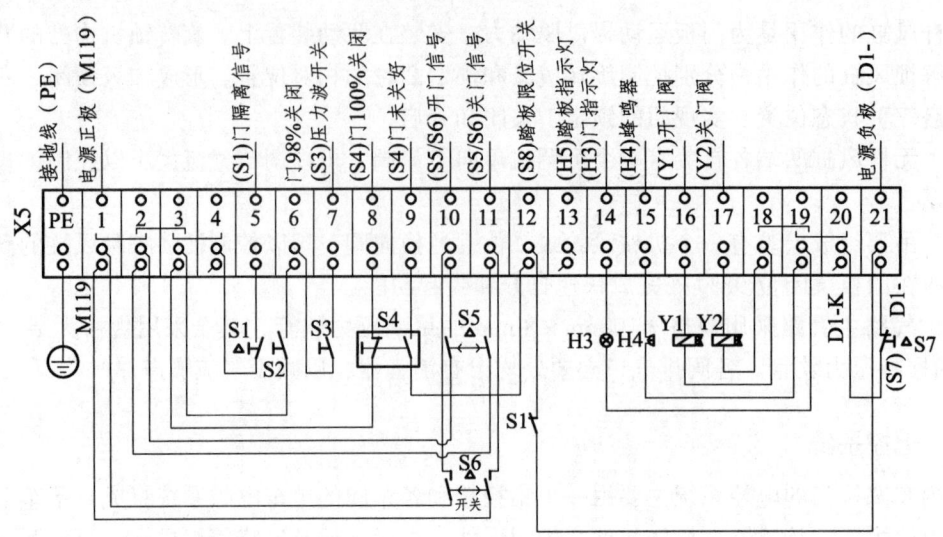

说明:
S1:隔离锁开关(三角钥匙式); S2:门98%关闭开关(机械滚轮式);
S3:压力波开关; S4:100%(锁定凸轮)开关;
S5:内三角锁开关(三角钥匙式); S6:外三角锁开关(三角钥匙式);
S7:紧急锁开关(三角钥匙式); H3:门指示灯;H4:蜂鸣器;
Y1:开门两位三通电磁阀; Y2:关门两位三通电磁阀。
注:上图为门处于关闭状态、脚踏板收起时,且隔离锁未锁闭时各电气开关所处状态。

图 8.3.8 传感器及控制开关接线示意图

(4)"内三角锁开关"(S5)。

该开关是一个三角钥匙式控制开关,装在内部三角锁上,锁面板上带有"开""关"及"中间(无字)"位。

(5)"外三角锁开关"(S6)。

该开关是一个三角钥匙式控制开关,装在外部三角锁上,锁面板上带有"开""关"及"中间(无字)"位。

(6)"紧急锁开关"(S7)。

该开关是一个三角钥匙式控制开关,装在紧急锁上,锁面板上带有"解锁""复位"位。

(7)"门指示灯"(H3)(红色)。

该指示灯用于显示门的状态。门打开时,显示为"红色"。当门有故障时,该指示灯以大约 1 Hz 的频率闪亮。

(8)"蜂鸣器"(H4)。

蜂鸣器用于开关门时以 1 Hz 的声音报警提示,开关门时均响三声。

(9)"开门二位三通电磁阀"(Y1)。

该电磁阀是一个换向阀,装在气路控制板上,用于开门时向各风缸送风。

(10)"关门二位三通电磁阀"(Y2)。

该电磁阀是一个换向阀,装在气路控制板上,用于关门时向各风缸送风。

(11)"车辆 5 km/h 信号"(V5)。

该信号由防滑器提供,当车速大于等于 5 km/h 时,门自动关闭并锁定。这时,只有用三角钥匙将紧急锁置于"解锁"位,才能将门手动打开,其他方式开门操作均失效。

8.3.3.4 门的操作使用

1. 开门

只有在车辆处于静止状态且门未隔离的状态时才能进行开门操作。

开门前,应先将隔离锁的隔离状态解除,紧急锁也置于"复位"位。

(1) 通过集控箱(列车)集控开门。

在电控方式作用时,首先选择要集控操作的左右侧,然后按下集控箱"开门按钮"开关,发出开门指令,列车相应侧的所有车门均可打开。该命令具有较高优先级。

按下开门按钮1 s以上,列车相应侧的所有车门均可自动打开。进行该操作,电脉冲信号的持续时间必须保证。门一旦打开,不能自动关闭。

(2) 通过门内、外三角锁电控开门。

在电控方式作用时,才能进行此种方式操作。

拧动门内、外三角锁开关到"开"的位置并保持1 s以上,车厢相应的车门均可自动打开。进行该操作,电脉冲信号的持续时间必须保证。门一旦打开,不能自动关闭。

(3) 通过扳动门内、外中央锁锁芯手动开门。

电控方式切断时,隔离锁的隔离锁闭作用也解除时,可以操纵门内、外中央锁锁芯将门手动打开。

2. 关门

(1) 通过集控箱(列车)集控关门。

在电控方式作用时,首先选择要集控操作的左右侧,然后按下集控箱"关所有门"按钮开关,发出关门指令,列车所有开着的车门均可关闭。该命令具有最高优先级。关门信号的脉冲前沿(上升边)激发该指令,所保持的解锁状态被自动取消。关门时有蜂鸣信号。

(2) 通过门内、外三角锁关门。

在电控方式作用时,才能进行此种方式操作。

拧动门内、外三角锁开关到"关"的位置并保持1 s以上,车厢相应的车门同时自动关闭。进行该操作,关门信号的脉冲前沿(上升边)激发该指令,必须得到保证。在门关闭前3 s,蜂鸣器以大约1 Hz的频率鸣叫,所保持的解锁状态被取消。

(3) 通过门内扣手、门外扣手手动关门。

在电控方式切断时,操纵门内、外扣手将门手动关闭到二级锁闭状态。之后,必须将隔离锁拧到关位,将门处于隔离状态后,乘务员方可离开门区。

3. 门的紧急解锁

当列车运行时,当车速大于等于5 km/h时,列车所有开着的门自动关闭,关闭的门被"5 km/h信号"锁定,风缸保持有压力,这时电控及手动方式均不能将门开启。在运行中需要紧急开门时,须先用三角钥匙将紧急锁拧到"解锁"位,然后可扳动门板上的中央锁锁芯手动将门打开,从而实现运行状态下门的紧急开启功能。

4. 门的隔离锁闭

在列车停运时,单个车门可以用三角钥匙拧动隔离锁锁芯,使锁舌伸出别住门框,同时触压后门框上的隔离锁开关,切断电控回路,实现门的机械和电控隔离锁闭功能。门隔离锁闭后，若不解除隔离锁的隔离锁闭状态，手动、电控方式均不能将门打开。门隔离锁三角锁芯位置如图 8.3.9 所示。

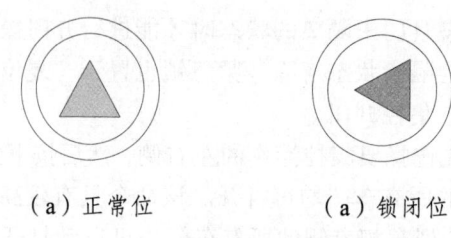

(a) 正常位　　　　　(a) 锁闭位

图 8.3.9　门隔离锁三角锁芯位置图

5. 门的防夹保护

门在电控关闭过程中，在 0~98% 关闭行程范围内，自动检测关门方向的障碍物，当遇到障碍物时，防夹保护用"压力波信号"开关接通，门自动开启，并在 6 s 后自动重新关闭。关门时，蜂鸣器以 1 Hz 声音鸣叫报警。在过了 98% 关闭点后，门"98% 关闭信号"将"压力波信号"切断，门不会因为关门撞击而重新打开，这样门就可以关闭到位。

6. 门指示灯

门打开时指示灯亮，门关闭且达到二级锁闭状态时，指示灯灭，否则过一段时间后（几秒钟左右），指示灯以大约 1 Hz 频率闪亮。

7. 熔断保险

通向左门和右门的电缆设有熔断保险，该保险装在门控器安装板上的 40 位接线端子排上。

8.3.4　欧特美塞拉门

青岛欧特美股份有限公司设计生产的电控气动塞拉门是铁路客车用外开式单扇塞拉门，适用于 200 km/h 以下列车系统。每辆车配备左右各两套门系统，每端两个门共用 1 套门控单元。

8.3.4.1　门系统组成部件

塞拉门系统主要由门板、驱动机构、锁闭机构、故障隔离锁、内外操作装置、紧急解锁装置、翻转脚踏、下部防冻装置、气控单元、门电控系统和其他密封附件、紧固件调整垫等组成，如图 8.3.10 所示，其三维爆炸图如图 8.3.11 所示。

1. 门　板

门板组成如图 8.3.12 所示。门骨架为铝型材焊接结构，表面为铝板，夹层采用铝蜂窝黏结，门板上部装有夹层中空玻璃，有良好的隔音、隔热性能。门板的上下和后边装有密封胶条，关门时压在门框的密封面上。门的前边装有软边环式中空密封胶条，由 EPDM 橡胶制成，防止关门时挤伤手指。

项目 8 客车典型装备检修

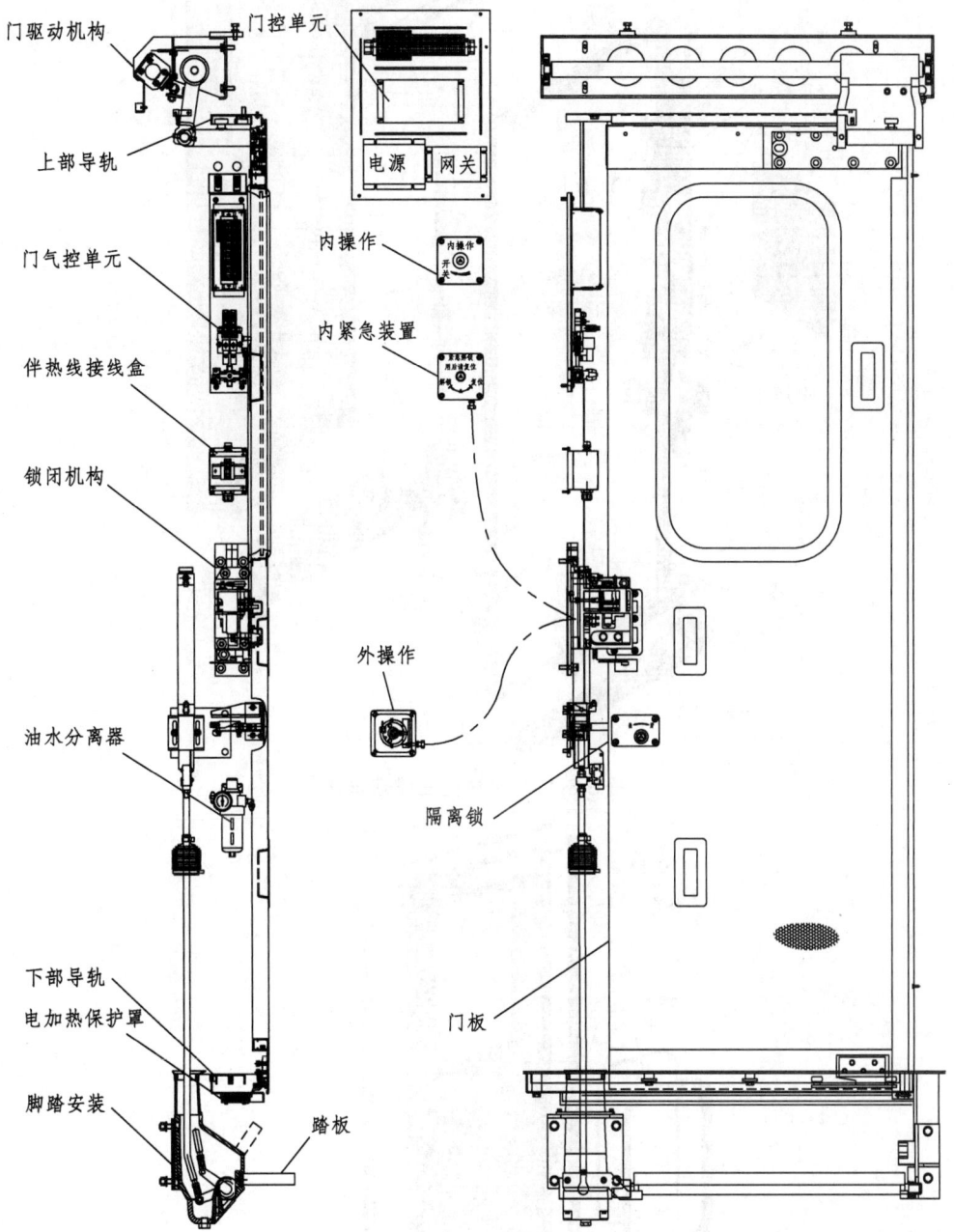

图 8.3.10 系统组成

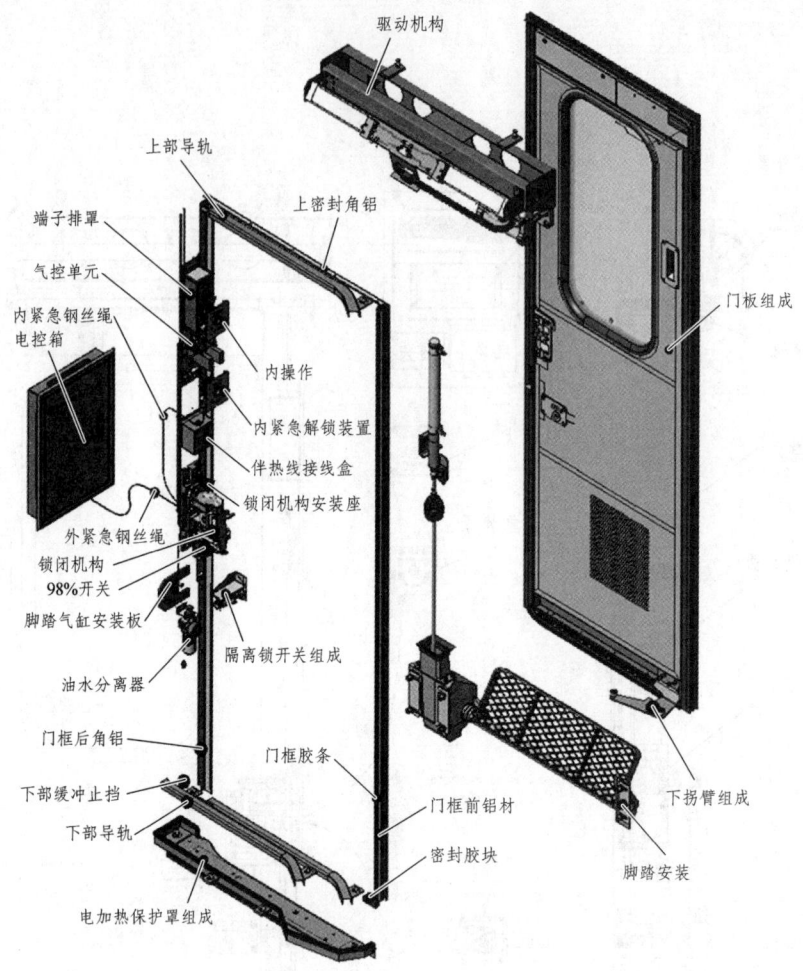

图 8.3.11 塞拉门三维爆炸图

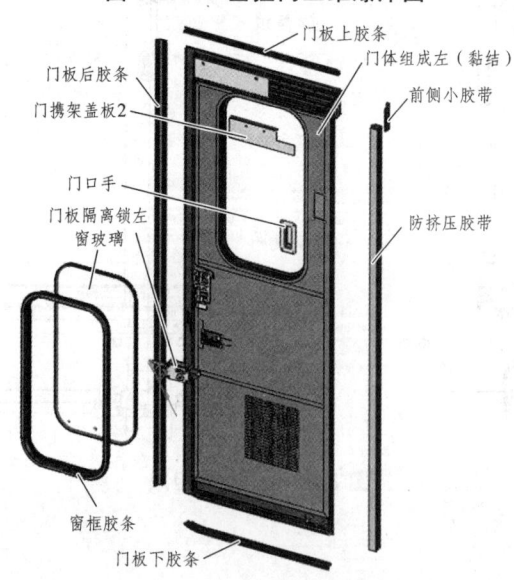

图 8.3.12 塞拉门门板组成（左）

2. 驱动机构

驱动机构如图 8.3.13 所示。驱动机构安装在门上部车顶内,光杠通过直线轴承承受门板的质量,无杆气缸通过挂架和悬臂带动门板,使门实现开和关的动作。

为实现门板与车体平行调节,挂架设有纵向调节螺钉,另外悬臂与门板之间可通过偏心螺母调节门板与门框之间的角度。

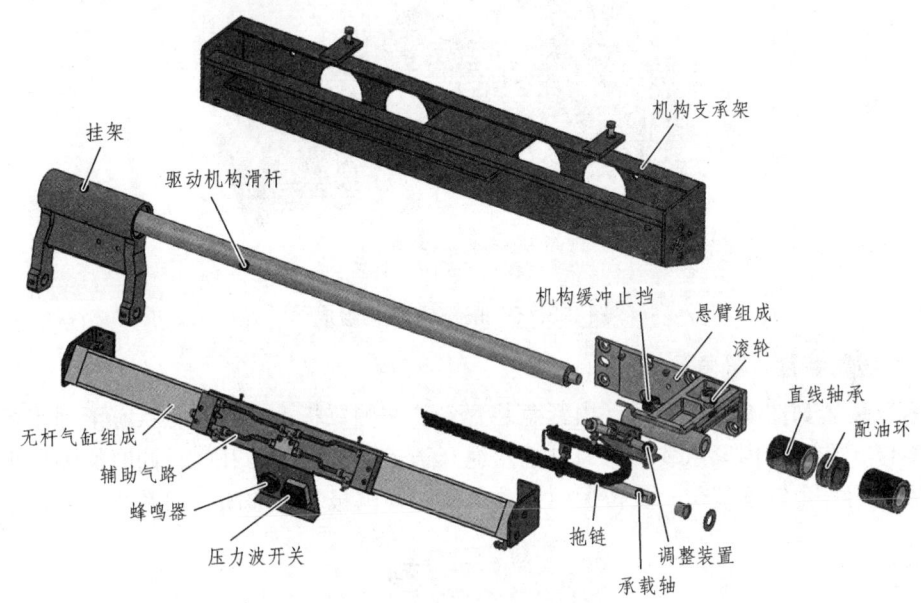

图 8.3.13 驱动机构(左)

3. 锁闭机构

锁闭机构如图 8.3.14 所示。锁闭装置安装在车体侧立柱上,门关闭时通过锁钩和拨叉将门板锁住。锁闭状态由 100% 微动开关检测,由门控单元监控。

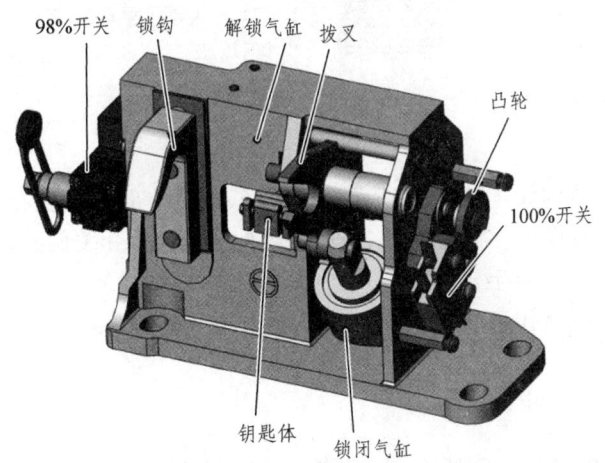

图 8.3.14 锁闭机构

4. 故障隔离锁

门板上装有故障隔离锁,用三角钥匙从车内操作,在门完全关闭时用三角钥匙转动隔离锁，锁杆伸出门板，与隔离锁开关组成的安装角铁啮合，从而将门机械锁定。有电时隔离锁开关触发，输出信号至门控单元将所有电气控制功能隔离，但关门电磁阀通电使锁闭气缸和无杆气缸保持关门压力。隔离锁开关组成如图 8.3.15 所示。

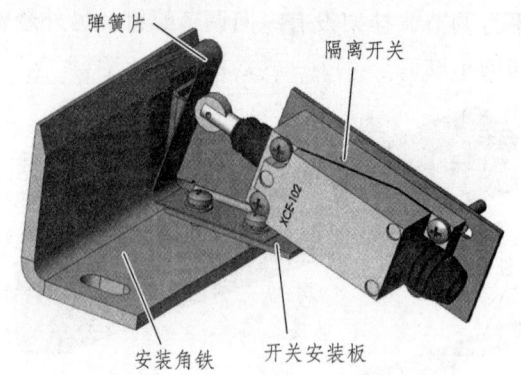

图 8.3.15　隔离锁开关组成

5. 内紧急装置（紧急解锁）

内紧急装置如图 8.3.16 所示。内紧急装置安装在侧罩板上，在紧急状态下列车员使用三角钥匙操作，在操作内紧急装置时通过钢丝绳开锁，列车可手动开门，同时蜂鸣器报警。内紧急装置使用三角钥匙复位，复位后门自动关闭，蜂鸣报警器关闭，门系统恢复正常。

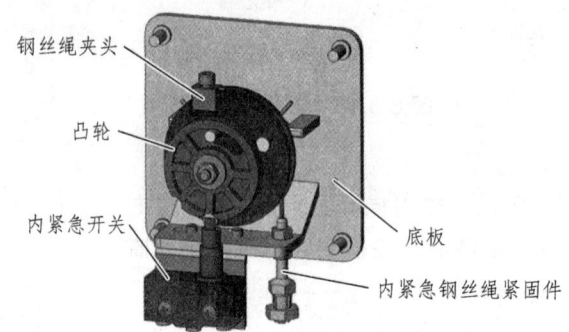

图 8.3.16　内紧急装置

6. 内、外操作

内、外操作装置结构如图 8.3.17 所示。每个车门的外部附近装有外紧急装置，只能用三角钥匙操作，可自动复位。在有电有气的情况下，可自动开关门；在无电无气的情况下，可以通过钢丝绳解锁，只能手动开门。每个车门的内部附近装有内操作开关，是一个常开型三角钥匙开关，用三角钥匙转动后开门，自动复位后再转关门，乘务员平时通过此开关来开关门。

7. 翻转脚踏

车门底部设有翻转脚踏，方便乘客上下车。有电有气的情况下，门打开时脚踏放下，门关闭时脚踏收回；无电无气的情况下脚踏靠弹簧力收回。脚踏状态由行程开关给出信号，通过指示灯显示。脚踏安装如图 8.3.18 所示。转轴箱组成如图 8.3.19 所示。支承体组成如图 8.3.20 所示。脚踏气缸安装组成如图 8.3.21 所示。

项目 8　客车典型装备检修

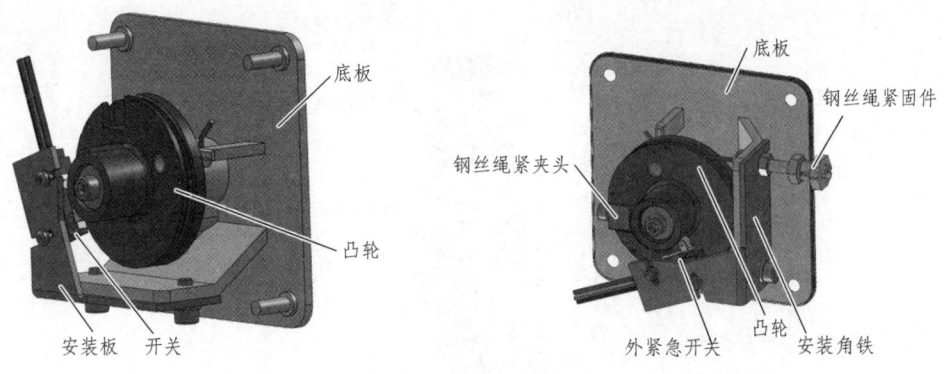

（a）内、外操作装置

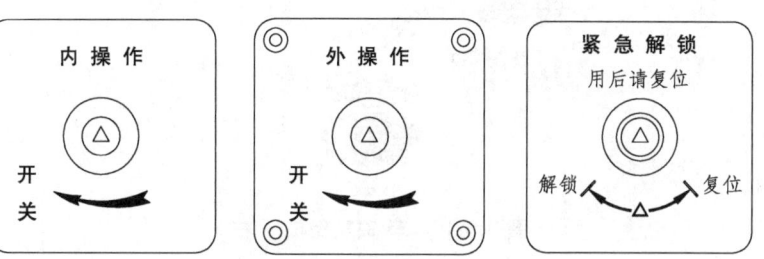

（b）内外操作和紧急解锁装置正面图

图 8.3.17　内、外操作装置结构图

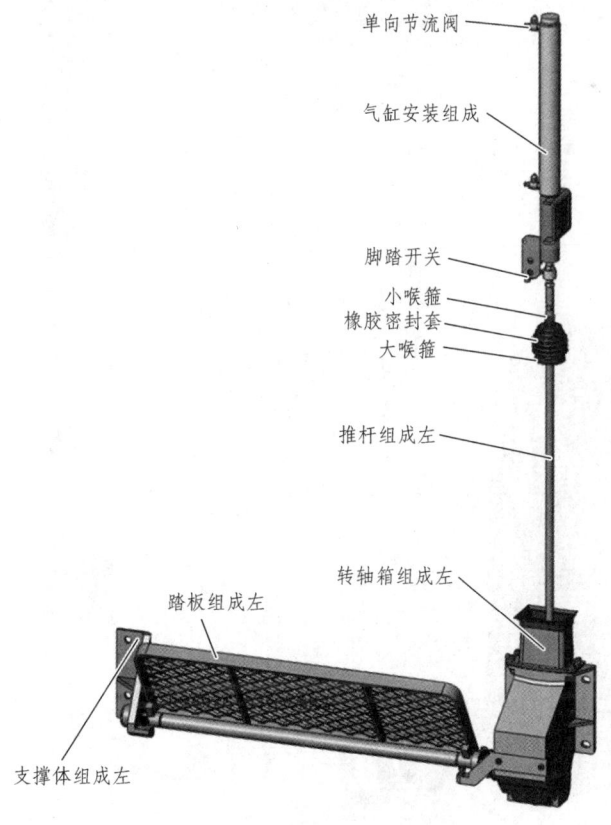

图 8.3.18　脚踏安装（左）

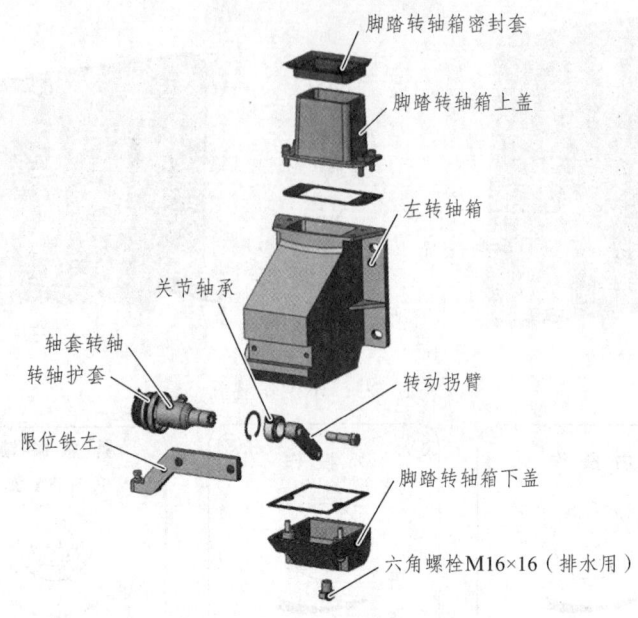

图 8.3.19 转轴箱组成（左）

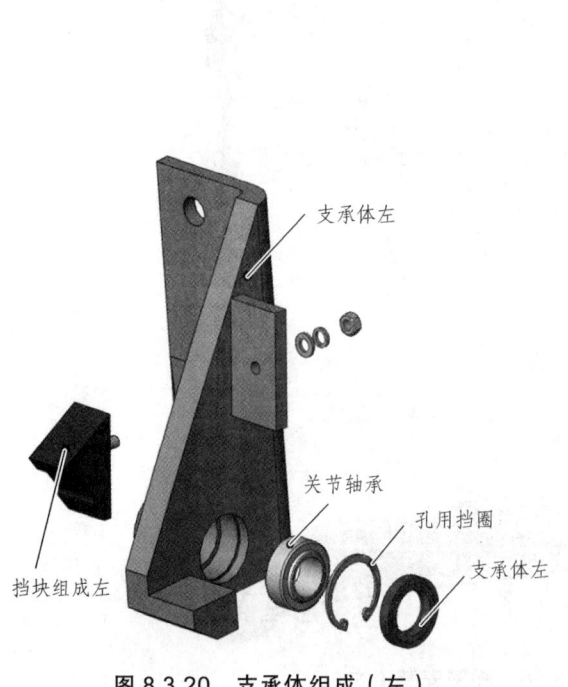

图 8.3.20 支承体组成（左）

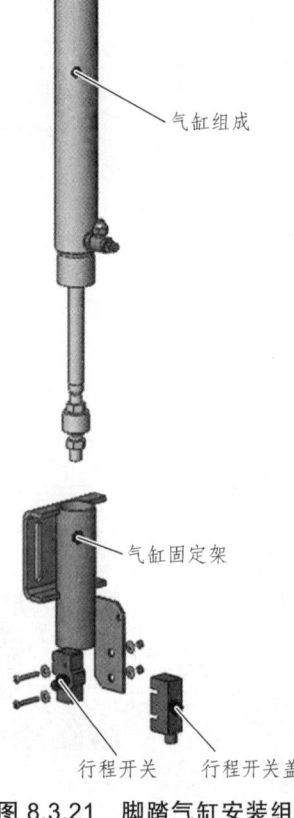

图 8.3.21 脚踏气缸安装组成

项目 8　客车典型装备检修

8. 防冻装置

防冻装置安装在车体下部，与下部导轨保护罩组合在一起，其作用是在冬季通过加热使下部导轨防止冰雪冻结，从而保障门系统的正常动作。防冻装置由发热体、导热板、保温层、防护罩壳等组成。发热体采用半导体自限式电加热材料，可限制发热体不超过其允许的最高温度。电加热保护罩板组成如图 8.3.22 所示。

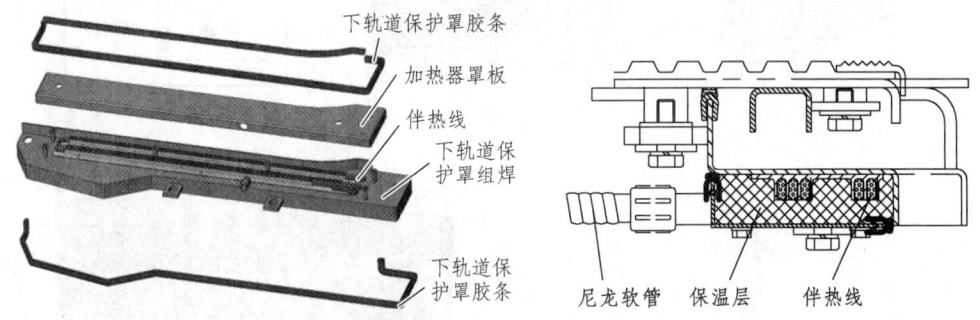

图 8.3.22　电加热保护罩板组成

9. 门气控单元

门气控单元提供门关闭和开启的动力，包括电磁阀、手阀、节流阀，分三路分别连接到无杆气缸、脚踏气缸、锁闭和解锁气缸。其中锁闭和解锁气缸是单作用气缸，只连接进气，无杆气缸和脚踏气缸两个方向均需要通过节流阀调速。气控单元如图 8.3.23 所示。

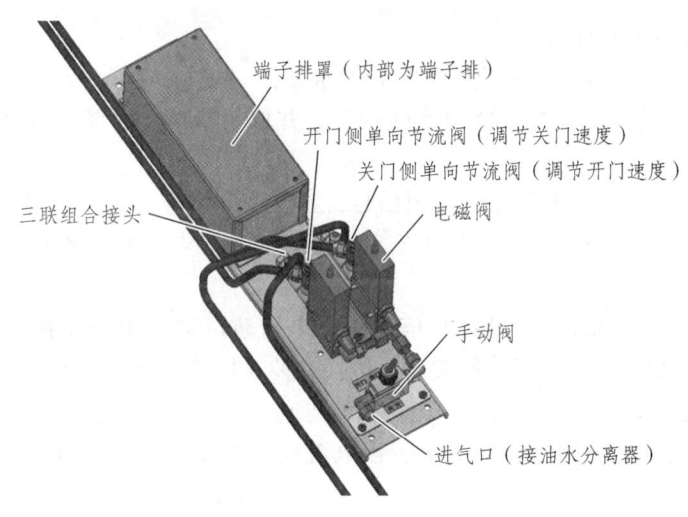

图 8.2.23　气控单元

10. 门控制系统

门控制系统集中安装在一块电气安装板上或电控箱内，包括门控器（DCU）、网关、电源和端子排，每个门控器控制两扇塞拉门。门控制系统基本组成如图 8.3.24 所示。

门控器是门控制系统的电子单元，利用各检测开关检测门的状态，接收控制指令，通过控制软件逻辑判断后实现对塞拉门的控制。门控器系统的控制软件，可利用计算机，通过门控器的通信口，直接更改调整。使用钥匙将电控箱打开，可对相关电气件进行维护。

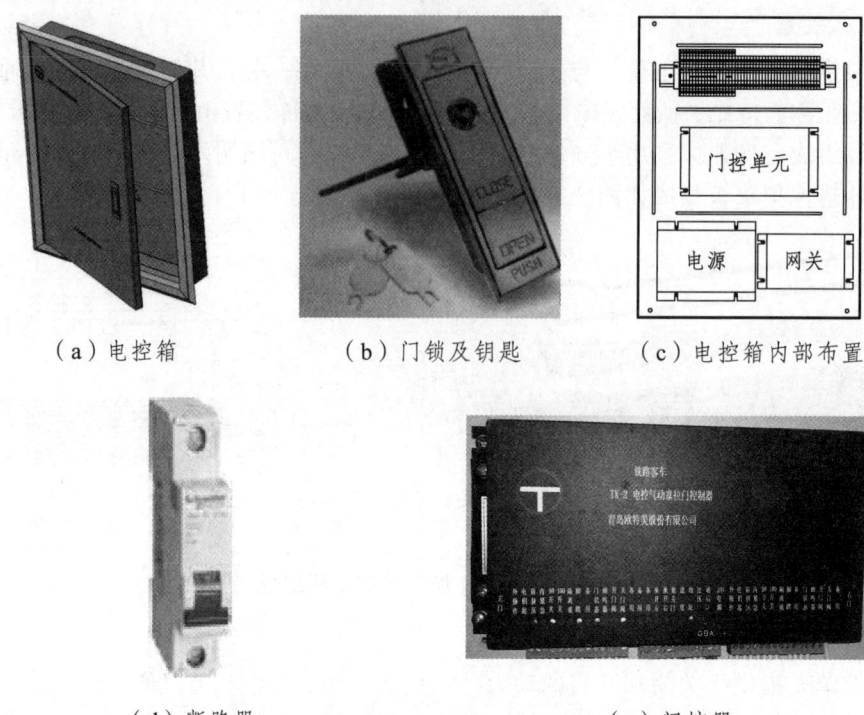

图 8.3.24　门控制系统基本组成

（1）门控系统检测元件。

① 脚踏开关：检测门外脚踏的伸出和收回状态。

② 98% 开关：门接近完全关闭位置时动作，并取消防挤压功能，该开关安装在锁闭机构下部。

③ 100% 关闭开关：提供门完全关闭信号，该开关安装在门锁闭装置内。

④ 防挤压开关：防挤压探测信号，安装在驱动机构上与门板前端密封胶条内的气囊通过气管连接。

⑤ 速度大于等于 5 km/h 信号：此信号来自电子防滑器，由列车提供，只要车速达到 5 km/h 且内紧急未被操作时，门执行关门，包括集控在内的其他操作都不能开门；若在关门过程中遇到障碍物，则启动防夹功能，门停留在原位，5 s 后自动关闭。

⑥ 断路器：安装在控制板（箱）上，当电流大于 2 A 时，断路器断开电路，对电路进行保护。

（2）执行元件。

① 关门电磁阀：控制无杆气缸的关门，安装在气控单元上。

② 开门电磁阀：控制无杆气缸的开门，安装在气控单元上。

③ 门状态指示灯：门未完全关闭和锁定时亮，安装在门机构检查门罩板上。

④ 蜂鸣器：开门、关门和防挤压后再关门，蜂鸣器首先开始报警，门再开始动作，警报以 0.5 s 的脉冲间隔持续 3 s 后停止，提醒乘客门将动作。防挤压后的开门蜂鸣器不提示，内紧急输入时常鸣。

（3）对外的布线、接线与线号。

① 电控箱的进出线有电源 DC 110 V、集控信号、来自电子防滑器的速度信号、至左门过渡接线端子板 X1 的输入输出控制信号、至右门过渡接线端子板 X2 的输入输出控制信号。以上布线和接线请参见电气接线图。

每扇门配 1 排过渡接线端子板，安装在门的立罩板内，左门标号为 X1，右门标号为 X2。每扇门上的所有开关、电磁阀等控制线路与接线端子板 X1 或 X2 相连后，再从 X1 或 X2 接入门控箱内的 X0 端子板。

注意：开关门电磁阀的线路或气路接反，将导致防挤压功能不起作用，且操作隔离锁时开门。可通过初次送电门控器执行关门的功能进行判断，如果初次送电门执行了开门，则开关门电磁阀肯定接反。

② 线号命名规则和含义。

TWXX：列车线。

DWXX：本车车辆线。

700X ~ 749X：塞拉门门控系统线号范围。

70XL ~ 71XL：门控系统输出到左门的控制线，L 表示左门。

70XR ~ 71XR：门控系统输出到右门的控制线，R 表示右门。

72XL ~ 74XL：左门到门控系统的输入控制线，L 表示左门。

72XR ~ 74XR：右门到门控系统的输入控制线，R 表示右门。

门控系统线号见表 8.3.1。

表 8.3.1　门控系统线号

序号	线号	信号含义	来源	说明
1	+134	DC 110 V 电源正	本车车辆	
2	-111	DC 110 V 电源负	本车车辆	
3	PE	接地保护线	本车车辆	套黄绿接地标记
4	DW25	车速大于等于 5 km/h 信号	本车电子防滑器	
5	DW2	车速大于 5 km/h 信号电源正	门控系统	
6	TW5	集控开左门信号	列车	
7	TW4	集控开右门信号	列车	
8	TW3	集控关门信号	列车	
9	TW2	门未关到位信号	列车	
10	TW6	集控 DC 24 V 负线	门控系统	
11	LW1A	Lon 总线 A	本车车辆	
12	LW1B	Lon 总线 B	本车车辆	
13	+24	门控系统电源 DC 24 V	门控系统	
14	-24	门控系统电源 DC 24 V	门控系统	
15	700L	左门状态指示灯	DCU-1HL1	红色指示灯

续表

序号	线号	信号含义	来源	说明
16	701L	左门蜂鸣器	DCU-1HA	
17	702L	左门开门电磁阀	DCU-1YV1	
18	703L	左门关门电磁阀	DCU-1YV2	
19	700R	右门状态指示灯	DCU-2HL1	红色指示灯
20	701R	右门蜂鸣器	DCU-2HA	
21	702R	右门开门电磁阀	DCU-2YV1	
22	703R	右门关门电磁阀	DCU-2YV2	
23	720L	左门外操作锁	DCU-1S1	
24	721L	左门内三角钥匙开关	DCU-1S2	
25	722L	左门防挤压信号	DCU-1S3	
26	724L	左门内紧急开关	DCU-1S5	
27	725L	左门98%开关	DCU-1S6	
28	726L	左门100%开关	DCU-1S7	
29	727L	左门隔离锁开关	DCU-1S8	
30	728L	左门脚踏位置开关	DCU-1S9	
31	729L	左门隔离锁和100%开关的连线	1S7-1S8	仅分线端子排有
32	730L	左门脚踏指示灯	1S9-1HL2	黄色指示灯 730L仅分线端子排有
33	720R	右门外操作锁	DCU-2S1	
34	721R	右门内三角钥匙开关	DCU-2S2	
35	722R	右门防挤压信号	DCU-2S3	
36	724R	右门内紧急开关	DCU-2S5	
37	725R	右门98%开关	DCU-2S6	
38	726R	右门100%开关	DCU-2S7	
39	727R	右门隔离锁开关	DCU-2S8	
40	728R	左门脚踏位置开关	DCU-2S9	
41	729R	左门隔离锁和100%开关的连线	2S7-2S8	仅分线端子排有
42	730R	左门脚踏指示灯	2S9-2HL2	黄色指示灯730R仅分线端子排有
43	712	通信地址设定线	+24-DCU	
44	RP	RS485信号	门控系统	直接到网关
45	RN	RS485信号	门控系统	直接到网关

8.3.4.2 门系统的工作原理

门板由悬挂机构支撑在车体上,无杆气缸带动门板实现开和关,上部和下部导轨精确支配门的塞拉动作,门在开启、关闭时始终与车体平行。每个门框后部装有锁闭机构,在关闭时与门板上的锁闭底盒圆柱相啮合,门关闭时自动锁闭。车门可单独控制,也可以实现集控操作,非正常情况下可手动开关门。车门具有防挤压功能。

8.3.4.3 主要结构尺寸和性能指标

塞拉门净开度
  净通过高   ≥1 850 mm
  净通过宽   (730±10)mm
  最大塞出距离   不大于 60 mm
主要性能指标
  环境温度   -40 ~ +50 ℃
  相对湿度   ≤95%
  适应站台高度   300 ~ 1 250 mm
  运行速度   ≤200 km/h
  最大坡度   ≤30‰
  海拔高度   ≤3 000 m
  门控系统供电电压   DC 100 V(电压范围 77 ~ 137.5 V)
  电伴热电源   AC 220 V
  气源压力   450 ~ 900 kPa
  手动开门力   ≤150 N
  开关门时间   3 ~ 5 s
  门扇强度   满足 TB/T 3108—2011 要求
  密封性能   对水的密封符合 TB/T 1802 要求
  隔音性能   车门系统计权隔音量不小于 30 dB(A)
  隔热性能   车门的传热系数 $K≤4.4\ W/(m^2·K)$

防挤压检测:能检测的最小障碍物为 30 mm×60 mm。防挤压功能在任何状态下,只要门未关闭到 98% 位置都起作用(隔离锁动作时失效)。

8.3.4.4 门的操作使用

1. 基本操作

(1)门控器初上电。

门控器初次上电时,自动执行一次关门操作,且关门动作有缓冲。在开门过程中指示灯常亮。在关门过程中,98%、100% 和脚踏有输入时闪烁,若此时隔离锁再有输入时,该灯熄灭,即隔离锁开关可以关闭此灯。

(2)单门正常操作。

在电源和气源均正常的情况下,才能进行正常操作,电源正常的标志是红色指示灯亮,气源压力应达到 0.45 ~ 0.9 MPa，初次使用需统一设置气源压力为 0.6 MPa 左右。

压力调节方法是将油水分离器（见图 8.3.25）上部旋钮拔出并转动，指针指示压力值。电源和气源正常后转动内操作上的三角钥匙开关，实现门的开和关，如果速度不合适，则需调整气控单元的节流阀并锁紧。

关门时测试防挤压功能，方法是将手放在关门门框大约中间处看门能否启动防挤压功能。

（3）操作隔离锁。

转动隔离锁锁闭门板，这时指示灯灭，并且其他任何电气操作不能执行，正常行车时乘务员通常将隔离锁锁闭。

（4）操作内紧急装置。

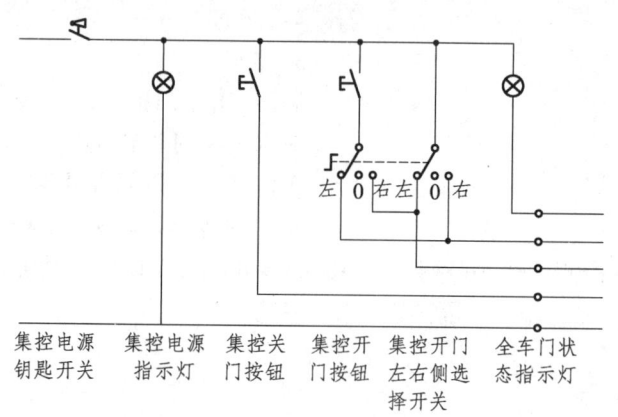

图 8.3.25　油水分离器

内紧急装置主要用于紧急情况，由于有钢丝绳解锁功能，所以只要是在隔离锁解锁状态下，可以用内紧急装置开门；在异常或突发情况下，门不能正常解锁。在行进中需要紧急疏散乘客可以操作内紧急装置手动开门，除此外平时不要操作。

（5）操作外紧急装置。

正常情况下，在车外操作外紧急装置可以气动开关门，无电无气情况下外紧急钢丝绳可以解锁，然后手动开门。

2. 集控操作

集控操作是对一列车的一侧门同时进行开或关的操作。

集控面板的安装朝向本车的一位端，操作时面对集控面板，本车的一位侧为全列集控的左侧，本车的二位侧为全列集控的右侧。集控操作面板原理如图 8.3.26 所示。

图 8.3.26　集控操作面板原理图

（1）集控元件。

① 集控电源控制开关和指示灯。钥匙开关是集控电源控制开关，该钥匙开关仅能在断开位拔出，防止无关人员操作。集控电源指示灯，钥匙开关接通后通电指示。

② 集控关门按钮：为自复位按钮，作为集控关门按钮，按下后 TW3 有电。

③ 全车门完全关闭的状态指示灯。任一门未关闭到二级锁闭且未隔离时，TW2 可通过本门的 100% 开关接通 TW6，使此灯通电；在全列所有门完全关闭后，断电。只要有 1 个门

未完全关闭到位，该灯得电指示。不能完全关闭的门锁上隔离锁后，也可以断开本门的TW2和TW6的连接，使全车门的状态指示灯断电。

④ 集控开门按钮：在侧选择开关选择左侧时，按下集控开门按钮时TW5通电；在侧选择开关选择右侧时，按下集控开门按钮时TW4通电。

⑤ 侧选择开关：分左、中、右三位。在集控电源控制开关接通后，选择零位（开关的中侧）时，无论是否操作集控开门按钮，TW4和TW5都不得电；选择左侧（开关的左侧）时，TW4直接保持通电（TW5无电），按下集控开门按钮时TW5通电；选择右侧（开关的右侧）时，TW5直接保持通电（TW4无电），按下集控开门按钮时TW4通电。

（2）集控关门。

需要通过集控操作面板对全车一侧门集控时，要先将集控电源钥匙开关转到"ON"位，再操作集控关门按钮，才能使该侧车门关闭。

如果隔离锁开关在"ON"位，则本门不受集控开关门的控制。操作集控操作面板上的集控关门按钮后，除非本门的隔离锁开关在接通位，否则整侧车门不论处于何种状态，全部执行一次关门操作。

如果全车所有门都已关闭到位，则集控面板上的"全车车门未关闭"指示灯断电熄灭。

① 集控关门优先级。

集控关门指令优先级高于集控开门。

内紧急开关被操作的门不执行集控关门。

② 集控关门状态解除。

只要满足以下条件之一，即可解除集控关门状态，可以进行单门操作。

a. 执行过集控关门。

b. TW3、TW4、TW5全部无电时。

③ 执行集控关门后：单车不能进行电控操作，车内、外三角钥匙开关均不能开门，可通过执行集控开门或集控系统断电解除集控关门状态。集控开门后操作内、外三角钥匙开关可以开关门。内三角钥匙开关不能开门，但集控开门后内三角钥匙开关又可以开关门。

（3）集控开门。

需要通过集控操作面板对全车一侧门集控时，要先将集控电源钥匙开关转到"ON"位，再操作集控开门按钮，才能使全车侧选择开关所选择侧的门打开。如果本门的隔离锁开关在"ON"位，则本门不受集控开关门的控制，不执行集控开门命令。

集控开门优先顺序：集控开门指令优先于单门的内三角钥匙开关和外操作锁的关门指令。

集控开门后，单门的内三角钥匙开关和外操作锁可以自动开关门。

3. 非集控状态下的内操作和外操作

只要本门的隔离锁没有启用，并且 $v<5$ km/h 时，有电有气的情况下，内操作和外操作都能起作用，能控制开门或关门。

4. 锁闭机构故障保护

如果在执行关门过程中，门控系统检测到锁闭机构在98%开关动作前已经处于二级锁闭状态,即 100% 开关已经先于 98% 开关到位,门控系统先自动开门 1 s 以打开锁闭机构,然后再执行关门操作。

【实践教学活动】

为了顺利进行实践教学活动,请实践客车车辆段、动车段的"给水装置、集便装置、塞拉门的检修与维护"工作过程,以增加实践认知。在此基础上,总结客车典型装备检修与维护基本工艺流程。

下面选取两个典型工作任务进行实践活动,旨在熟悉实际工作岗位作业内容、作业标准和岗位要求。

任务 8.1　电控气动塞拉门检修与试验

R8.1.1　任务导入

(1)明确电控气动塞拉门检修与试验岗位任职条件。

(2)记住安全注意事项并分析作业流程。

(3)准备好工具材料和作业前的准备工作。

R8.1.2　任务实施步骤

8.1.2.1　了解电控气动塞拉门检修与试验作业任职条件

(1)通过职业技能鉴定考试合格。

(2)取得"铁路岗位培训合格证"。

8.1.2.2　记住电控气动塞拉门静态检修作业注意事项

(1)作业前按规定穿戴好防护用品,做好安全防护。

(2)作业时注意用电安全,作业前确认用电安全警示标识揭挂到位。

(3)拆装过程注意防止工具、配件脱落,以免造成人身伤害。

8.1.2.3　了解并分析电控气动塞拉门检修与试验作业流程

1. 电控气动塞拉门静态检修作业流程

作业准备→门板检修→运行机构检修→附属装置检修→防冻装置检修→记录。

2. 电控气动塞拉门动态检修及试验作业流程

作业准备→电控系统检修→试验→记录。

8.1.2.4　熟悉并检查电控气动塞拉门静态检修作业工具材料

工具材料通常包括毛刷、扳手、强光手电筒、兆欧表（100 V、500 V、1 000 V）、万用表、压力表、卷尺、压线钳、检修台、改锥、钳子等。

8.1.2.5　做好作业前准备工作

（1）每班开工前在更衣间更换段统一发放的工作服，衣着整齐，女职工有长发者应盘在帽内，按规定穿戴好防护用品。

（2）清点工具仪表是否齐全、检定是否过期。

8.1.2.6　按作业流程规范作业

1. 按步骤进行电控气动塞拉门检修

（1）门板检修。

① 检查门板表面有无碰伤、变形；窗玻璃有无破损；门板是否变形，影响使用时更换。

② 检查密封胶条有无缺损、老化；门框边防挤压胶条不漏气，须清洁、无杂物；胶条破损、龟裂、老化、变形严重，密封不良时更新。

（2）运行机构检修。

① 下滑道导向滑轮作用不良时更换，检查上滑道导向滑轮，裂损、变形时更换。二级锁联动机构作用不良时进行分解、清理、给油，如图 R8.1.1 所示。

② 各运动件加低温润滑油脂，动作灵活，磨耗不过限，无锈蚀、无损坏。滑道槽无变形。

③ 检查上下导轨，应性能良好。

（3）附属装置检修。

① 检查锁闭装置、故障隔离锁、内外紧急锁、翻转脚踏作用良好，如图 R8.1.2、图 R8.1.3 所示。

图 R8.1.1

图 R8.1.2

图 R8.1.3

② 各门锁锁闭、解锁动作正常、灵活。

（4）防冻装置检修。

① 检查防冻装置部件齐全，安装牢固，接线正确。

② 使用兆欧表测量电伴热绝缘电阻值，大于 20 MΩ。

2. 按步骤进行电控气动塞拉门试验

（1）电控系统检修。

① 检修门控单元、各种行程开关、各种锁闭开关、开门电磁阀、关门电磁阀、蜂鸣器、指示灯、开关、按钮、电伴热，应功能良好。若工作不良、无法修复时更换，如图 R8.1.4 所示。

② 检查电控系统，确保部件齐全，各部无过热、无烧损。各部导线无烧损、无破损、无老化。

③ 检查门控器输入、输出各点信号正确，接插件、接线端子不松动，各标记清晰，接线与图纸一致。各标牌、图纸齐全、清晰、正确。

④ 各微动开关、行程开关调试良好，动作准确，安装牢固。

（2）试验。

① 测试 100%、98% 行程开关作用良好。

② 测试防挤压作用良好。

③ 通过单车集控 5 km/h 信号功能模拟试验，保证 5 km/h 自动闭锁功能和集控功能良好。

④ 在有气情况下，门打开时与门板接触的脚踏控制阀放开，脚踏翻转气缸使脚踏放开；门关闭时门板与脚踏控制阀滚轮接触使气路断开，脚踏收回，如图 R8.1.5 所示。

图 R8.1.4

图 R8.1.5

⑤ 检查开门、关门时间是否为 2~5 s。
⑥ 气动开启时门的净开度为 710~740 mm。

8.1.2.7 按岗位作业规范进行完工整理工作

（1）整理工具，清理场地，自查作业质量。要求工具整齐，场地清洁。
（2）规范填写《电控气动塞拉门检修记录》。
（3）做好状态标志。

任务 8.2　真空集便器专项检修作业

R8.2.1　任务导入

（1）熟悉真空集便器季度专项检修作业流程。
（2）了解真空集便器季度专项检修作业必备条件。
（3）熟悉真空集便器季度专项检修作业使用的工具。
（4）明确真空集便器季度专项检修作业注意事项。
（5）熟悉真空集便器季度专项检修作业步骤和质量要求。

R8.2.2　任务实施步骤

8.2.2.1　熟悉真空集便器季度专项检修作业流程

真空集便器季度专项检修作业流程如图 R8.2.1 所示。

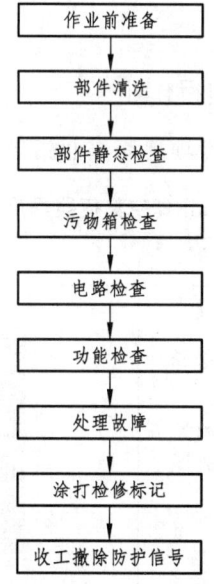

图 R8.2.1　真空集便器季度专项检修作业流程

8.2.2.2 真空集便器季度专项检修作业条件

（1）作业股道风、水、电设施齐全。
（2）作业列车调入地沟股道。

8.2.2.3 检查真空集便器季度专项检修工具

真空集便器季度专项检修工具包括活动扳手、毛刷、套筒扳手、钢丝刷、四角钥匙、裙板钥匙、内六角钥匙、电工工具、电焊机、高压风管、万用表、钳形表、绝缘表（500 V、1 000 V）、禁止供电牌、防护号志、油漆、毛巾等。

8.2.2.4 真空集便器季度专项检修注意事项

（1）所有现场工作应该由符合相关要求的人员正确执行，并经过现场管理人员的检查。
（2）进行维护或维修时，工作人员必须遵守所有的安全规章。
（3）拆卸管路的任何部分时，应检查是否会有污物溢出的危险。
（4）必须戴橡胶手套，避免污染。
（5）清洗所有接触过污物的地方，并对其消毒。
（6）不得使用氯基清洗剂（侵蚀不锈钢）或丙酮和乙醚基清洗剂（侵蚀塑料和橡胶）。多数情况下，使用干净水或肥皂水。
（7）管路中有压力时不得断开任何部分。不要拆开水增压器，否则弹簧会突然弹出。
（8）在车下作业时，进出车下注意防止碰头。
（9）使用兆欧表检测绝缘前，须确认所测线路断电，确保设备和人身安全。禁止带电处理故障，必须带电作业时，须一人防护、一人作业。
（10）雨雪天气时，当心滑倒；登高作业时，防止坠落；带电作业时，当心触电；现场作业时，不得侵限。

8.2.2.5 阅读作业指导书，按步骤进行作业

（1）Monogram 真空集便器季度专项检修作业指导书如表 R8.2.1 所示。

表 R8.2.1 Monogram 真空集便器季度专项检修作业指导书

作业步骤及质量标准	图示
1. 作业前准备 （1）作业前，穿戴劳保用品，接受专项修任务，检查工具材料、防护号志。 （2）查阅车统-181 及相关记录，了解施修客车真空集便器的故障历史、存在的惯性故障。确认脱轨器插设后，设置防护号志。 （3）按规定确保客车集便器装置供风、电、水齐全	

续表

作业步骤及质量标准	图示
2. 部件清洗 （1）用 4% 柠檬酸清洁便盆，检查便盆各部状态良好，无变形、破损、泄漏。 （2）用 4% 柠檬酸清洗便器冲洗喷嘴，检查便器冲洗喷嘴清洁、无污物，冲洗作用良好	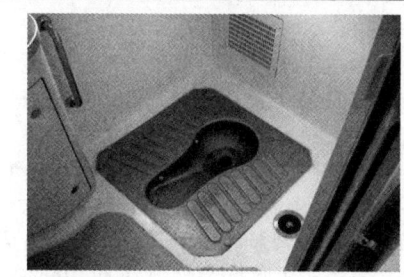
3. 部件静态检查 （1）检查排泄阀、冲便阀无破损，作用良好，各管系无泄漏。 （2）检查各空气管路、水管路安装牢固，管系无老化、变形、龟裂、泄漏；清洗气、水过滤器滤网，内部无水垢、杂质；滤网破损时更换。 （3）检查水增压器、过滤减压阀、主过滤器配件齐全，作用良好，管系连接无泄漏。 （4）检查电气控制门锁、门止、折页、插销等配件齐全，作用良好；柜门开闭灵活，关闭严密；电气柜安装螺栓齐全，紧固无松动。 （5）检查真空发生器、摆门止回阀作用良好。调整设定真空开关设定值：Monogram 关闭点（-18.6±3.4）kPa，开启点（-32±1.7）kPa。 （6）用压缩空气清洁过滤调压阀滤芯，过滤调压阀作用良好，调整过滤调压阀压力值：Monogram 为（500±20）kPa，并做好记录。 （7）清洁 Monogram 气缸表面，注入 2~3 滴润滑油	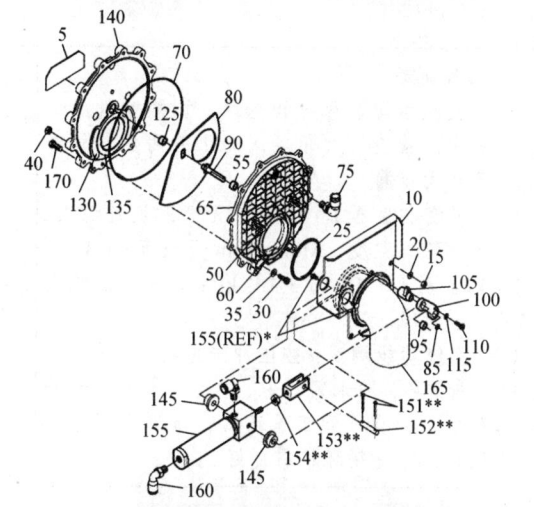 
4. 污物箱检查 （1）检查污物箱无泄漏，外包防护层无破损。 （2）污物箱检查门无污物，垫圈良好无泄漏。 （3）各球阀开启、关闭正常，球阀、管系无泄漏。 （4）吊装螺栓配件齐全，紧固无松动。 （5）污物箱液位开关作用不良时清洗或检修	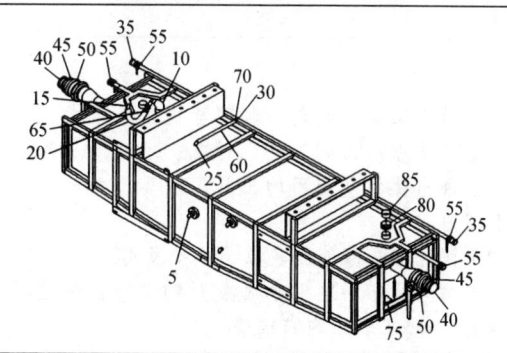

续表

作业步骤及质量标准	图 示
5. 电路检查 （1）污物箱电伴热装置冬季使用前进行绝缘测试，使用 500 V 级兆欧表检测，绝缘值冷态大于 20 MΩ。 （2）冬季环境温度 Monogram 低于（4.4±1）℃时电伴热装置工作正常，伴热指示灯显示正确。 （3）检查集便控制箱各指示灯显示正确，无喷射器超时报警、污物箱 80% 液位和 100% 液位报警	
6. 功能试验 （1）接通水源、风源和电源，调整空气压力符合规定。检查污物箱各阀处于关闭位，检查水、气路无泄漏。 （2）真空发生器工作正常，无喷射延时现象。检查污物箱真空度，Monogram 真空度：（3.2±1.7）kPa 至（−18.6±3.4）kPa 之间，系统真空度符合标准。 （3）系统功能测试：按压冲洗按钮，进行 1~2 次冲洗循环，冲水须均匀、有力，水不会喷到便器踏板上，空气阀工作正常，排泄阀开启、关闭正常，冲洗循环状态良好	
7. 处理故障 （1）根据掌握的历史故障及惯性故障，对易出现故障的部位或功能进行重点检查和试验，对存在的故障进行修复。 （2）锁闭污物箱箱门、裙板。 （3）一人锁闭、一人复查	
8. 涂打检修标记 （1）在集便器控制箱体内部粘贴、填记不干胶检修标记。 （2）在集便器污物箱检查门内部涂打检修油漆标记	
9. 收工 （1）清查工具、材料，收回至检修小车内，进行场地清理。做到工完、料净、场地清。使用棉白细布擦拭所使用的工具、量具，并放入专用柜内。 （2）按规定撤除地面电源、防护号志。 （3）填写《车下电源专项修（A1）修检修记录簿》，字迹工整，内容准确	

（2）EVAC200P 真空集便器季度专项检修作业指导书如表 R8.2.2 所示。

表 R8.2.2　EVAC200P 真空集便器季度专项检修作业指导书

作业步骤及质量标准	图　示
1. 作业前准备 （1）作业前，穿戴劳保用品，接受专项修任务，检查工具材料、防护号志。 （2）查阅车统-181 及相关记录，了解施修客车真空集便器的故障历史、存在的惯性故障。确认脱轨器插设后，设置防护号志。 （3）按规定确保客车集便器装置供风、电、水齐全	
2. 部件清洗。 （1）用 4% 柠檬酸清洁便盆，检查便盆各部状态良好，无变形、破损、泄漏。 （2）用 4% 柠檬酸清洗便器冲洗喷嘴，检查便器冲洗喷嘴清洁、无污物，冲洗作用良好	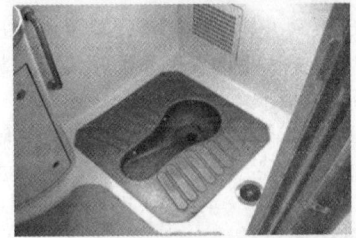
3. 部件静态检查 （1）检查排泄阀、冲便阀无破损，作用良好，各管系无泄漏。 （2）检查各空气管路、水管路安装牢固，管系无老化、变形、龟裂、泄漏；清洗气、水过滤器滤网，内部无水垢、杂质；滤网破损时更换。 （3）检查水增压器、过滤减压阀、主过滤器配件齐全，作用良好，管系连接无泄漏。 （4）检查电气控制门锁、门止、折页、插销等配件齐全，作用良好；柜门开闭灵活，关闭严密；电气柜安装螺栓齐全，紧固无松动。 （5）检查真空发生器、摆门止回阀作用良好。调整设定真空开关设定值：EVAC2000P 关闭点（-35±2）kPa，开启点（-45±2）kPa。 （6）用压缩空气清洁过滤调压阀滤芯，过滤调压阀作用良好，调整过滤调压阀压力值：EVAC2000P 为（450±50）kPa，并做好记录。 （7）清洁气缸表面，注入 2~3 滴润滑油	 
4. 污物箱检查 （1）检查污物箱无泄漏，外包防护层无破损。 （2）污物箱检查门无污物，垫圈良好无泄漏。 （3）各球阀开启、关闭正常，球阀、管系无泄漏。 （4）吊装螺栓配件齐全，紧固无松动。 （5）污物箱液位开关作用不良时清洗或检修	

续表

作业步骤及质量标准	图 示
5. 电路检查 （1）污物箱电伴热装置冬季使用前进行绝缘测试，使用 500 V 级兆欧表检测，绝缘值冷态大于 20 MΩ。 （2）冬季环境温度 EVAC 低于（3±1）℃时电伴热装置工作正常，伴热指示灯显示正确。 （3）检查集便控制箱各指示灯显示正确，无喷射器超时报警、污物箱 80% 液位和 100% 液位报警	
6. 功能试验 （1）接通水源、风源和电源，调整空气压力符合规定。检查污物箱各阀处于关闭位，检查水、气路无泄漏。 （2）真空发生器工作正常，无喷射延时现象。检查污物箱真空度，EVAC2000P 真空度：（-35±2）kPa 至（-45±2）kPa 之间，系统真空度符合标准。 （3）系统功能测试：按压冲洗按钮，进行 1~2 次冲洗循环，冲水须均匀、有力，水不会喷到便器踏板上，空气阀工作正常，排泄阀开启、关闭正常，冲洗循环状态良好	
7. 处理故障 （1）根据掌握的历史故障及惯性故障，对易出现故障的部位或功能进行重点检查和试验，对存在的故障进行修复。 （2）锁闭污物箱箱门、裙板。 （3）一人锁闭、一人复查	
8. 涂打检修标记 （1）在集便器控制箱体内部粘贴、填记不干胶检修标记。 （2）在集便器污物箱检查门内部涂打检修油漆标记	
9. 收工撤除防护信号 （1）清查工具、材料，收回至检修小车内，进行场地清理。做到工完、料净、场地清。使用棉白细布擦拭所使用的工具、量具，并放入专用柜内。 （2）按规定撤除地面电源、防护号志。 （3）填写《车下电源专项修（A1）修检修记录簿》，字迹工整，内容准确	

【小结】

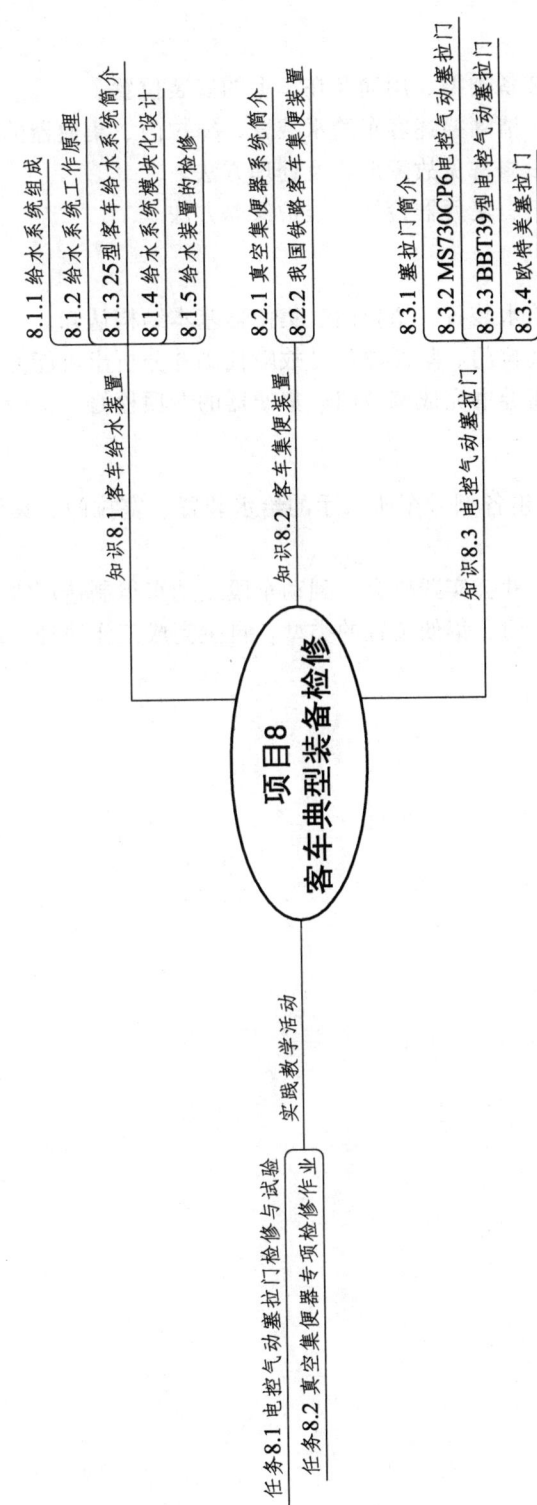

【学习要求】

1. 基本要求

(1) 了解客车典型装备类型、用途及在车上的安装位置。

(2) 能用语言、文字清晰描述客车给水装置、塞拉门、集便器的结构组成、工作原理。

(3) 熟悉给水装置段修常见故障形式及处理方法。

(4) 熟练掌握塞拉门、集便器检修、维护保养方法。

2. 课后作业

(1) 能够现车完成给水装置、塞拉门、集便器基本结构认知。

(2) 能够现车识别塞拉门、集便器常见故障代码并分析出可能的原因。

(3) 能够按照作业指导书完成塞拉门、集便器的专项检修、试验。

3. 拓展要求

(1) 了解 CRH 动车组各型号车所采用的给水装置、塞拉门、集便装置结构及原理与普通铁路客车有何不同。

(2) 利用顶岗实习或社会实践机会，到动车段或动车组制造厂家了解"复兴号"动车组所采用的给水装置、塞拉门、集便装置的类型，自主完成工作原理、结构认知。

参考文献

[1] 严隽耄,傅茂海. 车辆工程[M]. 3版. 北京:中国铁道出版社,2011.
[2] 周磊,陈雷. 铁路货车主要结构与使用[M]. 北京:中国铁道出版社,2015.
[3] 铁路职工岗位培训教材编审委员会. 车辆钳工[M]. 北京:中国铁道出版社,2014.
[4] 黄毅,陈雷. 铁路货车检修重点工艺与质量控制[M]. 北京:中国铁道出版社,2011.
[5] 中国铁路总公司. 铁路客车段修规程(试行)[M]. 北京:中国铁道出版社,2015.
[6] 于志光,孙维余. 铁路客车真空集便器[M]. 北京:中国铁道出版社,2008.

附　录

附录一　车体及车端连接装置检修岗位

1. 核心能力（见图1）

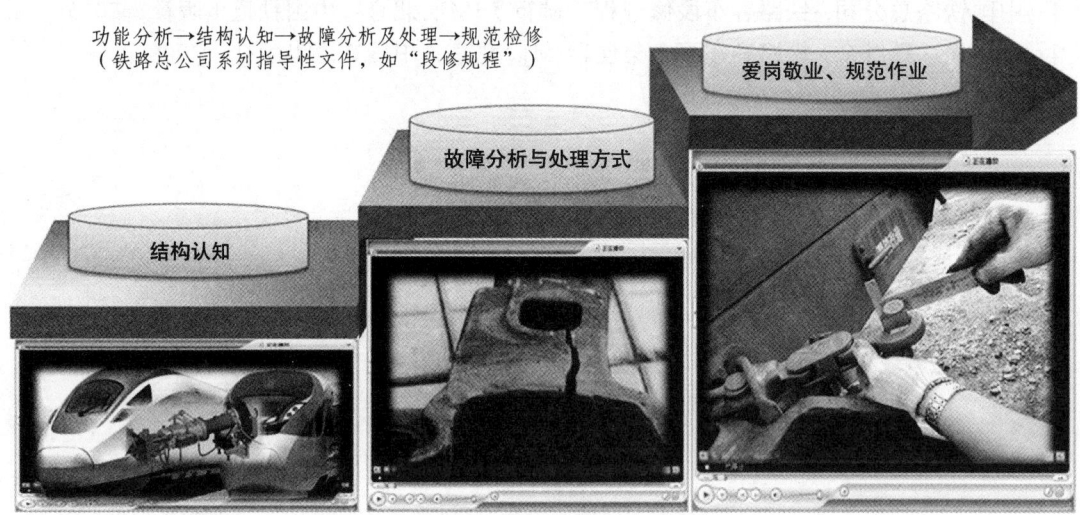

图1　核心能力

2. 典型工作任务

（1）货车和客车车端连接装置认知。

（2）车端连接装置检修及工艺装备的使用与维护。

（3）车体钢结构认知。

（4）货车和客车认知。

（5）货车车体检修及工艺装备的使用与维护。

（6）客车典型装备认知及检修维护。

（7）铁道车辆整车落成检查与试验。

3. 主要职业资格

（1）通用资格：机修钳工、维修电工。

（2）专业职业资格：车辆钳工、制动钳工、车辆电工、检车员（客、货）、探伤工、动车组机械师。

附录二　学习资源

1. 教材推荐

（1）袁清武. 车辆构造及检修[M]. 北京：中国铁道出版社，2006.
（2）刘惠民. 铁道车辆构造检修及装备[M]. 北京：中国铁道出版社，2000.
（3）候光溪. 车辆构造及检修[M]. 北京：中国铁道出版社，1997.
（4）严隽耄. 车辆工程[M]. 3 版. 北京：中国铁道出版社，2009.
（5）杨鲁会. 铁道车辆车体及车端连接装置[M]. 北京：中国铁道出版社，2014.
（6）铁路职工岗位培训教材编审委员会. 车辆钳工[M]. 北京：中国铁道出版社，2010.

2. 行业标准

（1）《铁路货车厂修规程》
（2）《铁路货车段修规程》
（3）《铁路客车厂修规程》
（4）《客车段修规程》
（5）《铁路动车组运用维修规程》

3. 网站推荐

（1）北京交通大学《车辆构造及检修》网络课程。
（2）中国铁道论坛：http://bbs.railcn.net/?fromuid=444632。
（3）铁道网：http://www.railcn.net/。
（4）中国铁路工人网：http://www.tworker.cn/Index.htm。
（5）铁路工人论坛：http://zqyung.i.club.sohu.com/。

4. 杂志推荐

（1）《机车车辆工艺》CN：32-1181/U。
（2）《铁道技术监督》CN：11-3764/U。
（3）《郑州铁路职业技术学院学报》CN：41-1299/Z。
（4）《铁道车辆》CN：37-1152/U。
（5）《西南交通大学学报》CN：51-1277/U。
（6）《北京交通大学学报》（自然科学版）CN：11-5258/U。
（7）《上海交通大学学报》CN：31-1466/U。
（8）《兰州交通大学学报》CN：62-1183/U。